비판적 계몽의 루쉰

비판적 계몽의 루쉰

초판 1쇄 발행 2023년 2월 20일

지은이 전형준

펴낸곳 서울대학교출판문화원
주소 08826 서울 관악구 관악로 1
도서주문 02-889-4424, 02-880-7995
홈페이지 www.snupress.com
페이스북 @snupress1947
인스타그램 @snupress
이메일 snubook@snu.ac.kr
출판등록 제15-3호

ISBN 978-89-521-3093-8 93820

비판적 계몽의
루쉰

전형준 지음

서울대학교출판문화원

서문: 왜 비판적 계몽인가

내가 처음 루쉰에 대한 글을 발표한 것은 1984년 겨울이었다. 이제 햇수로 40년째다. 그 긴 시간에 비하면 그동안 루쉰에 대해 쓴 글은 그다지 많지 않은데, 내가 다른 작업들을 하는 가운데 간헐적으로 루쉰을 살펴보았기 때문이다. 이 책을 준비하면서 이제까지 글들을 다시 살펴보니, 내가 항상 '오늘의 한국문학'의 입장에서 루쉰에 대해 사유했음을 알 수 있었다. 그 입장은 한국문학의 변화와 더불어 변해왔지만, 그럼에도 근본적인 태도는 변치 않았다. 루쉰에게서 나 자신의 현재에 상응하는 모습을 발견하고자 노력한 것이 그것이다. 대부분의 경우 루쉰은 내게 의미있는 계시를 주었고, 그래서 나는 항상 루쉰이라는 스승에게서 배웠다고 말할 수 있다. 나의 호명에 호응해 주었던 루쉰의 모습에 '비판적 계몽'이라는 이름을 붙이고 이 책의 제목으로 삼는다. 비판적 계몽이라는 말은 포스트계몽이라는 말에 대한 나의 긍정과 부정으로부터 비롯되었다.

현재의 지평 속에 루쉰을 놓고 보면 무엇이 보일지 이런저런 궁리를 하던 중에 내가 포스트계몽이라는 말을 떠올리게 된 계기는 광인을 그린 네 편의 소설, 즉 고골(1809-1852)의 「광인일기」(1835), 톨스토이(1828-1910)의 「광인의 수기(미완)」(1884 집필/1912 출판), 모파상(1850-1893)의 「오를라」(1887 일기 형식의 개작판), 그리고 루쉰(1881-1936)의 「광인일기」(1918)를 나란히 놓고 본 것이었다. 고골의 「광인일기」는 42세 독신 하급관리(14등급 중 9급)가 미쳐가다가 과대망상증이 심해져서 정신병원에 갇히고 마는 이야기다. 톨스토이의 「광인의 수기」는 매물로 나온 영지를 확인하기 위해 떠난 여행 중 광기의 발작이 시작된 귀족의 이야기다. 그는 흰색 방에서 죽음의 공포를 대면하고 속죄의 기도를 올린 뒤, 영지 구입을 포기하고 교회 앞의 걸인들에게 가진 돈을 전부 나눠준다. 모파상의 「오를라」는 Le Horla(여러 가지 설이 있지만 바깥 Hors + 여기 là라는 뜻으로 보는 게 가장 그럴듯해 보인다)라는 환상적 존재에 대한 공포로 미쳐가는 상류층 신경쇠약 환자의 이야기다. 그는 "오를라를 죽이기 위해서는 내가 죽어야만 하겠지"라고 쓴다.

결말을 보면 루쉰의 「광인일기」는 톨스토이의 「광인의 수기」와 닮았다. 정신병에 걸렸던 주인공의 병이 낫기 때문이다. 루쉰의 「광인일기」에서 주인공은 피해망상증이 매우 심해지지만 결국은 병이 낫는다. 고골의 「광인일기」와 모파상의 「오를라」는 주인공의 정신병이 더욱 심해져서 파탄에 이른다. 그런데 놀랍게도 고골과 모파상은 자신이 만들어낸 주인공들의 결말과 유사한 삶을 살았다. 고골은 정신착란에 빠져 원고를 불태우고 단식을 하다가 42세의 나이로 자살했고, 모파상은 신경질환이 악화되어 자살을 시도하기도 하고 정신병원에 수용되었다가 발작을 일으켜 43세의 나이로 삶을 마쳤다. 작가와 그 주인공 사이의 유사성은 톨스토이와 루쉰에게도 나타난다. 「광인의 수기」는 알려진 바와 같이 톨스토이의 자전적 작품이므로 두말할 나위도 없지만, 루쉰의 「광인일기」 역시 주인공과 작가의 삶 사이에 유사성이 있다. 사람을 잡아먹지 말라는 광인의 외침은 신해혁명 당시 루쉰의 혁명활동과, 광인이 병이 나아서 관리가 된 것은 루쉰이 신해혁명 다음 해에 남경정부의 교육부 관리가 된 것과 상응한다. 이러한 고찰이 작중인물과 작가를 단순히 동일시하는 것은 물론 아니다. 「오를라」 읽기에 관해 고찰한 정예영의 「환상문학을 둘러싼 다양한 해석들」(『불어문화권연구』 Vol. 16(2006))은 카스텍스의 전기적 설명,

토도로프의 이론적 읽기, 벨멩-노엘의 정신분석적 읽기, 피에르 바야르의 심리적 읽기 등 네 가지 해석들이 "모두 서로의 허점을 보완해가며 한 작품의 다양한 측면들을 조명해주고 있"다고 논평하는데 나는 이 논평에 동의한다.

이러한 대조에서 우리는 계몽주의와 관련한 흥미로운 암시를 받을 수 있다. '나는 생각한다, 고로 존재한다'라는 데카르트의 명제는 계몽사상의 자율적이고 합리적인 주체의 근본원리를 확립했는데, 이 생각하는 주체가 모파상의 「오를라」에서는 완전히 붕괴되어 버리는 것이다. 정체성의 혼란으로 자아는 분열되고 공포만 남는다. 고골의 「광인일기」에서도 생각하는 주체는 붕괴되는데, 여기서는 자아가 상실되고 망상으로 대체된다. 나는 모파상이 그런 정체성의 혼란과 자아의 분열에서 훗날 포스트 구조주의의 계몽주의 비판, 코기토주의 비판보다, 100년이나 빠른 선성(先聲)을 발견한다. 이에 반해 톨스토이의 「광인의 수기」에서는 공포에 사로잡혔던 자아가 종교적 속죄와 도덕적 선택으로 위기를 극복하고 다시 안정성을 되찾는바, 이 자아는 종전의 자아보다 한 단계 성장하여 이상적인 계몽주의적 주체에 더 접근한 것이라 할 수 있다. 이 계몽주의에 붙여진 이름을 우리는 알고 있다. 바로 톨스토이주의다. 톨스토이에게 광기는 계몽 주체로 성장하는 과정의 한 통과제의다.

그런데 계몽주의와의 관련성에서 루쉰의 「광인일기」는 이 네 편의 작품 중 가장 독특하다. 루쉰의 광기를 계몽활동의 비유라고 볼 때, 그 계몽활동은 순진한 것, 온전하지 못한 것, 일그러진 것인바, 이것은 계몽주의 비판(내지는 반성)을 내포한다는 점에서 모파상의 광기와 공통점이 있다. 또한 광기의 치유가 성장(나는 치유된 뒤의 모습을 봉건현실과의 타협이 아니라 자아의 성장으로 본다)을 내포한다는 점에서는 톨스토이의 치유와 공통점이 있다. 뒤집어 말하면, 모파상에게는 치유가 없고, 톨스토이에게서 광기는 계몽주의 비판이라는 맥락이 없다. 루쉰에게는 그 두 가지가 다 있는 것이다.

여기서 우리가 또 하나의 '포스트'를 발견할 수 있다면 바로 포스트 계몽주의가 될 것이다. 주지하듯 포스트는 라틴어 전치사로 포스트구조주의, 포스트모더니즘, 포스트식민주의, 포스트사회주의 등의 조어를 이룰 때 이 말은 이중적인 의미를 갖는다. 포스트는 원래 시간적으로 뒤(後)라는 뜻인데, 위의 조어들에서는 시간적으로 뒤면서 앞(前)의 것과 비교해 볼 때 연속성 및 불연속성을 동시에 갖는다. 포스트식민주의를 예로 본다면, 식민주의 이후의 것으로서 한편으로는 과거의 식민주의를 벗어났지만 다른 한편으로는 여전히 과거의 식민주의의 영향 아래 있다. 뒤의 것은 아직 완전하게 현재화하지 않았고, 앞의 것은 아직 완전히 사라지지 않은, 그러한 역설적인 중간 상태인 것이다. 포스트식민주의의 한자어 번역을 한국에서는 벗어남의 측면을 강조하여 탈(脫)식민주의라 하는 경우가 많은데, 간혹 지속의 측면을 표현할 때 후기(後期)식민주의라 하기도 한다. 그런데 영어권에서는 탈식민과 후기식민을 지칭하는 말이 따로 있다. 접두사 de를 붙이면 탈식민이 되고 형용사 late로 수식하면 후기식민이 되는 것이다. 그러므로 포스트식민주의를 탈식민주의나 후기식민주의로 번역하는 것은 적절하지 않다. 중국어권의 번역이 적절해 보인다. 중국에서는 시간상으로 뒤라는 뜻만 중립적으로 표현하여 후(後)식민주의라 하는데, 포스트식민주의의 양가성이 그 속에 다 담길 수 있다. 그리고 한국의 탈식민에 해당되는 중국어 표현은 거(去)식민인데, 이 표현은 decolonization을 거식민화라고 번역하며 사용된다.

루쉰의 포스트계몽은 포스트식민주의처럼 양가성을 갖는다. 루쉰의 계몽은 일본 유학 시절의 활동(글을 써서 잡지에 발표하고 잡지 창간을 추진했으며 서양 소설을 번역하여 소설집을 출판했다)과 귀국 직후 신해혁명 시기의 활동(학생들과 함께 무장선전대를 조직하여 혁명을 홍보하고, 신문에 혁명을 지지하는 논설도 발표했다)에서 잘 나타난다. 계몽가가 나서서 큰소리로 한 번 외치면 듣는 사람이 떨치고 일어난다(動吭一呼, 聞者興起)라고 일본 유학 시절의 루쉰이 산문「악마파 시의 힘」에서 묘사했고, 그로부터 15년 뒤 첫 소설집의 서문에서 "나는 팔을 높이 들고 한 번 외치면 그 외침에 응하는 자가 구름처럼 몰려드는(振臂一呼, 應者雲集) 그런 영웅이 결코 아니었다" 고 썼던 그 영웅형상의 계몽은 현실에 부딪혀 실패했다. 그 실패한 계몽이 몇 년의 시간이 지난 뒤에「광인일기」에서 광인의 모습으로 그려진 것이다. 광인의 모습이 된 것은 그 계몽이 파산했기 때문이다. 그리고「광인일기」를 쓰면서 그 계몽의 파산을 그리는 작가 루쉰은 이미 그 계몽을 벗어난 것이다. 하지만 벗어나서 그가 도달한 곳은 여전히 계몽의 세계다. 이 여전한 계몽의 세계에서 루쉰은 전과는 다른 방식의 추구를 시도한다.「광인일기」의 광인 묘사에서 우리가 보는 것은 이미 각성한 계몽가가 아니라 아직 각성이 충분하지 못한, 그래서 스스로 계몽해야 하는 미성숙한 주체다. 작가는 이 미성숙한 주체에 자기 자신을 동일시하고 동화시킨다. 작가가 자신도 아직 계몽 주체를 완성하지 못했고 미성숙 상태에 있음을 깨달았기 때문에 이 동일시와 동화가 가능하다. 그리고 이 미성숙 상태에 대한 자각을 바탕으로 자신이 속한 역사적 시기에 대해 비판하는 것이 광기 이후 루쉰의 실천 내용이다.「악마파 시의 힘」의 영웅 형상은 루쉰의 계몽을,「광인일기」의 광인 형상은 포스트계몽을 대표한다고 볼 수 있겠다.

루쉰의 포스트계몽은 칸트에서 푸코로 이어지는 계몽에 대한 논의를 상기시킨다. 칸트는 1784년「계몽이란 무엇인가에 대한 답변」이란 에세이에서, 계몽이란 인간이 스스로 책임져야 할 미성년 상태, 즉 다른 사람의 지도 없이 자신의 지성을 이용하지 못하는 상태에서 벗어나는 것이며, 이를 위해 이성을 공적(公的)으로 사용할 자유가 중요하다고 썼다. 이 계몽은 이미 이루어진 것이 아니고 아직 진행 중이며 앞으로도 진행될 미완의 것이다. 그로부터 200년 후, 푸코는 「계몽이란 무엇인가」에서 칸트의 계몽론을 소개하며 거기에서 중요한 것은 비판이라고 설명한 뒤, 우리가 속하는 역사적 시기에 대한 끝없는 비판으로서 지칭될 수 있는 철학적 기풍의 끝없는 재활성화가 우리를 계몽과 연결시켜 주는 끈임을 강조한다. 이어서 그 기풍에 대해 자세히 고찰한 뒤 다시 칸트로 돌아가서, 우리가 성숙한 성년의 상태에 도달할 수 있을지는 미지수지만 우리가 아직 그 상태에 도달하지 못했음은 분명하다는 것, 그러나 칸트가 계몽에 대해 성찰함으로써 형태를 갖춘, 현재의 우리에 대한 비판적 탐구에는 일정한 의미를, 즉 우리에게 주어진 한계의 역사적 분석인 동시에 그 한계를 넘어설 가능성의 실험이라는 의미를 부여할 수 있다는 것을 확인한다. 요컨대 푸코는 자신의 비판적 존재론과 칸트의 계몽론 사이를 잇는 끈에 대해 밝히고 있는 것이다. 이렇게 요약하고 보면, 앞에서 살펴본 루쉰의 포스트계몽도 칸트에서 푸코로 이어지는 이 끈을 공유하고 있음이 분명하다.

이제는 중국의 계몽주의라는 맥락에서 루쉰의 포스트계몽이 어떤 의미를 가질 수 있는지를 살펴보자. 역사학자 쉬지린(許紀霖)이 공저 『계몽의 자기와해(啓蒙的自我瓦解)』[1](2007)에 쓴 「총론」을 참고해 이 문제를 고찰해 보기로 한다. 20세기 초, 5·4시기의 계몽운동이 있었고(루쉰은 바로 그 운동 속에 있었다), 시대를 한참 건너뛰어 1980년대 중엽 문화대혁명이 끝나고 현대화가 추진되며 개혁 개방이 한창 진행되던 시기에 5·4계

1 계몽이 스스로 와해되었다는 뜻. 계몽의 자아가 와해된 것이 아니라.

몽운동을 계승한 신계몽운동이 나타났다. 문화의 서구식 현대화와 민간화되고 공공화된 사상계의 구축을 추구한 이 운동을 쉬지린은 왕후이(汪暉)가 5·4운동을 '태도의 동일성' 위에 세워진 사상운동으로 간주했던 것과 같은 방식으로 이해한다. 1990년대에 들어서면서 서구사상 내부의 이질적 분화를 하나의 유기적 전체로서 긍정적으로 받아들인 이 동일성에 균열이 생겼다. 1989년의 천안문사태와 1992년의 남방담화를 거친 뒤, 이른바 사회주의 시장경제가 본격적으로 실시되면서 종전 태도의 동일성은 점점 더 분열되었다. 서구사상 내부의 이질적 분화가 1990년대 중국현실이라는 맥락 속에서 급속하게 발현된 것이다. 원래 서구의 계몽주의 자체가 그 내부에 복잡한 갈등을 포함하는 것이었으므로, 1980년대 중국의 신계몽운동이 1990년대의 새로운 현실 조건 속에서 해체되면서 그 복잡한 갈등이 다양한 분화를 일으킨 것은 조금도 이상한 일이 아니다. 이 분화 양상을 총괄하면서 쉬지린은 거기에서 "계몽 가족 공통의 휘장을 발견"했고(그 휘장이 가리키는 것은 이데올로기의 입법자로서의 모습이다), 그리하여 다음과 같이 말했다.

90년대는 후기계몽시대(late)이지, 후계몽시대(post)가 아니다.

쉬지린에게 포스트계몽은 계몽을 벗어난, 그리하여 더 이상 계몽이 아닌 것을 뜻하는 것 같다. 그가 보기에 "계몽 가족 공통의 휘장"이 남아 있다면 그것은 여전히 계몽인 것이지 포스트계몽이 아니다. 그래서 90년대가 후기계몽이 되는 것이다. 그런데 쉬지린은 위 인용문에 이어 1990년대의 사상 논쟁을 자세히 검토하고 21세기에 들어선 중국 사상계의 봉건적 할거 상태에 대해 간략히 언급한 뒤 다음과 같은 말로 글을 마무리 짓는다.

> 계몽은 죽었다. 계몽 만세! 죽어버린 것은 계몽 전통 중의 각종 절대주의적 메타담론이며, 영원한 것은 계몽사상 중의 의사소통적 이성과 비판정신이다.

"계몽은 죽었다. 계몽 만세!"는 경제학자 왕딩딩(汪丁丁)이 1999년에 발표한 글의 제목이다. 왕후이의 현대성 비판에 대해 토론을 전개한 이 글에서 왕딩딩은 계몽사상의 내적 복잡성 중 보편주의적 이성과 개인주의적 자유의 중국에서의 유효성을 근거로 계몽 재건의 가능성을 논했다. 그 제목을 인용한 쉬지린이 인용 다음에 붙인 마지막 문장은 무슨 뜻인가? 종전의 계몽 내부에 있던 것 중 절대주의적 메타담론은 죽었고 의사소통적 이성과 비판정신은 살아남았다고 할 때 앞에서 말했던 "계몽 가족 공통의 휘장"에 해당하는 것이 바로 전자, 즉 절대주의적 메타담론이다. 쉬지린의 이러한 논술의 의도는 1990년대부터 21세기에 들어온 뒤까지 가파르게 진행된 계몽의 분화("봉건적 할거 상태"에까지 이른)에서 부정적인 의미가 아니라 긍정적인 의미를 발견하고자 하는 데 있다. 분화에도 불구하고, 아니 바로 분화했기 때문에 의사소통적 이성과 비판정신이 영원한 것으로서 떠오를 수 있었다는 것이다. 그리고 바로 여기에서 계몽의 재건 가능성을 타진하고자 하는 것이다. 똑같이 계몽 재건을 모색하지만 왕딩딩의 보편주의적 이성, 개인주의적 자유와 쉬지린의 의사소통적 이성, 비판정신 사이에는 큰 차이가 있다.

쉬지린의 계몽 재건과 내가 말하는 포스트계몽은 이름은 서로 다르지만 그 실제 내용은 유사하다. 내가 말하는 포스트계몽은 과거의 계몽을 벗어났지만 여전히 계몽이 지속되고 있는 상황을 의미한다. 말하자면 쉬지린이 죽어버렸다고 한 절대주의적 메타담론은 이미 벗어난 과거의 계몽에 속하고, 그가 영원하다고 한 의사소통적 이성과 비판정신은 여전히 지속되는 계몽에 속한다. 이름도 중요하기는 하지만, 이름보다 더 중요한 것은 실제 내용이다. 그 실제 내용에 있어서 나는 쉬지린의 마지막 문장에 동의한다.

쉬지린이 말하는 의사소통적 이성은 하버마스의 의사소통행위론과, 비판정신은 푸코의 비판적 존재론과 밀접한 관계가 있는 것으로 판단된다. 그중에서도 특히 내가 주목하는 것은 푸코의 맥락이다. 내가 루쉰에게서 보는 포스트계몽이 바로 그것이기 때문이다. 나의 관찰에 일리가 있다면 루쉰은 20세기 말 21세기 초의 중국 사상계보다 80년 이상 앞선 선행자가 된다.

그러나 과연 이것을 포스트계몽이라고 부르는 것이 적절할까? 그렇게 부르면 그 수많은 포스트 중의 하나로 묻혀 버리는 것이 아닐까? 계몽이 끝나버리고 더 이상 계몽은 없는 시대라는 의미로 오해받고, 내용 없는 공허한 수사로 추락해 버리지 않을까? 그렇다면 포스트라는 말로 이중성을 표현하기 위해 애쓰는 것보다 차라리 그것의 적극적 의미를 내세우는 게 낫지 않을까? 칸트에서 푸코로 이어지는 끈, 루쉰에게도 이어지는 끈, 계몽에서 포스트계몽으로 이어지는 끈. 그 끈의 이름은 비판이니, 그렇다면 비판적 계몽이 적절하지 않겠는가. 그리하여 이 책의 제목은 '비판적 계몽의 루쉰'이 되었다. 그 비판적 계몽을 이미지로 표현하자면 부엉이가 좋을 것 같다. 루쉰은 자신의 책 『무덤』(산문집)의 표지 디자인에 자신이 그린 부엉이 도안을 사용하기도 했고, 부엉이의 울음소리, 밤에 사람들을 두렵게 만드는 그 "부엉이의 불길한 말"(루쉰의 시 「희망」에 나오는 표현이다)을 자신의 글쓰기의 표상이라고 생각했다. 이 책의 표지 디자인에도 루쉰이 그린 부엉이 도안을 사용하기로 한다.

차례

1부

루쉰 읽기의 맥락과 해석

○

루쉰 소설과 5·4운동*

1. 머리말

근대 이후 중국문학사에서 홀로 우뚝 솟아 있는 존재가 바로 루쉰(魯迅, 1881-1936)이다. 그가 우뚝 솟은 존재인만큼 그에 관한 숱한 신화가 널리 유포되어 있다. 아래 인용한 문장은 마오쩌둥의 루쉰에 대한 찬사인데, 역시 신화 한 부분을 구성한다.

> 루쉰은 중국 문화혁명의 주장(主將)이다. 그는 위대한 문학가일 뿐만 아니라 또한 위대한 사상가이자 위대한 혁명가이기도 하다. 루쉰은 절개를 굽히지 않는 경골(硬骨)이었으며 그에게는 노예적인 모습이나 미태(媚態)가 조금도 없었다. 이는 식민지와 반(半)식민지 민중에게 가장 귀

* 이 글은 『외국문학』(도서출판 전예원) 1984년 겨울호에 발표한 것이다.

중한 성격이었다. 문화전선에서 루쉰은 전 민족의 대다수를 대표하여 적을 향해 맹렬히 진격한 정확하고 가장 용감하고 가장 굳세고 가장 충실하고 가장 열렬한 공전의 민족영웅이었다. 루쉰의 방향은 곧 중국민족 신문화의 방향이다.[1]

이러한 신화들은 루쉰 소설에 일종의 선입견을 암묵리에 제공한다. 그러나 그런 선입견은 대체로 진실과 거리가 멀기 일쑤다. 우리에게 필요한 것은 선입견에 루쉰 소설을 뜯어 맞춰 버리는 일이 아니라 루쉰 소설에 대한 객관적 이해이며, 이를 위해서는 그의 소설 작품을 구체적 대상으로 한 탐구 작업이 필수적이다. 따라서 이 글의 의도는, 5·4운동 전후에 발표된 루쉰 소설의 실체를 가능한 한 선입견에서 벗어나 해명하고, 루쉰 소설과 중국 신민주주의 혁명의 시발이라고 평가받는 1919년 5·4운동의 관계에 대한 이해의 실마리를 찾는 데에 있다.

루쉰의 소설은 1918년부터 1925년 사이에 쓰였다.[2] 그중 1918년부터 1922년까지의 작품은 1923년에 『납함(吶喊)』[3]으로, 1924년부터 1925

---

1 毛澤東, 「新民主主義論」, 林志浩 主編, 『中國現代文學史』 上冊(人民文學出版社, 1979), p. 59에서 재인용.

2 세 번째 소설집 『고사신편(故事新編)』(1936)에 실린 작품들은 여기서 제외했다.

3 뒤에 「보천(補天)」으로 개제되어 『고사신편』에 수록된 「부주산(不周山)」은 원래 『납함(吶喊)』에 수록되었던 것인데 『납함』 13판(1930)부터 삭제되었다. '吶喊'을 '납함'으로 읽는 이도 있고(박병태, 「魯迅小說論」, 『魯迅 선생님』(청사, 1983); 강계철·윤화중 역, 『아큐정전외』(주우, 1983)), 혹은 '눌함'으로 읽는 이도 있다(마루야마 노보루, 한무희 역, 『魯迅評傳』(일월서각, 1982)). '吶'의 한국어 독음은 '납'과 '눌' 두 가지이지만 현대 중국어로는 파음 현상 없이 [na]로 읽힌다. '눌함'이라 읽으면 '서툰 고함'이란 뜻이 되고 '납함'이라 읽으면 그냥 '고함'이란 뜻인데, 여기서는 소설집 서문(「자서(自序)」)의 취지에 따라 '납함'이라 읽기로 한다.

년까지의 작품은 1926년에 『방황(彷徨)』으로 묶여 간행되었다. 이 글에서는 『납함』에 수록된 작품들을 자세히 고찰해보려 한다.

이 작품들을 일견할 때 분명히 드러나는 것은, 이 작품들의 표면 어디에도 5·4운동의 흔적이 보이지 않는다는 사실이다. 오히려 이들의 주제는 대부분 1911년의 신해혁명과 관련된다. 더욱이 이 작품들은 한결같이 비관과 절망과 좌절로 이루어져, 5·4운동의 치열한 반봉건 반제국주의 투쟁과 조화되기는커녕 오히려 위배되는 듯이 보인다. 그렇다면 5·4운동과 루쉰 소설은 무관한가? 물론 그렇지 않다. 이 글이 궁극적으로 탐색하려는 것은 바로 루쉰 소설과 5·4운동 사이의 감추어진 관계다. 그리고 이는 루쉰 소설의 실체에 대한 해명을 통해서만 밝혀질 수 있을 것이며, 이 작업은 루쉰 소설의 진정한 의미를 캐내는 데 기여할 것이다. 아울러 넓게는 문학과 현실의 관계와 문학의 존재 방식에 대한 우리의 이해에 적지 않은 시사점을 던져줄 것이다.

2. 소설 창작의 동기

루쉰의 첫 번째 소설이며[4] 중국 최초의 근대적 소설로 공인되는 「광인일기」는 루쉰이 37세 되던 해인 1918년 4월에 쓰여 같은 해 5월 『신청년(新青年)』 4권 5호에 발표되었는데, 여기서 처음으로 루쉰이란 이름이 사용

4 루쉰은 「광인일기」에 훨씬 앞서 신해혁명 직후인 1911년 12월에 단편소설 「회구(懷舊)」를 썼으나, 이 작품은 현대소설이라 하기 어렵다. 「회구」는 문어체로 쓰인 것으로, 저우춰(周逴)란 필명으로 1913년 4월 『소설월보(小說月報)』 4권 1호에 게재되었는데, 신해혁명의 피상성에 대한 회의가 주제다.

되었다.[5] 당시는 후스(胡適)의 「문학개량추의(文學改良芻議)」(『신청년』 2권 5호, 1917. 11.)와 천두슈(陳獨秀)의 「문학혁명론」(『신청년』 2권 6호, 1917. 12.)으로 이른바 '문학혁명'의 이론 및 주장이 강력히 제기되었고, '문학혁명'과 '유교비판'을 과제로 내세운 『신청년』의 계몽주의적 문화운동이 활발히 전개되고 있었으나, 그들의 의욕적 활동은 소수의 젊은 독자들의 지지를 제외하면 찬반 어느 쪽이든 별다른 반응을 얻지 못하고 있던 때였다. 이때 『신청년』의 중심 멤버 중 하나였던 쳰쉬엔퉁(錢玄同)이 루쉰에게 『신청년』에 기고할 것을 제의하였고 이 제의를 받아들여 루쉰이 써낸 것이 「광인일기」였다. 결과적으로 「광인일기」는 '문학혁명' 이론 최초의 창작적 실천이 된 셈이지만, 그렇다고 『신청년』의 계몽주의적 문화운동의 이념에 루쉰이 전적으로 동의하고 있었던 것은 아니다. 구어체(白話)로 쓰인 「광인일기」에 문어체의 서문을 붙인 데서도 그 편린이 엿보이지만,[6] 루쉰 자신이 밝힌바 「광인일기」의 창작경위나 「광인일기」와 그 이후의 작품들에서도 선명히 나타난다.

> 1) 당시 이따금 찾아와 이야기를 나눈 사람은 옛 친구 진신이(金心異)였다. [……]

5 루쉰의 본명은 저우수런(周樹人)이다. 아명을 위산(豫山), 장서우(樟壽)라 했고, 자(字)를 예재(豫才)라 했는데, 수런이란 이름은 1898년(17세)에 개명한 것이다. 필명인 루쉰의 루(魯)는 모친의 성을 딴 것이며, 루쉰 이외에도 그는 저우춰(周逴), 탕쓰(唐俟), 바런(巴人) 등 181개나 되는 필명을 사용했다고 한다. 17세 소년 시절에 처음 썼던 필명은 알검생(戛劍生)이었는데 이는 검술가 내지 검객이라는 뜻이다. 청년 시절에 쓴 링페이(令飛)라는 필명은 나중에 루쉰의 손자의 이름이 되었다.

6 이는 '문학혁명'이 문체상의 '백화문학운동' 쪽으로 경사되고 있었던 데 대한 간접적인 비판으로 해석될 수도 있다. 이 점에서 루쉰은 '문학적 도구의 혁명'을 주장한 후스보다, '내용의 혁명'을 주장한 천두슈 쪽에 가깝다.

"이것들을 베껴 써서 어디에 쓰는 거죠?" 어느날 밤, 그는 내가 작성한 옛 비문의 초본을 펼치면서 진지하게 질문을 했다.

"아무 쓸 데도 없소."

"그러면, 무슨 생각으로 베끼는 거죠?"

"아무 생각도 없소."

"내 생각으론, 당신이 글을 좀 써서 말예요……."

나는 그의 뜻을 알아차렸다. 그들은 『신청년』을 만들고 있었다. 그러나 당시에는 특별히 찬성하는 사람도, 반대하는 사람도 없는 것 같았다. 나는 그들이 적막을 느낀 것인지도 모른다고 생각했다. 하지만 나는 말했다.

"가령 말이요, 쇠로 만든 방(鐵屋子)이 있다 칩시다, 창문은 하나도 없고 부순다는 것은 극히 어려운 일이오. 그 안에 많은 사람들이 깊이 잠들어 있는데, 머지 않아 모두 숨이 막혀 죽을 거요. 하지만 혼수 상태 속에서 죽어가는 거니까 죽음의 비애는 조금도 느끼지 않지. 지금 당신이 큰소리를 질러서 비교적 정신이 있는 사람 몇 명을 깨운다면 말요, 그 불행한 소수에게 돌이킬 수 없는 임종의 고통을 주게 될 텐데, 당신은 그들에게 미안하지 않겠소?"

"하지만, 몇 사람이 일어난 이상, 그 쇠로 만든 방을 부술 희망이 전혀 없다고 할 수는 없죠."

그렇다. 내게는 내 나름의 확신이 있었지만, 희망에 대해 말하자면 그것은 말살해버릴 수가 없었다. 왜냐하면 희망은 미래에 속하는 것이어서, 내가 그런 것은 없다는 것을 증명함으로써 희망이 있을 수 있다는 그의 주장을 꺾는다는 것은 불가능하기 때문이었다. 그래서 나는 마침내 그의 요청에 응하여 글을 썼다. 그것이 바로 최초의 작품「광인일기」이다.[7]

2) 그러나 그 당시 나는 '문학혁명'에 대하여 결코 열정을 가지고 있지 않았다. 신해혁명을 보고, 제2혁명을 보고, 위안스카이(袁世凱)의 칭제와 장쉰(張勳)의 복벽(復辟)을 보는 등 여러 가지를 차례로보면서 회의에 빠져 실망하고 몹시 낙담했다. 민족주의 문학가들은 올해 지상을 통해 "루쉰은 의심이 많다"고 했는데, 이는 틀린 말이 아니다. 나는 그들마저도 진정한 민족주의 문학가가 아닐 수도 있다고 의심하고 있다. 변화는 참으로 한량없는 것이다. 그러나 나는 나 자신의 실망에 대해서도 회의한다. 사람·사건 등 내가 본 것들이 매우 제한된 것이었기 때문이다. 이 생각이 내게 펜을 들 힘을 주었다.

"절망의 허망함은 바로 희망과 같다."

'문학혁명'에 대한 직접적인 열정도 아니면서 왜 펜을 들었는가? 생각해 보면, 그 이유의 절반은 열정을 가진 사람들에 대한 공감이었다. 이 전사들은, 적막 속에 있지만, 그 생각은 틀린 것이 아니고, 그

---

7 「自序」, 『吶喊』(全集 1, 人民文學出版社, 1956), pp. 6-7. 보주: 이 대목과 관련하여 지금이라도 약간의 주석을 덧붙이는 게 좋겠다. 루쉰보다 6년 연하인 쳰쉬엔퉁(錢玄同)은 언어학자로서 『신청년』 편집위원 중의 하나였다. 일본 유학 시절부터 루쉰과 교우를 가졌다. 린수(林紓)가 소설 「형생(荊生)」(1919)에서 신문학운동 멤버들을 가명으로 등장시키며 풍자하였는데, 이때 쳰쉬엔퉁에게 붙여진 이름이 진신이였다. 쳰쉬엔퉁이 1917년 8월 9일에 루쉰을 찾아갔을 때 철방 얘기를 처음 나누었고 그 뒤로도 여러 차례 방문하며 루쉰을 설득했다고 한다. 루쉰은 1918년 1월부터 『신청년』 편집위원진에 합류했고, 4월에 「광인일기」를 탈고했다. 그런데 이 대목에서 흥미로운 것은, 저우쭤런(周作人)이 북경으로 와 소흥회관으로 들어온 게 1917년 4월인데, 이 서문에서는 저우쭤런의 존재에 대해 아무런 언급도 하지 않는다는 점이다. 이 서문을 쓴 게 1922년 12월이고 루쉰 형제의 결별은 1923년 7월의 일이다. 결별 이전에 갈등이 이미 나타나고 있었고 그게 서문에 영향을 미쳤을 수도 있지만 확실치는 않다. 서문 앞부분에서 『신생』 잡지 간행을 추진하던 얘기를 할 때도 저우쭤런의 언급은 전혀 하지 않았다. 어쨌든 간에, 1917, 18년 사이에 루쉰이 현실과의 접점을 회복하기 시작했고, 거기에 저우쭤런과 쳰쉬엔퉁의 역할이 컸다는 것은 충분히 짐작할 수 있다.

렇다면 나도 소리 질러 응원해 주자. 첫째는 이 때문이었다.[8]

1)에서 우리는 당시 루쉰의 현실인식의 핵심을 읽을 수 있다. 그가 보기에 현실은 '철벽으로 둘러싸인 방'과 같아서 근본적인 변혁의 희망을 전혀 허락하지 않는다. 이것이 극단적이라 할 만큼 비관적인 것임은 두말할 나위도 없으나, 그러나 그 비관적 현실인식의 내포는 그리 단순치 않다. 이 점을 이해하려면, 1918년에 이미 37세가 된 루쉰의 전기적 사실을 포섭해야 한다.

루쉰은 사대부 집안에서 태어났으나 "병들어가는 대가족의 이상 분위기 속의 몰락 과정에서 성장"[9]했으며, 12세 되던 해인 1893년 관직에 있던 조부가 과거시험 부정사건으로 투옥되고[10] 1894년 10월부터는 부친이 중병에 걸려 거의 2년간 투병하다 사망함으로써 집안이 완전히 몰락해버리며 훗날 "남부럽지 않은 생활을 해오다가 갑자기 궁핍한 처지로 떨어진 사람이라면, 그 과정에서 세상사람들의 진면목을 볼 수 있으리라고 생각한다"[11]고 진술케 한 뼈저린 경험을 했다. 이 경험은 소년 루쉰에게 봉건사회에서의 인간관계의 본질을 직관적으로 파악하게 해주었다는 점에서 대단히 중요하다.

또한, 루쉰이 서구 근대사상을 접하면서 반제·반봉건 혁명지향의 진보적 지식인으로 성장해가는 과정에서 겪은 심각한 갈등과 고뇌, 그리고 숱한 굴절도 염두에 둘 필요가 있을 것이다. 그러나 이에 대한 상세한 고

---

8 「自序」, 『魯迅自選集(1933)』(全集 4, 人民文學出版社, 1961), p. 347.
9 丸山昇, 한무희 역, 『魯迅評傳』(일월서각, 1982), p. 18.
10 보주: 루쉰의 부친을 향시에 합격시키려고 부정을 저질렀다.
11 「自序」, 『吶喊』(全集 1), p. 3.

찰은 별도의 전기적 연구에서 행해질 일이고, 무엇보다도 중요한 것은 근십여 년간 내면화해 온 혁명의 열정이 신해혁명과 그 좌절 과정을 거치면서 무참히 배반당했다는 사실이다. 신해혁명과 그 좌절은 루쉰뿐 아니라 크게는 중국 근대사상사에 깊은 상처를 남겼다. "혁명의 과실은 전부 위안스카이를 위시한 봉건 군벌에게 탈취당했으며 중국 민주주의 혁명의 과제는 해결되지 않은 채 완전히 다음 시대에 넘겨진 형편이었고 사회적으로도 사람이 사람을 먹는 봉건예교의 구사회구조에 아무런 변화도 가져오지 못했던 것이다."[12] 그리하여 당시의 용어를 빌리면 신해혁명이 남겨놓은 것은 '광명'이 아니라 '암흑'이었던 것이다. 루쉰의 비관적 현실인식은 일차적으로 이 '암흑'의 반영이라고 말할 수 있다. 그 위에 루쉰은 '암흑'의 근원적 측면을 보고 있었다. 즉 '암흑' 을 완벽한 것으로 만드는, '암흑'에 대한 모든 저항이나 공격을 어렵지 않게 다시 '암흑' 속으로 흡수해버리는 '그 무엇'—이것을 루쉰은 역사·전통·국민성 등으로 불렀다. 앞서 말한 소년 시절의 체험이 여기서 중요한 역할을 한다—을 그는 직시하고 있었던 것이며,[13] 그렇기 때문에 그 '암흑' 의 근원을 보지 못한 채 '암흑'에 부딪쳐가려는 소박한 태도와 그 소박한 태도에서 비롯된 '희망'에 대해는 회의적일 수밖에 없었던 것이다. 그렇다면 왜 첸쉬엔퉁의 제의에 응하여 「광인일기」를 썼던 것일까? 그 이유 일부가 2)에 매우 굴절된 양태로 나타난다.

2)에서 표면적으로 루쉰은, '전사들에 대한 가세'라고 자신의 집필에 의미를 부여하고 있지만 그 이면에는 반대의 뜻도 담겨 있다. 즉, '전사

12 丸山松幸, 김정화 역, 『5·4 운동의 사상사』(일월서각, 1983), p. 19.

13 丸山昇, 앞의 책, p. 139 참조.

들'의 출현이야말로 루쉰의 지향에 대한 가세이기도 한 것이다.[14] 다시 말하면 후자는 현실과의 관련을 잃고 침잠해 있던 루쉰에게 현실과의 관련 가능성을 다시 부여해준 것으로 설명될 수 있고, 전자는 근거 없는 낙관론에 기운 『신청년』 멤버들의 소박성에 '암흑'의 근원과의 대결이라는 장을 열어준 것으로 이해될 수 있다. 그러면 「광인일기」를 필두로 한 루쉰의 소설들은 그 '암흑'의 근원적 측면과 어떻게 대결하고 있는가?

3. 「아Q정전」 이전

「광인일기」는 한 피해망상증 환자의 일기를 발췌해 소개하는 형식으로 되어 있다. 문어체로 쓰인 서문에서 작가는 이 일기를 입수해 소개하게 된 경위를 밝히는데(물론 허구다), 의도적으로 문어체를 쓰며 일기 내용에 대해 반어적 태도를 취한다. 일기 내용은 모두 13개 절이고 구어체다. 이러한 특수한 형식은 어떠한 의미일지 질문을 던질 때, 우리는 두 가지 답변을 마련할 수 있다. 하나는 지극히 소박한 것으로, 당시의 척박한 상황의 반영이라고 답하는 것이다. 즉, 메시지를 간접화함으로써 혹종의 정치적 탄압을 피하고자 했다고 보는 것이다. 다른 하나는 이 작품이 일종의 관념소설인 데서 주어진 개연성의 소산으로 보는 것이다. 아마도 후자가 더 많은 타당성을 가질 것이다.

일기의 일인칭 화자 '나'는 피해망상증 환자다. '나'는 주위 인물 모두가 사람을 먹으려 하며 언제나 '나'를 호시탐탐 노린다는 망상에 사로

14 위의 책, p. 136.

잡혀 있다. 그 망상은 온갖 사상(事象)을 왜곡시킨다. 예컨대, 여자가 제 아이를 때리며 "이놈아! 네놈을 물어뜯어야 분이 풀리겠다!"고 소리지르는 것을 실제로 인육을 먹겠다는 뜻으로 받아들이고, "쓸데없는 생각은 하지 마세요. 조용히 며칠 요양하면 좋아지게 됩니다"라는 의사의 진단을 요양해서 살이 찌면 잡아먹겠다는 뜻으로 받아들이는 것(4절) 따위가 그러한데, 이 대목들에서는 아직 '나'의 진술이 피해망상의 소치라 할 수 있다. 그러나 『좌전(左傳)』, 『효자전(孝子傳)』, 『본초강목(本草綱目)』 등의 구절을 왜곡해서, 혹은 그대로 인용하는 데 이르면 단순한 피해망상의 소치가 아니라 통렬한 풍자라는 추측이 가능해지며, 혁명가 쉬시린(徐錫麟)의 죽음이나 사람의 생혈을 폐병약으로 먹는 행위 등에 대한 언급에 이르면 "사람을 잡아먹는다"는 진술의 내포가 분명해진다. 그것은 봉건사회의 비인간적·반인간적 인간관계를 뜻하는 것이다. '나'의 공포심은 그 비인간적·반인간적 인간관계에 대한 공포심이다. 그런데 「광인일기」의 의미를 이처럼 왜곡된 인간관계에 대한 풍자 내지 비판으로 규정해버리는 데서 그쳐서는 안 된다. 그 밑에 깔려 있는 비관적 현실인식을 읽어내야 한다.

주목할 것은, '내'가

> 당신들은 고칠 수 있어, 진심으로 고치라구! 앞으로는 사람을 잡아먹는 사람은 세상에서 살아갈 수 없게 된다는 걸 알아야지.
>
> 당신들이 고치지 않으면, 자기 자신도 다 잡아먹힐 거야. 아무리 많이 낳아도 진짜 사람들에게 멸망당할 거야, 사냥꾼이 이리를 모조리 잡아 죽이는 것처럼 말야![15]

라는 부르짖음에 이어,

> 나도 무의식중에 내 누이동생의 고기를 몇 점 먹었는지 모르는 것인데[16]

라는 생각에 사로잡히게 된다는 사실이다. 이는 피해자가 동시에 가해자이며, 가해자 역시 피해자이기도 하다는 관계인식의 표명이다. 민중이 지배체제의 피해자인 동시에 그 지배체제의 유지에 기여함으로써 또한 가해자이기도 하다는 논리와 일치하며, 궁극적으로는 비판과 저항마저 흡수해버리는 체제의 거대한 힘의 존재를 암시하는 것이다. 그렇기 때문에 앞에 인용한 부르짖음이,

> 이제는 알겠다, 진짜 사람을 만나기가 어렵다는 것을![17]

이라는 진술로 대체되지 않을 수 없는 것이다. 이 진술은 결국, 혁명과 근원적 현실 변혁의 희망이 거의 없다는 것을 주장하고 있는 것에 다름 아니다. 마지막 절에서 "아이들을 구하자"고 말하는 것은, 흔히 해석하는 것처럼 새로운 세대에게서 희망을 기대한다는[18] 뜻이 아니라, '아이들'이

---

15 全集 1, p. 18.

16 위의 책, p. 19.

17 같은 곳. 보주: 이 대목의 원문은 "難見眞的人"이다. 직역하면 "진짜 사람을 만나기(보기) 어렵다"인데, 이 말은 중국어나 한국어나 다 두 가지 뜻을 가질 수 있다. 하나는 진짜 사람이 드물어서 발견하기 어렵다는 것, 다른 하나는 내가 부끄러워서 진짜 사람을 볼 낯이 없다는 것. 보통은 첫 번째 뜻으로 읽는다. 그런데 문맥을 따져 보면 두 번째 뜻이 더 적합할 수도 있을 것 같다. 어쩌면 함축성을 포기하더라도 이쪽으로 뜻을 명확히 하는 게 좋을 수도 있겠다. 그러면 '진짜 사람을 볼 낯이 없다는 것을'이라는 번역이 성립된다. 이미 오래전에 루쉰의 영문 번역자인 양셴이, 글래디스 양 부부가 이렇게 번역했고, 일본의 고 마루오 쓰네키(丸尾常喜) 교수가 이 문제를 자세히 검토한 적이 있다.

18 林志浩主編, 『中國現代文學史』 上冊(人民文學出版社, 1979), pp. 61-62 참조.

성인이 되어 비인간적·반인간적 인간 관계 속으로 흡수되기 이전에 이 세계를 파괴해야 한다는—물론 희망은 거의 없지만—당위의 절망적 확인이다.

「광인일기」의 특수한 형식이나, 그 풍자의 내적 불합리성 및 당위의 절망적 확인으로의 귀결 등은 필경 이 작품의 관념성·추상성에서 비롯된 것일 터인데, 이 관념성·추상성은 뒤이은 중요한 두 편의 작품 「쿵이지(孔乙己)」와 「약(藥)」에서 상당히 극복된다.

「쿵이지」는 1919년 3월에 쓰여 1919년 4월 『신청년』 6권 4호에 발표되었다. 이 작품은 루쉰 자신의 소년 시절 체험과 밀접한 관련이 있다. 이 작품의 이야기 주체인 쿵이지가 멍(孟)씨 성을 가졌기 때문에 '멍푸즈(孟夫子)'라고 불렸던 루쉰의 소년 시절 이웃인 몰락한 전통적 지식인을 모델로 하고 있으며, 쿵이지의 "책 도둑은 도둑이라 할 수 없다"는 발언 같은 것이 실제 있었던 일이라는 점, 그리고 루쉰 집안의 적지 않았던 '인생 실패자'와 '성격 파탄자'들의 모습이 쿵이지에게 부여되고 있다는 점 등 소재적 측면에서도 그러하지만,[19] 더욱 중요하게는 루쉰이 소년 시절 거의 직관적으로 체득한 봉건사회 인간관계의 본질적 양상이 이 작품에서 탁월하게 형상화되고 있다는 점에서 그러하다.

이 작품의 시대적 배경은 신해혁명 이전으로 설정되어 있다. 이야기 주체인 쿵이지는 '반쪽짜리 수재(半個秀才)'[20]도 못 딴, 그러면서 사대

19 丸山昇, 앞의 책, p. 149 참조.

20 청나라의 과거는 동자시(童子試)와 정식고시(正式考試)로 나뉘는데 각각 3단계로 구성된다. 동자시를 통과해야 정식고시에 응시할 자격이 생긴다. 동자시는 현시(縣試), 부시(府試), 원시(院試) 3단계이고, 정식고시는 향시(鄕試), 회시(會試), 전시(殿試) 3단계다. 동자시를 통과하면 생원(生員)이나 수재가 된다. 반쪽짜리 수재도 못 땄다는 것은 동자시의 첫 단계조차 통과하지 못한 자를 비웃는 말이다.

부 계급으로서의 경제적 기반마저 완전히 상실한 몰락한 전통적 지식인이다. 그는 유교 이데올로기에 침윤되어 이미 허구나 환상이 되어버린 신분관념—토지소유와 관직획득이라는 토대 위에서만 현실성을 갖는—의 속박에서 벗어나지 못한다. 그는 생계를 위해 도둑질까지 하는 궁핍한 처지에 놓여 있으면서도 독서계급의 신분 표시인 낡아빠진 장삼을 끝내 벗지 않는다. 그는 툭하면 문자를—알쏭달쏭한 문어(文語)를—입에 올린다.

> 그러자 쿵이지는 얼굴을 붉히고 이마에 퍼런 힘줄을 가닥가닥 세우며 항변했다. "책을 훔치는 건 도둑질이라고 할 수 없지…… 책을 훔친다! …… 그건 독서인(讀書人)의 일인데, 어떻게 도둑질이라 할 수 있겠나?" 그러면서 계속 "군자는 본디 궁(窮)하니라"라느니 "……이리오"라느니 하는 알 수 없는 말들을 해서 사람들의 홍소를 자아냈고, 가게 안팎에는 쾌활한 공기가 가득 찼다.[21]

환상(쿵이지의 신분 관념)과 현실(궁핍한 처지) 사이의 이율배반은 일종의 아이러니를 빚어내는데, 이를 봉건독서인의 시대착오적 성격 파탄에 대한 풍자로 규정하는 것은 「광인일기」를 봉건예교에 대한 비판으로 규정하는 것과 마찬가지로 작품을 왜소하게 만든다. 이 아이러니가 그러한 풍자 이상인 것은, 작품의 결말에서 명백히 드러난다.

> 어느 날 오후, 손님이 하나도 없어서 나는 눈을 감고 앉아 있었다. 문득 "술 한 잔 데워줘" 하는 소리가 들렸다. 그 소리는 아주 낮았지만 귀에

21 全集 1, p. 21.

익은 소리였다. 눈을 뜨고 보았지만 아무도 없었다. 일어서서 바깥을 내다보니, 쿵이지가 스탠드 아래에서 문턱을 향해 앉아 있었다. 그는 얼굴이 시커멓고 야윈 게 이미 꼴이 말이 아니었다. 너덜너덜한 겹저고리를 입고 책상다리를 하고 앉았는데, 밑에다 가마니를 깔았고 그것을 새끼줄로 어깨에 매달았다. 나를 보더니 또, "술 한 잔 데워다오"라고 말했다. 주인도 머리를 내밀면서, "쿵이지인가? 자네 아직 외상이 십구 문(文) 있네!"라고 말했다. [……]

"쿵이지, 자네 또 도둑질했지!" 하지만 그는 이번에는 그다지 변명하려고 하지 않고, 단지, "농담하지 마!"라는 한 마디만 했다. "농담이라구? 도둑질을 안 했으면 왜 다리가 부러졌을까?" 쿵이지는 낮은 소리로, "넘어져서 부러졌어, 넘어져서, 넘어져서……"라고 말했다. 그의 눈빛은 주인에게 더 이상 이야기하지 말라고 애원하는 것만 같았다. 이때쯤엔 이미 몇 사람이 모여들어 주인과 함께 웃고 있었다. 나는 술을 데워서 들고 나가 문지방 위에 내려놓았다. 그는 너덜너덜한 옷 주머니 속에서 동전 사 문(文)을 꺼내어 내 손에 올려놓았다. 그의 손은 온통 진흙투성이였다. 그는 그 손을 사용하여 여기까지 온 것이었다. 잠시 후, 그는 술을 다 마셨고, 사람들의 웃고 떠드는 소리 속에서, 앉은 채로 그 손을 사용하여 천천히 가버렸다.

그 뒤로 오랫동안 쿵이지를 보지 못했다.[22]

이 대목에서 우리는 진술 주체인 일인칭 화자 '나'—'나'는 이 주점에서 점원 노릇을 하는 소년이다—의 쿵이지에 대한 은밀한 연민을 읽

22 위의 책, p. 24.

을 수 있다. 이 연민을 중요한 요소로 인정한다면, 다음과 같은 결론을 내릴 수 있다. 첫째, 쿵이지에 대한 풍자는 일방적인 공격적 풍자가 아니다. 둘째, 오히려 쿵이지를 잔인하다 할 만큼 혹심하게 괴롭히고 희롱하는 술집주인과 술꾼들이 진술 주체에게 심정적 적대감의 대상이 되고 있다. 그렇다면 작가의 의도는 쿵이지의 희화가 아니라, 쿵이지라는 인물을 통해 봉건사회의 인간 파괴적 성격을 극명히 드러내는 데 있다고 보아야 한다. 되풀이하면 「광인일기」에서는 관념적으로만 취급되었던 것이 이 작품에서는 쿵이지라는 구체적 형상이 되었다. 이 점에서 「쿵이지」는 「광인일기」로부터 한 걸음 더 나아갔다.

1919년 4월에 쓰여 같은 해 5월 『신청년』 6권 5호에 발표된 「약」은, 「쿵이지」에서 부수적 모티프로 채용되었던, 그러나 실은 루쉰에게 가장 중요했던 문제를 직접적으로 다루고 있다. 그것은 바로 봉건사회의 인간 파괴적 속성에 깊숙이 매몰됨으로써 이제는 오히려 그 인간 파괴적인 봉건사회의 변혁가능성을 스스로 저해하고 봉건사회의 온존에 대들보 노릇을 하는 민중적 삶의 실상이다. 이것이야말로 처참한 아이러니다.

「약」의 시간적 배경도 신해혁명 이전이다. 삼인칭 서술인 이 작품은 네 개의 절로 이루어져 있는데, 이를 간략히 요약하면 다음과 같다.

제1절: 화라오수안(華老栓)이 처형된 혁명가 샤위(夏瑜)의 피를 흠뻑 적신 만두를 망나니에게 산다.

제2절: 그 피 묻은 만두를 폐병 걸린 아들 화사오수안(華少栓)에게 먹인다.

제3절: 화라오수안의 가게에 모인 사람들이 대화한다.

제4절: 샤위의 어머니와 화사오수안의 어머니 화다마(華大媽)가, 우연히 같은 시간에, 각각 자기 아들의 무덤을 찾아온다.

이 간략한 요약에서 알 수 있듯이, 이 작품은 두 이야기로 이루어져 있다. 하나는, 미신에 사로잡힌 무지몽매한 서민이 폐병에 걸린 아들을 인혈만두로 치료하려다가 죽이고 마는 이야기이고, 다른 하나는 혁명적 지식인이 철저히 고립된 상태에서 비참하게 처형당한다는 이야기다. 이 작품의 본질은 이 두 이야기가 '약—인혈만두'를 매개로 하나로 통합된다는 데 있다. 이 점을 무시하고 두 이야기를 따로 분리시켜 이 작품을 이해해서는 안 된다. 이 작품은 단순한 미신규탄도 아니고 혁명가의 희생에 대한 단순한 애도도 아니다. 중요한 것은 화사오수안이 먹는 만두를 적신 피가 혁명가의 피라는 사실이다. 그리하여 이 작품의 의도가 선명히 드러나는 곳은 제3절이다. 제3절에서 사람들의 대화에 의해 간접적으로 알려지는 바에 의하면, 샤위는 옥리에게 "이 대청(大淸)의 천하는 우리 모두의 것이다"라고 하며 '반란을 선동'하다가 뺨을 맞았는데, 뺨을 맞고서는 뺨을 때린 옥리에게 "불쌍하다, 불쌍해"라고 말했다. "이 대청의 천하는 우리 모두의 것이다"라는 말을 사람들이 전혀 이해하지 못하니, "불쌍하다, 불쌍해"라는 말은 터무니없는 소리로 들릴 수밖에 없다.

> "그 천한 자식은 때리는 것도 무서워하지 않고 불쌍하다 불쌍해, 라고 했대."
>
> 수염이 희끗희끗한 사람이 말했다. "그런 자식을 때리는데 뭐가 불쌍하다는 거야?"
>
> 캉아저씨가 한심하다는 듯한 표정을 짓고 차갑게 웃으며 말했다. "자넨 내 말을 못 알아들었구먼. 그 자식 말은 말야, 아이(阿義: 옥리의 이름—인용자)더러 불쌍하다고 한 거라구!"
>
> 듣고 있던 사람들의 눈빛이 갑자기 멍청해졌고, 말도 끊어졌다. [……]

"아이가 불쌍하다구…… 미친 소리, 완전히 미쳤군." 희끗희끗한 수염이 문득 크게 깨달았다는 듯이 말했다.

"미쳤어." 스무 살 남짓한 사람도 문득 크게 깨달은 듯이 말했다.[23]

혁명가와 민중 사이의 괴리가 이처럼 처참하게 묘파되는 경우는 참으로 보기 드물 것이다. 이 세계를 비인간적으로 만드는 그 무엇과의 싸움에 목숨을 바친 혁명가가, 비인간적인 삶의 조건에 허덕이는 민중에게 적대시되고, 조롱받고, 타매(唾罵)된다. 요컨대 앞에서 말했듯이 봉건사회의 유지에 봉사하는 민중적 삶의 부정적인 실상을 「약」은 극명히 형상화한다. 이러한 현상은 혁명가와 민중의 사이에서뿐만 아니라, 민중 내에서도 나타난다. 화라오수안 일가의 불행이 다른 사람들에게 심정적으로조차 공유되지 않고 사람들의 대화가 단지 속악한 관심으로만 이뤄지고 있는 데서 그것은 분명히 드러난다. 위에 인용한 대목 중 인용자가 [……]로 생략한 곳에, "사오수안은 이미 식사를 끝냈는데, 온몸이 땀투성이였고 머리에서는 김이 피어 올랐다"라는 구절이 있는 것은 결코 우연이 아니다.

「광인일기」의 결말이 그러했듯이, 「약」의 제4절에서도 일종의 희망이 상징적으로 제시된다.[24] 외롭게 죽은 샤위의 무덤에 아마도 누군가가 가져다 놓은 것임이 분명한 붉은색과 흰색이 뒤섞인 꽃으로 만든 화환이

23 위의 책, pp. 31-32.

24 이 상징적 수법은 러시아 작가 안드레예프의 영향으로 인정되기도 한다. Douwe W. Fokkema, "Lu Xun: The Impact of Russian Literature", *Modem Chinese Literature in the May Fourth Era* (Harvard University Press, 1977), pp. 89-101; Milena Dolezelová Velingerová, "Lu Xun's Medicine", 같은 책, pp. 221-231 참조.

놓여 있고, 샤위 어머니의 "만일 네가 정말 여기 있어서 내 말이 들린다면—저 까마귀가 네 무덤 위로 나는 모습을 내게 보여다오"라는 기구에 이어 다음과 같은 장면이 묘사되는 것이다.

> 그녀들이 이삼십 걸음도 가기 전에 갑자기 등 뒤에서 "까악……" 하고 크게 우는 소리가 들렸다. 두 사람이 섬찟하여 돌아보니, 그 까마귀가 두 날개를 펴고 한 번 몸을 낮추었다가 곧장 먼곳의 하늘을 향해 화살처럼 날아가는 것이었다.[25]

이러한 장면의 작위성은 한편으로 루쉰의 간절한 소망의 표현이면서, 또 한편으로는 암담한 현실적 절망감의 역설적 표현이다.

「광인일기」, 「쿵이지」, 「약」 등 루쉰의 대표적 초기작을 관류하는 것은 '암흑'이다. 봉건사회의 인간 파괴적 성격과, 그것의 소산이며 그것의 유지에 봉사하는, 자신의 고통과 불행을 확대 재생산하는 데 스스로 기여하는 비극적 인간관계—그 일종의 악무한이야말로 '암흑'의 정체다.

「광인 일기」, 「쿵이지」, 「약」 이후 1년 남짓한 기간 동안 루쉰은 작품을 쓰지 않는다. 이 기간은 5·4운동이 전개되던 때다. 후속 작품은 5·4운동이 퇴조기에 접어들 조짐을 보이기 시작한 1920년 6월에 이르러서야 쓰인 「내일」(『신조(新潮)』 2권 1호)이다. 과부인 산씨네 넷째 아주머니(單四嫂子)가 한의의 처방에 따르다가 아이를 죽이고 마는 이야기인 이 작품은 그 내용이 부분적으로 「약」의 반복이면서 전체적으로 「약」으로부터의 일보 후퇴이기도 하다. 이 작품을 '봉건적 한의의 기만과 사기성'에 대한 공

---

25 全集 1, p. 34.

격으로 해석하는 것은 그 부분적 반복 중에서도 일부분만을 주목한 결과다. 이 작품을 「약」의 부분적 반복이라 한 것은 오히려 봉건통치하에서의 냉막한 인간관계를 명백히 드러내면서 비판하기 때문이며, 전체적 후퇴라 한 것은 「약」에서의 혁명가 및 혁명의 의미에 대한 냉철한 탐구가 「내일」에서는 사라져버리기 때문이다.

어쨌든 「내일」로 재개된 루쉰의 소설쓰기는 「작은 사건 하나」(『신보(晨報)』, 1920. 7.), 「두발 이야기」(『학등(學燈)』, 1920. 10.), 「풍파」(『신청년』, 1920. 9.), 「고향」(『신청년』, 1921. 5.)으로 이어진다. 여기서 무엇보다도 주목할 것은, 「광인일기」부터 「내일」에 이르기까지의 작품들이 신해혁명 이전을 시대 배경으로 설정하고 있는 데 반해 이 일련의 작품들은 신해혁명 이후를 시대 배경으로 삼고 있다는 점이다. 「두발 이야기」와 「풍파」는 모두 변발을 자르는 문제를 매개로 신해혁명의 개혁적 요소가 무화되어 버린 사태를 비판하고 있다. 그중 「풍파」가 농촌을 배경으로 한 데 반해, 「두발 이야기」는 도시를 배경으로 하고 있는데, 「두발 이야기」에서 N의 입을 통해 작가는 다음과 같이 말한다.

> "여러 사람의 얼굴이 눈앞에 어른거리는군. 몇몇 청년들은 십여 년을 고생스럽게 뛰어다니다가 어둠 속에서 날아온 한 방의 총알을 맞고 목숨을 잃었지. 암살을 모면한 청년들은 감옥에서 한 달 이상이나 고문을 당했고 큰 뜻을 품었다가 갑자기 행방불명이 된 청년들은 시체마저 찾지 못했네. —
>
> "그들은 모두 세상의 냉소, 타매, 박해, 함정 속에서 일생을 보냈어. 지금은 그들의 무덤도 망각 속에서 사라져가고 있지.
>
> "나는 이런 일을 기념할 수는 없네.[26]

요컨대, 혁명은 변발을 없애 변발을 자른 채 거리를 다녀도 사람들의 조소를 받지 않게 된 것을 제외하면 아무것도 변혁시킨 것이 없고, 다만 혁명 당시의 유혈과 희생만을 지울 수 없는 기억으로 남긴 채, 그나마 "그들의 무덤도 망각 속에 사라져가고 있는 형편"이다. 이 무화(無化)의 원인은 무엇인가? 그것은 바로, 앞에서 민중 내부에 존재하는 일종의 악무한이라고 말한 중국 사회의 '암흑'이다. 그 '암흑'이 혁명의 개혁적 가능성을 삼켜 버리고 만 것이다.

5·4운동이 완전히 퇴조 현상을 드러낸 1921년 1월에 쓰인 「고향」도 같은 각도에서 이해할 수 있다. 다만 여기서는 신해혁명이 아니라 어린 시절의 기억이 대상이라는 점에서 다를 뿐, '암흑'에 의한 '꿈의 붕괴'가 주제라는 점에서는 「두발 이야기」와 구조적 상동성을 지닌다. 「고향」은 일인칭 화자(=작가)가 이십여 년만에 고향에 돌아와, 그의 어린 시절의 기억 속에 원초적 생명력의 표상으로 남아 있는 소년 룬투(閏土)가 이제 '다른 사람'이 되어 있는 것을 발견하고 크게 낙담한다는 이야기가 큰 줄거리다. 혁명의 개혁적 가능성의 소멸보다도 원초적 꿈의 소멸은 더욱더 처절한 비극으로 인식되며, 그만큼 '암흑'은 더욱더 파괴적인 것으로 부각된다.

「광인일기」에서 「고향」에 이르기까지의 일련의 작품들은 '암흑'의 묘파라는 점에서 공통점이 있다. 다만 1920년 7월에 쓰인 「작은 사건 하나」는 예외다. 이 작품은 번역본이 200자 원고지 열두세 장 정도의 분량에 지나지 않는 소품으로, 소설이라기보다는 수필에 가깝다는 점에서도 예외적이다. 이 작품에서 기술되는 사건은 루쉰의 실제 체험이었을 가능

---

26 위의 책, p. 47.

성이 높다. 1917년으로 설정된 겨울 어느 날, 일인칭 화자 '나'가 탄 인력거가 초라한 차림의 노파와 부딪치는 데서 사건은 발단한다. 인력거꾼은 별로 크게 다치지 않았으면서도 엄살을 부리는 노파를 부축해서 파출소로 모신다. 인력거꾼은 쓸데없는 일을 해서 고생을 사서 하는 꼴이라고 생각하던 '나'는, 그 인력거꾼의 뒷모습에 갑자기 '기이한 느낌'을 받는다. "온몸에 먼지를 뒤집어 쓴 그의 뒷모습이 순식간에 커지더니, 점점 그 크기를 더해 마침내 올려다보지 않으면 안 될 만큼 커지"는 것이다. 그리하여 화자는 다음과 같이 진술한다.

> 이 작은 사건 하나만은 늘 내 눈앞에 떠오르고, 어떤 때는 전보다 더 분명해지면서, 나를 부끄럽게 만들고, 나의 쇄신을 재촉하고, 또한 나의 용기와 희망을 북돋아 준다.[27]

「쿵이지」, 「약」, 「내일」 등에서 보이는 본질적으로 인간적 유대가 결여된 인간관계와는 달리, 「작은 사건 하나」에서 나타나는 인력거꾼의 행동세계에는 인간적 유대가 존재한다. 이는 명백히 루쉰의 세계인식에 모순되는 사례이며, 그렇기 때문에 이는 루쉰에게 일종의 경이로 받아들여진다. 그러나 이 경이는 너무도 지엽적인 단편적 사례에 불과하여 암흑을 유지하는 근원적 조건인 비극적 인간관계를 극복할 가능성으로 추구되지는 않는다. 이 작품에 이어지는 「두발 이야기」, 「풍파」, 「고향」의 암흑묘파가 그것을 말해준다.

27 위의 책, p. 45.

> 나는 생각했다. 희망은 본래 있다고 할 수도 없고, 없다고 할 수도 없다. 그것은 지상(地上)의 길과 같다. 사실은, 원래 지상에는 길이 없었는데, 걸어다니는 사람이 많아지자 길이 된 것이다.[28]

「고향」의 이 유명한 마지막 구절이 그러하듯, 그것은 현실적 가능성에 대한 신뢰가 아니라 당위의 절망적 확인으로 귀결되고 만다.

4. 「아Q정전」

신해혁명 전후를 시대배경으로 설정하고 있는 「아Q정전」은 앞 절에서 살펴본 작품들과 마찬가지로 '암흑'의 묘파에 의도를 두고 있으나, 그 이전의 작품들이 단지 민중의 부정적 양태에서 '암흑'의 근원적 양상을 파악하는 데 반해, 「아Q정전」은 지배계급까지를 포함하여 중국 사회를 전체적으로 인식함으로써 보다 진전된 성취에 이른다.

「아Q정전」은 「고향」이 나온 지 11개월 뒤인 1921년 12월에 쓰이기 시작했다. 이 사이의 공백 기간은 이미 1920년 말부터 선명해진 5·4운동의 퇴조 현상이 사상계의 완전한 분열을 가져와, 1921년 9월 『신청년』은 9권 3호로 정간되고 1917년 이래의 '문학혁명' 운동은 지리멸렬해져 버리고 만 시기다. 1921년 7월 중국공산당이 창당되어 리다자오(李大釗)와 천두슈 등의 『신청년』 멤버들이 그 중심 세력이 되었으나 루쉰은 이에 참가하지 않았다. 아마도 확신이 없었기 때문일 것이다. 그때까지의 루쉰의

28 위의 책, p. 71.

작품활동이 말해주듯, 루쉰은 '근거 없는 희망—환상'에 결코 안주하지 않으려 했기 때문에, 이때 그에게 필요한 작업은 중국의 사회적·역사적 현실의 전체상을 확실히 거머쥐는 일이었고, 바로 그 일을 감당해낸 것이 「아Q정전」이었던 것이다.

「아Q정전」은 원래 『신보(晨報)』 문화면의 주간 쑨푸위엔(孫伏園)의 청탁으로 '개심화(開心話)'란에 '바런(巴人)'이란 필명으로 쓰기로 했던 것이다. '개심화'란 '심심풀이의 즐거운 이야기'라는 뜻이며, 바런이란 '하리파인(下里巴人)'에서 따온 말로서 고아(高雅)하지 않다는 뜻이다.[29] 이러한 사실은 루쉰이 처음 「아Q정전」을 쓰기 시작했을 때 소설을 쓰려 한 것이 아니었음을 말해준다. 1회 연재분인 제1장 「서(序)」는 루쉰 자신의 표현을 빌리면 "불필요한 골계를 마구 덧붙여 전체 작품 속에서 조화를 이루지 못하는 것이 사실"[30]이다. 2회 연재분인 제2장 「승리의 기록」부터 비로소 루쉰은 「아Q정전」을 소설로 쓰기 시작했고, 그에 따라 '개심화'란에서 '신문예(新文藝)'란으로 옮겼다. 그리하여 루쉰 자신은 「아Q정전」에 대해 그다지 자부하지 않았던 것 같다. 그 구체적 예를 들어보면 다음과 같다.

1) 『중국신문학대계』 소설 제2집 서문(1935. 3.)에서, 루쉰은 「광인일기」, 「쿵이지」, 「약」, 「비누」, 「이혼」을 자신의 대표작으로 꼽으면서, 「아Q정전」을 언급하지 않고 있다.

2) 첫 소설집 『납함』 서문에서 「광인일기」와 「약」을 꼽으면서 「아Q정

---

29 魯迅, 「阿Q 正傳的成因」, 全集 3(人民文學出版社, 1961), p. 281 참조.

30 같은 곳.

전」은 언급하지 않고 있다.

3) 『중국신문학대계』 소설 제2집에 「광인일기」, 「약」, 「비누」, 「이혼」 4편을 수록하면서 「아Q정전」은 싣지 않았다.[31]

그러나 뒤이은 분석에서 드러나는 바처럼, 「아Q정전」은 참으로 루쉰 소설의 으뜸가는 성취다. 「아Q정전」은 모두 9장으로 이루어진 중편소설이다. 장별로 내용을 요약하면 다음과 같다.

제1장 서(序): 제목에 대한 해명. 첫째, 열전(列傳)·자전(自傳)·내전(內傳)·외전(外傳)·별전(別傳)·가전(家傳)·소전(小傳)·본전(本傳) 등의 제명을 붙이지 않고 정전(正傳)이라 한 까닭을 밝히고, 둘째, 성도 모르고 그 발음이 꾸이(Quei)라는 것을 제외하면 이름자도 모르기 때문에 '아Q(阿Q)'라고 쓰기로 했음을 밝힌다.

제2장 승리의 기록: 아Q는 언제부턴지 미장(未莊)의 토지묘에 살고 있는 농촌빈민이다. 그는 자부심이 무척 강한데, 실제 자부심을 가질 아무런 근거도 없고 오히려 사람들에게 조롱당하고 구타당할 뿐이다. 그것을 그는 '정신승리법'으로 이겨낸다.

제3장 속·승리의 기록: 어느 날, 아Q는 왕털보에게 얻어맞고 '가짜양놈'에게 매를 맞는데, 자신이 평소 경멸하던 사람들에게 거꾸로 얻어맞고 만 일들은 '정신승리법'으로 이겨내지지 않는다. 그러나 아Q는 만만한 젊은 여승을 희롱함으로써 승리의 쾌감을 맛본다.

제4장 연애의 비극: 젊은 여승을 희롱한 뒤 뜻하지 않게 마음이 들뜬 아

31 司馬長風, 『中國新文學史』(香港: 昭明出版社, 1975), p. 110 참조.

Q는, 자오(趙)나으리 댁에서 일을 하다가 그 집의 하녀 우마(吳媽)에게 "나하고 자자!"라고 외치며 그녀 앞에서 무릎을 꿇는다. 이 일로 아Q는 매를 맞고, 지보(地保: 마을의 순경)에게 술값을 뜯기고, 자오나으리 댁에 피해 보상을 한다. 그 바람에 털모자며 솜이불을 저당잡히고 품삯과 웃옷을 다 뺏긴다.

제5장 생계의 문제: 자오나으리 댁에서 벌어진 사건 이후, 아Q는 품팔이 일거리가 끊어져 생계에 위협을 받는다. 자기 일거리를 대신 맡은 샤오D(그는 아Q가 가장 경멸하던 사람이다)를 때려주려 하지만 싸움은 무승부로 끝나고 만다. 아Q는 암자의 채마밭에서 무를 훔쳐 먹고 현성(縣城)으로 간다.

제6장 중흥에서 말로까지: 새 옷을 입고 현금을 지닌 채 미장으로 돌아온 아Q는 사람들에게 존경을 받는다. 현성에서 가져온 물건들을 팔면서부터는 사람들의 총애를 받는다. 그러나 그 물건들이 장물이며 그의 역할이 망보기였고 그가 겁 많은 좀도둑에 불과함이 밝혀지자 다시 멸시받는다.

제7장 혁명: 혁명당의 현성 입성으로 나으리들이 두려워하고 당황하는 모습을 보고, 아Q는 혁명이 나쁘지 않다고 생각하고 혁명당에 투항할 것을 결심한다. 마음이 들뜬 그는 "반란이다! 반란이다!" 하고 외치며 거리를 활보하여 자오나으리 등의 사람들을 겁먹게 한다. 그러나 다음날 아침, 아Q는 자오수재와 가짜양놈이 "벌써 혁명을 한" 것을 알게 된다.

제8장 혁명 불허: 혁명당의 현성 입성에도 불구하고, 미장은 물론 현성도 변발문제 외에는 아무런 변화도 없다. 아Q는 혁명당에 새로 입당한 가짜양놈에게 자기도 끼워줄 것을 부탁하려다가 욕만 먹고 쫓겨난다. 그러던 어느 날, 강도들에게 자오나으리 댁이 약탈당하는

광경을 목격한다.

제9장 대단원: 아Q는 자오나으리 댁을 약탈한 강도단의 일원으로 간주되어 체포된다. 의사소통이 전혀 이뤄지지 않는 신문 끝에 총살형이 결정되어 아Q는 영문도 모르는 채 총살당한다.

중국의 루쉰 연구자들은 대체로 아Q에게 전형(典型)으로서의 의미를 부여하며 이 작품을 이해하고 설명하려 했다. 이를테면 아Q는 가장 엄중한 압박을 받는 떠돌이 고농(雇農)으로서 반항성과 혁명성을 가짐과 동시에 한편으로 정신승리법이라는 해독스러운 사고형태에 지배됨으로써 자신의 노예적 피착취 현실을 충분히 인지하지 못하기 때문에 진정한 계급적 각성에 이르지 못한다고 본다. 이렇게 보면 「아Q정전」의 핵심은 제7장에서 아Q가 "혁명당이란 반역이며, 반역은 곧 그를 괴롭히는 것"이라는 고정관념에서 벗어나 "혁명도 나쁘지 않다"고 생각하는 대목이다. 즉 정신승리법이라 명명된 농민계급의 병든 의식 상태로부터 그 사회적 존재에 의해 본래적으로 주어진 혁명적 에너지로 전화할 가능성을 포착했다는 점이 「아Q정전」의 핵심이며, 이러한 전형을 창출해냄으로써 압박과 착취를 받아 자발적으로 혁명을 요구하게 되는 빈농의 계급적 특징을 웅변적 생활논리로 증명했다고 설명된다.[32] 이러한 독법이 일면의 타당성을 갖는 것은 사실이지만, 「아Q정전」의 특정 부분만을 의미화한 것이므로 결코 충분한 설득력을 갖지 못한다.

우선 이 작품에서의 '정신승리법'의 역할은 서사적 구조의 측면에서 볼 때 본질적인 것이 아니다. '정신승리법'이란, 이를테면 사람들에게 언

32 林志浩, 앞의 책, pp. 67-70 참조.

어맞고서 "나는 말하자면 자식놈에게 매를 맞은 셈이다"라고 생각해버림으로써 승리감을 획득하거나 "자기야말로 스스로 자신을 가장 잘 경멸할 수 있는 제일인자인데, 거기서 '자신을 경멸한다'는 것을 제외하면 남는 것은 '제일인자'뿐"이라고 생각함으로써 지독한 모멸감을 간단히 승리감으로 뒤바꾸는 행태를 지칭하는 것이다. 이것이 루쉰이 말하는 이른바 중국의 '국민성'에 대한 풍자일 수 있음은 말할 나위 없으며, 그렇기 때문에 「아Q정전」이 연재되던 때에 많은 사람들이 이 작품이 바로 자신을 공격한 것이라 생각하고 두려워하는 일까지 있었던 것이다. 그러나 서사 구조상, '정신승리법'이란 기껏해야 발단에 지나지 않는다. '정신승리법'이 고유한 모습으로 나열되는 것은 제2장에서다. 제3장부터는 '정신승리법'의 파탄이 벌써 나타나기 시작한다. 평소 털보라는 이유로 경멸해온 왕털보에게 얻어맞은 데서 비롯된 굴욕감, 쳰(錢)나으리 댁의 맏아들이긴 하나 변발을 자른 까닭에 아Q의 경멸 대상이었던 '가짜양놈'에게 매를 맞은 치욕은 '정신승리법'으로도 어쩌지 못한다. 그 치욕은 '망각' 속에 잠시 숨었다가, 만만한 젊은 여승을 희롱함으로써 겨우 보상받는 것이다. 더구나 제4장에 이르면 이미 '정신승리법'은 아Q의 의식 상태와 거의 관계가 없다. 제4장에서 아Q가 하녀 우마에게 "나하고 자자!"면서 별안간 무릎을 꿇는 것은, 비록 우스꽝스럽게 그려져 있으나, 그 우스꽝스러움 속에는 처절할 정도의 인간적 절실함이 깔려 있다. 여기서부터 아Q는 단순한 공격적 풍자의 대상이 아니다. 이 사건을 계기로 아Q는 비극적 말로로 들어서기 시작하는데, 공격적 풍자는 부수적인 것이 되고 해학이 전면으로 대두하며 아Q에 대한 희화화는 강력한 비애를 포함하는 것이다.

제4장부터 아Q의 불행한 삶은 자오나으리 댁과 불가분의 관계로 나타난다(그 관계는 갈수록 심화된다). 우마의 사건 이후 아Q가 생계에 위협을 받는 것은 실제로 자오나으리 댁의 존재 때문이다. 아Q가 자오나으리

댁에 출입을 금지당하면서부터 미장의 여자들은 아Q만 눈에 띄면 자리를 피하고 미장의 농가에서는 아Q에게 품팔이 일을 맡기지 않는다. 제5장에서 '중흥'한 아Q가 다시 비참한 지경으로 떨어지는 것 또한 자오나으리 댁과 관련 있다. 아Q가 현성에서 가져온 장물을 헐값에 구입하려는 욕심이 충족되지 않자, 자오나으리 댁의 아들 자오수재는 분개하여 "저 머저리 같은 놈은 주의해야 해. 차라리 지보한테 말해서 미장에서 추방하는 편이 나을지 몰라"라고 말하고, 자오나으리는 "아니다. 그런 짓을 하면 원망을 살 뿐이다. 이런 장사를 하는 자들은 대체로 '매는 제 둥지 밑의 먹이를 먹지 않는다'고 하니, 우선 이 마을에선 걱정하지 않아도 된다. 다만 밤중에 문단속만 잘하면 돼"라고 말하는데, 이 소문이 퍼지자 아Q는 다시 불리한 지경에 빠진다. 제7장에서 아Q가 '혁명도 나쁘지 않다'고 생각하는 것은 이러한 맥락 속에서 이해되어야 한다. 혁명을 두려워하여 재물을 도피시키는 바이(白)거인의 모습과 당황해하는 자오나으리의 모습을 보고서, '혁명도 나쁘지 않다'고 생각하는 것은 지극히 순박한 반응이다. 자오나으리, 자오수재, 첸나으리, 가짜양놈, 바이거인 등은 봉건적 지배계급에 속하는 인물들로서, 살펴본 것처럼 아Q의 불행을 초래하는 장본인들이므로 얼핏 맹목적 반항으로 보일지도 모를 "반란이다! 반란이다!"라는 외침이 절실성을 획득한다. 그것은 아Q 자신은 의식하지 못하지만 축적된 비애의 발현이다.

그러나 아Q의 '혁명당에의 투항'은 다시 한번 헛된 일이 되고 만다. 자오수재와 '가짜양놈'이 먼저 혁명을 해버린 것이다. 혁명에 참여하려던 아Q의 꿈은 '가짜양놈' 때문에 무참하게 깨어지고 마침내 그는 자오나으리 댁을 약탈한 강도단과 연루된 자로 무고되어 총살형을 당한다. 혁명에 의해 타도되어야 할 구(舊)지배계급이 혁명당의 일원으로 전신하며 혁명의 주체가 되어야 할 피지배계급은 '혁명'을 위해 죽음을 당하는 이 아이러니야말로 바로 신해혁명의 실체에 대한, 나아가 중국 사회의 봉건성에 대한 근본적 비판이다.

「아Q정전」에서 주목해야 할 것은 다음의 두 가지 사실이다. 하나는, 봉건적 지배계급이 루쉰의 소설 속에 등장한다는 것이다. 「아Q정전」 이전의 작품들에는 이들이 거의 나타나지 않았다. 예외라면, 1911년에 쓴 한문소설 「회구」의 앙성선생(仰聖先生)과 요종(耀宗), 「풍파」의 자오 일곱째 나으리(趙七爺)인데, 그러나 이들은 민중의 불행과 본질적 연관이 없다. 반면에 「아Q정전」의 자오나으리, 자오수재, 쳰나으리, 가짜양놈 등은 민중의 불행과 본질적 연관을 갖고 나타나는 것이다. 「아Q정전」은 제국주의 침략 아래 반(半)식민지 상태에 놓여 있던 중국 사회의 내적 모순을 그 계급관계에 초점을 맞추어 총체적으로 형상화하고 있다. 이 점에서 「아Q정전」은 루쉰 소설 중에서 가장 탁월한 성과로 꼽히게 된다.

또한 루쉰의 풍자 양식에 근본적 변화가 생겨난 점을 주목해야 한다. 「아Q정전」에서는 지배계급이 풍자적 공격의 대상이고, 민중에 대한 풍자는 부수적인 것이 되면서 대신 동정과 연민에 뿌리를 둔 해학이 주로 나타난다. 이는 「약」이나 「고향」에서 당위의 절망적 확인으로 표명되는 희망과 기구(祈求)가 민중에 대한 전체적 부정의 관점 위에 조작적으로 세워진 것이라는 점에서 문학적 약점으로 지적될 수 있는 데 반해, 외면상 철저한 절망의 모습을 하고 있지만 그 형식가(形式價)가 민중에 대한 근원적 긍정을 구현한다는 점에서 전혀 다른 국면으로의 진입이라고 평가될 수 있다.

그러나 「아Q정전」 이후 루쉰의 소설은 급격히 추락한다. 1922년 6월부터 10월 사이에 잇달아 나온 「단오절」, 「흰 빛」, 「토끼와 고양이」, 「오리의 희극」, 「마을 연극」 등 5편은 「아Q정전」의 긴장된 성취로부터 후퇴하고 있다. 당시 관리와 교사의 침체된 생활과 의식을 속물에 대한 야유와 자조의 맥락에서 묘사하거나(「단오절」), 청조의 몰락한 독서인의 비참한 최후를 그리거나(「흰 빛」), 발랄했던 소년기의 기억을 더듬음으로써 현재의 무기력함을 간접적으로 드러내는(「마을 연극」) 등 이 소설들은 주제가 본격성을 상실하고 한결같이 소품일 뿐 아니라, 형식적 측면에서도 신변잡기적 성격을 짙게 띤다.

루쉰은 「광인일기」로부터 1922년 12월에 발표한 「부주산(不周山)」에 이르기까지 15편을 묶어 첫 작품집 『납함』을 1923년 8월에 간행하는 한편, 러시아 시인 에로센코의 작품을 번역하며 일 년여 동안 소설을 쓰지 않는다. 그가 다시 소설을 쓰기 시작한 것은 1924년 2월에 이르러서였고 이 때 쓴 것이 「복을 비는 제사」다. 이 무렵은 1924년 1월에 제1차 국공합작이 성립되면서 중국혁명이 5·4 퇴조기로부터 새로운 상승기로 서서히 이행하던 시기다. 재개된 루쉰의 소설쓰기는 복합적인 요소들의 혼돈과 상충 속에서 이루어지는데, 「복을 비는 제사」 이후 1925년 11월에 쓰인 「이혼」까지의 11편은 그 혼돈과 상충을 잘 드러낸다. 이 기간 중 루쉰은 1925년 8월에 발발한 북경여사대사건에 관여함으로써 현실과의 직접적 접촉을 꾀하는데, 이는 루쉰의 삶과 문학에 지대한 변모의 계기로 작용한다.

5. 루쉰 소설과 5·4운동

1918년에서 1922년까지의 루쉰의 소설들이 '암흑'의 근원적 측면과 어떻게 싸우는가를 구체적으로 살펴보았다. 글의 서두에서 이미 지적한 바지만, 흥미로운 것은 루쉰이 소설을 쓴 시기는 5·4운동 시기임에도 그의 소설들의 주제는 신해혁명 전후, 즉 5·4운동 이전이라는 사실이다. 더구나 루쉰의 소설은 5·4운동으로 가능했을 어떤 전망의 획득과 철저히 무연했고, 심지어는 소박한 의미에서의 낙관적 희망의 표명과도 거의 무관했다. 오히려 그 반대 양상을 보이고 있다. 이를 어떻게 이해해야 할 것인가.

먼저 루쉰은 5·4운동을 부정적으로 보았다. 1920년 5월 5일 자 편지에서 루쉰은 다음과 같이 말하고 있다.

> 요 몇 해, 국내가 소란스럽고 그 영향은 교육 제도에도 미쳐서 벌써 1년이나 뒤숭숭한 상태입니다. 보수파는 이것을 난세의 근원이라 생각하고 진보파는 이것을 극히 찬미하고 있습니다. 전국의 학생은 화근이라 불리기도 하고, 지사(志士)로 추앙받기도 합니다. 그러나 내가 보기엔, 중국에는 아무런 영향도 없습니다. 일시적인 현상일 뿐입니다. 지사라고 하는 것도 물론 과찬이며, 화근이라고 하는 것도 대단한 누명인 것입니다.[33]

물론 5·4운동에 대한 평가는 이와 다를 수도 있다. 이를테면 마오쩌둥은 그의 「신민주주의론」에서 다음과 같이 말한다.

> 5·4운동은 반제국주의 운동이며 또 반봉건의 운동이었다. 5·4운동의 훌륭한 역사적 의의는 신해혁명에서는 찾아볼 수 없는 형태를 간직하고 있다는 데에 있다. 그것은 철저히 비타협적으로 제국주의에 반대하고 철저히 비타협적으로 봉건주의에 반대하는 데에 있었다. [……] 5·4운동의 처음 단계에서는 공산주의적 지식인과 혁명적 프티부르주아 지식인 및 부르주아 지식인(당시의 운동에 있어서 우익이었다)의 3부분으로 된 통일

33 丸山昇, 앞의 책, p. 146에서 재인용.

> 전선의 혁명운동이었다. 거기서 가지는 약점은 노동자와 농민의 참가 없이 지식인에만 한정된 데 있었다. 그러나 그것이 6·3운동으로 발전한 때에는 지식인뿐 아니라 광범위한 민중과 중간층 및 부르주아도 참가해서 전국적인 혁명운동으로 확대되었다. [……] 5·4운동은 사상 면에서나 간부 면에서나 1921년의 중국공산당 창립을 준비한 것이라고 볼 수도 있으며 또 5·30운동과 북벌전쟁을 준비했다.[34]

여기서 중요한 것은 루쉰이 5·4운동을 부정적으로 인식하고 있었다는 사실을 일단 받아들이고, 이 인식의 구체적 내포를 해명하는 일이다.

루쉰 소설이 신해혁명 전후를 다루는 것은 두 가지 각도로 나누어 이해할 수 있다. 하나는 그가 과거에 얽매여 있었다는 점이다. 서구근대사상과 접촉한 이후 신해혁명까지 그의 20대 시절 내내 내면화한 혁명의 열정이 무참히 배반당한 데서 비롯된 좌절이 5·4운동 시기에도 루쉰의 정신 세계를 지배하고 있었다. 그 좌절은 루쉰에게 현실과의 직접적·경험적 관련을 잃게 하였다. 그가 끊임없이 과거의 의미를 거듭 탐구한 것은 당연한 일이기도 하다. 그 과거에 대한 얽매임, 좌절 속의 침잠이 루쉰에게 5·4운동의 부정적 측면을 쉽게 감지할 수 있도록 해주었다. 루쉰 소설이 온통 '암흑'으로 가득 차 있는 것은 이런 맥락에서 이해될 수 있다.

그러나 이러한 이해는 부분적으로는 타당하지만 여전히 피상적이다. 우리의 이해는 거기서 한 걸음 더 나아가야 한다. 루쉰이 신해혁명 전후를 다루는 것은, 그 자체가 루쉰 나름으로 5·4운동을 내면화하는 과정일 수 있다. 과거탐구가 현재적 현실인식과 본질적 관련을 맺고 있다는 명제

34 丸山松幸, 앞의 책, p. 16에서 재인용.

는 여기서도 유보 없이 적용된다. 루쉰의 눈에 비친 5·4운동은 중국 사회를 근본적으로 변혁할 하나의 가능성이라기보다는 모든 개혁과 저항의 가능성을 남김없이 무화해버리는 중국 사회의 봉건성, 즉 '암흑'에 매몰될 또 하나의 좌절에 다름 아닌 것이었다. 이 철저한 절망적인 현실인식에도 불구하고 루쉰은 소설을 썼다. 온통 '암흑'으로 가득찬 그의 소설은 바로 좌절과의 싸움이며 '암흑'과의 싸움이었다. '암흑'의 완전무결함을 파괴할 계기가 이 세계에 존재해서 그것을 보여주었던 것이 아니고, 이 세계를 '암흑'으로 인식하여 그 암흑의 근원적 측면을 묘파해냈다는 사실, 그리고 이 행위를 결행하도록 한 어떤 힘이 실제로 존재했다는 사실[35]에서, 「아Q정전」을 정점으로 하는 루쉰의 소설적 실천의 객관적 의미가 생겨난다. 이것이야말로 루쉰에게, 그리고 루쉰 소설에 대해 5·4운동이 갖는 의미이며, 거꾸로 5·4운동에 대해 루쉰 소설이 갖는 의미다.

---

35 丸山昇, 앞의 책, p. 151 참조.

○

루쉰, 혹은 전략과 진실 사이*

'중국 문화혁명의 주장(主將)이며 위대한 문학가·사상가·혁명가로서 문화 투쟁에서 전 민족의 대다수를 대표하여 적과 싸운 가장 정확하고 가장 용감하고 가장 굳세고 가장 충실하고 가장 열렬한 공전(空前)의 민족 영웅'이라고 공인받은 루쉰의 문학적 생애는 공인받은 바와는 달리 숱한 고뇌와 갈등으로 점철되어 있다. 문학과 정치의 관계라는 측면에서 말하자면 위의 공인은 루쉰에게 문학과 정치가 한치의 어긋남도 없이 완벽하게 통일되어 있음을 암시하지만, 루쉰의 문학적 생애에 대한 구체적 검토는 오히려, '전략과 진실 사이의 찢김'이라고 부를 만한 고뇌와 갈등의 상을 우리에게 선명히 부각해준다. 이 고뇌와 갈등의 상이야말로 당대의 현실과 문학의 실체가 무엇인지를 핵심적으로 요약해 보여주는 전형이다.

* 이 글은 『문예중앙』(중앙일보사) 1984년 겨울호에 발표한 것이다.

뿐만 아니라 오늘날 이 땅의 현실과 문학에 대한 이해와 전망에 좋은 참조틀이 되어준다.

이 글은, 그 고뇌와 갈등의 상을 주로 1928년에 벌어졌던 젊은 혁명문학 이론가들과의 논쟁에서 포착해보려는 데 의도를 두고 있다. 당시의 논쟁은 문학과 정치의 관계설정에 대한 서로 다른 시각들이 맞부딪쳐 일어났다. 정치를 문학에 있어서 내적인 문제로 내면화하는 루쉰과 문학과 정치의 관계를 외적으로 설정하는 젊은 혁명문학 이론가들 간 시각의 차이는, 문학의 상대적 자율성을 인정하고 정치와의 관련을 문학성의 수준에서 파악하는 루쉰의 문제틀과, 문학 및 문학운동을 정치투쟁의 수단으로 종속시키는 젊은 혁명문학 이론가들의 문제틀의 차이로 구체화된다.

루쉰은 1881년 9월 25일(음력 8월 3일) 절강성(浙江省) 소흥현(紹興縣)에서 부(父) 저우펑이(周鳳儀)와 모(母) 루루이(魯瑞)의 장남으로 태어났다. 아명은 위산(豫山), 본명은 장서우(樟壽), 자는 예재(豫才)였고 17세 때 수런(樹人)으로 개명했으니, 그의 본명은 저우수런(周樹人)이다. 그가 중국 현대소설의 효시로 일컬어지는 「광인일기」를 써서 루쉰이란 이름으로 발표한 것이 1918년이니 37세 때다. 그 전까지의 그의 경력을 간략히 정리하면 다음과 같다.

- 1898년(17세) 강남수사학당(江南水師學堂) 입학
- 1899-1902년(21세) 강남육사학당(江南陸師學堂) 부설 광무철로학당(礦務鐵路學堂) 졸업
- 1902-1904년(23세) 도일(渡日). 중국인 유학생 예비학교인 홍문학원(弘文學院) 졸업
- 1904-1906년(25세) 센다이(仙臺) 의학전문학교 수학. 1906년 중퇴하고 일시 귀국하여 결혼하지만 곧 동경으로 돌아감

- 1907-1909년(28세) '광복회'에 입회. 몇 편의 산문을 발표하고, 동생 저우줘런(周作人)과 함께 『역외소설집(域外小說集)』(러시아 및 동구의 단편소설 편역) 출판. 1909년 8월 귀국하여 항주(杭州)의 사범학교에서 생리학과 화학을 강의
- 1910년(29세) 8월 귀향. 소흥(紹興)의 중학교에서 교편 잡음
- 1911년(30세) 신해혁명 발생. 소흥 민중대회의 의장으로 선출되어 '무장연설대(武裝演說隊)'를 조직하고 혁명전선에 나섬. 사범학교 교장이 됨
- 1912년(31세) 교육부 장관 차이위엔페이(蔡元培)의 초청으로 남경 임시정부 교육부 직원이 됨. 5월 교육부 북경으로 이전. 8월 교육부 첨사가 됨. 이후 제2혁명(1913), 위안스카이의 제제(帝制) 음모(1915), 장쉰(張勳)의 복벽운동(1917) 등 신해혁명의 몰락 과정 동안 교육부에 재직하면서 고서적 교감 및 금석문 탁본 수집·연구에 몰두함

이 경력에서 우리가 읽어낼 수 있는 의미단락은 크게 둘이다. 하나는 혁명적 지식인으로의 성장기간이고, 다른 하나는 신해혁명과 그 좌절이라는 현실을 겪으며 좌절감 속에서 고통스럽게 부유하던 시기다. 그러니까 「광인일기」를 필두로 한 루쉰의 소설쓰기는 그 고통스러운 부유의 시기로부터 비롯된 것이라 할 수 있다. 거칠게 말해, 루쉰의 소설쓰기는 당시의 표현을 빌리면 '암흑'과의 싸움이었다. 여기는 루쉰 소설을 검토하는 자리가 아니므로 구체적 작품론을 전개하지는 않겠으나, 그의 소설세계가 일말의 환상적 비전도 용납하지 않는 철저한 암흑의 세계라는 점만은 지적해두자. 물론 그의 소설이 단순히 '암흑' 같은 현실의 반영이거나 매몰의 소산인 것은 아니다. 그의 소설이 추구한 것은 그 '암흑'의 근원적 측면을 파악하여 거기에 형식을 부여하는 일이었다. 그리하여 그의 소설세계는 시기에 따라 약간의 차이는 있으나 대체로 봉건사회의 파괴

적 작용에 의해 세계변혁의 주체로서의 가능성을 박탈당했을 뿐만 아니라 오히려 세계변혁의 가능성을 근원적으로 저해하는 존재가 되어버린 민중의 부정적 측면에 대한 공격적 풍자와 봉건적 지배계급의 비인간성 및 보수적 지식인의 허위의식에 대한 공격적 풍자를 축으로 한다. 이렇게 이루어진 루쉰의 소설세계에는 한 올의 희망조차 존재하지 않는데, 이는 패배주의의 소산이 아니라 오히려 그 정체를 드러냄으로써 '암흑'과 정면으로 대결하는 자세에서 비롯된 것으로 평가받아야 한다. 그 대결은 그 자체로 전망을 형성해가는 실천 행위며, 그 실천 행위의 의미는 이를테면 '암흑'을 파괴할 계기가 이 세계에 이미 현재태로 존재해서 그것을 보여주는 것과는 명백히 다르다. 루쉰이 소설을 쓴 시기는 1918년 4월(「광인일기」)부터 1922년 11월(「부주산」)까지와 1924년 2월(「복을 비는 제사」)부터 1925년 11월(「이혼」)까지다. 전자의 기간에 쓰인 15편의 중·단편소설은 1923년 8월 작품집 『납함(吶喊)』으로 묶여 출간되었고, 후자의 기간에 쓰인 11편의 단편소설은 1926년 8월 작품집 『방황(彷徨)』으로 묶여 출간되었다. 그 이후 1936년 10월 타계하기까지 그는 소설을 쓰지 않거나 쓰지 못한다. 예외가 있다면 1936년 1월 출간된 『고사신편(故事新編)』에 수록된 8편 중 7편의 단편 역사소설 작품들 「주검(鑄劍)」, 「분월(奔月)」(이상 1926), 「비공(非攻)」(1934), 「이수(理水)」, 「채미(採薇)」, 「출관(出關)」, 「기사(起死)」(이상 1935)뿐인데, 이들은 신화·전설의 패러디로서 『납함』이나 『방황』과는 너무도 다른 세계라, 별도로 검토되어야 함은 물론이지만, 일단 『납함』과 『방황』의 소설세계는 후속되지 않았다.

루쉰은 소설을 쓰지 않은 대신, 이른바 '잡감(雜感)'을 쓰는 데 총력을 기울인다. 루쉰이 자신의 산문에 대해 장르 명칭으로 '잡감'이라는 말을 처음 사용한 것은, 1918년 잡지 『신청년(新青年)』의 '수감록(隨感錄)'에 고정필자로서 사회비평적 성격의 단평을 쓰기 시작하고서부터 그와 유사한 형태의 글을 계속 발표하여 1925년 11월에 『열풍(熱風)』이라는 단행본을 묶고 이어서 1925년 한 해 동안 쓴 산문을 모아 1926년 6월에 『화개집(華蓋集)』을 낼 때 그 머리말에서였다.[1] 그 뒤로 『화개집 속편』(1927), 『이이집(而已集)』(1928), 『삼한집(三閒集)』과 『이심집(二心集)』(1932), 『남강북조집(南腔北調集)』(1934), 『집외집(集外集)』(1935) 등을 속간했다.

많은 루쉰 연구가들이 루쉰의 문학을 소설과 잡감으로 구분해, '루쉰 최후의 문학양식'으로서 잡감을 높이 평가하기도 하지만, 이는 그리 간단한 문제가 아니다. 무엇보다도 잡감이 문학양식으로 인정받을 수 있을지가 의문이며(잡감은 분명히 넓은 의미의 사회비평적 에세이다), 그렇다면 잡감 연구는 문학 외적인, 이를테면 사상가나 혁명가(문학과의 관련을 굳이 찾자면 기껏해야 문학이론가)로서의 루쉰에 대한 연구가 될 것이기 때문이다. 아마도 방대한 분석을 바탕으로 한 별도의 작업이 필요하겠지만, 대체로 "선구자에 호응해서 암흑 파괴를 외친 잡감"과 "외치면서 스스로 은밀히 느낄 수밖에 없었던 무반응의 공허를, 암흑 그 자체의 모습과 무게를 그대로 수용해서 그것을 공중(公衆) 앞에 재제출함으로써 메우려 한 소설"이라고 성격지은 일본의 루쉰 연구가 마루야마 노보루(丸山昇)의 견해가 설득력이 커 보인다. 왜 그런가? 루쉰은 쉬광핑(許廣平)에게 보낸 편지(1925. 3. 18.)에서 "나는 항상 암흑과 허무만이 실재[實有]라고 느낀다"고 언명하고 있기 때문이다. 그는 계속해서 "그러면서도 이들에 대해서 절망적인 저항을 하지 않을 수 없다"고 말한다. 그 절망적 저항의 필요성은 말하자면 전략의 차원에서 비롯되는 것이다. "암흑과 허무만이 실재"라 하더라도 '암흑과 허무'의 파괴를 지향하는 혁명운동의 입장에서는 전략

1 보주: 『화개집』에 실린 산문 1편의 제목도 '잡감'이다. 1925년 5월 5일에 쓴 글이다.

적 차원에서의 전망 제시가 절실히 요구되며, 루쉰의 잡감은 바로 이 맥락에 놓인다. 반면 소설적 진실의 추구에서는 전략적 차원에서의 전망 제시가 불필요할 뿐만 아니라 오히려 배제되어야 한다. 왜냐하면 소설에서 전략적 차원에서의 전망 제시란 소설적 진실보다는 낭만적 허위를 낳게 되기 십상이기 때문이다.[2] 물론 이는 "암흑과 허무만이 실재"라는 현실인식을 전제한 다음의 논의이며, 그 현실인식의 시비는 또 별개의 문제다.

이렇게 보면 1918년부터 1926년은 잡감과 병행되었던 시기로서 루쉰이 전략과 진실 사이에서 팽팽한 긴장을 감당해내고 있던 시기이고, 1926년 이후(가장 늦게 잡으면 1930년 좌익작가연맹의 공동 대표로 추대된 이후)는 루쉰이 그 긴장을 더 이상 감당해내지 못했거나 아니면 그 긴장 자체가 와해된 시기라고 말할 수 있다. 물론, 루쉰의 현실인식 자체가 변모했다는 반론의 여지도 있기는 하지만, 그것은 입증되어야 하며 그 입증에는 1926년 이후 루쉰의 소설쓰기가 중단된 점에 대한 납득할 수 있는 설명이 포함되어야 한다.[3]

이 글은 변모의 전환점에 놓인, 루쉰과 젊은 혁명문학 이론가들 사이의 특히 문학과 정치의 관계라는 측면에 초점을 맞춘 논쟁에 대한 고찰을 통해 그 '전략과 진실'의 갈등을 엿보고자 한다.

루쉰의 표현을 빌리면 "민국 이래 가장 짙은 암흑의 날"이던 1926

---

2 보주: 여기서 소설적 진실과 낭만적 허위는 르네 지라르에게서 가져온 말인데, 르네 지라르의 본래 뜻보다 더 확대해서 부정적인 진실을 진실 그대로 보여준다는 보다 일반적인 의미로 사용한다.

3 보주: 이 진술은 관점을 너무 좁게 설정한 탓에 편향되고 지나치게 단정적으로 되었다. 1927년에 4·12쿠데타를 겪은 때부터 1930년에 좌익작가연맹에서 강연을 하기까지의 전환기를 거치면서 긴장과 갈등의 방식과 내용에 변화가 생겼으므로 이 변화에 대한 이해를 포함하면서 관점을 확대할 필요가 있다.

년의 3·18사건[4] 이후, 이 사건이 광동(廣東)의 혁명정부를 지지하고 군벌 지배에 반대하는 전면적인 운동으로 발전되는 것을 두려워한 두안치루이 정부는 광범위한 탄압정책을 시행했고, 그 일환으로 대학교수 50명의 체포령을 내렸다. 그때 루쉰도 그 명단에 있었다. 그해 8월 루쉰은 북경을 떠나 하문(廈門)으로 갔다가 이듬해 초 다시 광동으로 옮긴다. 그동안 제1차 국공합작 중이었던 광동 혁명정부의 북벌이 개시되어 1927년 3월엔 상해(上海)와 남경을 점령하였으나, 곧 뒤이어 4·12 반공 쿠데타가 일어나 국공합작은 결렬되고 공산당원뿐 아니라 학생과 노동자, 진보적 지식인들에 대한 피의 탄압이 시작되었다. 이 이른바 '청당(淸黨)'의 와중에 루쉰은 가까스로 상해로 피신한다. 이때가 1927년 10월이었다.

상해에 도착한 루쉰은 곧장 논쟁의 선풍 속에 말려들었다. 그 시작은 펑나이차오(馮乃超)와 청팡우(成仿吾)의 비판이었는데, 그 전에 중요한 사건이 하나 있었다. 1927년 8월 북벌군에 참가했던 궈모뤄(郭沫若)가 상해로 돌아와 '창조사(創造社)'의 재건을 계획한 뒤, 루쉰의 동의를 얻어 『창조주보(創造週報)』의 복간 광고를 내면서 그 발기인으로 루쉰·마이커앙(麥克昻: 궈모뤄의 필명)·청팡우·장광쯔(蔣光慈) 등의 이름을 명시했었다. 이 소식을 들은 청팡우가 일본에서 급히 귀국하여 이를 '퇴영적(退嬰的)'이라는 이유로 반대하고 자신이 주도가 되어 일본 유학생이던 리추리(李初梨)와 펑나이차오를 불러들인 것이었다. 다음 인용은 청팡우의 글 「문학혁명에서 혁명문학으로」(『창조월간』, 1928. 2.)의 일부다.

4 일본을 중심으로 한 제국주의 국가들의 내정 간섭과 이에 미온적 태도를 보이는 북경 군벌정부에 대해 항의하는 범시민적 시위에서 군경의 발포로 사망자 47명, 부상자 200여 명이 발생한 학살 사건.

> 문학혁명의 현 단계에 관해 고찰하려면 북경 일부의 특수한 현상도 언급해야 한다. 그것은 『어사(語絲)』를 중심으로 한 저우쥐런 일파의 놀이다. 그들의 표어는 '취미'다. 나는 전에 그들이 자부하는 것이 "한가(閑暇), 한가, 셋째도 한가"라고 말한 적이 있는데, 그들은 유한 부르주아지나 세상 물정 모르는 프티부르주아를 대표한다. [……] 북경의 난장판이 10만 냥의 무연 화약으로 폭파되지 않는 한, 그들은 아마도 영원히 그렇게 살아갈 것이다.[5]

이 글에서 청팡우는 문학혁명의 역사를 개괄하고, 전 인류 사회의 개혁이 이미 목전에 도달했으며 전체 자본주의와 봉건세력의 이중의 억압 아래 있는 중국에서도 이제 절뚝거리면서나마 국민혁명이 시작되었음을 지적했다. 그러나 다른 한편으로는 전체 해방운동의 한 분야인 문학운동이 아직도 옛 미몽을 벗어나지 못하고 있다고 비판하면서 지식인은 자신의 소시민계급의 근성을 극복하고, 계급의식을 획득하기 위해 노력하며 노동자·농민 대중을 지향해야 한다고 주장했다. 아직 구체화가 덜 되었지만 이 명제가 일단 세워지면 비판 방식도 자연히 결정된다. 즉, 소시민 의식을 극복하지 못했다는 것이다. 그러므로 『어사』에 대한 비판이 이 인용문에 보이듯 프티부르주아적이라는 말로 집약된다. 『어사』는 1924년 북경에서 동생 저우쥐런이 창간한 잡지인데 루쉰은 마오둔(茅盾)과 함께 주요 기고자였다. 위 인용문은 표면상 저우쥐런의 『어사』에 대한 비판이지만 실제로 겨냥하는 것은 루쉰이었다. 이어서 리추리의 「혁명문학을 어떻게 건설할 것인가」(『문화비판』, 1928. 2.)가 발표된다. 리추리는

5 『文學運動史料選』第2冊(上海教育出版社, 1979), p. 20.

이 글에서 프롤레타리아 계급의식의 파악을 중심명제로 내세우고 있는데, 그 내용을 간략히 요약하면 이렇다. 현 단계에서는 부르주아와 프티부르주아가 추진해온 문학혁명은 이미 사회적 근거를 상실했다. 혁명문학은 필연적으로 생성된 프로문학이 되지 않으면 안 된다. 프로문학이란 관조적 태도에서가 아니라 프롤레타리아 계급의 역사적 사명을 완수하기 위해 계급의식에 입각해서 생성된 투쟁의 문학이다. 프로문학운동에는 누구든 참가할 수 있으나 진심으로 혁명을 위한 문학을 지향하는 자가 아니면 안 되며, 그러기 위해서는 부르주아 이데올로기를 완전히 극복하고 프롤레타리아의 세계관을 확고하게 파악하여 그것을 실천하지 않으면 안 된다.

대체로 이러한 전제 아래, 리추리는 루쉰에 대한 긍정과 부정을 다음과 같이 대비했다. 간런(甘人)의 말을 인용한 긍정: "성실하게 민중의 고통을 표현하고 그들을 위해 호소하는 루쉰의 문학은 눈물 속에 피가 있는 문학이니 진정 우리 시대의 작가다." 부정: "루쉰은 도대체 어느 계급에 속해 있는 사람인가? 그가 쓰고 있는 글은 어느 계급의 문학인가? 그는 어느 계급 민중의 고통을 성실하게 표현하고 있는 것인가?" 요컨대, 루쉰의 민중 지향은 긍정하면서도 그가 부르주아 이데올로기에 묶여 있다는 점이 리추리의 루쉰 비판의 요지다. 리추리의 비판은 보다 극렬해져서, 「우리 중국의 돈키호테의 난무(亂舞)를 보라」에서는 루쉰을 "전전긍긍하는 공포병 환자"라고 극언하고 "부르주아에 대하여는 가장 훌륭한 대변인이며, 프롤레타리아에 대하여는 최악의 선동가다"라고 매도한다. 상해로 오기 이전까지 루쉰과 좌파 지식인들은 상호간에 높이 평가하고 지지하는 우호적 관계였음에도, 졸지에 루쉰은 부르주아 문학가로 규정되어 버리고 말았다. 일본 유학 시절 후쿠모토(福本)주의의 영향을 받았던 청팡우·리추리·펑나이차오 등의 이론이 내용의 결핍으로 특징지어지는 관념적이며 교조적인 일반론에 지나지 않았다는 점을 포섭할 때, 그들의 루쉰 비판의 진정한 의미가 이해될 수 있다. 그들이 말하는 프로문학은 프롤레타리아 계급의식을 파악한 뒤에 그것을 실천하는 과정에서 생성되는 것으로, 프롤레타리아를 대상으로 한 혁명의 선전에 다름 아니다. 예컨대, 리추리는 "일체의 문학은 모두 선전이다", "지배계급의 문학은 모두 자기 계급을 위한 선전·조직이며 피지배계급에 대해서는 기만·마취다"라고 말한다. 그렇게 볼 때 루쉰의 문학이 공격을 받게 되는 것은 당연하다. 루쉰의 문학은 프롤레타리아를 대상으로 하지 않으며 혁명의 선전이 아니기 때문이다. 오히려 루쉰의 문학에서는 프롤레타리아의 범위를 넘어 광범한 민중이 공격적으로 풍자되며(반민중적 지배집단에 대한 공격적 풍자도 병행되지만), 혁명을 선전하기는커녕 혁명의 가능성조차 말살하는 중국 사회의 암흑을 끈질기게 묘파하고 있다. 그런데 청팡우 등은 바로 이 대목에 대한 거론은 없이, 단지 루쉰을 프롤레타리아 계급의식을 파악하지 못한 부르주아 작가라고만 비난한다. 오히려 이 대목은 루쉰이 더 잘 인식하고 있었다.

> 뒤에 리추리가 "나는 작가라면 그가 제1, 제2,…… 제100, 제1000 계급의 어디에 속해 있든 모두 프로문학운동에 참가할 수 있다고 생각한다. 다만 우리는 먼저 그들의 동기를 심사해야 한다"라고 한 것을 보고 겨우 안심했으나, 그래도 여전히 나에 대해서는 계급문제를 물을 것이 걱정된다. "유한(有閑)하다는 것은 돈이 있다는 것이다"라는 말로 보아, 돈이 없다면 나는 당연히 제4계급이며 "프로문학운동에 참가"할 수 있을 것이다. 그러나 나는 그때 가서 다시 '동기'가 문제될 것을 안다. 요는, '프롤레타리아 계급의식 획득'이 가장 중요한 일이다. — 그러나 그렇게 된다 해도 '대중의 획득'만으로 모든 일이 끝난다고 말할 수는 없다. 이리

얽히고 저리 얽히니 명확히 알 수 없다. 가장 좋기로는, 리추리에겐 '예술의 무기에서 무기의 예술로' 가게 하고, 청팡우에겐 반조계(半租界) 안에 앉아서 '10만 냥의 무연화약'이나 축적하게 하고, 나 자신은 여전히 '취미' 얘기를 하는 것이다.[6]

졸지에 부르주아 작가로 규정되어 버린 루쉰은 곧 위에 인용한 「'취안(醉眼)' 중의 몽롱(朦朧)」이라는 냉소적인 반박문을 써서 『어사』(1928. 3.)에 발표한다. 이 글에서 루쉰은 청팡우 등이 혁명문학을 주장하는 것은 현실적으로 무력(武力)을 가지지 못했기 때문에 전투적 문필을 휘두르는 것이라고 진단하고, 진정한 적을 보지 못하고 동지를 적으로 돌리는 그들의 행태는 '취안 중의 몽롱'에 불과하다고 비판한다.[7] 이 비판은 비록 단편적이고 추상적이지만 급소를 찌르고 있다는 평가가 연구자들의 정설이다. 그 평가의 밑에는 청팡우 등이 중국 사회의 실제와 혁명의 형세와 성질에 대해 정확한 이해를 결여하고 있었다는 또 다른 평가가 놓여 있다. 물론 이 견해는 옳다. 그러나 이 견해는 청팡우 등의 이론 및 주장이 부분적으로 결함들을 가지고 있으나 적어도 그 기본 원칙에 있어서는 옳음을 인정하면서 동지를 적으로 모는 전략적 착오를 저질렀다는 데 초점을 모으고 있는 것이므로, 실제 본질적인 문제는 시야의 바깥에 남는다. 루쉰의 「'취안' 중의 몽롱」 역시 그러해서, 그 본질적인 문제와 관련하여 보면 위 인용문에 잘 나타나 있듯 청팡우 등의 계급의식론의 추상

6 위의 책, pp. 75-76.

7 보주: 펑나이차오가 루쉰을 취한 눈으로 인생을 바라본다고 비판한 데 대해 그 취한 눈에 보이는 몽롱함이 펑나이차오 등의 행태라고 반박한 것이다.

성에 대한 추상적 지적 외엔 별로 내용이 없는 상당히 감정적인 글이다. 본질적인 문제는 같은 해 4월 4일에 쓴 편지[8]에 이르러 다루어진다. 이 글에서 루쉰은 비로소 문제의 핵심에 체계적으로 접근한다.

> 미국의 싱클레어는 '모든 문예는 선전이다'라고 말했습니다. 우리의 혁명적 문학가들은 일찍부터 그것을 보배로 삼아 큰 글자로 인쇄하였습니다. 그러나 엄격한 비평가들은 여전히 그를 '천박한 사회주의자'라고 말합니다. 하지만 나는, 나도 천박하지만, 싱클레어의 말을 믿습니다. 모든 문예는 선전입니다, 당신이 그것을 남에게 보여준다면. 설사 개인주의적 작품이라 할지라도 일단 쓰고 나면 곧 선전의 가능성이 있습니다, 글을 쓰지 않았다거나 입을 열지 않았다면 몰라도. 혁명에 쓰거나 도구의 일종으로 삼는 것도 물론 가능합니다.
>
> 그러나 나는 반드시 먼저 내용의 충실과 기교의 뛰어남을 구해야 하며 간판을 거는 데 서두를 필요가 없다고 생각합니다. [……] '기교'라는 말만 하면 혁명문학가들은 싫어합니다. 그러나 나는 모든 문예가 정말로 다 선전이지만, 모든 선전이 전부 문예인 것은 결코 아니라고 생각합니다. 이것은 바로 모든 꽃에는 다 색이 있으나(나는 흰색도 색이라고 봅니다) 모든 색이 반드시 꽃은 아닌 것과 같습니다. 혁명이 구호·표어·포고·전보·교과서 등등 이외에 문예를 요구하는 것은 그것이 문예이기 때문입니다.[9]

---

8 둥츄팡(董秋肪)에 대한 답장. 둥의 편지와 함께 『삼한집(三閒集)』에 「문예와 혁명」이라는 제목으로 수록됨.

9 『文學運動史料選』 第2冊, p. 96.

이 글에서 루쉰이 지적하는 것은, 문학과 선전을 혼동하는 것이 어째서 오류인가 하는 문제다. 루쉰이 보기에 선전으로서의 혁명문학은 작가의 외부에 존재하는 계급의식이나 피상적인 소재에 의존하는 데 불과하여 작가에게 내적인 것이 아니기 때문에 문학에 대해서도 투쟁에 대해서도 실제적 관련성이 희박한 것일 수밖에 없다. 이는 2년 뒤의 글 「'억지 번역'과 '문학의 계급성'」(1930. 3.)에 잘 개진된다.

> 중국에 구호만 있을 뿐 그 구호의 실증이 없는 것은, "문예를 계급투쟁의 무기로 삼았기" 때문이 아니라, "계급투쟁을 빌려 문예의 무기로 삼았기" 때문이라고 생각된다. '프로문학'의 깃발 아래 갑자기 뜻을 바꾼 많은 사람들이 모여들어 작년의 신간 서적광고만 보아도 혁명문학 아닌 것은 거의 한 권도 없는 상태다. 비평가들은 이를 옹호하여 '청산'이라 하고 있다. 이를테면 문학을 '계급투쟁'의 엄호 아래 둔 셈인데 이렇게 되면 문학 자체는 노력할 필요도 없어지고 그로 인해 문학에 대해서도 투쟁에 대해서도 모두 관련성이 줄어든다.[10]

여기까지에 이르면, 우리는 루쉰의 고민의 소재를 짐작할 수 있게 된다. 그는 혁명문학 이론가들의 관념적이고 교조적인 문제 제기와는 달리, 혁명(혹은 정치)과 문학의 관계라는 문제의 근본을 문제삼고 있었다. 말하자면, 혁명문학 이론가들의 개념체계가 혁명과 문학의 외적 관계에 기반을 두고 문학의 정치에의 종속을 주장하여 전략을 유일한 최고의 가치로 규정하면서 혁명과 문학의 내적 관계에 대해서는 맹목인 데 반해,

10 『魯迅全集』第4卷(人民文學出版社, 1981), p. 168.

루쉰의 개념체계는 혁명과 문학의 내적 관계에 근거를 두고 정치를 문학의 내적인 문제로 내면화하여 진실을 지향점으로 놓고 있으며 다른 한편으론 혁명과 문학의 외적 관계를 통합시키는 문제에도 시야를 열고 있었다. 바꿔 말하면, 루쉰은 진실을 지향점으로 놓고 전략과의 통합 문제로 고뇌하고 갈등하면서 전략과 진실 사이에서 그 팽팽한 긴장을 감당해내고 있었다. 그렇기에 루쉰은 자신에게 극언과 폭언을 서슴지 않고 반동으로 규정짓기까지 한 청팡우 등에 대해, 우파의 혁명문학 비판이 거세게 일자 서슴없이 변호의 글을 썼던 것이다. 우파 문학 단체인 '신월사(新月社)'의 이론가 량스츄(梁實秋)의 혁명문학 비판에 대해 「'억지번역'과 '문학의 계급성'」에서 루쉰이 다음과 같이 쓴 것이 좋은 예다.

> 량(梁)선생이 가장 미워하는 것은 프로문학 이론가들이 문예를 투쟁의 무기, 즉 선전품으로 삼고 있는 것이다. 그는 "누구든 문학을 이용하여 문학 이외의 목적을 달성하는 것에는 반대하지 않는다". 그러나 "선전식의 문장을 문학이라고 인정해서는 안 된다". 이는 공연한 걱정이라고 나는 생각한다. 내가 읽은 그들의 이론에 따르면, 모든 문예에 반드시 선전요소가 있다고 한 것뿐이지 결코 선전식의 문장이 문학이라고 주장하지 않는다. 확실히 재작년(1928년—인용자) 이래로 중국에는 슬로건이나 표어를 채워 넣는 것으로 프로문학이라고 자칭하는 많은 시와 소설들이 있었다. 그러나 그러한 내용이나 형식에는 전혀 프롤레타리아다운 것이 없으며, 단지 슬로건이나 표어를 쓰지 않으면 그것의 신흥(新興)스러움을 표시할 방법이 없었기 때문이지 실은 결코 프로문학이 아니다.[11]

11 위의 책, p. 167.

이러한 갈등과 긴장이야말로 루쉰 문학의 원동력이었다. 그것은 루쉰이 1930년 3월 2일 결성된 좌익작가연맹의 공동 대표로 추대된 이후 1936년 10월 19일 타계하기까지 그 갈등과 긴장을 상실하고 진정한 의미의 문학적 성과를 거의 거두지 못했다는 점과 좋은 대조를 이룬다.[12] 전략과 진실 사이, 그것이야말로 루쉰 문학의 비밀인 것이다. 이 점을 이해하면, 황포군관학교에서의 강연 〈혁명시대의 문학〉에서 다음과 같이 단언한 데에 실은 무수한 고뇌가 감추어져 있다는 사실을 짐작할 수 있다.

> 혁명을 위해서는 '혁명인'이 필요하지 '혁명문학'은 급히 서둘 필요가 없습니다. 혁명인이 만들어내면 비로소 그것이 혁명문학입니다.[13]

지금까지의 고찰로 루쉰의 고뇌와 갈등의 상이 충분히 드러났다고 할 수는 없으나 적어도 그 고뇌와 갈등이 문학과 정치의 관계라는 문제를 축으로 삼고 있었음을 확인했다. 아니, 확인이라기보다는 그러한 설명모델이 성립할 수 있는 가능성을 타진해보았다고 말하는 편이 정확할 것이다. 그리고, 그 타진의 끝에서 우리가 새로이 제기받는 문제는 전략과 진실은 통합될 수 있는가다. 그 문제가 이론적·실천적으로 해결되지 않는 상태에서 우리가 가져야 할 정당한 태도는 그 팽팽한 긴장을 감당하려는 고뇌와 갈등이다. 그것이야말로 '전략과 진실의 통합'을 이뤄나가는 통합화의 과정인지도 모른다. 루쉰에게서 얻어내야 할 교훈은 아마도 그

---

12 보주: 이 진술 역시 앞의 보주에서 말한 문제점을 똑같이 가지고 있다. 심지어 이곳의 표현이 더 단정적이다.

13 『魯迅全集』第3卷(人民文學出版社, 1961), p. 313.

러한 문제의식일 것이다. 물론, 그 교훈은 '위대한 루쉰'을 탈(脫)신화화하는 정밀한 작업에 따라 얻어져야 하며, 이 글은 그 작업의 필요성을 점검해본 작은 시론(試論)에 불과하다.

1926년의 3·18사건 당일에 쓴 잡감문 「꽃이 없는 장미 2」 중의 일부를 인용하며 글을 마무리한다. 대정부 시위 군중에게 군경이 발포하여 숱한 사상자를 내었다는 소식을 듣고, 마침 원고를 쓰고 있던 루쉰이 필봉을 도중에 바꾸어서 쓴 글이다.

> 이미 「꽃이 없는 장미」 따위를 쓰고 있을 때가 아니었다.
>
> 쓰는 것에 많은 가시가 돋혀 있다 해도, 역시 쓰는 일은 얼마간의 평화로운 마음을 필요로 한다.
>
> 지금 들으니, 북경 시내에서 이미 대살육이 자행되었다고 한다. 내가 위와 같은 시시한 글을 쓰고 있던 바로 그때, 수많은 청년들이 몸에 총알과 칼을 맞고 있었던 것이다. 아아! 사람과 사람의 혼은 서로 통하지 못하는 것인가.[14]

14 위의 책, p. 188.

○

루쉰의 리얼리즘 이론*

1. 머리말

중국의 현대문학을 루쉰 정신 혹은 루쉰 전통이라는 틀 속에서 이해하려는 태도는 그동안 꽤 널리 받아들여져 왔고 그러한 접근이 한편으로는 루쉰 문학에 대해, 또 한편으로는 중국 현대문학의 어떤 본질적 흐름에 대해 많은 것을 해명해주었던 것이 사실이다. 그러나 그러한 태도와 접근에는 루쉰의 신화화(神話化)라는 위험이 항시 수반된다. 언제나 그렇듯이 신화화는 이데올로기적 왜곡을 중요한 계기로 갖는다. 일본 학자들의 경우 일본 유학 출신인 루쉰의 '친일(親日)'적 성향에 대한 감안도 없지 않은 것처럼 보이고, 그들이 말하는 루쉰 정신에는 이른바 일본 정신의 이

* 이 글은 『중국현대문학』 제6호(중국현대문학학회, 1992)에 발표한 것이다.

념형이 투영된 듯한 대목도 없지 않은 것 같다. 중국에서는 마오쩌둥(毛澤東)이 루쉰을 위대한 혁명가라 칭하며 찬양한 이래 루쉰은 줄곧 마오쩌둥 문학관의 모범적 구현이었다. 그러나 과연 루쉰 문학의 실체가 그러한 해석들에 부합하는 것인지 실사구시적(實事求是的)으로 구명할 필요를 느낀다. 특히 문제시되는 것은 종래의 정통적 해석이다. 이른바 신시기(新時期) 문학이 지금까지 십수 년을 경과하면서 축적해온 새로운 문학현상들로부터 객관적으로 요청되고 있는 문제다. 최근 중국에서 일부 소장학자들을 중심으로 펼쳐지는 루쉰의 탈신화화 작업도 그 요청에 대한 부응이라 할 수 있다.

이 글은 루쉰 문학의 실사구시적 구명을 우선 리얼리즘 이론이라는 각도에서 시도하고자 한다. 리얼리즘은 중국 현대문학의 전개에 가장 중요한 역할을 해온 개념이라는 데 의심의 여지가 없으나, 그럼에도 불구하고 치밀하고 객관적인 이론적 조명을 거의 받지 못한 개념이다. 그 이유는 리얼리즘 개념이 정치적 맥락에서 획일적으로 규정되고 그 규정이 하나의 움직일 수 없는 규범으로서 강요되어 왔다는 데 있다. 그러한 맥락에서 루쉰은 자각적인 사회주의 리얼리즘의 구현자로 공인되었다. 그러나 과연 루쉰의 리얼리즘이 사회주의 리얼리즘인가? 이 물음을 논의의 출발점으로 삼아, 이 글은 루쉰의 문학이론적 담론으로부터 루쉰의 리얼리즘 이론을 추출하고 재구성해볼 것이다.[1]

---

1 이론과 창작은 서로 긴밀히 연관되면서도 상대적인 독립성을 갖는다. 이 글의 고찰은 루쉰의 창작을 리얼리즘이라는 각도에서 고찰하는 작업과 그 두 고찰을 정당하게 연관 짓는 작업에 의해 후속되어야 할 것이다.

2. 전기 루쉰의 리얼리즘

젊은 시절의 루쉰은 낭만주의에 경도했다. 1906년 센다이의전(仙臺醫專)을 중퇴한 뒤 1909년 귀국하기까지 동경에서 문화운동을 전개하던 때의 루쉰이 그러했다. 1907년에 써서 1908년에 발표한 「악마파 시(詩)의 힘[摩羅詩力說]」[2]에서 루쉰은 영국의 바이런(G. G. Byron), 셸리(P. B. Shelley), 러시아의 푸시킨(A. Pushkin), 레르몬토프(M. Lermontov), 폴란드의 미츠키에비치(A. Mickiewicz), 슬로바키(J. Slowacki), 헝가리의 페퇴피(S. Petöfi) 등을 악마파 시인으로 소개하고 나아가서는 입센(H. Ibsen), 니체(F. Nietzsche)까지도 언급하고 있다. 악마파를 대표하는 바이런은 낭만주의자들 중 동시대인들에게 가장 깊고 광범위한 영향을 미친 사람이었다. 하우저에 의하면, 바이런의 주인공은 사회의 인습과의 충돌, 비(非)사회성, 악마적이고 자기도취적이며 "아무런 양심의 거리낌 없는 공공연한 반항"[3]이 특징이었는데, 그런 주인공을 통해 바이런은 자신의 반(反)도덕주의를 유감없이 표명한 바, 그 반도덕주의는 나중에 환멸의 시대 속에서 "시민계급이 존중해 마지않던 성스러운 것에 대한 조소"[4]로 변해갔지만 처음 혁명의 시대에는 구습에 반항하고 봉건성을 파괴하려는 혁명적 열정을 그 내용으로 했었다. 루쉰이 주목한 것은 바로 이 대목이었다. 그는 그가 예거한 많은 사람들의 다양한 면모 속에서 하나의 공통된 인간상을 보았으니, 그것은 "강건하고 흔들리지 않으며 진실을 지키고, 윗사람들

2 『河南』月刊, 第2, 3號(1908).

3 A. Hauser, 염무웅·반성완 역, 『문학과 예술의 사회사: 근세편 하』(창작과비평사, 1981), p. 246.

4 위의 책, pp. 247-248.

에게 아부하지 않고 구습에 순응하지 않으며, 웅대한 소리를 내어 국민의 신생을 불러일으키고 그 나라를 천하에 위대한 나라로 만들려고 하는"[5] 모습이다. 이러한 정신계의 전사가 큰소리로 한 번 외치면 듣는 사람이 떨치고 일어난다는 것[動吭一呼, 聞者興起][6]이니, 이것이 바로 루쉰이 말하는 '악마파 시의 힘'인 것이다.

그러나 루쉰의 낭만주의는 오래 가지 못하고 곧 좌초되고 말았다. 그가 구상하던 낭만주의는 근대적 의미의 낭만주의의 본령을 꿰뚫은 것이었지만, 개인적 좌절과 역사적 좌절 앞에서 무력화되었다. 일본에서 시도한 문화운동이 좌절로 끝나고 귀국 후 흥분 속에 맞이한 신해혁명이 실질적인 실패로 귀결되자, 1910년대 전반의 암흑적 상황 속에서 루쉰은 그 좌절의 의미를 되새겼다. 그 되새김에서 그가 얻은 결론은 이상(理想)의 열정적 추구만으로는 근대적 변혁을 이룰 수 없다는 것이었다. 왜냐하면 근본적 문제는 낙후된 국민성에 있었기 때문이다. 봉건사회의 피해자이면서도 오히려 그 봉건사회를 유지시키는 데 기여하며 스스로에게도 가해자가 되고 있는 마비된 민중이 변화되지 않는 한 이상의 열정적 추구는 공허와 좌절로 귀결될 뿐이었다. 그러므로 필요한 것은 사회를 깊이 해부하여 병의 뿌리를 찾아내고 병을 고칠 생각을 하게 하는 일이었다. 그것은 '사실(寫實)'에 의해 가능해 보였다. 낭만주의는 이상의 추구이되 구호를 외치는 데 지나지 않으며 '사실'과는 거리가 먼 것으로 여겨졌다.

'사실'은 루쉰만이 아니라 신문학운동의 주창자들 대부분이 중시했다. 그들은 구문학(舊文學)이 '소일거리'의 문학으로 인생과 사회의 '사실

5 『魯迅全集』第1卷(人民文學出版社, 1956), p. 232.
6 위의 책, p. 197 참조.

(事實)'을 철저히 외면함으로써 봉건사회의 온존에 기여하는 데 반해, 신문학은 "오늘날의 사회상을 진실하게 묘사"[7]함으로써 봉건사회의 폐단을 드러내고 새로운 근대사회로의 변혁이 필요하다는 인식을 제고할 수 있다고 생각했다. 마오둔(茅盾)은 그런 생각을 더욱 뚜렷하게 표명했다. 그가 보기에 당시의 중국 현실은 고통과 억압으로 가득 차 있어 작가들은 "더욱 사회 환경에 주의를 기울여야 하고 사회 생활을 표현하는 문학을 창작"[8]해야 했다. 이 무렵의 마오둔은, '신낭만주의' 문학은 '확실한 인생관'으로 이끌어 줄 수 있으므로 "이후의 신문학운동은 신낭만주의 문학이어야 한다"[9]고 생각하면서도, '지금 당장'은 '신낭만주의'를 제창할 것이 아니라 '사실주의'를 실행해야 한다고 주장했다. 왜냐하면, "사실주의는 사회에 해를 끼치는 부패의 뿌리를 힘껏 공격하는 일종의 힘있는 문학혁명이지만 상징주의는 그렇게까지 할 수가 없"기 때문이라는 것이다.[10]

사실주의라는 말은 일본인들이 택한 리얼리즘의 한자역어였고 실제로 리얼리즘은 그 사실(寫實)이라는 말의 위와 같은 축자적 해석과는 거리가 먼 것이었다. 그러나 부르주아의 보편성에 근거하여 소박한 모사(模寫, copy)에 의해 리얼리티를 확보할 수 있다고 믿었던 리얼리즘 사조의 참된 사회적·문학적 의미에 대한 고찰로 나아가지 않고, 중국의 신문학가들은 '사실'이라는 말을 매개로 하고 근대적 변혁에 대한 그들의 열정을 추동력으로 하여 리얼리즘에 대해 자의적인 의미 확장을 해나갔다. 이

---

7 胡適,「文學改良芻議」,『新青年』第2卷 第5號(1917).

8 「社會背景與創作」,『茅盾文藝雜論集』(上海文藝出版社, 1981), p. 50.

9 「爲新文學研究者進一解」,『改造』第3卷 第1號(1920).

10 「我們現在可以提唱表象主義的文學嗎?」,『小說月報』第11卷 第2號(1920).

는 서양의 리얼리즘 사조에 대한 이해에 있어서는 오류였지만, 역설적이게도 서양의 리얼리즘 사조에 대한 맹목적 모방이라는 함정에 빠지지 않고 나름대로 근대문학의 근대정신을 획득하는 데 있어서는 일정한 성과를 거두었다. 오해가 단순히 오해로 끝나지 않고 자신의 문화적 요청에 부응하여 나름대로 의미있는 생산적 결과를 낳은 것이다. 그러나 리얼리즘 사조에 대한 오해는 여전히 이론적 결함으로 남았다. 문제는 정신으로서의 리얼리즘과 방법으로서의 리얼리즘, 그리고 리얼리즘을 자칭하거나 다른 이름을 사용하는 여러 개별 사조들 사이의 관계를 어떻게 파악하며 실제적 적용을 어떻게 할 것인가이기 때문에, 그 오해가 필경 결함으로 남는 것은 당연한 일이었다. 이는 신문학 초기에 정신으로서의 리얼리즘에 대한 자각적 이해를 저해했고, 결과적으로 정신과 방법 및 사조의 상호관계에 대한 맹목을 초래했다. 그리하여 방법을 얻지 못한 채 정신으로서의 리얼리즘에만 집중하게 되었고, 문학의 관념화라는 함정에 빠지고 말았다. 이 관념화를 극복하기 위한 노력이 1922년의 이른바 '자연주의 논쟁'으로 나타났다.

자연주의 논쟁은 신문학가들이 리얼리즘 사조와 자연주의 사조에 대한 구체적 이해를 초보적이나마 어느 정도 달성하게 하였고, 초기에 세워진 정신으로서의 리얼리즘이라는 틀과 실제의 19세기 전반 서양리얼리즘이라는 사조 사이의 편차를 어느 정도 좁힐 수 있게 하였다. 한마디로 객관적 사실묘사의 중요성에 대한 인식의 제고가 논쟁의 성과였다. 그러나 이 문제를 주관과 객관의 통일이라는 차원으로까지 끌어올렸던 것은 아니다. 그들에게 주관과 객관은 단지 기계적으로 배합되는 것 이상이 아니었다. 리얼리즘의 공리성과 교훈성이라는 주관과 자연주의의 사실묘사라는 객관의 기계적 배합이 그들이 도달한 결론이었다.

그러나 리얼리즘에 대한 논의는 자연주의 논쟁 이후로 더 이상 지속되지 않았고, 기계적 배합이라는 결론을 넘어서는 단계로 나아가지 못했다. 이 논의의 공백 상태에서 예외적으로 리얼리즘에 대한 진지하고 심각한 사유를 진행하며 지속적인 논술을 전개한 사람은 루쉰이었다. 본격적인 리얼리즘 이론이라는 문맥에서 이루어진 것은 아니지만, 루쉰의 논술이 보여주는 성찰은 무척 귀중한 것이었다. 되풀이하면, 1900년대 후반에 악마파로 대표되는 반항적 낭만주의에 경도되었던 루쉰은 1911년의 신해혁명이 어떻게 봉건적 구조 속으로 함몰되어 버리는가를 체험하면서 새로운 인식을 갖게 되었다. 국민성의 개조는 낭만적이고 영웅적인 외침만으로 이루어지는 것이 아니라 그 병근(病根)을 찾아내어 보여줌으로써 가능하다는 것이었다. 현실을 정시(正視)하고 사회의 암흑적 진상을 한 치 유보 없이 드러내는 것이 바로 「광인일기」에서 「아Q정전」을 거쳐 『방황』에 이르는 루쉰적 리얼리즘의 근본정신이었다.[11] 그것은 현실에 접근하는 태도와 현실을 묘사하는 방법에 있어서 비판성을 근간으로 하였으며, 이 점에서 훗날 개념화되는 비판적 리얼리즘에 가까운 것이었다. 그런데 여기서 주목할 것은, 그것을 비판적 리얼리즘이라고 부른다면, 루쉰의 비판적 리얼리즘은 자연주의 내지는 객관주의적 리얼리즘과는 상당히 다르다는 점이다. 루쉰의 비판적 리얼리즘은 주관의 진정성을 중시하였다. 낭만주의에 대한 그의 암묵리의 경도가 여기에 작용했음은 사실이지만, 그러나 그 경도는 외적으로 부가되는 것이 아니라 루쉰의 리얼리즘에 내적으로 통합되었다. 그가 외국의 리얼리즘 작품들에서 현실을 정시하고 생생하게 묘사하며 조금도 가식하지 않는 정신적 필법(筆法)을 본

11 루쉰 소설의 리얼리즘 정신과 태도 및 방법의 비판성에 대한 자세한 분석은 「루쉰 소설과 5·4운동」(이 책 1부에 수록) 참조.

받아야 한다고 주장하면서 현실묘사에 융화된 작가의 자아의 숨결을 강조한 것[12]은 그런 맥락에서 이해된다. 루쉰이 중시한 것은 무엇보다도 자기기만의 극복이었다. 기만의 마음과 기만의 입에서 나온다면 제아무리 "쇠와 피의 찬송"이라 한들 "허위"일 뿐이라는 것이다.[13] 이를 적극적인 표현으로 바꾸면, 객관적으로 진실하려면 주관적으로 성실해야 한다는 것이 된다. 루쉰이 '영혼의 묘사'를 중시하고 도스토옙스키를 높이 평가한 것도 같은 맥락에서 비롯되었다. 루쉰은 도스토옙스키의 『가난한 사람들』의 중역본에 서문을 쓰면서 도스토옙스키의 다음과 같은 진술을 그대로 인용한다.

> 완전한 사실주의로 인간들 속에서 인간을 발견한다. 이는 철두철미한 러시아의 특질이다. 이런 의미에서 나는 물론 민족적이다. [……] 남들은 나를 심리학자라고 한다. 이것은 옳지 않다. 나는 높은 의미에서 사실주의자다. 나는 인간의 영혼의 깊이를 사람들에게 보여주는 사람이다.[14]

이렇게 보면 "가면을 벗기고[取下假面], 성실하게, 심각하게, 대담하게 인생을 바라보고 그것의 피와 살을 그려낸다"[15]라는 루쉰 자신의 진술

---

12 『〈幸福〉譯者附記』, 『魯迅全集』 第10卷(1981), p. 172 참조.

13 「論睜了眼看」, 『魯迅全集』 第1卷(1956), p. 332 참조.

14 『〈窮人〉小引』, 『魯迅全集』 第7卷(1961), p. 94.

15 「論睜了眼看」, 『魯迅全集』 第1卷(1956), p. 332. 보주: '가면을 벗겨라'라는 것은 1928년에 라프(RAPP)가 제출했던 슬로건이었다. 이는 삶의 부차적이고 우연적인 것들을 제거하고 그 본질적이고 필연적인 것들을 파악하라는 것이었다. 이 슬로건은 작가들에게 적의 가면을 벗기고, 일반 대중으로부터 자본주의의 흔적을 분리시키고, 살아 있는 인간을 그려낼 것을 요구했다. 그러나 루쉰이 가면을 벗겨야 한다고 말한 것은 라프의 슬로건에서 배워온 것이 아니다. 루쉰이 이 말을 한 것은 이미 1925년이었기

이야말로 루쉰의 비판적 리얼리즘의 핵심적 정신을 한마디로 표현한 것이라 할 수 있다. 주관의 진정성을 중시하는 비판적 리얼리즘이라는 루쉰 리얼리즘의 골격은 이미 전기 루쉰에게서, 즉 1927년 이전의 루쉰에게서 이미 형성되었던 것이다. 이러한 구상이 리얼리즘의 공리성과 교훈성이라는 주관과 자연주의의 사실묘사라는 객관의 기계적 배합이라는 당시의 일반적 견해보다 한층 진전된 것이었음은 말할 나위도 없다.

3. 후기 루쉰의 리얼리즘

1927년의 4·12쿠데타 이후 중국 신문학은 새로운 단계로 들어섰다. 프롤레타리아 문학운동의 출현이 근본적으로 신문학의 추구라는 상(像) 자체를 바꾸어 놓았던 것이다. 여기서 19세기 유럽의 근대문학이라는 모델로부터 20세기 들어 새로이 형성 중인 사회주의 문학이라는 동시대 모델로의 전환이 이루어졌다. 리얼리즘에 관련되는 논의는 이 전환과 더불어 혁명문학론의 생활조직문학론, 신사실주의론, 유물변증법적 창작방법론으로 이어지며 진행되다가 1933년부터는 사회주의 리얼리즘론으로 이행했다. 후기 루쉰은 바로 이러한 문학사적 흐름 속에서 그 나름의 리얼리즘적 사유를 진행했다.

프롤레타리아 문학운동의 분위기 속에서 처음에 루쉰은 마오둔과 더불어 동반자의 자리에 서있는 셈이었다. 소련의 프롤레트쿨트와 '시월'

때문이다. 그 말은 원래 레닌이 톨스토이의 리얼리즘 예술에 대해 정치적 찬사를 행하면서 한 말이었다.

이, 그리고 라프가 동반자 작가들에게 그랬던 것처럼 초기의 혁명문학론자들은 루쉰과 마오둔을 비판하고 배척했다. 문단사적으로 보자면 문단의 헤게모니를 장악하려는 젊은 세대의 기도(企圖)로 보일 수도 있겠으나, 문학이론의 역사에 비추어보면 비판적 리얼리즘 경향의 창작에 대한 플레하노프적 계급문학의 도전이라 할 수 있다. 그 도전을 맞아 루쉰은 나름대로 치열한 응전을 벌이는데, 그 응전의 과정에서 리얼리즘에 대한 그의 사유는 일정한 변화를 이룬다.

창조사(創造社)와 태양사(太陽社)의 주요한 표적이 되어 시대착오적인 프티부르주아 문학의 대표자라고 공격받은 루쉰은 그 특유의 신랄한 풍자를 발휘해 젊은 혁명문학론자들을 반박했다. 사실 루쉰으로서는 혁명문학이라는 것에 대해서는 이미 1927년 초에 자신의 확고한 관점을 세웠던 바였다. 1927년 4월 8일, 그러니까 4·12쿠데타 나흘 전에 루쉰은 황포군관학교(黃浦軍官學校)에서 '혁명시대의 문학'이라는 제목으로 강연을 하면서 혁명과 문학의 관계에 대해 다음과 같이 규정하였었다.

> 이곳 혁명 지방의 문학가들은 문학과 혁명이 크게 관계된다고 말하기 좋아하는 것 같습니다. 예컨대 그것을 가지고 선전하고 고취하고 선동하여 혁명을 촉진하고 혁명을 완성할 수 있다고 생각하는 것 같습니다. 그러나 제 생각으로는 그런 글은 힘이 없습니다. [……] 혁명을 위해서는 '혁명인'이 필요하지 '혁명문학'은 급히 서둘 필요가 없습니다. 혁명인이 만들어내면 비로소 그것이 혁명문학입니다. 그러므로 혁명이야말로 문학에 관계되는 것이라고 저는 생각합니다.
>
> [……]
>
> 대혁명(大革命)의 시대가 되면 문학은 없어집니다. 소리를 내지 않게 됩니다. 모두 다 혁명의 흐름에 휩쓸리고, 모두 다 외침에서 행동으로 들

어가며, 모두 다 혁명에 분망하여 문학을 이야기할 틈이 없어지기 때문입니다.[16]

이 강연은 국민혁명(國民革命)에 대한 낙관으로 충만한 전망 속에서 행해졌는데, 여기서도 문학의 특수성에 대한 루쉰의 존중은 역설적인 형태기는 하지만 잘 나타난다. 그로부터 1년 뒤 혁명문학론자들에게 공격받고서 쓴 「문예와 혁명」에서 루쉰은 그 점을 아주 명료하게 "나는 일체의 문예가 선전이 되더라도 일체의 선전이 모두 문예는 아니라고 생각한다"[17]라고 진술한다. 루쉰에 의하면 문예는 문예이기 때문에 쓰임새가 있으며, 혁명이 표어와 구호 이외에도 문학을 필요로 하는 것은 문학이 어디까지나 문학이기 때문이다. 그러나 루쉰을 곤혹스럽게 한 것은 젊은 혁명문학론자들이 계급이론에 입각해서 혁명문학론을 펼치고 있다는 점이었다. 이때까지만 해도 루쉰의 혁명은 부르주아 민주주의 혁명이었던 데 반해, 그들의 혁명은 프롤레타리아 혁명이었다. 그리하여 "지금 혁명문학가라고 불리는 사람들은 투쟁이라는 것으로 시대를 초월하고 있다. 시대를 초월하는 것은 기실 도피하는 것이다"[18]라는 발언을 하게 된다. 부르주아 민주주의 혁명이 과제인 시대에 프롤레타리아 혁명을 주장한다면 현실인식의 관념적 오류일 뿐인 것이다.

그러나 루쉰은 프롤레타리아 문학이라는 것에 대해서는 상당히 열린 자세를 취하고 있었다. 이미 1925년경부터 소련의 '신흥문학(新興文

16 「革命時代的文學」, 『魯迅全集』 第3卷(1961), p. 313, 315.
17 「文藝與革命」, 『魯迅全集』 第4卷(1961), p. 68.
18 위의 글, p. 67.

學)'에 관심을 갖기 시작했고, 1928년에는 일본의 가타가미 노부루(片上伸)가 쓴 『현대신흥문학의 여러 문제』를 번역하였으며, 1929년 2월에는 그 번역서에 역자서문을 붙이면서 프롤레타리아 문학의 출현은 필연적이라고 지적하였다.

> 필연적인 형세로서 아주 평범한 것이니, 떠드는 것이나 막으려고 하는 것이나 모두 쓸데없는 일이다.[19]

그런데 프롤레타리아 문학을 바라보는 루쉰의 시각은 엄연히 리얼리즘적 사유에 바탕을 둔 것이었다. 젊은 혁명문학가들처럼 "목전의 폭력과 암흑을 정시하지 못하고"[20] 단순히 '때려라', '죽여라' 하는 식의 구호나 외쳐대는 것은 쓸데없이 떠드는 것에 지나지 않는다[21]고 루쉰은 비판했다. 루쉰이 보기에 예술은 "일종의 사회 현상이며 시대와 인생에 대한 기록"[22]이고 "오늘날의 문예는 우리 자신들의 사회를 그리는 것"[23]이었다. 이는 1910년대 후반 이래 루쉰의 일관된 문학관이었다.

루쉰이 보그다노프의 생활조직 문학론에 반대한 것은 당연한 이치다. 창조사와 태양사의 입론을 루쉰은 "'문예는 선전이다'라는 사닥다리를 타고 관념론의 성곽으로 기어오르는 것"[24]이라고 일축해버렸다. 그 대

---

19 「現代新興文學的諸問題·小引」, 『魯迅全集』 第10卷(1981), p. 292.
20 「文藝與革命」, p. 67.
21 「革命文學」, 『魯迅全集』 第3卷(1961), p. 407 참조.
22 「文藝與革命」, p. 66.
23 「文藝與政治的崎途」, 『魯迅全集』 第7卷(1961), p. 109.
24 「〈壁下譯叢〉小引」, 『魯迅全集』 第10卷(1981), p. 279.

신 루쉰은 프롤레타리아 문학 및 그 이론에 대해 폭넓은 학습을 진행한다. 1929년과 1930년에 각각 루나차르스키의 『예술론』과 플레하노프의 『예술론』을 번역한 것은 바로 그 학습의 일환이었다. 특히 루나차르스키의 적극적 리얼리즘론에 루쉰의 관심이 집중되는데, 리얼리즘은 인류의 생활 속의 오염과 부패를 폭로하고 암흑을 부정해 인간을 이상으로 인도할 수 있다는 루나차르스키의 소론이 루쉰 자신의 문학관에 부합했기 때문이다. 그 학습 과정에서 루쉰이 선호한 것은 '시월'에 대립하였던 트로츠키, 보론스키, 그리고 루나차르스키였다. 그들은 모두 플레하노프 이론의 인식론적 특질을 강조하고 결정론적 요소에 기운 사람들이었다. 그들을 통해 루쉰은 토대와 상부구조의 관계에 대해 배우고, 그 관계를 직접적이고 무매개적인 것이 아니라 간접적이고 매개적인 것으로 파악하는 관점을 받아들이며, 그 관점에서 문예의 특수성이 확보된다는 점에 관심을 기울였다. 그래서 문예 이론가로서의 트로츠키가 문예를 깊이 있게 해명했다고 루쉰은 평가했다. 루쉰의 입장에서 보자면 그 자신이 가지고 있던 문학의 특수성에 관한 믿음을 프롤레타리아 문학의 본산으로 여겨지는 소련의 이론가들에게서 재확인한 것이었다.

루쉰의 비판적 리얼리즘은 사적 유물론적 미학이론의 수용을 통해 이론적으로 체계화되기 시작했고, 그렇게 체계화된 자신의 리얼리즘관을 가지고 루쉰은 신사실주의(新寫實主義)와 유물변증법적 창작방법이 성행하던 시기에, 그것들의 이름에 기대지 않고 자기 나름의 관점으로 좌련(左聯) 결성대회에서 "혁명의 실제 정황"을, 즉 "혁명은 고통스러우며 그 속에는 반드시 오물과 피가 섞여 있다는 사실"을 모르는 '시인(詩人)'들의 '낭만'을 격렬하게 비판했으며,[25] 1931년 12월에는 사팅(沙汀)과 아이우(艾蕪)에게 보내는 편지에서 현실 생활로부터 출발하여 익숙한 제재를 쓰고 엄숙하게 재료를 선택하며 깊이 있게 발굴하고 진실하고 심각하게 생활을 묘사하라고 권고[26]했다.

여기서 마오둔의 리얼리즘론을 자세히 살펴볼 여유는 없지만, 마오둔의 리얼리즘론과의 대조 속에서 루쉰 이론의 특징이 잘 드러나기 때문에, 간략히 양자의 대조만이라도 제시해본다. 프롤레타리아 문학운동의 시기에 5·4 신문학의 전통을 대표하는 두 작가 루쉰과 마오둔은 이른바 '동반자 작가'의 위치에 있으면서 자신들의 비판적 리얼리즘의 문학적 입장을 자각적으로 논리화했다. 두 사람 다 현실인식과 현실묘사의 비판성과 객관성을 중시하였으나, 두 사람 사이에는 미묘한 차이가 있었다. 루쉰은 객관적 진실성을 확보하기 위한 선결조건 내지 과정으로서 주관의 진정성을 강조했고, 마오둔은 객관적 진실을 주로 제재 차원에서 찾았다. 제재에 초점을 맞춘 마오둔은 1930년대 이후 사회주의 리얼리즘으로 이행해갔는데, 그 후 마오둔의 사회주의 리얼리즘은 그 자신의 부단한 경계에도 불구하고 자연주의적 속성으로부터 자유롭지 못했다. 이는 이론적으로 볼 때 비판적 리얼리즘 시절부터 그가 제재 문제에 초점을 맞추고 있었던 것과 관련된다. 객관적 진실을 제재의 차원에서 확보하려 할 때 루카치가 비판하는 '사회주의적 자연주의'의 경향이 나타나는 것은 자연스러운 일이라 할 수 있다. 그에 반해 루쉰은 비록 1936년에 일찍 타계하기는 하였지만, 타계하기까지 주관의 진정성을 중시하는 그 특유의 비판적 리얼리즘을 포기하지 않았다. 그것은 하나의 모델이 되어 훗날 그의 제자 후펑(胡風)에게로 계승되고 체계적으로 이론화된다.

---

25 「對于左翼作家聯盟的意見」, 『魯迅全集』 第4卷(1961), pp. 182-183 참조.

26 「關于小說題材的通信」, 『魯迅全集』 第4卷(1961), p. 239.

4. 루쉰 리얼리즘의 계승: 후펑의 리얼리즘

1933년 일본 유학을 마치고 귀국한 뒤 좌련의 비평가로 활동을 시작한 후펑은 1936년 두 개의 구호논쟁[兩個口號論爭]에서도 루쉰 진영의 선봉장으로서 '민족혁명전쟁의 대중문학'이라는 슬로건을 지지했지만, 리얼리즘 이론이라는 범주에서도 그는 루쉰 사후에 루쉰의 '제자'로서, 루쉰의 비판적 리얼리즘을 계승하여 나름대로 발전심화하려 노력했다. 1935년에 발표된 「장톈이론(張天翼論)」에서부터 후펑 특유의 강조점이 나타나기 시작한다. 이 글에서 후펑은 유물론을 교조로 삼고 그 교조에 따라 세계와 인생을 보는 객관주의적 경향을 극복하고 "인간의 진실을 포착하고 종합적인 전형(典型)을 창조"하는 리얼리즘에 도달하기 위해 필요한 것은 "작가의 진실된 감정"과 "현실 생활에의 육박"이라고 주장했다.[27] 「장톈이론」에서의 "작가의 진실된 감정"과 "현실 생활에의 육박"이라는 후펑 특유의 강조점은 곧이어 '주관력(主觀力)'이라고 명명된다.

주관력이 리얼리즘의 토대 위에서 낭만주의적 요소를 흡수하려는 것이었다는 설명[28]은 적합하지 않다. 리얼리즘은 객관 위주이고 낭만주의는 주관 위주인데 좌경사조가 리얼리즘을 지나치게 객관 일변도로 만들었기 때문에 균형 있는 조정을 위해 낭만주의적 요소의 흡수가 필요했다는 생각이 그러한 설명을 낳는다. 그러나 이는 피상적이다. 리얼리즘 이론에서 주관과 객관의 변증법적 통일을 사유의 중심에 놓는 헤겔주의적 입장은 엥겔스의 전형(典型)을 그 주-객의 변증법적 통일로 파악한다. 이

27 『胡風評論集』 上冊(人民文學出版社, 1984), p. 37 참조.
28 溫儒敏, 『新文學現實主義的流變』(北京大學出版社, 1988), p. 148.

입장에서 보면 리얼리즘의 주요한 문학적 적은 자연주의와 낭만주의다. 자연주의와 낭만주의는 주-객의 변증법적 통일을 분열시킨다는 점에서는 똑같고, 단지 자연주의가 객관으로 경사되는 데 반해 낭만주의는 주관으로 경사된다는 차이점이 있을 뿐이다. 스탈린 시대의 사회주의 리얼리즘에도 이 두 편향이 나타난다는 것이 루카치의 관점이다. 이른바 사회주의적 자연주의와 혁명적 낭만주의가 그것인데, 루카치에 의하면 그 둘은 상호배타적이거나 양립할 수 없는 것으로 존재했던 것이 아니라 사회주의적 자연주의가 혁명적 낭만주의를 도입함으로써 스스로를 인위적으로 풍부화하고 이론적으로 정당화하는 관계였다.[29]

후펑의 문제인식은 루카치와 같은 맥락이었다. 「장톈이론」을 비롯한 1935, 6년의 글에서 후펑이 비판한 객관주의가 바로 루카치가 말하는 사회주의적 자연주의에 해당한다. 후펑의 '주관력'은 낭만주의의 주관주의적 주관이 아니라 '전형의 창조'를 위해 본질적 계기로 요구되는 주관이었다. 다만 같은 시기의 전형에 대한 후펑의 논의가 보편과 특수의 통일을 제기하면서 아직 변증법적 논리에 도달하지 못하고 개념상의 혼란을 피하지 못했던 것처럼, 주관에 대한 논의 역시 그것이 '전형창조'의 본질적 계기로서 어떻게 작용하는가 하는 문제에 대해 구체적이고 체계적인 변증법적 논리를 부여하지 못했다. 작가의 창작정신 내지 창작태도라는 경험적 차원에서의 논리화를 모색하였을 따름이다.

이러한 방향의 모색은 후펑이 루쉰을 계승하는 데서 비롯되었다. 후펑의 '주관력'은 바로 루쉰의 '주관의 진정성'에 대한 또 다른 명명이다. 1937년에 쓴 「문학무문(文學無門)을 논함」을 보면 후펑의 '주관력'이 결

29 Georg Lukács, *Realism in Our Time* (Harper & Row, 1968), pp. 124-125 참조.

코 낭만주의적 주관이 아니고 주관과 객관의 변증법적 통일을 일으키는 어떤 작용 내지 그 통일의 과정에 해당하는 것임이 좀 더 분명해진다. 그는 "작가가 예술에 충실하고 가장 거짓 없고 가장 생명이 있으며 그가 포착한 생활내용을 가장 잘 말할 수 있는 표현형식을 각고 노력하여 찾는다면, 설사 시가 나오야(志賀直哉)같이 커다란 생활의 파도를 겪지 않았다 하더라도 그의 작품은 고도의 예술적 진실에 도달할 수 있다"고 말한 뒤 곧이어, "추상적인 말로 하자면 진실된 리얼리즘의 창작방법은 작가의 생활경험의 부족과 세계관의 결함을 보완해줄 수 있는 것이다"라는 언명을 덧붙였다.[30]

후펑의 리얼리즘 이론이 뚜렷하게 비판적 리얼리즘의 모습을 갖춘 것은 1940년 민족형식논쟁이 끝나갈 무렵이었고, '주관력'이라는 개념을 축으로 체계화되는 것은 국통구(國統區)에 연안문예강화(延安文藝講話)의 논지가 알려진 뒤였다. 연안문예강화는 국통구의 문학과 문학운동에도 커다란 영향을 미쳤다. 좌익 문학가들 중 다수는 연안문예강화의 논지를 대체로 그대로 받아들여, 국통구의 문학과 문학운동을 평가하고 지도하는 준칙으로 삼으려 했고 정치에의 복무와 대중에의 심입(深入)을 주요 과제로 인식했다. 그러나 그러한 움직임을 반대하는 입장도 있었고, 이 입장의 구심점이 바로 후펑이었다. 후펑은 정치에의 복무라는 문제에 대해서는 직접적으로 언급하지 않고 대중에의 심입을 주로 문제 삼는다. 대중에의 심입은 리얼리즘을 보장해주지 않으며, 오히려 대중생활 속의 낙후성에 함몰되는 결과를 낳을 수도 있다는 것이다. 후펑이 보기에는 항전 이래로 대중에의 심입이 급속도로 진행되었음에도 리얼리즘은 오히

30 『胡風評論集』上冊, p. 392 참조.

려 '쇠약'해졌다. 그 '쇠약'의 증세가 바로 '객관주의'와 '주관주의'라는 상반되는, 그러나 실제에 있어서는 동일한 경향이다. 후평의 설명에 의하면 객관주의는 생활에 대해 '수동적인 정신'을 갖게 되어 '열정이 쇠퇴'된 채 '냉담한 직업적 심정'으로만 글을 쓰는 것이고, 주관주의는 주어진 '이념'에 따라 '내용이나 주제를 만들어내는 것'으로 기실은 객관주의가 '변장'한 것일 뿐이다.[31] 또 다른 글에서는 주관주의와 객관주의라는 표현을 사용하지 않고 반(反)리얼리즘이라는 표현을 사용하면서 반리얼리즘의 두 경향으로 생활을 추수(追隨)하기만 하는 경향과 이야기를 꾸며낸 뒤 거기에 사상을 부가(附加)하는 경향을 든다.[32] 전자는 바로 객관주의에 해당하고 후자는 주관주의에 해당한다. 그러니까 후평에게 중요한 것은 대중에의 심입이 아니라 객관주의와 주관주의에 공히 결핍되어 있는 '그 무엇'이다. '그 무엇'이 바로 1930년대 중반에 후평이 제기했던 주관력인데, 후평은 '주관정신' 혹은 '주관적 전투정신' 등의 새로운 명명을 부여한다. 후평의 리얼리즘은 그 '주관정신' 혹은 '주관적 전투정신'과 '객관진리'의 결합(또는 융합)을 원리로 한다.

> 주관정신과 객관진리의 결합 또는 융합이 곧 신문예의 전투적 생명을 낳으니 우리는 그것을 리얼리즘이라 부른다.[33]

후평의 주관정신론은 연안문예강화의 입장에 선 논자들로부터 맹렬

31 「關于創作發展的二, 三感想」, 『胡風評論集』 中冊, p. 293.
32 「文藝工作的發展及其努力方向」, 『胡風評論集』 下冊, pp. 6-16 참조.
33 「現實主義在今天」, 『胡風評論集』 中冊, p. 319.

한 비판을 받았다. 후평은 많은 비판과 적은 지지를 받은 뒤, 1948년 9월 상해에서 「리얼리즘의 길을 논함(論現實主義的路)」을 쓴다. 이 저술은 본래 후평의 계획에 비추어보면 미완이고 주관정신론의 기본 골격에 별다른 변화가 없으며 오히려 이전의 강경한 입장에 비해 물러선 흔적도 있지만, 중요한 논점들은 보다 구체화되고 전체적으로 주관정신론에서 시작된 후평의 탐구가 나름대로의 체계적인 리얼리즘 이론을 구성했음을 보여준다. 우선 지적할 것은 주관주의와 객관주의라는 반(反)리얼리즘적 경향에 대한 논술이 보다 구체화되고 있다는 점이다. 종래의 주관주의라는 용어가 여기서는 주관공식주의(主觀公式主義)로 바뀌는데, 후평에 의하면 주관공식주의는 "역사적 내용에 깊이 들어가지 못하고 자기도취적인 열정 속을 떠돌아다니는 것"이고, 객관주의는 "현실의 국부성과 표면성에 굴복하거나 그 위에 떠돌아다니는 것"이다.[34] 후평이 특히 문제 삼는 것은 객관주의인데, 객관주의의 발생 원인을 설명하는 대목을 보면 후평이 비판적 리얼리즘의 의미에 대해 보다 명확히 인식하고 있음을 알 수 있다.

후평이 보기에 객관주의는 표면상으로는 '사적 유물론의 인식'을 접수했지만 "바로 비판적 리얼리즘이 소유한 것, 즉 강렬한 사상적 요구를 품고 현실의 대상을 향한 간고한 박투를 요구하는 창작 실천의 투쟁을 결핍했다는 것"을 그 발생 원인으로 한다.[35] 후평에 의하면 작가는 '객관대상에 대한 감수'로부터 출발하여 '객관대상에 돌입'하고 '객관대상과의 목숨을 건 박투'를 거쳐야만 '객관대상을 자기의 것으로 전변'시켜 표현

34 『胡風評論集』 下冊, pp. 290-294 참조.
35 위의 책, pp. 301-303 참조.

할 수 있다. 여전히 비유에 의지하고 있고 주관정신이 무엇인지, 주관정신과 객관대상의 결합 내지 융합이 어떤 것인지 구체적이고 논리적인 해명은 하지 못하고 있지만, 그런 것들을 명백한 어조로 비판적 리얼리즘의 성격이라고 주장하고 있음은 주목할 만하다. 후펑은 이보다 3년 전의 「민주주의를 위한 투쟁에 몸바쳐」에서도 5·4 리얼리즘의 계속성에 대해 말한 적이 있었다. 당시 국통구에서는 '민주가 피를 흘리고' 있기 때문에 리얼리즘의 기본임무는 여전히 '민주적 요구'를 반영하고 인민대중의 생활 속에 '언제 어디서나 잠재되어 있거나 확장되고 있는, 몇천 년 된 정신적 노예의 상처'를 드러내는 것임을 잊지 말아야 하며, 봉건을 반대하고 '정신개조'를 촉진하는 5·4 리얼리즘의 기본 임무가 아직 완성되지 않았으니 이 면에서 계속 노력해야 한다는 것이었다.[36]

3년의 시차를 둔 비판적 리얼리즘에 대한 이 두 개의 담론은 미묘한 차이를 보인다. 3년 전의 것이 비판적 리얼리즘의 유효성을 현실적 모순의 존재로부터 찾고 있음에 반해, 3년 뒤의 것은 객관적 현실의 본질 포착이라는 리얼리즘의 일반원리를 비판적 리얼리즘에서부터 찾고 있다. 이 차이는 중시되어야 한다. 3년 전의 담론에서의 비판적 리얼리즘은 현실의 모순이 소멸되거나 적어도 완화되면 의미를 손상당하지만, 3년 후 담론에서의 비판적 리얼리즘은 리얼리즘의 일반원리를 실현한 것이기 때문에 의미를 잃지 않는다.

비판적 리얼리즘에 리얼리즘의 일반원리가 실현되어 있다고 보는 데는 세계관과 창작방법이라는 두 개의 범주를 인과적으로 관련짓지 않고 양자 간의 불일치 내지 모순의 가능성을 인정하는 태도가 깔려 있다.

36 『中國新文學大係(1937-1949)』第2集(香港文學研究社, 1968), pp. 582-583 참조.

고리키적 사회주의 리얼리즘 역시 그 가능성을 인정하지만, 사회주의 리얼리즘에서는 양자가 일치한다는 점에 역점을 두고 이를 비판적 리얼리즘보다 사회주의 리얼리즘이 우월한 근거로 삼는다. 고리키적 사회주의 리얼리즘에서는 리얼리즘의 일반적 원리가 무의미하다. 세계관과 방법의 불일치 내지 모순이 리얼리즘의 일반원리와 관련되는 것이 아니라 비판적 리얼리즘의 한계 내지 취약성일 뿐인 것이다. 그러나 비판적 리얼리즘의 입장에서는 세계관과 방법의 불일치 내지 모순에도 불구하고 이루어지는 리얼리즘, 즉 리얼리즘의 승리야말로 리얼리즘 일반원리의 실현이다. 세계관과 방법의 일치 속에서 이루어지는 리얼리즘에서는 리얼리즘의 일반원리가 오히려 잘 드러나지 않는다.

1930년대 소련의 이른바 '신사조(新思潮)' 그룹이 그런 의미에서의 비판적 리얼리즘론을 보여주는 대표적 예다. 그들 중 대표자인 루카치는 세계관과 미적(美的) 반영이라는 예술적 원리를 원칙적으로 구분함으로써 마르크스주의적 문예이론의 방향을 내용과 관련된 이데올로기 비판으로부터 예술적 형상화 자체의 영역으로 옮긴다. 그리하여 리얼리즘은 예술가의 주관적인 노력이나 이데올로기적 입장에 따라 이루어지는 것이 아니라, 현실에 대한 미적 자기화(自己化)의 형식, 그리고 이를 통해 매개된 예술작품의 수용형식으로부터 이루어지는 것이 된다. 바로 그 미적 자기화를 철학적 개념으로 표현하면 주관과 객관의 통일이고, 그 통일의 소산이 전형이다. 이것이 루카치가 보는 리얼리즘의 일반원리다. 이 일반원리를 실현하지 못하고 단지 세계관과 방법의 일치라는 교조적인 강요를 받게 되면 사회주의 리얼리즘은 사회주의적 자연주의와 혁명적 낭만주의로 변질되어 버린다. 루카치가 비판적 리얼리즘과 사회주의 리얼리즘을 구분한 데는, 고리키의 경우와는 반대로 비판적 리얼리즘에 나타나는 리얼리즘의 일반원리를 계급적 차별보다 더욱 강조함으로써 사회주의 리얼리즘의 변질을 간접적으로 비판하고자 하는 의도가 숨어 있었다.

후펑이 말하는 주관정신의 박투는 바로 루카치가 말하는 리얼리즘의 일반원리에 해당한다. 사상개조를 하지 못하면 그 어떤 작가든지 실제로는 프티부르주아의 모든 것을 선전할 수 있을 따름이라는 생각에 대한 후펑의 반대는 연안문예강화의 가장 중요한 원칙에 대한 반대다. 사상개조를 했든 안 했든 중요한 것은 주관정신의 박투, 즉 리얼리즘의 일반원리이기 때문이다. 후펑의 비판적 리얼리즘 이론은 실질적으로 루카치의 비판적 리얼리즘 이론과 유사하다. 후펑이 루카치를 직접 읽었는지, 어느 정도 수용했는지는 알 수 없으므로 그 영향관계를 함부로 말할 수는 없다. 그러나 영향여부와는 무관하게 그 이론구조의 유사성과 차이는 객관적으로 지적될 수 있다. 양자의 결정적인 차이는 루카치가 철학적 개념으로 설명하는 것을 후펑은 비유적 언어로 단지 시사할 따름이라는 점이다. 그 비유는 작가의 창작태도 내지 창작정신에 초점 맞춰져 있는바, 이는 루쉰의 비판적 리얼리즘이 강조하던 주관의 진정성으로부터 도출된 것이다.

미적 자기화를 예술에 있어서의 주관과 객관의 변증법적 통일이라는 개념으로 설명하지 않고 작가의 창작태도 내지 창작정신이라는 차원에서 '주관력', '주관정신', '주관적 전투정신' 등의 '박투'라고 표현하는 것 자체를 주관주의라 부른다면, 그때의 주관주의는 아주 특수한 용어가 된다. 「반(反)사회주의적 후펑 강령」에서 "후펑은 문예의 원천은 객관세계도, 인민의 생활도 아니고 작가의 '주관정신'의 '자아확장'이며, 문예는 객관진실의 반영이 아니라 작가의 주관정신의 표현이라고 생각한다"[37]고 말했을 때 궈모뤄(郭沫若)는 후펑을 일반적 의미에서의 주관주의로 본 것인데, 이는 오류다. 후펑의 주관정신은 '객관진실의 반영'을 부정하는 것이 아니라 '객관진실의 반영'에 도달하기 위한 과정 내지 매개이기 때문이다. 후평이 주관주의라면 그것은 그 과정 내지 매개에 있어서의 주관주의라는 아주 특수한 성격의 것이다. 후평은 루쉰의 비판적 리얼리즘을 계승하여 1940년대, 즉 연안문예강화의 시대에 그 주관주의를 극단으로까지 밀고 나가 자기 나름의 독창적 이론체계를 정립한 예외적 이론가라 할 수 있다.

5. 중국 신문학의 리얼리즘과 루쉰의 리얼리즘

루쉰에서 후평으로 이어지는 리얼리즘론에서 이론적 논의의 체계적 전개는 후평에게서 더 많이, 더 집중적으로 발견된다. 그럼에도 이 이론 모델에 루쉰적 모델이라는 이름을 붙일 수 있는 것은, 후평의 이론이 루쉰의 정신과 루쉰이 형성해놓은 틀 속에서 전개되었고, 루쉰에게 잠재된 방향들 중 어느 한쪽으로 현저한 편향을 보였기 때문이다. 다시 말하면 후평 이론은 루쉰적 모델의 하나의 재생산이라 할 수 있다.

노미널리즘의 대립개념으로서 리얼리즘이라는 철학적 인식론적 태도에 비추어 말한다면 루쉰이야말로 철저한 리얼리스트였다. 그는 언제나 명분에 구속되지 않고 실질을 중시했다. 가령 루쉰은 혁명문학론자들의 혁명문학을 비판할 때 그것이 명분만 앙상하고 실질을 결핍했다는 데 집중했다. 리얼리즘이라는 말에 대한 루쉰의 태도 역시 비슷해 그 말이 한창 유행어처럼 사용될 때에도 루쉰은 그 말을 그다지 사용하지 않았다.

---

37 『中國現代文學史參考資料(1949-1958)』(高等教育出版社, 1959), p. 435.

루쉰이 리얼리즘이라는 말을 사용하는 것은 대체로 서양 문예사조로서의 리얼리즘에 대해 일반적이고 객관적으로 논급할 때와 그가 동의하는 외국 이론가의 용어를 인용할 때에 한했다. 예를 들어 1924년 도스토옙스키의 『가난한 사람들』 중역본 서문에서 '높은 의미에서의 리얼리즘'을 운위하는 것은 도스토옙스키 자신의 말을 인용하면서였고, 1929년 루나차르스키의 『예술론』을 번역하면서 그 역자 서문에서 '적극적 리얼리즘'을 운위하는 것은 루나차르스키 자신의 말을 인용하면서였다. 루쉰이 도스토옙스키에 찬성한 것은 '높은 의미에서의 리얼리즘'이라는 명분이 아니라 '영혼의 묘사'라는 그 실질이었으며, 루나차르스키에 찬성한 것 역시 '적극적 리얼리즘'이라는 명분이 아니라 암흑의 폭로와 부정이 인간을 이상으로 인도할 수 있다고 생각하는 실질적 내용이었던 것이다. 루쉰은 그 실질에 리얼리즘이라는 이름을 붙이는 데는 별 관심이 없었다. 따라서 문학 및 문학과 현실의 관계에 대한 루쉰의 사유와 그 사유의 체계성을 리얼리즘이라는 개념으로 파악하고 설명하는 것은 사후적 재구성인 것이다.

루쉰의 문학과 사상은 혁명으로부터 흘러나와 끝내 혁명으로 흘러들어 간다. 혁명은 루쉰에게 근본적 동기가 되었고, 1906년 문화운동에 투신하면서부터 1936년에 죽기까지 한결같았다. 처음부터 루쉰이 문제 삼았던 것은 진정한 혁명이었고, 유명한 환등사건에서 잘 나타나는 것처럼 진정한 혁명에 있어 문제는 '병든 국민성'이었다. 단편소설 「약(藥)」이나 산문 「태평가결(太平歌訣)」 같은 데서 잘 나타나듯, 그 병든 국민성이라는 것은 봉건적 현실에 압박받으면서도 스스로 그 봉건적 현실을 유지시키는 데 기여하는 마비된 민중을 일컫는 것이다. 혁명가가 민중을 위해 피를 흘릴 때 민중은 그에 대해 결코 감사하지 않으며, 다만 어떤 개별적 사실과 관련한 자신의 이해(利害)에만 관심이 있을 따름이다. 그 민중은 산문 「공산당 토벌의 장관(剿共大觀)」에서 쓰고 있듯 여성 공산당원의 처형을 신나는 구경거리로 삼는 민중이다. 「약」의 '인혈만두(人血饅頭)'나 『태평가결』의 '주문(呪文)'은 그것의 상징이다. 그러나 루쉰 정신의 비밀은 그 '인혈만두'나 '주문'의 발견 자체에 있지 않다.

> 어떤 사람들의 글을 보면 현재는 '여명의 전(前)'이라고 거의 억지를 쓰고 있다. 그러나 시민은 이러한 시민일 뿐이니 여명도 좋고 황혼도 좋지만, 혁명가들은 결국 이러한 시민들을 등에 업고 나아가지 않으면 안 된다.[38]

일본의 루쉰 연구자 마루야마 노보루(丸山昇)가 말한 것처럼, 루쉰은 "중국의 혁명이 현 단계에 있어서 보기에 그토록 '무지(無知)'하고 '전혀 관심도 없는' 이들 민중과 함께 해야만 되며, 더 나아가서는 그들 자체의 힘에 의지해야만 전진할 수 있다는 것을 인식"[39]하였다. 중국의 후세 문학사가들에게 널리 유포되었던 '진화론에서 혁명론으로'라는 루쉰 인식이 루쉰이 마르크스주의자가 되고서야 비로소 혁명을 추구하게 되었다고 생각한 것은 잘못이다. 루쉰에게는 마르크스주의적 혁명이 아니라 혁명 자체가 중요한 것이었다. 그의 혁명을 실현할 수 있는 실제적 힘을 나중에 마르크스주의적 혁명에서 찾았을 뿐이라는 마루야마의 견해는 실로 탁견이다.

---

38 「太平歌訣」, 『魯迅全集』 第4卷, p. 82.

39 丸山昇, 『魯迅と革命文學』(紀伊國書店, 1972): 이득재·조성 편역, 『文學의 理論과 實際』(사계절, 1986), p. 210.

루쉰에게는 허황한 혁명론이 아니라 실제로 혁명에 나름대로 기여할 수 있는 구체적 작업들이 중요했다. 그가 마르크스주의 원전들의 번역을 중시한 것은 이런 맥락에서였다. 여러 작업들은 각각 그것만이 할 수 있는 부분에서 나름대로 혁명에 실제적으로 기여한다. 문학도 마찬가지였다. 루쉰이 문학의 특수성을 중시한 것 역시 같은 맥락에서였다.

루쉰이 보기에 나름대로 혁명에 기여하는 문학은 무엇보다도 현실을 '정시'하는 문학이다. 그 현실은 병든 국민성이 빚어낸 '인혈만두'의 암흑적 현실이다. 그 현실만이 혁명의 장소이므로 그 현실을 가식해서는 안 된다. 그런데 그 현실은 영혼의 깊이에까지 펼쳐져 있는 현실이고, 그러므로 병든 국민성의 영혼까지 묘사하지 않으면 안 된다. 여기서 루쉰은 도스토옙스키의 '높은 의미의 리얼리즘'에 찬성한다. "가면을 벗기고(取下假面) 참답고 심각하고 대담하게 인생을 들여다보고 그것의 피와 살을 그려내야 한다"는 것이다. 이처럼 깊이까지 포함하는 암흑적 현실의 정시와 그것의 생생한 묘사는 단순히 폭로에 그치는 것이 아니다. 그것은 현실의 이상적 변혁에 기여한다. 여기서 루쉰은 인류의 생활 속 오염과 부패를 폭로하고 암흑을 부정하는 것은 인간을 이상으로 인도할 수 있다는 루나차르스키의 '적극적 리얼리즘론'에 찬성한다. 물론 루쉰이 암흑만을 써야 한다고 주장한 것은 아니다. 없는 광명을 꾸며내는 가식적 태도를 엄격히 거부한 것이지 있는 광명조차 쓰지 말라고 한 것은 아니다. 실제로 루쉰은 「아Q정전」에서 민중의 잠재적 역량을 놓치지 않고 해학적으로 묘사했다.

이것이 비판적 리얼리즘에 가까운 루쉰의 리얼리즘적 사유의 내용이다. 루쉰은 혁명의 완수는커녕, 해방구(解放區)체제의 대두 이전에 죽었다. 식민지·반(半)봉건사회 속에서 생을 마친 루쉰에게 사회주의 리얼리즘은 실제적인 문제로 보이지 않았다. 사회주의 리얼리즘에 대한 논의가 한참 일어날 때, 만년의 루쉰은 그에 대해 별다른 언급을 하지 않았다. 그러나 혁명문학논쟁 직전의 발언으로부터 다음과 같은 유추를 해볼 수는 있다. 이 무렵 루쉰은 예세닌과 소볼의 자살에 대해 여러 차례 언급했다.

> 그리하여 나는 대저 혁명 이전에 환상 또는 이상을 품었던 혁명시인은 자기가 구가했고 희망했던 현실에 부딪혀 죽을 운명을 가지기 쉽다는 것을 알게 되었다. 현실의 혁명이 만약 이런 시인의 환상 또는 이상을 분쇄하지 못한다면, 이 혁명은 포고(布告)상의 공담(空談)일 것이다. 그러나 예세닌과 소볼을 비난만 할 수는 없다. 그들은 앞서거니 뒤서기니 하며 자신을 위해 만가(挽歌)를 불렀다. 그들에게는 진실이 있었다. 그들은 스스로의 침몰로써 혁명의 전진을 증명하였다. 그들은 결코 방관자가 아니었다.[40]

이에 대한 해석은 여러 각도에서 가능하겠지만, 이 글의 논점에만 초점을 맞추어 본다면 이는 진정한 의미의 혁명이 완수될 경우 그 전에 상상하던 범위를 훨씬 넘어선 완전히 새로운 문학이 태어날 것이고 종래의 문학(루쉰 자신을 포함해서)은 살아남지 못할지도 모른다는 뜻으로 읽힐 수 있다. 그가 좀 더 오래 살았더라면, 그리하여 해방구 체제와 1950년대 이후의 사회주의 체제를 겪었더라면 그 체제들의 사회주의 리얼리즘 문학을 찬성했을까, 아니면 그의 비판적 리얼리즘을 고수했을까, 혹은 예세닌처럼 자살했을까? 흥미롭지만 물론 무의미한 의문이다. 그러나 위 인용문에서 적어도 진정한 혁명의 완수 이전까지는 비판적 리얼리즘을 추

40 「在鐘樓上(夜記之二)」, 『魯迅全集』 第4卷(1961), p. 31.

구해야 한다는 완강한 생각을 엿볼 수 있다.

루쉰의 비판적 리얼리즘에는 그 특유의 요소가 포함되어 있다. 그것은 주관의 진정성에 대한 중시다. 루쉰에게 현실을 정시하고 가식없이 묘사하기 위해 주관의 진정성은 꼭 필요한 요소였다. 주관의 진정성에 대한 루쉰의 중시는 흔히 구리야가와 하쿠손(廚川白村)의 『고민의 상징(苦悶の象徵)』에서 받은 영향으로 설명된다. 원루민(溫儒敏)에 의하면 구리야가와는 작가의 내면을 중시하여 자기의 마음속 깊은 곳으로 깊이, 더욱 깊이 파고들어 가서 자기의 내용 속에 도달, 거기에서부터 예술이 생겨나게 해야 한다고 주장하고, 창작이란 '개성의 표현'으로서 작가가 자신의 '인간적 고통'에 대한 감수에서 얻은 '이미지'를 예술적 형상으로 전환시킨 것인바 이때 반드시 작가의 '진짜 생명'과 강렬한 사상 감정이 담겨야 한다고 주장했다.[41] 구리야가와의 이론은 그 성격이 복합적이지만 대체로 낭만주의 내지 상징주의적 경향이 주된 것으로 보인다. 루쉰이 공감한 것은 그중 진실한 감정의 강조라는 측면이었다. 다만 루쉰은 그것을 낭만주의나 상징주의라는 문맥에서가 아니라 자신의 비판적 리얼리즘을 보완하는 요소로 받아들였다. 그것이 루쉰의 주관의 진정성이다. 그러나 이를 꼭 구리야가와의 영향으로만 보아서는 안 될 것이다. 그것은 이미 1907, 8년부터 루쉰에게 내재되어 있던 낭만주의 취향의 표현이기도 하기 때문이다.

루쉰의 리얼리즘은 그가 사팅과 아이우에게 말했던 것처럼 현실 생활로부터 출발하여 익숙한 제재를 쓰고 엄숙하게 재료를 선택하며 깊이 있게 발굴하고 진실하고 심각하게 생활을 묘사하는 것이었다. 현실을 정

41 溫儒敏, 앞의 책, pp. 60-61.

시하고 가식 없이 묘사하는 것만으로는 묘사가 사실의 평면적 묘사로 그쳐버리지 않으리라는 보장이 없다. 루쉰이 보기에 사실의 평면적 묘사를 넘어서서 '영혼의 묘사', '이상으로의 인도'에 도달하기 위해서는 '깊이 있는 발굴'과 '심각한 묘사'가 필요한 것이다. 그렇다면 '깊이 있는 발굴'과 '심각한 묘사'는 어떻게 가능한가에 대한 답이 바로 주관의 진정성이다. 말하자면 주관의 진정성 속에서 작가의 주관과 현실이라는 객관 사이에 어떤 의미있는 작용이 이루어진다는 것이고, 그 작용 속에서 깊이 있는 발굴과 심각한 묘사가 가능해지며, 그리하여 '영혼'과 '이상'을 내포하는 객관적 진실이 획득된다는 것이다. 그렇다면 그 객관적 진실은 현상으로서의 객관적 사실과는 차원이 다른 그 무엇일 터인데 이에 대한 구체적인 설명은 더이상 루쉰에게서 나타나지 않는다.

이상 살펴본 리얼리즘 이론의 루쉰적 모델은 루쉰 사후 루쉰의 제자 후펑에게로 계승되어 더욱 구체화된다. 후펑은 해방구와는 사회 체제를 달리하는 국통구의 문화라는 문맥에서 이 모델을 이론적으로 심화·확대한다. 후펑이 5·4 리얼리즘을 명백히 비판적 리얼리즘으로 파악하면서 그것을 사회주의 리얼리즘에 비해 열등한 것으로 보지 않고 오히려 리얼리즘의 일반원리가 거기에 실현되어 있음을 강조했다는 것은 앞에서 이미 살펴본 바다. 간략히 되풀이하면, 후펑은 객관현실과 주관정신의 융합을 그 리얼리즘의 일반원리로 제시했다. 그의 객관현실은 현상이 아니라 본질이며 그냥 얻어지지 않는다. 그것은 객관현실과 주관정신의 융합 속에서 전형의 창조를 통해 얻어지며, 그러한 융합과 창조의 과정은 주관정신의 객관현실에 대한 '박투'를 통해 수행된다. 주관과 객관의 결합이라는 문제는 저우양(周揚) 역시 「리얼리즘 시론(試論)」에서 논의했다.

주관과 객관이 결합한다는 것은 곧 사람이 주위 세계를 인식하려면 반

> 드시 실천의 과정을 거쳐야 한다는 뜻이다. 모든 객관현상은 표면적으로 보면 복잡하고 혼란하며 포착하기 어려운 것 같은데, 현상의 표피를 꿰뚫고 객관현실 속으로 깊이 들어가야만 우리의 주관은 단련되고 충실해질 수 있고 객관법칙성을 파악하는 능력을 획득할 수 있다.[42]

여기서 저우양은 "현상"과 "법칙성"이라는 현실의 두 차원을 구분하고, 주관이 '현상'의 표피를 꿰뚫고 현실 속으로 깊이 들어가 '법칙성'을 포착함으로써 주관과 객관의 결합이 이루어진다고 묘사하고 있다. 나중에는 후펑을 그토록 극심하게 주관주의며 관념론이라고 몰아부쳤지만, 저우양 자신도 한때는 후펑과 거의 같은 논리를 펼쳤던 셈이다. 다만 저우양은 그 "현실 속으로 깊이 깊이 들어가는 주관"을 곧장 당파성(黨派性)으로 규정짓고 나아가서는 그 당파성을 '법칙성'(즉 진실성)과 동일시했다. 그에 반해 후펑은 그 '현실 속으로 깊이 깊이 들어가기'를 당파성으로 규정짓는 것을 거부하고 그것을 "주관정신의 객관현실에 대한 박투"라고 부르며 리얼리즘의 일반원리로 보고자 했던 것이다.

6. 맺는 말

루쉰적 모델의 후펑적 재생산은 루카치의 비판적 리얼리즘 모델과 매우 흡사하다. 비판적 리얼리즘과 리얼리즘 일반의 관계, 비판적 리얼리즘과 사회주의 리얼리즘의 관계에 대한 규정이라든지, 객관현실을 현상적 차

42 『新文學運動史料選』第2冊(上海教育出版社, 1979), p. 338.

원과 본질적 차원으로 구별하는 것, 객관현실의 본질은 리얼리즘에서 전형이라는 범주를 통해 형상화된다는 것, 객관현실의 본질과 전형을 주관과 객관의 관계의 문제로 파악하는 것 등 여러 명제들을 공유하고 있다. 심지어 리얼리즘 이론을 통해 사회주의 리얼리즘의 객관주의화와 주관주의화라는 부정적 경향을 간접적으로 비판하는 것도 동일하다. 그러나 루쉰적 모델이나 그것의 후펑적 재생산을 루카치 모델의 영향 내지 수용의 소산이라고 간단히 치부해버리기는 어렵다. 루쉰은 말할 것도 없고, 후펑도 루카치를 의식적으로 수용했다는 증거를 찾아볼 수 없고, 양자 사이에 돌이킬 수 없는 결정적인 차이가 있기 때문이다. 루카치가 총체성이라는 개념에 입각하고 주관과 객관의 변증법적 통일이라든지 보편과 특수의 변증법적 통일이라는 개념에 의해 철학적으로 해명하는 곳에서, 후펑은 루쉰의 주관의 진정성이라는 개념을 계승하고, 그것을 주관력, 주관정신, 주관적 전투정신 등의 객관현실에 대한 박투와 그 박투에 의한 주관과 객관의 융합으로 설명함으로써 창작 정신 내지 창작 태도의 차원으로 옮겨갔던 것이다.

리얼리즘 이론의 루쉰적 모델은 1953년부터 1976년까지 탄압을 받는다. 그 탄압이 애국애민이라는 의미에서의 루쉰 정신이 계속 지지를 받는 가운데 진행되었다는 사실은 묘한 아이러니를 느끼게 한다. 너무나 포괄적이어서 자의적으로 해석되기 쉬운, 그리하여 실제로는 마오쩌둥주의의 정치적 상징으로 작용해온 애국애민의 정신이 아니라 비판적 리얼리즘 정신으로서의 루쉰 정신은 이른바 사회주의 신시기에 들어 다시 살아나고 있다.

○

소설가로서의 루쉰과 그의 소설세계*

1. 소설가로서의 루쉰

루쉰은 20세기 중국문학의 강력한 중심이었다. 생전에도 동시대 중국문학에 커다란 기여를 했고 많은 영향을 미쳤지만, 그가 중국문학의 강력한 중심이 된 것은 1940년 마오쩌둥이 그를 "중국 문화혁명의 주장(主將)"이라 부르며 "그는 단지 위대한 문학인일 뿐 아니라, 또한 위대한 사상가이자 혁명가였다"[1]라고 규정한 뒤부터였다. 이로부터 루쉰은 문학가, 사상가, 혁명가의 모순 없는 통일로 파악되기 시작했고 마오쩌둥주의의 문학적 상징이 되었다. 그러나 그러한 루쉰 규정은 루쉰 자신과 부합하기보

* 이 글은 『중국현대문학』 제10호(중국현대문학회, 1996)에 발표한 것이다. 편저 『루쉰(작가론총서)』(문학과지성사, 1997)의 편자 총론은 이 글을 확대 보충한 것이다.

1 毛澤東, 「新民主主義論」, 『毛澤東選集』 第二卷(人民出版社, 1991), p. 698.

다는 오히려 왜곡했다. 특히 루쉰의 소설과 초기 산문은 그러한 루쉰 규정과 현저히 어긋났으므로 그것들은 그 규정에 맞도록 견강부회되거나 진정한 루쉰에 미달하는 과도기적인 것으로 치부되었다. 중국에서 이러한 현상은 1980년대 초까지 계속되었다.

이러한 마오쩌둥주의적 루쉰 규정을 벗어난, 존중할 만한 새로운 루쉰 상(像)의 정립은 일본에서 먼저 시도되었다. 그 처음은 다케우치 요시미(竹內好)다. 그는 이미 1944년에 루쉰의 주된 측면을 문학자로 파악하고 사상가, 계몽자를 부차적인 것으로 간주하는 견해를 제출했다. 그에 따르면 "문학자 루쉰이 계몽자 루쉰을 무한으로 생겨나게 한 궁극의 장소"[2]이며, 그의 '목표'는 "사상가로서의 루쉰이 아니라, 문학자로서의 루쉰"[3]이다. 그에게 사상가로서의 루쉰은 "하나의 모순"이고 "하나의 혼돈"[4]일 뿐이다. 마루야마 노보루(丸山昇)는 다케우치의 루쉰을 한 번 뒤집었다. 그에게 중요한 것은 혁명인 루쉰이다. 그는 "'혁명을 궁극의 과제로 삼고 살아간 루쉰이 문학가 루쉰을 낳은 무한의 운동'을 찾아가는 일이 나의 입장"[5]이라고 언명했다. 마루야마의 견해는 마오쩌둥의 관점과 상통하기도 하지만 혁명인을 일원적 구심점으로 삼으면서 그것을 문학의 내재적인 문제로 파악한다는 점에서 독자적이라 할 수 있다. 필자는 1984년에 루쉰을 전략과 진실 사이의 갈등으로 파악하는 소박한 견해를 제출한 바 있다.[6] 산문가이자 사상가, 혁명가로서의 루쉰을 전략이라

2 竹內好, 『魯迅』(日本評論社, 1944), p. 187.
3 위의 책, p. 4.
4 위의 책, p. 10.
5 丸山昇, 『魯迅』(平凡社, 1971), p. 109.
6 성민엽, 「루쉰, 혹은 전략과 진실 사이」, 『문예중앙』 1984년 겨울호(이 책 1부에 수록).

는 개념으로, 소설가로서의 루쉰을 진실이라는 개념으로 파악하고 1920년대 말부터의 루쉰을 양자 사이의 갈등을 더 이상 지탱하지 못하고 전략 쪽으로 편향되어 버린 것으로 보았다.

중국인들 스스로 비(非)마오쩌둥적 루쉰 상을 정립하기 시작한 것은 1980년대 중반에 들어서다. 먼저 재미학자인 리어우판(李歐梵)이 사상가 루쉰을 부정하는 견해를 제출했다. 그가 보기에 루쉰은 "고도로 사상화(思想化)된 작가"[7]이지 사상가가 아니다. 그는 사상가로서의 루쉰을 내재적 모순으로 보는데, 이는 다케우치와 상통한다. 이후 비로소 왕푸런(王富仁), 첸리췬(錢理群), 왕후이(汪暉), 왕샤오밍(王曉明) 등 중국 학자들의 시도가 뒤따른다. 그들은 루쉰의 탈신격화를 꾀하며 루쉰을 먼저 하나의 인간으로 보는 데서 자신들의 루쉰 상을 정립하고자 했다. "먼저 루쉰이 있는 그 자리로 돌아가자"(왕푸런의 말)라는 주장이 제출되었고 루쉰의 내적 모순과 갈등에 조명이 가해졌다. 그들은 대체로 사상가이자 계몽자 루쉰의 측면에 관심을 집중하면서 그 측면에서 나타나는 모순에 주목했다. 종래대로 루쉰을 문학가, 사상가, 혁명가의 통일이라고 한다면 그 통일은 모순과 갈등으로 충만한 통일이며, 문학가, 사상가, 혁명가 각각의 개별적 측면 내부에도 모순과 갈등이 충만한 것인데, 이에 대한 올바른 인식이 시작된 것이다.[8]

1980년대 중반부터의 이러한 흐름은 종래에 비하면 커다란 변화지

---

7 Leo Ou-fan Lee, *Voice from the Iron House, A Study of Luxun* (Indiana University Press, 1987), p. 191. 보주: 원문의 intellectualized를 '사상화된'으로 옮긴 것은 유중하, 「魯迅과 김수영」, 『중국현대문학』 제9호(중국현대문학학회, 1995), p. 259의 번역을 따른 것이다.

8 루쉰 상의 변천에 대한 보다 자세한 설명은 유중하, 위의 글, pp. 253-267을 참조할 것.

만, 두 가지 점에서 종래와 변함이 없다고도 할 수 있다. 첫째, 여전히 루쉰을 중국문학의 살아 있는 중심으로 작동시키고 있다는 점이다. 새로운 루쉰 해석자들의 루쉰 해석은 오늘의 중국문학에 대한 주장과 성찰을 담고 있다. 루쉰은 여전히 현재적 존재다. 둘째, 새로운 루쉰 해석은 종래의 루쉰 규정과 마찬가지로 루쉰이라는 사람에게 초점을 맞춘다. 루쉰의 소설은 주로 루쉰이라는 사람을 해명하는 자료로 사용되지 그 자체 독립적인 존재로서는 그다지 부각되지 않는다. 리어우판과 다케우치가 문학가 루쉰에 초점을 맞추었지만, 그들 역시 루쉰의 소설을 독립적 존재로 중시하지는 않았다. 왕샤오밍은 계몽자 루쉰에 주목하고 그것이 루쉰 소설에 어떤 영향을 미쳤는가를 검토한다.[9]

우리가 보기에 첫 번째 점은 수긍할 수 있다 하더라도 두 번째 점은 문제적이다. 루쉰이라는 사람과 루쉰의 소설 사이에는 말할 나위도 없이 밀접한 관련이 존재하지만 양자가 동일한 것은 아니다. 작가와 작품이 동일하기는커녕 현저한 불일치를 보이는 경우를 우리는 세계문학사 도처에서 발견한다. 이때 우리에게 중요한 것은 작품이지 작가가 아니다. 그러니 루쉰 소설이 루쉰이라는 사람을 해명하기 위한 자료로서만 가치를 갖는 것이 아님은 의심할 여지가 없다. 루쉰 소설이 갖는 독립적인 가치를 존중할 때, 오히려 루쉰이라는 사람이 루쉰 소설을 해명하기 위한 자료가 될 수도 있다. 지금이야말로, 왕푸런의 말투를 빌리면, '먼저 루쉰 소설이 있는 그 자리로 돌아가기'가 요청되는 것이다. 그리하여 '소설가로서의 루쉰'이라는 설정이 필요해진다. 소설가로서의 루쉰은 자연인 루쉰과는 구별되는 추상적 존재다. 그것은 자연인 루쉰이 쓴 소설들로부터

9 王曉明, 『潛流與漩渦』(中國社會科學出版社, 1991)의 제1장과 제2장을 참조할 것.

발굴되고 구성되는 잠재적 존재다. 이 글은 그런 의미에서의 소설가로서의 루쉰과 그의 소설세계를 탐색해보고자 하는 작은 시도다. 루쉰의 소설은 중편소설 1편과 단편소설 32편이 전부다.[10] 루쉰의 소설세계는 그 33편의 작품을 포괄하거나 관통하는 어떤 소설성(小說性)으로부터 발굴되고 구성되어야 한다.

2. 루쉰 소설의 서술 특징

루쉰 소설은 일인칭 서술이나 삼인칭 서술 어느 한쪽으로 편중되지 않는다. 희곡체의 「죽은 자를 되살리다(起死)」를 제외한 32편 중 12편이 일인칭 서술이고 20편이 삼인칭 서술인데, 세 번째 소설집 『고사신편(故事新編)』의 삼인칭 소설 7편을 별도로 친다면 25편 중 12편이 일인칭 서술이고 13편이 삼인칭 서술이다.[11] 다만 시간순서를 염두에 둔다면 상당한 변화의 모습이 발견된다. 첫 소설집 『납함(吶喊)』은 14편[12] 중 8편이 일인칭 서술이고 6편이 삼인칭 서술인 데 비해, 두 번째 소설집 『방황(彷徨)』에서는 4편이 일인칭 서술이고 7편이 삼인칭 서술이며, 『고사신편(故事新編)』에서는 희곡체인 「죽은 자를 되살리다」 이외에는 7편 모두 삼인칭 서술

10 물론 현대소설이라는 것을 전제하는 이야기므로 1911년에 써서 1913년에 발표한 「회구(懷舊)」는 제외한다. 「회구」는 중국어가 아니라 한문으로 쓰였으며 현대소설이 아니다.

11 도입부에 일인칭 화자가 등장하기는 하지만 나머지는 전부 삼인칭 서술인 「아Q정전(阿Q正傳)」은 여기서 삼인칭 서술로 분류했다.

12 여기서 14편은 뒤에 『고사신편』에 「하늘을 보수하다(補天)」로 개제되어 다시 실리는 「부주산(不周山)」을 제외한 수다.

이다. 처음에는 일인칭 서술이 많았고 뒤로 갈수록 삼인칭 서술이 많아지는 추세를 알 수 있다.

먼저 일인칭 서술부터 살펴보자. 12편의 일인칭 소설 중 11편에서 작가 자신이 일인칭 화자로 등장한다. 물론 작가와 작중인물은 엄연히 별개의 존재여서 양자를 동일시하는 것은 초보적인 오류다. 일인칭 화자가 작가 자신의 모습과 비슷하지만 현실의 작가가 아니라 소설적 변형일 따름이다. 이 화자들은 아예 루쉰이라는 이름을 달고 나오기까지 한다. 11편 중 일인칭 관찰자 시점이 8편이다. 「쿵이지(孔乙己)」, 「작은 사건 하나(一件小事)」, 「두발 이야기(頭髮的故事)」, 「토끼와 고양이(兎和猫)」, 「오리의 희극(鴨的喜劇)」, 「복을 비는 제사(祝福)」, 「술집에서(在酒樓上)」, 「고독한 사람(孤獨者)」이 그것들이다. 「작은 사건 하나」, 「토끼와 고양이」, 「오리의 희극」은 신변잡기의 수필적 성격이 강하여 일인칭 관찰자 시점의 의미가 엷다. 그러나 「쿵이지」, 「두발 이야기」, 「복을 비는 제사」, 「술집에서」, 「고독한 사람」은 전형적인 일인칭 관찰자 시점이다. 이 작품들의 화자는 자기 자신에 대한 서술을 적잖이 행하기도 하지만 서술의 중점을 다른 한 작중인물에 두고 있다. 그 작중인물들인 쿵이지, N, 샹린아주머니(祥林嫂), 뤼웨이푸(呂緯甫), 웨이롄수(魏連殳)는 화자가 보고 듣고 느끼고 추측하는 범위 안에서만 서술되고 묘사된다. 그들은 그들 자신의 말이 아니고선 내면을 직접 드러내지 않는다(물론 그 말이 그들의 내면과 반드시 일치하는 것은 아니다). 다만 「두발 이야기」는 재론이 필요할지도 모른다. 여기서 관찰되는 N이 사실은 작가 자신의 변형된 모습일 수도 있기 때문이다. N의 말에서 나타나는 그의 경력은 작가 자신과 많은 부분이 일치한다. 만약 N이 작가 자신이라면 화자 '나'는 누구인가? '나' 역시 작가 자신이다. 그러니까 관찰하는 자아와 관찰되는 자아로 자아분열한 것이다. 작가 자신이 화자로 등장하는 11편 중 「고향(故鄕)」과 「마을 연극

(社戲)」의 2편은 화자 자신이 주된 서술 대상이기도 한, 일반적인 일인칭 소설이다. 11편 중 나머지 1편인 「광인일기(狂人日記)」는 서문과 본문이라는 이중구조를 취한 이중의 일인칭 서술이다. 서문의 화자는 작가 자신이고 본문의 화자는 광인이다. 이 이중구조로 인해 해석상의 많은 논란이 야기되는데, 「두발 이야기」와 마찬가지로 광인을 작가 자신의 변형으로 읽음으로써 종래의 해석들을 한꺼번에 뛰어넘을 수 있다. 이에 대해서는 뒤에 다시 자세히 검토하기로 한다.

일인칭이되 작가 자신이 화자로 등장하지 않는 작품으로는 「상서(傷逝)」가 유일하다. 「상서」의 화자에게도 작가가 전혀 투영되지 않은 것은 아니지만 작가 자신이 일인칭 화자로 등장한 경우가 아님이 분명하다. 그는 허구의 인물이다. 이 작품의 일인칭 서술은 일인칭 독백체라고 보아야 한다.

일인칭 서술이 다양한 형태인 데 반해 삼인칭 서술은 비교적 일관된 형태를 하고 있다. 크게 두 가지로 나누어볼 수 있겠다. 하나는 화자가 특정한 작중인물의 주관적 시점으로 서술을 엄격히 고정하는 것이다. 「행복한 가정(幸福的家庭)」과 「가오선생(高老夫子)」 2편이 그렇다. 다른 하나는 전지적 시점과 관찰자 시점, 그리고 주관적 시점들을 혼합하며 대부분의 삼인칭 서술이 이 부류에 속한다. 그중에는 「약(藥)」이나 「흰 빛(白光)」, 「비누(肥皂)」, 「이혼(離婚)」처럼 냉정하고 침착한 문체로 비교적 정돈된 서술을 행하는 경우도 있지만, 많은 경우에는 화자의 태도가 얼핏 혼란스럽게 느껴질 정도로 다채롭게 변화한다. 작중인물들 속으로 이리저리 옮겨 다니기도 하고, 갑자기 시치미를 떼고서 관찰자나 해설자의 모습으로 변하는 것이다. 두서없이 느껴지는 그 변화무쌍함은 실은 나름대로 일정한 의도를 포함한다. 첫째, 풍자와 아이러니다. 둘째, 전체적 통일보다는 부분의 상대적 독립성을 중시하는 것이다. 이러한 서술은 소설 미학적으로 볼 때 긍정적으로 평가되기 어려운 점이 있다. 「아Q정전」이 그 극명한 예다. 전체 9장 중 제1장은 일인칭 서술이고 나머지 8장은 삼인칭 서술인 이 작품은 루쉰의 유일한 중편소설이며 가장 유명한 작품이다. 그러나 소설 미학적으로 보자면 취약점이 분명히 드러나는데, 제1장 서(序)의 지나친 요설이 그러하고, 전체적인 구성의 치밀성이 현격히 부족하며, 문체가 상당히 들떠 불안정하게 흔들린다. 풍자의 의욕이 소설 미학을 압도해버린 형국이다. 아Q라는 인물 역시 그 성격을 단일하게, 혹은 체계적으로 설명할 수 있는 인물이 아니다. 그는 한 인물이라기보다는 여러 인물의 합성이라는 느낌이 들 정도로, 모순적이거나 혼란스럽거나 복합적이다. 이러한 소설 미학적 약점을 누구보다도 루쉰 자신이 더 잘 알고 있었던 것 같다. 루쉰이 1935년 3월에 「광인일기」, 「쿵이지」, 「약」, 「비누」, 「이혼」 등 5편을 자신의 대표작으로 꼽으면서 「아Q정전」을 언급하지 않은 것[13]은 그 때문이다.[14] 그러나 그런 평가의 기준이 되는 소설 미학은 서구 근대소설의 전통적 소설 미학일 뿐이다. 보다 전향적인 관점에서 바라보면 평가는 달라질 수도 있을 터인데 그러기 위해서는 별도의 정밀한 분석이 필요할 것이다. 여기서는 전체적 통일보다 부분의 상대적 독립성을 중시하는 서술 미학적 태도가 전(前)근대의 중국 전통문학에서도 발견되며 모더니즘과, 특히 포스트 모더니즘에서도 발견된다는 점, 그리고 루쉰은 그러한 태도가 풍자와 아이러니의 의도와 내적으로 긴밀히 결합되어 있다는 점을 지적해두는 것으로 그친다.

13 『中國新文學大系: 小說 第2集』 序文(上海良友图书印刷公司, 1935).

14 루쉰이 스스로 꼽은 5편 중 2편은 일인칭 소설이고 3편은 냉정하고 침착한 문체로 정돈된 서술을 하는 삼인칭 소설이다.

3. 민중과 지식인

루쉰 소설의 인물을 계급적으로 살펴보면 그다지 다채롭다고 할 수는 없다. 『고사신편』에 실린 8편은 고대의 신화와 전설, 역사에서 제재를 취했으므로 제외하고 『납함』과 『방황』의 25편을 놓고 보면, 작중인물들의 계급은 농민, 노동자, 소시민, 지식인, 지주들이다. 그중 중심인물로 등장하는 것은 대체로 농민과 지식인이며 노동자, 소시민, 지주들은 주로 주변인물이다. 노동자가 중심인물로 등장하는 작품으로는 「작은 사건 하나」가 유일하다.

농민, 노동자, 소시민을 피지배계급 일반이라는 의미에서 민중이라는 개념으로 묶는다면 루쉰 소설의 민중은 대체로 부정적인 모습으로 나타나며 비판의 대상이다. 그들은 우매하고 마비되어 있다. 어느 정도인가 하면, 인혈만두(人血饅頭)로 폐병을 고칠 수 있다고 믿고(「약」), 장명등(長明燈)이 꺼지면 마을이 바다로 변해버리고 사람들은 미꾸라지로 변해버린다고 믿을(「장명등」) 정도다. 그러나 그런 것들은 피상적인 것들이다. 진짜 우매와 마비는 봉건적 질서에 길들어 노예근성이 뼛속까지, 영혼 깊숙이 스며들었다는 데 있다. 그들은 봉건사회의 모순이 무엇인지, 자신들이 어떻게 억압당하고 착취당하는지에 대해 완전히 맹목이며, 오히려 자신들을 억압하고 착취하는 자들에 대해 존경심과 복종심을 지니고 있고, 자신들이 익숙한 질서가 정의이고 진리라고 믿는다. 따라서 봉건사회의 모순을 타파하려는 혁명과 혁명가에 대해 그들은 무관심할 뿐만 아니라 심지어는 적대적이기까지 하다. 그들은 봉건적 지배계급 이상으로 혁명가를 학대한다. 그런가 하면 민중 내부에서도 상호간에 가해-피해의 관계가 보편화되어 있다. 그들은 서로가 서로에게 잔인한 가해자들이다. 이 민중은 자신에게 피해를 주는 사회 질서를 유지시키기 위해 스스로 헌신

한다는 점에서, 그리고 서로가 서로에게 가해자들이라는 점에서 자학 내지 자해의 방식으로 존재하는 민중이다.

예외적인 인물도 나타나기는 하지만 아주 드물다. 「작은 사건 하나」의 인력거꾼과 「복을 비는 제사」의 샹린아주머니, 「술집에서」의 아순(阿順) 등이 그 예인데, 인력거꾼은 별로 다치지 않았으면서도 엄살을 부리는 노파를 부축해서 파출소로 모셔가고, 샹린아주머니는 비록 불행한 삶을 살다가 비참하게 죽지만 선량하고 성실한 영혼의 소유자이며 아순 역시 그러하다. 그러나 이들은 극히 예외적인 존재일 뿐이거나(인력거꾼), 일방적인 피해자일 뿐이다(샹린아주머니와 아순). 또 하나 예외적인 인물은 아Q다. 아Q는 부정적 민중의 온갖 모습을 한 몸에 집약한 인물인 동시에 긍정적 민중의 잠재적 가능성을 초보적으로 나타내는 인물이기도 하다. 이 이중성이 아Q를 루쉰 소설의 인물들 중 가장 독특한 인물로 만들어준다. 「이혼」의 아이구(愛姑)도 예외적 인물이다. 아이구는 봉건 풍속에서의 여성소외에 정면으로 저항한다. 마지막 순간에 부정적 민중으로 후퇴하고 말지만 그녀의 저항은 선량한 피해자인 샹린아주머니나 아순과 좋은 대조를 이룬다. 흥미로운 것은 샹린아주머니, 아순, 아이구 등 긍정적 인물 중 다수가 여성이라는 점이다.[15]

지주계급의 인물들은 한결같이 부정적으로 나타난다. 「이혼」의 칠대인(七大人)은 아이구의 저항을 좌절시키고, 「쿵이지」의 딩거인(丁舉人)은 쿵이지를 때려 그의 다리를 부러뜨리며, 「복을 비는 제사」의 루쓰나으리는 제사에 참여하지 못하게 하여 샹린아주머니에게 치명적인 상처를 입

15 루쉰이 본명 저우수런(周樹人)을 두고 필명을 만들면서 부계의 저우(周)씨 대신 모계의 루(魯)씨를 택한 것도 주목할 만하다.

힌다. 그러나 루쉰 소설에서는 지주계급의 인물이 직접적인 묘사의 대상인 경우가 드물다. 「쿵이지」의 딩거인만 해도 사람들의 입을 통해서 그 존재가 이야기될 뿐이고 「이혼」의 칠대인은 작품 말미에 잠깐 등장할 뿐이다. 「복을 비는 제사」의 루쓰나으리가 비교적 직접적으로 묘사되는 정도다. 루쉰 소설 중 지주계급의 인물들이 집중적으로 직접적 묘사의 대상인 작품은 중편소설 「아Q정전」이 유일하다. 자오나으리(趙老爺), 자오수재(趙秀才), 가짜양놈(假洋鬼子)이 그들이다. 그들은 우선 민중에게 가해자다. 자오나으리는 아Q가 생계의 위협에 부닥치고, 중흥에서 말로로 떨어지며, 강도로 몰리는 것에 원인을 제공한다. 또한 그들은 혁명조차도 민중에게서 탈취하여 자기들의 소유로 만든다. 자오수재와 가짜양놈이 먼저 혁명을 하고 아Q에게는 혁명을 불허하는 것이다. 이것이야말로 민중에 대한 가장 심각한 가해다. 그들은 아Q가 가진 삶의 가능성을 모두 차단한다.

지식인은 크게 두 부류로 나뉜다. 하나는 구(舊)지식인이다. 「쿵이지」의 쿵이지와 「흰 빛」의 천스청(陳士成)이 그들인데, 그들은 이미 몰락하여 사실상 민중과 다를 바 없는 존재들이다. 그들은 결코 긍정적 인물이 아니며 비판의 대상이지만, 그들의 참혹한 최후는 연민의 대상이지 증오의 대상으로 나타나지는 않는다. 「쿵이지」는 흔히 몰락한 구(舊)시대 지식인의 비참한 운명을 묘사했으며 봉건 과거제도의 죄악을 폭로한 작품이라고 해석되었다.[16] 그러나 필자는 그런 해석에 동의하지 않는다. 비참한 삶을 살아가는 쿵이지와 그를 놀리는 함형주점(咸亨酒店) 사람들의 관계, 그리고 그들을 바라보는 일인칭 소년화자의 시선이 복합적으로 고

16 王士菁, 신영복·유세종역, 『魯迅傳』(다섯수레, 1992), p. 113.

려되어야 한다. 함형주점의 주인과 다른 단삼(短衫) 손님들(그들은 하층 민중이다)은 쿵이지를 놀려대면서 희열을 느낀다. 그것은 일종의 가학인데 그러지 않아도 비참한 지경인 쿵이지는 더욱 상처를 받는다. 쿵이지는 비록 몰락한 구지식인이기는 하지만 아이들에 대한 태도에서 보듯 인간적 선량함을 지니고 있다. 소년화자의 시선은 쿵이지를 놀려대는 사람들에 대해서는 반감을, 쿵이지에 대해서는 연민을 띠고 있다. 다만 그 반감과 연민이 직접적으로 드러나지 않고 은밀히 갈무리되어 있는 것은 그것이 소년화자의 의식 이전의 느낌이기도 하고 작가의 서술의도 때문이기도 하다. 작가가 노리는 것은 몰락한 구지식인을 옹호한다거나 혹은 비판한다거나 하는 것이 아니다. 작가는 민중의 왜곡된 공격성을 비판한다. 출신이야 어떻든 현재의 쿵이지는 하층민중에 속하므로 쿵이지에 대한 함형주점 사람들의 학대는 결국 민중적 자해의 한 양상이 된다.

다른 하나는 신(新)지식인이다. 신지식인은 다시 세 부류로 나뉘는데, 그중 완전히 긍정적인 인물로 등장하는 것은 희생당하는 혁명가다. 「약」의 샤위(夏瑜)가 좋은 예다. 샤위의 혁명은 반청(反淸) 민족민주혁명인바, 감옥에 갇혀 처형을 기다리는 처지에서도 자신의 신념을 잃지 않고 의연한 모습을 보인다. 그는 동시에 계몽자이기도 해서 끝까지 계몽적 실천의 임무를 포기하지 않는다. 그러나 그는 다른 인물들의 입을 통해 그 모습이 드러날 뿐 직접적인 묘사의 대상이 되지는 않는다. 「두발 이야기」에서 N의 입을 통해 희생당한 혁명가들의 존재가 간접적으로 드러나는 것과 같은 맥락이다.

직접적 묘사의 대상인 신지식인은 다른 두 부류다. 그들은 한때 신사회와 신문화를 동경하고 추구했고 지금은 그 동경과 추구로부터 벗어나 있다는 점에서는 같으나, 한 부류는 보수적이고 반동적인 입장으로 돌아서 있고 다른 한 부류는 좌절과 실의에 빠져 고뇌하고 있다는 점에서 다르다. 「단오절(端午節)」, 「비누」, 「가오선생(高老夫子)」의 팡쉬엔춰(方玄綽), 쓰밍(四銘), 가오선생은 전자에 속한다. 한마디로 속물근성으로 설명될 수 있을 그들은 예리한 풍자의 대상으로 나타나는데, 대체로 그들 자신의 주관적 시점을 통해 풍자가 행해짐으로써 그들을 다룬 작품들은 고도의 아이러니 효과를 빚어낸다. 그러나 그들이 오직 풍자의 대상으로만 나타나는 것은 아니다. 「비누」의 쓰밍이 그 예다. 삼인칭 서술인 「비누」의 주인공 쓰밍은 보수적인 지식인이다(그의 직업이 무엇인지는 분명치 않으나 부인이 지전 만드는 부업을 하는 것으로 보아 부유한 것 같지는 않다). 한때 신문화를 지지한 적도 있던 그는 지금은 유교적 덕목을 고수하며 신문화를 거부한다. 그러면서도 아들에게는 영어교육을 시키는 그는 일종의 자기기만에 빠져 있다. 그 자기기만은 의식과 무의식 사이의 편차에서 뚜렷이 나타나는데, 그것을 드러내는 매개물이 비누다. 의식의 차원에서 그는 거지소녀의 효행에 감동하지만 무의식의 차원에서는 거지소녀로부터 성적 자극을 받는다. 그가 비누를 사는 것은 그 성적 자극으로부터 유발된 무의식적 행동이다. 이 작품은 쓰밍의 심리를 섬세하게 드러내는데, 서술이 쓰밍에 대한 외적 관찰과 의식의 추적에 제한되어 있어 그의 무의식은 표면에 드러나지 않는다(이러한 심리묘사는 상당히 현대적이다). 이 작품은 보수적 지식인의 위선적인 모습을 풍자한 것이라고 흔히 해석되었지만 그러한 직접적 해석에 갇히기에는 좀 더 두꺼운 작품이다. 쓰밍의 무의식은 위선의 증거지만 달리 보면 인간적 진실의 표현이며 그런 의미에서는 의식 차원의 이데올로기적 허구를 해체하는 결정적인 요소가 될 수도 있기 때문이다. 작품 말미에서 "그는 몹시 슬펐다. 효녀와 마찬가지로 '호소할 곳 없는 백성(無告之民)'이 된 것처럼 외롭고 쓸쓸했다. 그는 이날 밤 아주 늦게서야 잠이 들었다"[17]라는 진술은 그런 시각에서 읽을 때 비로소 납득할 수 있다.

좌절과 실의에 빠져 고뇌하는 지식인 인물들로는 「두발 이야기」의 N, 「술집에서」의 뤼웨이푸, 「고독한 사람」의 웨이롄수, 「상서」의 쥐엔성(涓生) 등이 있다. N은 배반당한 혁명, 허위의 쌍십절(雙十節)에 실망하고 절망한 나머지 극단적으로 냉소적인 태도를 취한다. 그 냉소주의는 “아아, 조물주의 채찍이 중국의 등짝 위에 내려쳐지지 않는 한, 중국은 영원히 이런 식의 중국이지, 스스로는 결코 머리카락 한 올조차 바꾸려 하지 않을 걸세”[18]라고 말할 정도다. 뤼웨이푸는 젊은 시절의 변혁을 향한 열정이 사그라지고 깊은 상실감을 앓고 있다. 웨이롄수는 거의 자폐적인 상태로 스스로를 몰고 가며 부정적인 현실에 대한 반발로 위악적 방종을 행하다가 끝내 외로운 죽음을 맞이한다. 쥐엔성은 쯔쥔(子君)의 죽음 앞에서 깊은 회한과 비애에 빠져 있다. 쥐엔성과 쯔쥔은 자유결혼을 실천하였으나 기성사회의 압박과 생활고에 부딪혀 헤어지고 말았는데, 그것이 결국 쯔쥔의 죽음이라는 비극으로 귀결되었다. 그들의 냉소, 상실감, 자폐, 위악, 회한, 비애는 모두 지난날 추구했던 이상이 현실에서 좌절된 데서 비롯되는, 그들 내면의 실존적 고뇌의 표현이다. 그들은 풍자의 대상이 아니라 쓰디쓴 연민과 우울한 공감의 대상으로 나타나 그들의 모습에 작가 자신의 실존이 간접적으로 투영되고 있음을 짐작할 수 있다. 작가 자신의 실존이 직접적으로 인물화된 것이 루쉰 소설의 일인칭 화자들인데(물론 「상서」는 여기에 속하지 않는다), 이 일인칭 화자들도 역시 고뇌하는 지식인 부류에 속한다. 그러나 이 일인칭 화자들은 N, 뤼웨이푸, 웨이롄수, 쥐엔성 들과는 상당히 다른 모습을 보이므로 별도의 검토가 필요하다.

---

17 『魯迅全集』 第2卷(人民文學出版社, 1961), p. 54.
18 『魯迅全集』 第1卷(人民文學出版社, 1956), p. 50.

4. 고뇌하는 지식인

루쉰 소설의 일인칭 화자의 전형은 「고향」의 일인칭 화자다. 이십 년 만에 돌아온 고향에서의 상실감을 묘사하는 이 작품은 고향 상실이라는 보편적인 주제의 한 변주이며, 러시아 작가 치리코프의 단편소설 「시골읍내」의 패러디다. 「시골읍내」는 혁명파 지식인이 이십 년만에 배를 타고 귀향하여 친구와 재회하고 실망한다는 내용이다.[19] 「고향」의 화자 역시 어린 시절의 친구 룬투(閏土)와 재회하고 실망한다. 룬투는 봉건사회의 잔혹한 계급적 압박으로 인해 마비된 민중으로 변해버렸다. 잿더미 속에 십여 개의 그릇을 숨겨 훔쳐가려고 할 정도로 변해버린 것이다(그릇을 숨긴 것은 룬투가 아니라 양씨네 둘째 아주머니(楊二嫂)의 조작이라는 해석도 있지만 이는 억지다). 어린 시절의 신비감과 일체감은 환멸로 바뀐다. 사람들끼리의 격절, 한마음이 되려고 하다가 그 때문에 괴롭고 떠도는 삶을 사는 자기 자신, 괴롭고 마비된 삶을 사는 룬투, 괴롭고 방종한 삶을 사는 사람들,[20] 이런 것들이 일인칭 화자의 고뇌의 원인이다. 그것들은 루쉰 소설의 주제적 측면을 상당 정도로 설명해준다. 사람들끼리의 격절(그중 가장 극단적인 것이 혁명가와 민중의 격절이다)은 「광인일기」에서부터 「상서」에 이르는 일인칭 소설들, 「약」에서부터 「이혼」에 이르는 삼인칭 소설들, 그리고 『고사신편』의 소설들 등 대부분의 루쉰 소설에서 기본적인 주제가 되고 있다. 한마음이 되려고 하다가 그 때문에 괴롭고 떠도는 삶을 살게 되

---

19 藤井省三, 김양수 역, 『100년간의 중국문학』(토마토, 1995), p. 153 참조. 보주: 이 요약에는 착오가 포함되어 있다. '나'가 만난 것은 친구가 아니라, '나'의 기억에는 없지만 '나'의 대학 후배로서 '나'를 잘 아는 경찰서 부서장이다.

20 『魯迅全集』 第1卷, p. 70.

는 모습은 「술집에서」의 뤄웨이푸, 「상서」의 쥐엔성에게서도 나타난다. 괴롭고 마비된 삶을 사는 룬투의 모습은 민중의 삶을 그리는 루쉰 소설들 도처에서 반복하여 나타난다. 괴롭고 방종한 삶을 사는 사람의 모습은 「고독한 사람」의 웨이롄수가 대표적이다.

그러나 「고향」의 화자는 이 절망적인 환멸의 자리에서 희망을 꿈꾼다. 자신의 조카와 룬투의 아들은 더 이상 격절되지 않기를 희망하는 것이다. "그들은 마땅히 새로운 삶을 살아야 한다, 우리가 아직 살아보지 못한 삶을"[21]이라는 희망은 어떻게 실현될 수 있을까? 여기서 작가는 그 유명한 진술을 행한다.

> 몽롱한 가운데, 나의 눈앞에 해변의 초록빛 모래밭이 펼쳐졌다. 그 위의 쪽빛 하늘에는 황금빛 둥근 달이 걸려 있었다. 나는 생각했다. 희망은 본래 있다고 할 수도 없고, 없다고 할 수도 없다. 그것은 지상의 길과 같다. 사실은, 원래 지상에는 길이 없었는데, 걸어 다니는 사람이 많아지자 길이 된 것이다.[22]

비유가 적절한 덕에 작가의 희망은 불현듯 놀라운 설득력을 발휘한다. 길은 그냥 생겨난 것이 아니다. 사람들이 다님으로써 생겨난 것이다. 화자는 스스로 행인의 역할을 맡고자 한다. '나'는 다님으로써 길을 만들고 그 길을 행복하게 사용하게 되는 것은 다음 세대의 아이들이다. 다음 세대의 아이들에 대한 기대와 그들을 위해 스스로는 '중간물(中間物)'이

21 위의 책, pp. 70-71.
22 위의 책, p. 71.

되겠다는 의식이 희망의 구체적 내용이다. 그 희망은 이미 「광인일기」에서도 "아이들을 구하라(혹은 구하자)"라는 발언으로 표명된 바 있다.

현실에서 실례(實例)를 발견하는 경우도 있다. 「작은 사건 하나」에서 화자는 인력거꾼에게 '기이한 감동'을 받는다. 그 희망의 실례는 화자에게 반성을 불러일으키고 화자를 새롭게 분발시키며 용기와 희망을 북돋아 준다.[23] 한편, 「마을 연극」에서 화자는 희망을 과거에 투사하여 자신의 유년 시절을 행복하게 회상하기도 한다. 그러나 「작은 사건 하나」의 인력거꾼은 제목 그대로 예외에 그칠 뿐이고 「마을 연극」의 유년 시절은 추억 속에 존재할 뿐이다.

희망에 대해 이야기하고 있는 작품은 시간순서대로 「광인일기」, 「작은 사건 하나」, 「고향」, 「마을 연극」의 순이 되는데, 「마을 연극」 이후 루쉰 소설의 화자는 더 이상 희망을 꿈꾸지 않고 위안을 찾으려 하지 않으며 한층 깊은 고뇌 속으로 파고든다. 「복을 비는 제사」의 화자는 선량하고 성실한 영혼의 소유자인 샹린아주머니의 물음에 자신의 무력함을 뼈저리게 느끼고 그녀의 죽음 앞에서 참담한 자괴감에 빠진다. 그는 기껏해야 "확실하게 말할 수는 없어요(說不淸)"라는 말을 도피처로 삼을 뿐 사람끼리의 격절을 극복할 엄두도 내지 못한다. 그 격절은 마치 인간 조건이라도 되는 듯이 다가든다. 희망은 간 곳 없고 오직 절망뿐이다. 「술집에서」의 화자는 이장을 하려고 파헤친 동생의 무덤에는 동생의 흔적이 조금도 남아 있지 않고 빌로도꽃을 갖다주려 한 아순은 남의 악의에 찬 거짓말에 상처를 입고 죽어버렸으며 동생의 유골이나 아순이 상실된 것처럼 자신의 삶 역시 상실되었다는 뤼웨이푸의 이야기를 듣고서 그저 탄

23 위의 책, p. 45.

식할 뿐이다. 화자 역시 상실감과 좌절감, 그리고 허무감에 감염되어 있는 것이다. 「고독한 사람」의 화자는 웨이롄수의 비극에 한 치도 개입하지 못하고 방관자로만 있다가 웨이롄수의 죽음 앞에서 울부짖음 같은 소리를 토할 뿐이다. 시간적 추이로 보면, 루쉰 소설의 화자는 절망 속에서 희망을 탐색하는 태도로부터 점점 절망에 갇히는 쪽으로 옮겨간다.

그런데 여기서 흥미로운 것은 이 세 작품의 결말이 종래에 없었던 새로운 면모를 공통적으로 보인다는 점이다.

> 1) 나는 끝없이 이어지는 먼 곳의 폭죽 소리를 몽롱한 가운데 어렴풋이 들었다. 그 소리는 하늘 가득한 소리의 구름이 되어 펄펄 휘날리는 눈송이와 함께 온 읍내를 포옹하는 것 같았다. 이 들뜬 소리의 포옹 속에서 나는 나른해지고 편안해졌다. 대낮부터 초저녁까지의 의혹은 복을 비는 제사의 분위기에 씻겨 전부 사라져버리고, 하늘과 땅의 신들이 제물과 향연을 흠향하고 얼큰히 취해 공중에서 비틀거리면서 노진(魯鎭) 사람들을 위해 무한한 행복을 준비하고 있는 것처럼 느껴졌다.[24](「복을 비는 제사」)
>
> 2) 나는 혼자서 내 여관을 향해 걸어갔다. 찬 바람과 눈발이 얼굴을 스치는 것이 오히려 아주 상쾌하게 느껴졌다. 이미 황혼인 하늘과 집과 거리가 모두 다 짙은 눈발의 새하얀 비정형의 그물에 얽혔다.[25](「술집에서」)
>
> 3) 귓속에서 무언가 몸부림쳤다. 오랫동안, 오랫동안. 그러다 마침내 몸

24 『魯迅全集』 第2卷, p. 22.
25 위의 책, p. 34.

부림쳐 뛰쳐나왔는데, 마치 기다란 울부짖음 같은 소리였다. 상처를 입은 이리가 깊은 밤중에 광야에서 울부짖는 것처럼, 참담함 속에 분노와 비애가 뒤섞여 있었다.

나의 마음은 가벼워졌다. 평온한 걸음으로 질척질척한 돌길을 달빛 아래 걸어갔다.[26](「고독한 사람」)

1)에서는 의혹이 사라져버리고 편안해지는 모습이, 2)에서는 상실감에서 벗어나 상쾌함을 느끼는 모습이, 3)에서는 분노와 비애를 벗어나 마음이 가벼워지는 모습이 그려지고 있다. 이 진술들을 그대로 믿으면, 이 화자들은 이제 고뇌로부터 도피하여 현실과 타협하는 길로 들어서고, 작가는 허무주의에 굴복할 준비를 갖추는 것이 된다. 그러나 그러한 해석은 순진하거나 경직된 해석이다. 이 대목들은 세 가지 서로 다른 각도에서 해석될 수 있다.

하나는 소설 작법상의 문제로 보는 것이다. 즉, 이 마지막 대목들을 서사의 종결을 위해서 그동안 조성되어온 긴장을 해소하는 기능적 단위로 보는 것이다. 결말에서 긴장이 해소되는 건 확실한 종결감을 불러일으키는 방법 중 하나인데, 이러한 종결 수법은 다른 작품들에서도 발견된다. 「내일(明日)」에서 노진(魯鎭)의 밤풍경이 묘사되는 것이나 「장명등」에서 놀이하는 아이들이 묘사되는 것이 그러하다.

다음은 인간의 자연스러운 심리적 현상으로 보는 것이다. 3)에서 울부짖고 난 뒤 일시적으로 가슴이 후련해지는 느낌이 드는 것은 특별한 의도가 있는 것이 아니라 고조된 긴장으로 인한 압박으로부터 심리적 평

26 위의 책, p. 107.

형을 되찾는 자연스러운 반응이다. 이러한 자연스러운 반응이 없다면 인간은 모두 정신병자가 되어버릴 것이다.

다른 하나는 일종의 아이러니로 보는 것이다. 이렇게 보면 반어를 통해 오히려 고뇌의 절실함과 불가해함을 부각하는 것이 된다. 특히 1)의 마지막 문장은 반어적임이 명백하다. 신들이 행복을 준비하는 것처럼 느껴졌다는 표층적 의미는 샹린아주머니로 대표되는 민중적 삶이 가진 불행의 실제라는 심층적 의미와 모순을 일으키며 아이러니를 고조시킨다. 샹린아주머니의 비극적 생애에 대한 회상 바로 직전에 나오는, "현세에서 아무 의미 없이 사는 자가 죽는다면, 보기 싫어하는 자에게 보이지 않게 되니 남을 위해서나 자신을 위해서나 나쁘지 않은 일이다"[27]라고 생각하며 변명과 위안을 찾는 대목이 비애를 반어적으로 드러내는 것이라는 점도 방증이 되어준다. 앞 절에서 살폈던 「상서」의 결말 역시 같은 맥락으로 읽힐 수 있다. "나는 새로운 삶의 길을 향해 첫걸음을 내디뎌야만 한다. 나는 진실을 마음의 상처 속에 깊숙이 감추고 묵묵히 전진해야 한다. 망각과 거짓말을 나의 길잡이로 삼고서……"[28]라는 대목 역시 현재의 회한과 비애를 견디지 못한 몸부림의 반어적 표현이다. 그 반어적 표현은 '나는 영원히 쯔쥔에 대한 회한과 비애 속에서 살아갈 것이다'라고 쓰는 것보다 독자에게 더 큰 정서적 감염을 불러일으킨다.

이 세 가지 해석 중 어느 하나가 배타적으로 옳다고 단정하기는 어렵다. 어쩌면 그것들은 동시에 성립하는 상호보완적 해석들일지도 모르겠다.

---

27 위의 책, p. 10.
28 위의 책, p. 129.

5. 두 개의 자아

루쉰 소설의 화자 중 가장 독특한 존재는 최초의 작품 「광인일기」의 두 일인칭 화자다. 루쉰의 첫 현대소설 작품이자 중국 현대소설의 첫 작품인 「광인일기」가 발표된 것은 1918년 5월이다. 개인적으로나 문학사적으로나 첫 작품이기 때문에 완성도가 높지 못하기는 하지만, 어느 작가에게나 첫 작품이 그러하듯 루쉰 소설세계의 원형(原型)이라 할 만한 것을 지니고 있으며, 그 해석을 놓고 오늘날에도 논란이 벌어질 만큼 현재성을 띠고 있으므로 상세한 검토가 필요하겠다.

「광인일기」는 한문으로 쓰인 서문과 중국어로 쓰인 본문으로 나뉜다. 서문의 화자는 피해망상증을 앓은 친구의 일기를 입수하여 그것을 발췌해서 전재(轉載)한다고 밝힌다(이는 물론 허구다). 본문은 광인의 일기다. 일기의 서술은 광기가 발생하는 데서 시작하여 점차 심화되어 최고조에 달하는 데서 끝난다. 그 광기의 심화 과정은 그러나 일의적(一義的)인 것이 아니다. 그것은 최소한 이의적(二義的)이어서 그 과정에서 표면적으로는 광기의 심화가 이루어지지만 심층적으로는 가치의 전도가 이루어지는 것이다. 처음에 광인은 단순한 광인으로만 나타난다. 그는 사람들이 자기를 잡아먹으려 한다는 망상에 빠져 있다. 그러나 그 망상이 점점 심해지면서 그 망상이 단순한 망상이 아니라 심각한 진실을 담고 있는 것임이 드러나기 시작한다. 진실은 봉건유교사회가 '식인(食人)' 사회라는 것이다. 이 진실에 입각하여 보면, 식인 사회의 풍속에 매몰되어 있는 사람들을 사람을 잡아먹는 사람들이라 부르는 것은 비유적으로 옳다. 이 진실이 드러나면서 처음에는 광인의 광기를 증명해주던 일화들이 거꾸로 사람들의 식인성(食人性)을 증명해주는 것으로 전도된다. 광기의 심화라는 표면구조와 가치의 전도라는 심층구조의 중첩이라는 점에서 「광인일기」의 미학적 특징은 아이러니다. 놀라운 것은 그 아이러니가 오늘날에도 충분한 긴장감을 조성할 만큼 심각하며 여전히 현대적이라는 점이다. 서문과 본문의 관계 역시 아이러니라는 각도에서 이해될 수 있다. 서문은 짐짓 본문의 아이러니적 진실을 모르는 척 시치미를 떼고 있다. 그러나 그 시치미는 역설적으로 본문의 아이러니적 진실을 더욱 부각시킨다. 서문과 본문의 중첩 역시 하나의 아이러니인 것이다. 한문과 중국어라는 문체의 차이는 그 아이러니의 문체적 표현이다.

「광인일기」의 광인을 문자 그대로 받아들인다면 지나치게 소박한 독해가 될 것이다. 여기서의 광기와 광인은 최소한 알레고리 이상이다. 「광인일기」의 광인은 봉건에 반대하고 근대를 추구하는 계몽자의 아이러니적 변형이다. 계몽자가 왜 하필 광인으로 변형되었는가? 여기에 「광인일기」의 비밀이 있다. 봉건에 매몰되어 있는 사람들의 눈에 계몽자는 광인으로밖에 보이지 않는다. "다들 나가요! 미친 놈이 뭐 볼 게 있다구 그래요!"라는 '큰형'의 말이나 "미친 놈이라는 명분을 준비해두었다가 나에게 뒤집어 씌우기로 진작부터 계획을 짜놓은 것이다"라는 '나'의 진술을 보라.[29] 봉건 질서는 계몽자를 광인이라고 여기거나 광인으로 몰아붙이는 것이다. 「광인일기」는 바로 그 봉건 질서의 눈으로 계몽자를 바라보고 그렇게 해서 그 형상이 생성된 광인-계몽자의 진실을 아이러니컬하게 드러낸다. 이는 계몽자의 주장을 직설적으로 토로하는 소박한 태도와는 근본적으로 구별된다. 「광인일기」의 아이러니에는 계몽자의 입장과 그 계몽자를 광인이라고 보는 봉건 질서의 입장이 동시에 포함되어 있는 것이다. 그런데 똑같은 광인-계몽자이면서도 「장명등」의 광인-계몽자는 「광인

29 『魯迅全集』第1卷, pp. 17-18.

일기」의 광인-계몽자와는 구별된다. 「장명등」의 광인-계몽자는 바깥에서 외적으로 관찰될 뿐인 데 반해 「광인일기」의 광인-계몽자는 그 자신이 자신에 대해 말하고 있기 때문이다. 외적 관찰에서의 아이러니가 비교적 얕은 데 비해 자기 고백에서의 아이러니는 비교할 수 없을 정도로 깊어진다.

「광인일기」의 광인 모티프의 출처는 두 가지로 설명할 수 있다. 루쉰이 다른 글들에서 밝힌 바에 따르면, 이 광인은 현실적으로는 루쉰의 외사촌 동생으로부터 비롯되었고(그는 산서성의 한 관청에서 보조원으로 일하던 중 피해망상증이 발병하여 1916년에 북경으로 치료하러 왔지만 끝내 치료하지 못하고 고향으로 보내졌다),[30] 문학적으로는 러시아 작가 고골의 단편소설 「광인일기」에서 비롯되었다. 루쉰은 자신의 「광인일기」가 고골의 것보다 "울분을 보다 깊고 폭넓게 토로하였다"고 자평하기도 했다. 그러나 서술 구조와 관련지어 보면 「광인일기」의 광인의 출처는 작가 자신이라고 볼 수도 있다. 서문의 화자 '나'와 본문의 일인칭 화자 광인은 모두 작가 자신의 변형으로서 반성하는 자아와 반성되는 자아로의 분열로 파악될 수 있는 것이다. 이렇게 볼 때 「광인일기」의 현대성은 한층 증대된다.

> 오늘 밤은 달빛이 좋다.
> 내가 이것을 못 본 지도 이미 삼십여 년이 되었는데, 오늘 보니 기분이 아주 상쾌하다. 지난 삼십여 년이 전부 혼미 상태였음을 이제야 비로소 알았다.[31]

---

30 『魯迅日記』 1916年 11月.
31 『魯迅全集』 第1卷, p. 9.

본문 첫머리에서 “삼십여 년”이란 광인이 살아온 세월을 말하는 것이니 곧 광인의 나이는 서른 남짓이 된다. 이를 1881년생인 작가 자신의 나이에 견주어보면 이때는 1911년 10월의 신해혁명 전후가 된다. 루쉰은 1900년대 후반에 일본에서 반봉건 근대지향의 문화운동을 전개했고 귀국 후 신해혁명을 전후하여 중학교 및 사범학교에서 교편을 잡았는데, 이때 그의 계몽적이고 혁명적인 삶의 태도로 인해 봉건성에 매몰된 주위 사람들로부터 시달렸다.[32] 그러다가 루쉰은 1912년 2월에 남경정부의 교육부 직원이 되고 같은 해 5월에 정부를 따라 북경으로 옮겨갔다. 그 뒤 1918년에 「광인일기」를 쓰기까지 옛 비문의 사본이나 모으며 고립과 침잠의 시간을 보냈다. 이러한 루쉰의 삶은 병이 나은 뒤 ‘모지(某地)의 후보(候補)’로 간 광인의 삶과 겹쳐진다. 이렇게 보면 광인의 광기는 반봉건 운동의 실천에 해당하며 광기의 치유는 봉건성과의 일정한 타협에 해당하고, 「광인일기」는 루쉰이 신해혁명 시절(더 거슬러 올라가면 동경시절까지도 포함될 수 있겠다)에 대한 회상을 아이러니컬하게 변형시킨 것이 되며, 그 회상의 의미는 지난 몇 년간의 침잠기에 대한 자기반성이 된다.[33]

이러한 방식의 읽기는 1920년 10월에 쓰인 「두발 이야기」와 1935년 12월에 쓰인 「관문 밖으로(出關)」에도 적용될 수 있다. 「두발 이야기」에 대해서는 앞에서 언급한 바 있으므로 생략하고, 여기서는 「관문 밖으로」만 간략히 살펴본다. 「관문 밖으로」는 노자(老子)의 출관(出關) 전설을 제재로 취한 삼인칭 소설이다. 노자가 공자(孔子)의 위협을 피하여 세상 밖

32 『朝花夕拾』 중의 산문 「范愛農」에 잘 밝혀져 있다.

33 보주: 이 대목의 논술에 지금의 필자는 동의하기 어렵지만, 다른 글들에서 재론되므로 옛 논술을 그대로 둔다.

으로 은둔하는 이야기를 패러디한 이 작품에 대해서는 루쉰 자신이 다음과 같이 그 작의(作意)를 해명한 바 있다.

> 공자와 노자의 논쟁에서 공자가 이기고 노자가 졌다는 것이 나의 의견이다. 노자는 유(柔)를 존중했다. '유(儒)는 유(柔)'이니, 공자 역시 유(柔)를 존중했다. 그러나 공자는 유(柔)로써 전진하였는데, 노자는 유(柔)로써 후퇴하였던 것이다. 그 관건은, 공자는 '불가한 것임을 알고서도 그것을 행'했으며 일의 크고 작음을 불문하고 모든 일을 소홀히 하지 않았던 실행가였고 노자는 '하는 것도 없고 또한 하지 않는 것도 없'는, 아무것도 하지 않으면서 헛되이 큰소리만 친 공론가였기 때문이다. 하지 않는 것이 없게 되려면 하는 것이 없어야만 한다. 왜냐하면 한 번 하기 시작하면 거기에 한계가 생기게 되고, 그러면 '하지 않는 것이 없다'일 수가 없기 때문이다. 마누라도 얻지 못한다고 비웃은 관윤희(關尹喜)[혹은 관령 윤희, 관윤 희]에게 나는 동의한다. 그래서 나는 희화화하여 그를 관문 밖으로 내보내 버렸다. 아무 미련없이.[34]

이 진술을 그대로 따른다면 「관문 밖으로」는 노자의 '무위이무불위(無爲而無不爲)'론의 허구를 풍자한 작품이라 할 수 있다. 그리고 그 풍자는 또한 쳰리췬의 지적[35]처럼, 일본 제국주의의 침략에 직면하여 노자 철학을 끌어다가, '저항하지 않는 것이 바로 저항하는 것이다'라는 괴이한

---

34 「「出關」的'關'」, 『魯迅全集』 第6卷(人民文學出版社, 1981), pp. 520-521.

35 錢理群, 「〈出關〉 작품 해설」, 유세종 편, 『호루라기를 부는 장자』(우리교육, 1996), p. 74 참조.

논리를 펴던 당시의 일부 인사들을 겨냥한 것이라고 할 수 있다. 같은 시기에 쓰인 「죽은 자를 되살리다(起死)」와 「고사리를 캐다(採薇)」 역시 같은 방식으로 읽힐 수 있거니와 그때 「죽은 자를 되살리다」의 장자(莊子)와 「고사리를 캐다」의 백이(伯夷)·숙제(叔齊)는 「관문 밖으로」의 노자와 마찬가지로 그 허구가 폭로되는 풍자의 대상이다. 그러나 그렇게만 읽을 때 이 작품들은 무언가 아쉬움을 남긴다. 그러한 읽기에 부합하지 않는 부분들이 여전히 이 작품들의 중요 부분으로 남기 때문이다. 그 부분들이 「관문 밖으로」에 대한 루쉰 자신의 해명을 비판적으로 읽을 것을 요청한다. 대체로 자기 작품에 대한 작가 자신의 해명은 진실과 거짓을 함께 지니는 법이다. 그중 거짓은 의식적인 것일 수도 있고 무의식적인 것일 수도 있다. 의식적인 거짓은 자기 합리화거나 반대로 일종의 능청 떨기며, 무의식적인 거짓은 자기 억압이나 작품이 작가의 의도를 넘어서는 데서 생겨난다. 위 인용의 마지막 구절에는 의식적 거짓의 기미가 배어 있거니와, 작품 자체와 비교해보면 무의식적 거짓의 흔적도 엿보인다. 원래 「관문 밖으로」에 대한 루쉰의 자기해명은 주로 츄윈둬(邱韻鐸)의 해석에 자극받은 데서 비롯되었다. 츄윈둬는 「관문 밖으로」를 작가의 자황(自況)으로 보고, "읽고 나서 머릿속에 남는 그림자는 몸과 마음이 온통 고독감에 젖은 노인의 모습이었다. 독자들이 우리의 작가를 따라 고독과 비애 속으로 추락할 것임을 나는 절실히 느꼈다. 그렇게 된다면 이 소설의 의의는 무형 중에 감소될 것이다"라고 논평하였던바,[36] 이 논평에 대한 루쉰의 반응은 분명 과민한 것이었다.

작품 자체를 보자면 노자는 풍자보다는 주로 해학의 대상이다. 풍자

36 『魯迅全集』 第6卷, pp. 519-520 참조.

의 대상은 오히려 공자와 함곡관(函谷關)의 관리들이다. 이는 루쉰 자신의 해명과 상당히 어긋나는데, 해학의 대상인 노자를 작가 자신의 내면의 투영(의식적인 것이든 무의식적인 것이든)으로 본다면 설명이 가능해진다. 공자는 루쉰의 적대자, 그것도 동지 중의 적대자(루쉰이 대표로 있었던 좌익작가연맹의 실제적 권력자 저우양(周揚)이나 그 부류의 사람들)가 될 수 있다. 그러나 이렇게 볼 경우 공자에 대한 풍자가 너무 미약하다. 루쉰 글쓰기의 특성으로 보자면 그럴 경우 풍자의 강도가 대단히 높아지는 게 자연스럽다. 각도를 달리해서 공자를 루쉰 자신의 또 다른 측면으로 보는 편이 한층 설득력이 있을 것이다. 그러니까 노자와 공자의 대립을 루쉰 자신의 내적 갈등, 즉 "사막으로 가는(走流沙) 신발"과 "조정으로 오르는(上朝廷) 신발"[37] 사이 갈등의 형상화로 보는 것이다.

어느 쪽으로 보든지 간에 함곡관 관리들에게 겉으로는 공손하지만 속으로는 몰이해와 경멸로 가득 찬 대접을 받고 관문 밖으로, 즉 세상 밖으로 나가는 노자의 모습은 외롭고 쓸쓸하다. 거기에는 만년의 루쉰 내면의 적막감과 피로감이 짙게 배어 있고, 휴식과 위안을 갈구하는 실존적 진실이 엿보인다.[38] 작품 밖의 루쉰은 "마누라도 얻지 못한다고 비웃은 관윤희에게 나는 동의한다. 그래서 나는 희화화하여 그를 관문 밖으로 내보내 버렸다. 아무 미련없이"라고 말했지만, 작품 안의 작가는 그 노자에게 자신의 실존적 고뇌와 진실을 기탁한다. 작품 밖 루쉰의 발언이 능청스러운 반어인 것일까, 아니면 작품 안의 작가의 태도가 작가의 의도를

37 『魯迅全集』第2卷, p. 390.

38 필자의 관점은 노자와 작가 자신의 내면을 연결짓는다는 점에서 노자를 작가의 자황(自況)으로 본 츄원둬와 같지만, 츄원둬가 부정적으로 평가한 데 반해 필자는 오히려 긍정적으로 평가한다.

넘어선 무의식적 형성의 소산인 것일까?

6. 20세기의 루쉰, 동아시아의 루쉰

루쉰 소설의 서술방식과 인물을 중심으로 살펴본 지금까지의 검토는 한층 정밀한 논의를 위한 조망의 전체적 틀을 마련해본 데 지나지 않는다. 부분적으로 구체적 논점들을 몇 가지 제기하기도 했지만 역시 새로운 논의의 단초일 뿐이다. 이상의 검토를 통해 우리가 시사받는 것은 소설가로서의 루쉰과 그의 소설세계에 대한 다양한 시각과 방법에서의 각론적 연구가 아직 미답의 영역으로 남아 있다는 점이다. 그러나 그 미답의 영역으로 진입하기 위한 하나의 나침반으로서 루쉰 소설의 원형(原型)에 대한 점검이 이 자리에서 필요할 것 같다.

루쉰 소설에는 그 공간과 시간이라는 점에서 볼 때 하나의 원형이 존재한다. 먼저 공간적으로 보면, 그것은 루쉰의 고향 소흥(紹興) 일대다. 소흥이나 노진(魯鎭) 같은 실명으로 등장하기도 하고 S시가 되기도 하며 미장(未莊) 같은 가상의 지명으로 등장하거나 이름 없이 등장하기도 하지만, 그것들은 중국 남부 농촌 지역 소도시 소흥과 그 부근의 변형들이다. 쿵이지, 화라오수안(華老栓), 캉아저씨(康大叔), 룬투, 아Q, 왕털보(王鬍), 샤오D(小D), 자오나으리, 쳰나으리(錢老爺), 자오수재, 가짜양놈, 루쓰나으리 등은 이 고장에서 태어나 살고 있는 인물들이고, 샹린아주머니는 타지에서 흘러들어온 인물이며, 뤼웨이푸는 이 고장을 떠났다가 이따금 귀향하곤 하는 인물이다. 소설에서 그려지는 풍속 또한 이 고장의 풍속이다. 공간적 범위를 넓히면 동아시아의 루쉰으로까지 넓어질 수도 있겠지만 좁히면 그는 소흥의 루쉰인 것이다.

시간적으로 보면, 많은 경우 1911년 신해혁명 전후가 되고 있다. 「쿵이지」, 「약」은 신해혁명 이전이고 「광인일기」는 신해혁명 전후일 것으로 추측되며 「아Q정전」은 신해혁명 전후에 걸쳐 있다. 여기서 우리는 루쉰의 신해혁명에 대한 집착을 엿볼 수 있다. 신해혁명 당시 루쉰의 나이는 30세였다. 한창 사회 변혁에의 열망으로 불타던 젊은 시절이었던 것이다. 1900년대 후반 동경시절의 문화운동과 1911년 신해혁명의 체험은 루쉰에게 세대적 각인을 새겼다. 그런 의미에서 루쉰은 신해혁명 세대다. 신해혁명이 참혹하게 실패함으로써 그 세대적 각인은 뿌리 깊은 상처를 담고 있다. 그 상처는 역사적이며 실존적 상처인바 역사적으로는 훗날의 역사 전개에 따라 치유될 수도 있겠지만, 실존적으로는 치유되기 어려운 불가해한 상처다. 「두발 이야기」의 N이 말하는 것처럼, "십몇 년을 고생하며 뛰어다니다가 아무도 모르게 총알 하나에 생명을 빼앗긴 청년들, 총알을 맞는 대신 감옥 안에서 한 달도 넘게 고문에 시달리던 청년들, 그리고 큰 뜻을 품고 있었지만 홀연 종적이 묘연해져 그 시체조차 찾을 수 없게 된 청년들"[39]의 얼굴이 눈앞에 어른거려 살아남은 자에게 영원히 씻을 수 없는 영혼의 부채(負債)로 남는 것이다. 「머리털 이야기」나 「풍파(風波)」 같이 1910년대의 시간을 다룰 때는 물론이고 5·4운동 이후인 1920년대의 시간을 다룰 때에도 루쉰은 흔히 그것을 신해혁명의 후일담이라는 각도에서 다루었다. 「술집에서」가 그 대표적 예이고 「복을 비는 제사」도 비슷한 맥락에서 바라볼 수 있다. 1919년의 5·4운동이 그렇게도 중요한 역사적 사건이었고 소위 5·4세대를 광범하게 탄생시켰지만, 그것은 루쉰의 실존적 뿌리와는 거리가 있었던 것이다. 1924년 작인 「술집에서」가 5·4

39 『魯迅全集』 第1卷, p. 47.

운동의 후일담이 아니라 신해혁명의 후일담인 것은 그 때문이다. 신해혁명 세대의 상처는 루쉰 소설 전체에 걸쳐 적막과 우울의 짙은 그림자를 드리운다. 신해혁명 이후로 루쉰의 육체적 나이는 계속 늙어갔지만 그의 정신과 영혼의 나이는 언제나 1911년의 30세에 멈춰 있었던 것이 아닐까? 그는 거의 언제나 신해혁명 세대로서 사유하고 감각하고 읽고 썼던 것이 아닐까? 루쉰에게 변화가 없었던 것은 아니지만 그 변화의 씨앗 역시 대부분 30세의 루쉰에게 잠재되어 있었던 것이 아닐까?[40] 루쉰이 암흑의 표면이 아니라 언제나 암흑의 심층을 투시하고 그 심층에서의 싸움을 전개할 수 있었던 것은 신해혁명 세대로서의 심각한 역사적·실존적 체험에 그 이유가 있을 것이다.

그런데 바로 그 점이 오늘날에도 루쉰을 중국문학에서 살아 있는 존재로 만들어주는 듯하다. 신해혁명의 과제였던 봉건의 극복과 근대의 실현이라는 역사적 과제가, 5·4운동, 국민혁명, 신민주주의혁명, 사회주의 건설, 사회주의 현대화로 이어지는 기나긴 과정을 지나고서도 아직 완성되지 못했고, 포스트모던의 징후가 나타나는 지금까지도 봉건과 근대의 착종이라는 현실이 계속되고 있기 때문이다. 루쉰 소설은 그 거대 문제와의 치열한 고투다. 중국을 포함하는 오늘날의 동아시아는 그 착종 위에 근대추구와 근대극복의 동시성이라는 문제가 중첩되고 있거니와, 루쉰 소설은 그 중첩된 지평에서 재해석될 때 동아시아 문학에서도 여전히 살

40 위의 세 문장은 다음과 같은 김현의 말투를 빌린 것이다: "내 육체적 나이는 늙었지만, 내 정신의 나이는 언제나 1960년의 18세에 멈춰 있었다. 나는 거의 언제나 사일구 세대로서 사유하고 분석하고 해석한다. [……] 나는 내 자신이 조금씩 변화하고 있다고 믿고 있었지만, 그 변화의 씨앗 역시 옛글들에 다 간직되어 있었다." 김현, 『분석과 해석』(문학과지성사, 1988), pp. 4-5.

아 있는 존재로 작용할 것이다. 시간적 범위를 좁히면 신해혁명의 루쉰으로까지 좁아지지만 넓히면 그는 20세기의 루쉰이다.

○

루쉰과 근대적 체험으로서의 고향 상실*

루쉰 소설에서 귀향 모티프는 상당히 중요한 비중을 차지한다. 귀향 모티프를 중심으로 쓰인 작품은 「고향(故鄕)」(1921), 「복을 비는 제사(祝福)」(1924), 「술집에서(在酒樓上)」(1924) 세 편뿐이지만, 이 모티프는 루쉰 소설세계의 심층과 깊숙이 연결되어 있어 그 심층에 도달하기 위한 유효한 경로를 우리에게 제공해준다. 더구나 귀향이라는 주제는 동서고금을 막론한 보편적 주제인 데다가 근대 이후로는 나름대로 뚜렷한 근대적 특징을 가지면서 문학에 가장 빈번히 등장하는 주제가 되고 있는바, 이 주제의 일반론이라는 지평에서 루쉰의 귀향을 살펴볼 때 우리는 루쉰 소설의 문학사적 의의에 대한 좀 더 명료한 파악을 기대해볼 수 있다.

귀향은 우선 고향의 존재를 전제했을 때 성립되는 개념이다. 고향이

* 이 글은 계간 『황해문화』 1999년 여름호에 발표한 것이다.

란 무엇인가? 국어사전을 찾아보면, 고향은 "1) 태어나서 자란 곳, 2) 조상 때부터 대대로 살아온 곳. 시골. 향리"라고 풀이되어 있다.[1] 1)은 비교적 중립적인 설명이고 2)는 뚜렷이 사회 역사적인 설명이다. 먼저 2)에 초점을 맞추어 보면, 2)의 고향은 좁게는 농업사회적 존재이고 넓게는 전(前)근대적 존재라 할 수 있다. 사회 변동이 적고 농업공동체가 생산의 주체일 때 2)의 고향이 성립된다. 1) 역시 2)와 밀접한 관계가 있다. 한 개인이 태어나서 자란 곳이 바뀌지 않는 건 일반적으로 2)의 경우에 가능하기 때문이다. 그런데 논리적으로 보아 귀향은 이향 이후에 비로소 성립되는 개념이다. 한 곳에서 태어나서 자라고 그곳에서 평생을 사는 사람에게는 귀향이란 필요 없는 개념이다. 무슨 이유로든 고향을 떠난 사람에게 비로소 귀향개념이 유효해진다. 전통사회에서 이향과 귀향은 주로 사대부계급의 보편적이거나 이상적인 삶의 구도와 관련된다. 성장 이후 고향을 떠나 중앙의 관료사회에 진출했다가 은퇴한 뒤 귀향하여 여생을 마친다는 구도 말이다. 대다수의 민중은 고향에서 나서 자라고 살다가 죽는다. 민중에게 이향이 삶의 일반적인 계기가 되는 것은 대체로 사회적 혼란기의 일이어서 민중의 이향-귀향 체험은 사대부계급의 그것과 썩 다르다고 할 수 있다. 한쪽이 자발적인 것인 데 반해 다른 한쪽은 강요되는 것이기 때문이다.

이향-귀향이 전체 사회 구성원의 일반적 체험이 되는 현상은 근대화와 더불어 나타나기 시작한다. 도시화-산업화가 진전되고 농업공동체가 붕괴되어 가는 커다란 사회변동의 추세 속에서 농촌에서 도시로의 이주가 광범위하게 진행된다. 이향 체험의 사회적 보편화가 이루어지는 것

---

1 『새국어사전』(동아출판사, 초판 1989, 개정판 3쇄 1996).

이다. 그런데 여기에는 세대의 문제도 개재되어 있다. 1세대는 고향에 남아 있고 2세대는 이향하며 3세대는 도시에서 자라거나 아예 도시에서 태어난다. 그리고 이로부터 귀향은 고향 상실의 체험으로 연결된다. 고향 상실은 두 가지 방식으로 나타난다. 하나는, 이향한 세대가 귀향했을 때 고향이 이제 더 이상 옛 모습을 지니지 않고 있다는 데서 오는 고향 상실이다. 이는 근대화가 도시 지역에만 국한되지 않고 농촌 지역에까지 진행되어 농촌의 전통적인 모습이 파괴되어 가는 사회현상으로부터 비롯되는 고향 상실이다. 다른 하나는, 도시에서 태어나 자란 세대에게는 개별적 실존의 차원에서 볼 때 애당초 돌아갈 고향이 부재한다는 의미에서의 고향 상실이다. 지금 우리의 문맥에서는 고향을 떠나서 사는 상태 자체는 고향 상실이 아니다. 돌아갈 고향이 있고 돌아가서 그 고향을 다시 발견하고 거기에 동화될 수 있다면 그 고향은 상실된 것이 아니라고 보는 것이다.

루쉰의 귀향은 근대적 체험으로서의 고향 상실을 내용으로 하는 귀향이다. 루쉰 소설 중 「광인일기(狂人日記)」(1918), 「아Q정전(阿Q正傳)」(1921-1922)과 더불어 가장 유명한 작품인 「고향」은 그 점을 아주 분명하게 보여준다. 「고향」의 일인칭 화자는 이천여 리나 떨어진 먼 곳에서 이십여 년 동안 떠나 있던 고향으로 돌아온다. 루쉰이라는 필명 그대로 쉰(迅)이라고 불리우는 화자는 대도시에서 지식인으로서 살아가고 있는 인물로 여겨지는데, 그의 귀향은 이향을 위한 귀향이다. 고향집을 팔고 그동안 고향에 살고 계시던 노모와 조카(그 조카의 부모 등 다른 가족들은 전혀 등장하지 않는다)를 데리고 자신이 살고 있는 대도시에 새로 마련한 집으로 완전히 이주하기 위해 귀향한 것이다. 이 귀향에서 그는 몇 가지 다른 방식으로 고향 상실을 겪는데, 정리하면 다음과 같다.

1) 이십여 년 만에 다시 보게 되는 고향 풍경이 전과 같지 않다. 음산한 하늘 아래 여기저기 쓸쓸하고 황량한 마을이 활기 없이 가로누워 있는 모습은 이보다 훨씬 더 좋았던 기억 속의 고향과 너무 다른 것이다. 이것은 그가 이십 년 동안 늘 그리워하던 고향이 아니다.
2) 고향집을 팔고 고향에 남아 있던 가족들을 모두 도시로 데리고 감으로써 고향에 아무런 연고가 남지 않게 된다. 이후로는 다시 고향에 근거를 마련하거나 다시 귀향할 일이 없을 것 같다.
3) 어렸을 때의 친구 룬투(閏土)를 다시 만나는데 그가 너무 변했다. 화자는 한눈에 룬투를 알아보지만 그는 기억 속의 룬투가 아니다. 화자와 룬투 사이에 존재했던 일체감은 사라지고 대신 넘을 수 없는 격절감만이 대두된다.

종래의 「고향」 해석의 주류는 이 셋 중 3)에 초점을 맞추었다. 그러한 해석은 「고향」이 발표된 직후에 당시 비평가로 활동하던 마오둔(茅盾)이 처음 시도했는데, 마오둔에 의하면 「고향」의 중심사상은 사람과 사람 사이의 몰이해와 격절을 슬퍼하는 것이다. 이러한 해석은 작중화자 쉰과 작가 루쉰을 동일시하는 시각과 맞물려 「고향」 해석의 완강한 틀을 빚어냈다. 그러나 이 틀에는 심각한 문제가 숨어 있다. 룬투와의 격절에만 초점을 맞추면 귀향이나 고향 상실이라는 주제는 룬투의 등가물이나 룬투를 가능케 하기 위한 배경 내지 조건으로만 취급되며, 작중화자 쉰과 작가 루쉰을 동일시하면 허구와 사실 사이의 일치 및 불일치 관계가 오직 사실에 비추어 허구를 해석하기 위해서만 의미를 갖는 것으로 되어 버린다. 루쉰에게는 작중인물 룬투를 연상시키는 어린 시절의 친구가 실제로 있었다. 루쉰의 동생인 저우쭤런(周作人)의 회술에 의하면, 그 친구의 이름은 장윈수이(章運水)다. 소흥(紹興) 사투리로는 윈(運)과 룬(閏)이 발음이 같으므로 윈을 동음의 룬으로 바꾸고 물(水)을 흙(土)으로 바꿈으로써 윈수이가 룬투가 된 것이다. 장윈수이의 아버지 장푸칭(章福慶)은 소흥시 동북쪽 도허향(道墟鄕) 두포촌(杜浦村) 사람으로 해변의 모래땅에서 농사를 지으며 죽기(竹器)를 만들었고 루쉰 집안의 하인으로 일했다(장윈수이의 손자 장꾸이(章貴)는 소흥 루쉰기념관 부관장직을 역임했다). 루쉰이 소흥집을 팔고 북경으로 이사하기 위해 귀향한 것이 1919년 12월이었는데 장윈수이와의 만남은 이때가 네 번째였다. 첫 번째는 1893년 당시 12세이던 루쉰과 14세이던 장윈수이가 소흥의 루쉰집에서 만났던 것이고, 두 번째는 1900년으로 친구들과 어울려 루쉰과 장윈수가 도이봉(陶二峰)으로 놀러간 일이 있었으며, 세 번째는 1912년으로 추정되는바, 이때 장윈수이는 이미 33세였다. 소설에서 작중화자 쉰과 룬투는 오직 두 번 만날 뿐이다. 루쉰과 장윈수이의 만남으로 치자면 첫 번째와 네 번째에 해당한다.[2] 이것을 소설화된 부분이라고 할 수도 있을 것이다. 소설에서 작중 화자 쉰과 룬투가 오직 두 번만 만나는 것은 이 소설이 그렇게 되어야만 성립되기 때문이다. 실제처럼 19세와 31세 때에도 만났다면 룬투의 변화는 조금도 충격적이지 않을 것이다. 만약 이 소설이 사람과 사람 사이의 격절이 중심 주제라면 충격적인 변화보다는 점진적인 변화가 더 적절할 수도 있다. 그런데 루쉰이 충격적인 변화 쪽을 택한 것은 그것이 고향 상실이라는 주제에 한층 적합하기 때문이다. 요컨대 룬투라는 작중인물은 고향 상실이라는 의미망 속에서 존재 의의를 갖는 것이지 그 역은 아닌 것

---

2 저우쥐런은 이사할 당시 인원이 루쉰을 포함해서 모두 7명이었는데 홍얼(宏兒)의 나이에 해당하는 아이는 없었다고 밝히면서 이것을 소설화된 부분이라고 설명했다. 그러나 이는 사실과 허구 중 어디까지나 사실에 더 비중을 두는 태도라 할 수 있다. 우리가 더욱 중요하게 생각하는 것은 허구의 자율성이다.

이다. 고향 상실이라는 의미망 속에서 실제인물 장원수이가 작중인물 룬투로 변형된 것이다.[3]

앞에서처럼 작중인물 쉰의 고향 상실을 세 가지 차원으로 정리해놓고 보면, 주목할 것은 1)과 2) 사이에 끼어 있다. 쉰은 1)의 진술의 바로 뒤에서 그 진술을 부정한다.

> 원래부터 이랬던 것 같다. 그래서 나는 스스로 변명했다. 고향은 본래부터 이런 곳이었다고—진보도 없지만, 내가 느낀 바와 같은 슬픔도 마찬가지로 없는 것인지 모른다.[4]

이어서 쉰은 다음과 같이 진술한다.

> 그것은 단지 나 자신의 마음의 변화일 뿐이다. 나의 이번 귀향은 본래 아무런 즐거운 마음도 없는 것이기 때문이다.(p. 48)

그다음은 2)의 사정에 대한 상세한 설명이다.

> 이번에 나는 오로지 고향을 떠나기 위해 온 것이다. 우리 가족이 오랫동안 모여 살던 옛집은 의논 끝에 이미 타성바지에게 팔렸고, 집을 넘겨주기로 한 기한이 금년 안이었기 때문에, 정월 초하루 이전까지 정든 옛집

---

3 「고향」을 산문으로 읽는 것은 옳지 않다. 그 일인칭 서술이 산문 문체와 흡사한 점이 없는 것은 아니지만, 중요한 것은 그것이 지닌 허구의 자율성이기 때문이다.

4 루쉰, 전형준 역, 『아Q정전』(창작과비평사, 1996), p. 48. 이하 이 책의 인용은 괄호 속에 쪽수를 표시함.

> 과 영원히 작별하고 정든 고향을 멀리 떠나 내가 생계를 꾸리고 있는 타향으로 이사를 해야만 했다.(p. 48)

그러니까 쉰은 옛집과의 영원한 작별, 즉 영원한 고향 상실이 예정되어 있는 상황에서 미리부터 이십 년 동안 늘 그리워하던 고향과 다른 모습을 보려는 마음의 준비가 되어 있었던 것이다. 여기에는 '내가 그리워하던 기억 속의 고향은 이미 부재하므로 이향을 마음 아파할 필요는 없다'라는 마음의 움직임이 숨어 있다. 이는 자기 위안적인 것이며, 쉰의 고향을 지리적이고 공간적인 것에서 심리적인 것으로 바꾸어 놓는다. 지리적·공간적 고향은 가치 중립적일 뿐이고 거기에 의미나 정서를 부여하는 것은 나의 마음이다. 그렇다면 고향은 나의 마음속에 있는 것이다. 여기서 쉰의 고향 탐색이 시작된다.

이미 1)과 2) 사이에서 쉰의 고향 탐색은 그 실마리를 내보이고 있다.

> 내 기억 속의 고향은 전혀 이렇지 않았다. 내 고향은 훨씬 좋았다. 하지만 그 아름다움을 기억해내고 좋은 점을 말로 표현하려 하자 그 모습은 사라져버리고 표현할 말도 사라져버렸다.(pp. 47-48)

모습을 기억해낼 수 없고 말로 표현할 수 없는 "기억 속의 고향"은 심리적 고향이다. 그 심리적 고향이 모습을 드러내고 말로 표현되게 되는 것은 룬투라는 계기를 통해서다. 어머니에게서 룬투 얘기를 듣자마자 쉰의 뇌리에 문득 한 폭의 신비스러운 그림이 떠오른다.

> 쪽빛 하늘에 황금빛 둥근 달이 걸려 있고, 그 아래는 해변의 모래밭인데 온통 초록빛 수박이 끝없이 심어져 있다. 그 속에서 열한두 살 된 소년이

목에 은목걸이를 차고 손에 쇠작살을 들고서 한 마리의 오소리[5]를 힘껏 찌르는데, 오소리는 몸을 비틀어 그의 가랑이 사이로 도망친다.(p. 49)

이 신비스러운 그림 속의 소년이 바로 룬투고, 해변의 모래밭과 수박밭은 룬투가 사는 마을의 것이다. 여기서 우리는 두 가지 점에 주목해야 한다.

첫째, 지리적·공간적으로 보자면 룬투의 마을은 결코 쉰의 고향이 될 수 없다는 점이다. 쉰이 태어나서 자란 곳은 지방의 소도시다. 이 소도시에서의 유년의 삶은 "마당의 높은 담장 위로 네모난 하늘만 보"는 삶이고, 수박은 "그저 과일가게에서 파는 건 줄로만 아"는 삶이다. 어린 쉰에게 이 소도시에서의 삶은 단지 진부한 일상일 뿐이고 룬투네 마을의 삶은 신선하고 신비스러운 어떤 것이다. 쉰의 심리적 고향은 자신의 지리적·공간적 고향이 아니라 그곳이 아닌 다른 곳에 뿌리내리고 있다.[6] 둘째, 실제로 쉰이 룬투네 마을에 가본 적이 없다는 점이다. 쉰은 룬투네 마을에 대해 오직 룬투에게서 이런저런 이야기를 들었을 뿐이다. 따라서 그

---

5 보주: 원문은 차(猹)라고 썼다. 猹는 루쉰이 만들어낸 글자다. 1936년판 『사해(辭海)』에는 이 글자가 없다. 루쉰이 유명해진 뒤 새로운 글자로 인정받게 되었다. 상상 속의 동물이라기보다는 오소리(獾) 중에서도 특이하게 생긴 종류를 룬투가 차라고 부른 것 같은데, 그 음에 루쉰이 글자를 붙인 것이다.

6 유년 시절에 대한 단순한 회상에 머무르고 있지만 「마을 연극(社戲)」(1922)에도 이와 비슷한 구도가 나타난다. 열두어 살 되던 어린 시절에 외가에 다니러 간 화자는 그곳에서 행복의 체험을 갖는다. 바다에 가깝고 아주 구석진 시골냇가의 작은 마을인데, 다들 헤엄칠 줄 알고 두세 명은 파도타기의 명수인 마을 아이들과 함께 놀며 창극을 구경하고 콩서리를 하는 것이다. 화자는 이렇게 쓰고 있다. "사실 그로부터 지금까지 나는 그날 밤처럼 맛있는 콩을 먹은 적은 없었다. 또 그날 밤처럼 재미있는 연극을 다시 본 적도 없었다."

신비스러운 그림은 쉰이 목격한 사실이 아니라 룬투의 이야기를 듣고 상상해서 구성해낸 이미지다.

이 두 가지에 주목하면, 쉰의 심리적 고향은 지리적·공간적 고향과는 아무런 관련이 없으며(오히려 위배된다고 할 수 있다) 또한 사실과도 아무런 관련이 없다는 점을 인정할 수밖에 없다. 그것의 진정한 내용은 상상 속에서 이루어지는 신비와 화해와 행복의 원체험이다.

그런데 이 소설은 이 심리적 고향을 드러내는 데서 끝나는 게 아니다. 오히려 여기서부터 시작된다. 룬투와 근 30년 만의 재회가 이루어지면서 쉰의 심리적 고향의 이미지는 순식간에 파괴되어 버린다. 여기서 3)이 소설의 전면으로 부각된다. "옛날의 검붉던 둥근 얼굴은 이미 잿빛으로 변한 데다 깊은 주름살이 파여 있고 눈도 자기 아버지처럼 가장자리가 온통 벌겋게 부어올라 있"는, 해변에서 농사짓는 사람의 일반적인 모습을 하고 있는 룬투를 대하자 "뿔새, 날치, 조개껍데기, 오소리……" 등의 말들이 "무엇인가에 막힌 것 같은 느낌이 들며 뇌리에서 맴돌기만 할 뿐 입 밖으로 나오지를 않"는다. 게다가 룬투가 "나으리!"라고 부르는 순간 쉰은 "소름이 끼치는 것 같"고 "우리 사이에 이미 슬픈 장벽이 두텁게 가로 놓였다는 것을 깨닫"는다. 마지막 결정타는 고향을 떠나는 배에서 룬투가 잿더미 속에 십여 개의 그릇을 숨겨 훔쳐가려 했다는 이야기를 어머니에게서 듣는 것이다.[7] 쉰은 아무 말도 하지 않지만 대신 깊은 상념

7 잿더미 속에 그릇을 숨긴 사람이 누구인가에 대해서는 약간의 논란이 있어 왔다. 룬투가 아니라 양씨네 둘째 아주머니(楊二嫂)가 룬투를 모함하기 위해 그랬다는 주장이 있는 것이다. 이 주장은 계급론에 입각한 것인데, 농민계급이 그러한 범죄를 행할 리 없으며 자신의 이익을 위해 타인을 모함하는 것이야말로 소시민계급인 양씨네 둘째 아주머니에게 어울린다는 것이다. 그러나 룬투의 절도가 신비스러운 그림이 파괴되어

에 잠긴다.

> 옛집은 내게서 더욱 멀어져 갔고, 고향의 산천도 내게서 점점 멀어져 갔지만, 그러나 나는 조금도 미련을 느끼지 않았다. 단지 사방으로 보이지 않는 높은 담에 둘러싸여 나 혼자 격리된 듯이 느껴졌고, 그러자 몹시 울적해졌다. 그 수박밭의 은목걸이를 한 작은 영웅의 영상도, 원래 그토록 선명하던 것이 갑자기 흐릿해졌고, 그러자 나는 몹시 슬퍼졌다.(p. 60)

룬투와의 일체감이 이제 격절감으로 바뀌었다는 것도 물론 중요한 의미 단위가 되지만, 그것의 진정한 구성상 기능은 심리적 고향의 이미지를 파괴한다는 데 있다. 그 이미지의 파괴야말로 진정한 고향 상실이다.

위 인용에 이어지는 다음 두 문단에서 쉰은 자신의 조카 훙얼과 룬투의 아들 수이성(水生)의 관계에 대해 생각하며, 훙얼과 수이성, 그리고 쉰의 후배들은 사람과 사람 사이의 격절이 없는 새로운 삶을 살기를 희망한다. 이 대목이 이 소설을 사람과 사람 사이의 격절을 슬퍼하며 그 격절의 극복을 희망하는 작품으로 읽는 데 결정적인 근거가 되어준다. 그러나 그것은 표면만을 본 것일 뿐이다. 훙얼과 수이성의 관계는 마치 왕년의 쉰과 룬투의 관계 같다. 훙얼이 쉰에게 "큰아버지! 우린 언제 돌아오나요?"라고 묻는 것은 수이성이 그에게 자기 집으로 놀러 오라고 했기 때문이다. 왜 훙얼은 수이성 집으로 놀러 가고 싶은 것일까? 왕년에 쉰이 그랬던 것처럼 훙얼은 수이성에게서 신기한 이야기를 듣고 거기에 매혹

가는 과정에서 일종의 클라이맥스의 역할을 한다는 점을 고려하면 모함설은 억지라 할 수 있다.

되어 있는 것이다. 말하자면 훙얼에게도 이미 왕년의 쉰과 같은 심리적 고향이 형성된 것인데, 그 심리적 고향이 파괴되지 않기를 쉰은 희망하는 것이다.[8] 그리고 이 희망과 관련하여 쉰은 다음과 같은 주목해야 할 발언을 한다.

> 지금 내가 말하는 희망이라는 것도 나 자신이 만들어낸 우상이 아닐까?(p. 61)

그리고 몇 줄 건너서 희망에 관한 다음과 같은 유명한 진술을 행한다.

> 나는 생각했다. 희망은 본래 있다고 할 수도 없고, 없다고 할 수도 없다. 그것은 지상의 길과 같다. 사실은, 원래 지상에는 길이 없었는데, 걸어다니는 사람이 많아지자 길이 된 것이다.(p. 61)[9]

---

8 지나는 김에 지적하자면, 쉰과 룬투의 관계, 그리고 훙얼과 수이성의 관계가 쉰이나 훙얼의 입장에서만 일방적으로 파악되고 있다는 점은 이 작품의 약점이 될 수 있다.

9 보주: 이 대목의 번역에 보충 설명이 필요하다. 이 유명한 말은 루쉰이 처음 한 말이 아니다. 『장자(莊子)』에도 "道行之而成"이라는 말이 나오고, 그 밖에도 동서고금의 많은 선례들이 있을 것이다. 원문은 "走的人多了, 也便成了路"다. "가는 사람이 많아지면 길이 된다"나 "가는 사람이 많아지면 길이 되는 것이다"로 번역하는 경우가 대부분이지만, 시제를 이처럼 현재로 해야만 할까? 바로 앞에 붙은 말이 "원래 지상에는 길이 없었다"임을 생각하면, 경험적 진실의 의미가 중요할 것 같다. 길이 만들어져 왔고, 그 결과가 지금 이 길이라는 것. 과거에 끝나버린 것이 아니라 과거로부터 계속 진행되어 현재로 이어진 것. 과거까지 다 포함하는 것으로서의 현재. 영어 시제의 현재완료형과 유사한 그런 의미. 현재형은 일반 법칙의 의미를 부각하기 때문에 뉘앙스가 다르다. 그래서 필자는 "걸어다니는 사람이 많아지자 길이 된 것이다"라는 번역을 택했다. 이렇게 하면 바로 앞에 있는 원문의 쉼표도 그대로 살릴 수 있다. 현재형으로 번역하면 쉼표를 살릴 수가 없다.

"우상이 아닐까"라는 회의에서 '지상의 길이 생겨나는 것처럼 희망도 생겨날 수 있다'라는 생각으로 이행하는 것은 어디에 근거를 두고 있을까? 그 근거는 이 두 개의 진술 사이에 끼어 있는 다음과 같은 묘사에서 발견된다.

> 몽롱한 가운데, 나의 눈앞에 해변의 초록빛 모래밭이 펼쳐졌다. 그 위의 쪽빛 하늘에는 황금빛 둥근 달이 걸려 있었다.(p. 61)

이 상상의 화면은 룬투와의 재회로 파괴된 심리적 고향 이미지의 재편성이다. 양자의 차이는 소년 룬투의 존재 여부에 있다.[10] 쉰의 신비와 화해와 행복의 원체험은 룬투와의 격절로 인해 완전히 파괴되지는 않은 것이다. 다만 그 이미지 속에서 룬투의 모습만이 사라졌을 뿐, 그 원체험의 이미지는 현실의 파괴적 공격을 겪고 스스로를 재조정하여 살아남은 것이다. 이 살아남음이 '지상의 길이 생겨나는 것처럼 희망도 생겨날 수 있다'라는 생각을 성립시키는 근거가 된다.[11]

루쉰의 「고향」은 고향 상실의 이야기일 뿐만 아니라 동시에 고향 탐색의 이야기이기도 하다. 고향 상실이 없다면 고향 탐색도 필요가 없는 것이 아닌가. 루쉰의 「고향」은 지리적·공간적 고향의 상실로부터 심리적

---

10 이 점을 예리하게 지적한 사람은 이욱연이다. 이욱연의 「루쉰의 소설 창작과 기억의 서사」(『중국현대문학』 1997년 12호)는 이 글에 출발점을 제공해주었다.

11 그리고 이 전후 문맥의 연결은 룬투의 모습이 들어 있는 이미지가 과거와 관련되고 룬투가 사라진 이미지는 미래와 관련될지 모른다는 생각을 불러일으킨다. 이렇게 본다면 앞의 심리적 고향은 낙원을 내용으로 할 것이고 뒤의 그것은 이상향을 내용으로 할 것이다.

고향의 발견으로 나아가고, 다시 심리적 고향이 상실의 체험을 거쳐 스스로를 재조정하여 되살아나게 되기까지의 과정을 그린 작품이다. 그리고 이러한 과정은 근대적인 것이다.

전(前)근대의 고향은 이향과 귀향의 대상이 되기는 해도 근본적으로 상실의 대상으로 존재하지는 않았다. 거기에서 고향은 지극히 당연하고 자연스러운 존재였다. 거기에서는 지리적·공간적 고향과 심리적 고향이 분열되지 않고 합일되어 있다. 그러나 근대화와 더불어 지리적·공간적 고향과 심리적 고향 사이에 분열이 일어났다. 이 분열은 부정적인 것일까? 아마도 그럴 것이다. 그렇다면 전근대의 고향은 긍정적인 것일까? 꼭 그렇지만은 않다. 전근대 고향의 분열 없는 합일은 지리적·공간적 고향의 주도 아래 이루어졌다. 그 주도가 오히려 심리적 고향에 대한 탐색을 가로막았다. 만약 진정한 고향이 심리적 고향에 있는 것이라면 고향에 대한 자동화된 인식 속에서 진정한 고향 탐색이 오히려 억압되었다고 볼 수 있는 것이다. 근대화와 더불어 일어난 분열은 오히려 진정한 고향 탐색을 가능케 했다. 지리적·공간적 고향의 상실로 인해 심리적 고향의 의미가 명료해질 수 있게 된 것이다. 루쉰의 시대로부터 지금에 이르기까지 분열의 과정은 계속 진행되고 있다. 실은 이 과정이 하나의 과도기에 지나지 않을는지도 모른다. 도시화와 산업화가 계속 진행되면 결국은 사회 구성원의 대다수가 지리적·공간적 고향의 부재를 실존적 조건으로 하는 삶을 살게 되고, 그리되면 심리적 고향의 탐색은 중요한 인문적 과제가 될 것이다. 루쉰은 이미 1921년에 바로 이 중요한 미래적 과제에 직관적으로 맞서고 있었던 셈이다. 다만, 루쉰의 후속작들에서 이 고향 탐색이 중단되어 버린 것은 아쉬운 일이다. 똑같이 귀향 모티프를 중심으로 쓰인 「복을 비는 제사」(1924)와 「술집에서」(1924)는 고향 상실의 확인에서 끝나고 고향 탐색으로 나아가지 않는다. "고향이라고는 하지만 이미 집이 없었으므로, 루쓰(魯四)어른 댁에 잠시 머물러야만 했"던 「복을 비는 제사」의 일인칭 화자는 불쌍한 샹린(祥林) 댁의 죽음에 죄책감을 느낄 뿐이고, 어려서 죽은 동생의 이장을 위해 귀향한 「술집에서」의 뤼웨이푸(呂緯甫)는 무덤에 아무것도 남아 있지 않다는 사실과 옛 이웃집 딸인 착한 아순(阿順)이 이미 죽고 없다는 사실을 대면할 뿐이다.

냉정한 현실주의자의 입장에서 본다면 신비와 화해와 행복의 원체험으로서의 심리적 고향이란 단지 하나의 허상에 지나지 않을 것이다. 사실상 그것은 현실적으로 존재하는 것은 아니다. 그러나 그것은 현실에 작용한다. 고향 탐색이 꿈꾸는 것은 신비와 화해와 행복의 체험이다. 그것이 없다면, 김현의 말투를 빌려, 고통의 현실은 지나치게 동물적인 것이 될 수밖에 없다. "동물적인 삶은, 말의 엄정한 의미에서, 삶이란 말에 값할 수가 없다. 인간적인 삶은 그 동물적인 삶을 인간적인 삶으로 만들어 가는 과정에 있다." 고향 탐색은 바로 그 과정에 작용한다. 그런 의미에서 심리적 고향이 허상이라면 그것은 긍정적인 허상이다. 부정적인 허상은 이미 그 현실적 근거가 소멸되었음에도 불구하고 심리적 고향을 지리적·공간적 고향으로 환원시키려 하는 형식주의, 그리고 그것을 전가의 보도처럼 휘두르는 시대착오적 보수주의에 의해 생산될 뿐이다.

○

한설야 소설 속의 루쉰*

외국작가가 자국문학에 미친 영향은 고전적 의미의 비교문학의 중심적 주제다. 이 영향의 실제 내용은 1931년 『비교문학사』라는 소책자를 발간함으로써 이 방면에서 고전적 위치를 차지한 프랑스의 비교문학자 방 티겜(Paul Van Tieghem) 식으로 말한다면 발신자로부터 중개물을 통해 수신자에게로 가는 이행이라고 할 수 있다.[1] 우리가 루쉰 문학이 식민지시대 혹은 일제강점기의 한국문학에 미친 영향을 말하면서 루쉰 문학이 한국

* 이 글은 1999년 12월 일본 동경대학에서 개최된 동아루쉰학회(東亞魯迅學會) Todai Symposium에서 발표한 글을 수정보완한 것이다. 원래 심포지엄 조직위원회가 요청한 제목은 "중국에 망명한 한국 지식인의 루쉰경험"이었다. 한설야가 만주에서 몇 년 체류한 적은 있지만 그의 루쉰경험은 중국 체류 시에 발생한 것이 아니다. 그의 루쉰경험은 식민지 조선 내에서 발생한 것이었다. 그러나 당시의 한설야는 내적 망명 상태에 있었다고 할 수 있고, 내적 망명 또한 일종의 망명이라고 할 수 있다. 이것이 "한설야 소설 속의 루쉰"이라는 제목을 택한 이유다.

1 李慧淳, 『比較文學 I』(中央出版, 1981), pp. 32-33.

어로 번역되고 외국문학 연구의 맥락에서 논평된 양상을 검토하는 것은 그 이행 중 중개물에 대해 말하는 것에 지나지 않는다. 중개물은 문자 그대로 중개물일 뿐이고, 이행이 완성되는 것은 수신자에서다. 그러므로 자국문학의 작가에게서 영향을 고찰하는 일이 이 작업의 본론이 된다.

그런데 아무래도 영향이라는 비교문학의 고전적 개념은 오해의 소지를 많이 안고 있다. 수신자의 수동성이 강조되고 이행내용의 고정불변성이 전제되기 쉽기 때문이다. 이 위험을 피하기 위해 우리는 영향이라는 말을 수용이라는 말로 대체할 수 있다. 수용이라는 말은 변용의 가능성에 대해 열려 있고, 변용을 창조성의 측면에서 파악할 수 있게 해준다. 혹은 텍스트 상호관계의 형성이라는 가치 중립적인 말로 대체할 수도 있다. 영향이든 수용이든 이행의 완성은 중개물에서가 아니라 텍스트 상호관계의 형성에서 이루어진다는 것이 한설야 소설 속의 루쉰을 살피는 이 글의 입장이다.

김시준 교수에 의하면[2] 루쉰의 작품이 한국에 처음 소개된 것은 1927년 8월이었다. 유수인(柳樹人: 본명 柳基石)이 청원(靑園)이라는 필명으로 서울에서 발간하던 잡지 『동광(東光)』 제16호에 「광인일기」를 한국어로 번역 게재한 것이 그것이다. 「아Q정전」은 1930년에 양백화(梁白華)에 의해 번역 소개되었다. 한편 루쉰의 작품세계에 대한 본격적인 평론작업은 1931년에 정래동(丁來東)에 의해 처음 수행되었다. 그 평론(「중국단편소설가 로신과 그의 작품」[3])에서 정래동이 밝힌 바에 따르면 그때까지 한국에 번역된 루쉰의 소설은 「광인일기」, 「아Q정전」, 「두발 이야기」, 「상

2 金時俊, 「戰前韓國的魯迅讀書史」(日韓魯迅硏究學術會議, 1996) 참조.

3 『朝鮮日報』, 1931. 1. 4.

서」 4편이었다. 그러나 한국의 독자들이 루쉰 소설을 읽은 것은 한국어 번역을 통해서만이 아니었다. 중국어본을 직접 읽을 수 있는 독자들이 적지 않았고, 당시의 한국 독자들은 일본어본을 비교적 자유롭게 읽을 수 있는 일본어 독해 능력을 일반적으로 가지고 있었다. 일본에서는 1927년 10월 『대조화(大調和)』 잡지에 「고향」이 게재되었고, 1931년 마쓰우라 게이조(松浦珪三) 역의 「아Q정전」이 『지나프롤레타리아소설집』 제1집에, 린슈진(林守仁: 본명 山上正義) 역의 「아Q정전」이 『국제프롤레타리아총서』에 각각 게재되었으며,[4] 그 뒤로 여러 가지 단행본과 전집, 선집, 문집이 출판되었다.

이 글은 이와 같은 당시의 루쉰에 관한 독서환경 속에서 이루어진 텍스트 상호관계 형성의 구체적 예를 검토한다. 이를 위해 구체적 예로 선정된 한국 작가는 한설야다. 한설야는 루쉰서거 20주년인 1956년 「로신과 조선문학」[5]에서 다음과 같이 말한 바 있다.

> 나 자신의 경우를 말한다면 고리키의 문학적 영향을 많이 받은 것은 물론이다. 또한 로신의 소설들에서 철학적 깊이를 발견하고 일종의 동양적인 풍격을 감촉하게 되어 감옥에서도 로신의 작품들에 나오는 인물들의 성격에 대하여 많이 생각하게 되었다. 그리하여 출옥 후에 쓴 나의 단편들인 「모색」과 「파도」 기타에 취급된 인테리들은 로신의 소설 「광인일

4 보주: 「아Q정전」의 첫 일본어 번역은 이노우에 고바이(井上紅梅)의 것으로서 1928년에 상해의 일본어 신문인 『상해일일신문(上海日日新聞)』에 먼저 게재되고 1929년에 일본 잡지 『그로테스크』(談奇館書局) 제2권 제10호에 「지나혁명기인전(支那革命畸人傳)」이라는 제목으로 다시 게재되었는데 오역이 많았다. 안타깝게도, 양백화의 번역은 이노우에의 일본어 번역을 중역(重譯)한 것이었다.

5 『朝鮮文學』(1956. 10.).

기」, 「공을기」에서 적지 않은 암시를 받은 형상들이다.

일단 이 말을 신뢰한다는 전제하에 한설야의 「모색(摸索)」, 「파도(波濤)」와 루쉰의 「광인일기(狂人日記)」, 「쿵이지(孔乙己)」의 텍스트 상호관계를 검토하기로 한다.

한설야는 1900년 함경남도 함주군 출생으로 그의 부친은 양반 가문의 종손이자 토호 출신이었다. 1915년 함흥보통학교를 졸업하고 상경하여 경성고등보통학교에 입학했다. 경성고보 시절 한설야는 '촌놈 콤플렉스'에 걸려 동학들과 어울리지 못하는 대신 영화와 신소설에 탐닉하고 자연주의 소설 및 19세기 러시아 소설을 탐독했다. 1918년 함흥고보로 전학, 1919년 졸업하고 함흥법전에 입학하지만 3·1운동 때 동맹휴학을 주도하다가 제적당하고 북경 익지영문학교(益智英文學校)를 거쳐 1921년, 동경 일본대학(日本大學) 사회학과에 입학했다. 동경에서 한설야는 사회과학 서적을 탐독하는 한편 문학에 심취해, 처녀작 장편 『선구자』(미발표작)를 썼다. 이 무렵부터 이미 한설야 특유의 반항정신이 나타난다. 관동대지진으로 일본대학을 휴학하고 귀국한 한설야는 1925년 1월 이광수의 추천을 받아 『조선문단』에 「그날 밤」을 발표하면서 등단했다. 1925년 봄 부친이 가산을 탕진하고 완전한 파산상태에서 타계하자 한설야는 만주 무순으로 이주하는데, 이때부터 한설야 소설은 계급적 시각을 띠기 시작했고 1926년 10월 프로문학 선택을 공식적으로 선언하기에 이른다. 한설야가 카프에 가입한 것은 1927년 귀국 직후로 추정되는데(1925년설도 있으나 믿기 어렵다), 카프 가입 후 한설야는 카프 제1차 방향전환론에서 카프의 실력자 이북만을 비판하다가 시대에 뒤떨어진 공식주의자로 낙인찍히고서 1928년 봄 귀향했다. 그러나 귀향 후 한설야는 '실제와 현실과 실천' 속에서 프롤레타리아 리얼리즘 입장을 강화했고, 1929년에 「과도기」를 발표했다. 「과도기」 이후의 한설야 소설은 한마디로 노동소설이라 할 수 있다.

1934년 카프 제2차 검거사건은 1931년 상경하여 서울에서 활동하고 있던 한설야의 소설에 중대한 전환점을 만들어주었다. 한설야는 치안유지법 위반으로 기소되어 실형을 선고받고 항소심에서 집행유예로 풀려나 다시 귀향하는데, 이 석방은 전향을 전제로 한 석방이었다. 이북만과 논쟁한 이후 실질적으로 카프 비주류로서 카프와 일정한 거리를 두고 작품활동을 해왔던 한설야가 이제는 카프라는 조직과 이념을 상실함으로써 소시민적인 것으로만 구성된 환경 속에 놓이게 되었다. 물론 한설야는 자신을 진짜 전향자로 생각하지는 않았고, 그리하여 외부로부터 주어진 전향을 어떻게 수용하고 극복할 것인가 하는 문제로 고심했지만, 그가 실제로 부딪힌 문제는 소시민작가로서 어떻게 현실복귀를 이룰 것인지였고, 이 문제는 쉽게 해결되기는커녕 점점 더 좌절과 비관을 향해 쏠려갔다. 1939년 작인 「이녕(泥濘)」이 대표적인 작품이지만, 지금 논제인 「모색」[6]과 「파도」[7]도 바로 이런 흐름 속에서 쓰인 작품들이다.

「모색」의 주인공 남식은 작가다. 그러나 문명은 미약하고 원고청탁도 거의 없는 데다가 기껏 원고를 써봤자 원고료라고는 쥐꼬리만큼밖에 되지 않고 때로는 그나마도 받지 못한다. 게다가 요즈음은 글조차 잘 써지지 않는다. 당연히 그의 생활은 궁핍하다. 그런 그를 주변 사람들은 멸시한다. 같이 글을 쓰는 사람들조차도 그를 조롱한다. 그의 생각으로는 본인이 실력이 있음에도 그에 상응하는 대우를 받지 못하는 것인데, 그런

6 『人文評論』(1940. 3.).

7 『人文評論』(1940. 11.).

생각은 그에게 두 가지 상이한 태도를 갖게 한다. 하나는 주위 사람들의 속물근성에 대한 경멸이고, 다른 하나는 그런 속물들에게 모욕받는 자신에 대한 모멸이다. 이 이중적 태도가 그를 광기에 경도하게 한다. 작품 서두에서 그는 이렇게 독백한다.

> 글쎄, 어째서 하필 자기 자신을 저 스스로서 미친 사람에게 비해 보는 것이며, 비해 보고는 그 두 사이에 무슨 연줄이 있는 것이라고 생각하는 것일까.[8]

그가 종종 마주치는 미친 사람은 둘이다. 하나는 망건과 갓을 쓰고 흰 두루마기를 입은 채 대로 복판에 드러누워 자귀를 천천히 떼놓거나 눈을 지릅뜨고 걸어 다니는 광인이고, 다른 하나는 학교에 다니다가 미쳤다는 젊은 사람인데 상류층 사람들에 대한 공격성을 특징적인 증세로 보이는 광인이다. 여기서 우리는 「쿵이지」와 「광인일기」의 흔적을 본다. 한복으로 의관을 정제한 광인에는 쿵이지의 모습과 「광인일기」의 광인의 모습이, 상류층 사람들에게 공격적인 젊은 광인에게는 「광인일기」의 광인의 모습이 투영되어 있다. 물론 더 중요한 것은 주인공 남식에 투영된 쿵이지와 「광인일기」의 광인의 모습이고, 이따금 아Q의 모습이 나타나는 점도 흥미로운데, 여기서 중요한 것은 역시 「광인일기」의 광인의 모습이다. 남식은 아직 분열증은 아니지만 신경증 증세가 뚜렷하다. 그의 신경증 증세는 다음과 같이 묘사된다.

8 『人文評論』(1940. 3.), p. 113.

> 싱싱하게 걸어가는 사람들이 졸지에 모걸음을 치는 것으로 보이고 또 이어 뒷걸음을 치는 것으로 보이며 정작 그런가 하고 딱히 보면 볼수록 그럴 법해서 멀거니 오고 가는 사람들을 바라보기도 하였다. 그러면 정말 자기의 머리가 어디 잘못된 것 같기도 하였다.[9]

> 사실 그는 날마다 주위의 중압에 눌려서 제 몸과 정신이 뿌리를 잃은 나무처럼 또는 덩굴에서 떨어진 고지박처럼 마르고 시들어가는 것을 느낀다.[10]

「모색」의 스토리와 플롯은 「광인일기」나 「쿵이지」와 별로 유사점이 없다. 유사점은 인물의 성격에서 발견된다. 그러나 그 유사점은 차이점과 함께하는 유사점이다. 「광인일기」의 광기는 봉건적인 제도의 억압에서 비롯되는 것이지만 「모색」의 광기는 소시민적 삶의 조건의 억압, 그러니까 상대적으로 자본주의적인 맥락에 가까운 억압으로부터 비롯된다. 또 「광인일기」의 광기는 그 자체로 억압에 대한 반항의 반어적 발현인데 「모색」의 광기는 다소 맥락이 다르다. 남식이 광기에 경도하는 진정한 이유는 광인이 "제 하고 싶은 말을 백주대도상에서 누구에게든지 오연히 뽑아치"는 데에 있다. 남식은 그러지 못하는 것이다. 실로 제 하고 싶은 말을 오연히 하고 싶은데도 전혀 그러지 못하는 것이다. 그리하여 그럴 수 있게 해주는 광기에 경도된다. 그러나 실제로 남식이 바라는 것은 현실로 복귀하는 것이다. 이 점이 「광인일기」와 「모색」의 결정적인 차이라

---

9 『人文評論』(1940. 3.), p. 124.

10 위의 책, p. 129.

고 할 수 있다. 「모색」의 결말에서 아내가 H부 공급소 점원의 모욕에 정면으로 항변하는 장면에서 "자기가 해내지 못하는 일을 지금 안해가 하고 있지 않나 싶었다"라고 독백하는 남식, 물건 값이 싼 그 공급소에 또 오자는 아내의 말을 듣고서 내면에서 일종의 희망이 움트는 것을 느끼는 남식을 보면 그 점이 분명해진다. 공급소에서의 아내의 일이 산다는 것과 비상히 가까운 거리에 있는 일이라고 생각된다거나 기동차의 빠른 달림 속에 무슨 불가사의한 것이 숨어 있는 것 같이 느껴진다거나 하는 것은 소시민적 삶의 조건 속에서 현실복귀의 접점을 모색하는 것에 다름 아니다.

「파도」의 주인공 명수의 광기 역시 아직 분열증은 아니고 신경증인데 의처증의 형태로 나타난다. 작가 자신의 모습이 많이 투영된 것으로 여겨지는 작중인물 명수는 고향을 떠나 이십 년 동안 만주와 동경을 떠돌아다니며 하숙이나 감옥, 어느 단체 회관이나 잡지사 사무실 또는 친구의 집에서 그럭저럭 지내온 소설가다. 외동딸은 이혼한 본처가 데리고 어디론가 개가를 가서 거처조차 알지 못한다. 그런 그가 친구의 소개로 재혼을 한 것은 불과 반년밖에 되지 않는다. 그는 아내에 대해 거의 병적이라고 할 만한 외쪽 사랑을 갖고 있다. 그것이 의처증을 유발한다. 그래서 그는 아내를 바깥세상으로부터 차단시키고자 한다(그러면서 자기 자신도 외부로부터 단절시킨다). 만만하게 여기는 친구 춘식을 제외하고는 아무에게도 자기 집을 가르쳐주지 않고, 그 춘식조차도 의심스럽게 바라봐 문앞에서 따돌려버리기도 하며, 대문에 표시를 해두어 자신이 외출한 사이 대문이 열린 적이 있는지를 점검하고 열린 적이 있으면 누가 왔었는지를 꼬치꼬치 아내에게 추궁한다.

그런데 이 의처증은 단순한 의처증이 아니다. 다음은 그 점을 분명히 드러내는 대목이다.

하나 그러면 그럴수록 안해는 점점 더 이뻐 보이고 귀여워진다. 오랫동안, 실로 오랫동안 아무 데도 기우릴수 없었고 또 불붙어도 보지 못하든 제 가슴에 불을 달아서 보기 좋게 데여 버리고 싶도록 명수는 모진 충동을 받는다.

차라리 안해 한 사람에게라도 이싸인 정열을 탈탈 털어 화려할 불꽃같이 얼른 끝장을 내어버리고도 싶으나, 그래도 아직 어디서 솟는지 언제 마처 버릴지 알 수 없는 머질 줄 모르는 정열이 자기의 몸에는 남아있는 것이다.

그리고 그것은 물론 여자에게서 타올라서 여자에게서 타버리고 말 그런 종류의 것이 아닌 것도 명수는 알고 있으나 알고 있을 뿐으로 어디다가 달리 기우릴 바를 몰라서 지금 안해에게 그것을 부리고 부리다가는 쌈을 하고 쌈을 하고는 또 울 듯이 다정해 하고 하는 것이다.[11]

여기서 아내는 자신이 상실한 이념과 문학의 대체물이다. 아내에 대한 정열은 사회적 이상에 대한 정열의 왜곡된 표현이고 의처증은 해결되지 못한 가치와 신념의 갈등과 등가물이다.

속물적인 타인들에게 멸시받는 명수의 처지는 얼핏 보면 쿵이지와 닮은 데가 있고, 정신승리법과 유사한 생각을 하는 명수는 아Q를 연상케 하지만, 그것은 지엽적이고 단편적인 것일 뿐이고, 전체적인 문맥에서 보자면 명수는 「광인일기」의 광인과 아주 유사하다. 억압이 봉건적인 것에서 오는 것과 식민지적 자본주의적인 것에서 온다는 차이가 있다는 점에서는 「모색」과 마찬가지지만, 그러나 「파도」의 의처증은 「광인일기」의

11 『人文評論』(1940. 11.), pp. 78-79.

광기처럼 그 자체로서 현실에 대한 반항의 반어적 발현이라는 긍정적 의미를 갖는다. 이 점은 박준이라는 명수와 대조적인 작중인물과 비교해보면 분명해진다. 박준은 달변에 해박한 지식을 가진 당당한 체격의 미남자이며 카페의 여급들에게 인기가 많고 잡지사, 신문사, 영화사 등과 관계가 좋은 잘 나가는 지식인이다. 그러나 박준의 그러한 면모 뒤에는 자기 세계의 부재라는 부정적인 면이 숨어 있다. 한마디로 박준은 속물 지식인인 것이다. 그에 반해 명수는 속물이 되기를 거부하고 식민지적 자본주의적 억압에 대한 반항이라는 자신의 본래의 가치를, 비록 바깥에서 주어진 전향 때문에 의처증이라는 왜곡된 형태가 되고 말았지만, 포기하지 않고 추구한다. 작품의 말미에서 주인공 명수는 박준에 대해 자신감을 갖게 되고 박준을 오히려 골려주게 된다. 거기에는 두 가지 계기가 작용한다. 하나는 꿈이다. 꿈속에서 명수는 박준과 싸운다. 다른 하나는 소설쓰기다. 명수는 박준을 가지고 소설을 쓸 수 없을까 궁리한다. 이 꿈-소설(문학)의 모티프는 나름대로 흥미로운 주제가 되겠는데, 아무튼 이것들을 계기로 명수는 의처증을 극복할 단서를 찾는다. 처음에는 박준이 명수를 처복가(妻福家)라고 부르며 아내를 소개해달라고 놀렸던 것인데, 나중에는 명수가 박준을 만날 때마다 자기 집으로 가자고 하고 박준은 늘 그것을 회피하게 되는 것이다. 이 결말은 명수의 의처증이 왜곡을 극복하고 본래의 모습을 회복할 가능성을, 즉 본래의 정열이 왜곡 없이 분출될 가능성을 암시한다. 「파도」는 전향자의 갈등과 고뇌를 충만한 진정성으로 그려냄으로써 전향소설의 한 전범으로 평가받을 만하다. 「광인일기」와 「파도」는 광기-신경증을 통해 반어적으로 진정한 가치를 추구하고 있다는 점에서 유사하다.

한설야가 옥중에서 루쉰을 읽었을 때는 1934, 5년경이었다. 출옥 이후 전향자로서의 고통스러운 모색에 더 어울리는 것은 사실상 「광인일기」와 「쿵이지」가 아니라 루쉰의 두 번째 작품집 『방황』에 실려 있는 작품들, 예컨대 「술집에서」, 「복을 비는 제사」, 「고독한 사람」, 「상서」다. 한설야가 이러한 작품들을 읽었는지는 한설야의 독서 목록이 확인되기 전에는 단언하기 어렵지만, 한설야의 문학적 재능에 대한 최소한의 신뢰를 전제하고 보자면 그는 『방황』의 작품들을 접하지 못한 것이 아닐까 추측된다.

마지막으로 점검해야 할 것은 한설야의 1956년 발언의 배경이다. 카프 비주류로서 카프 주류에 대해 소외감과 적대감을 가지고 있던 한설야는 1945년 이후 북한에서 활동하며 북조선 문학예술총동맹 위원장을 역임하고, 1953년 남로당 숙청 때 임화 등의 카프 주류가 숙청되고부터 그 자신이 1962년에 숙청되기까지 북한문학의 중심부에서 움직였다. 1950년대의 한설야의 입장에서는 카프 시절과 전향문학 시절을 현재의 입장에 맞게 재해석하고 재조정할 필요가 있었다. 그리하여 전향소설에 대한 정당화가 카프문학사에 대한 새로운 서술 및 자신의 대표작의 개작과 함께 필요했다. 한설야가 자신의 전향소설 중 「모색」과 「파도」를 들어 그것과 루쉰 사이의 관련을 강조한 것은 바로 전향소설에 대한 정당화를 위해서였다. 당시 북한에서 세계문학의 전범은 고리키와 루쉰이었기 때문이다. 따라서 우리는 한설야의 루쉰에 대한 언급이 사후적 과장일 수 있다는 점을 염두에 두어야 한다.

한국문학 연구자들은 지금까지 한설야의 전향소설 중 「모색」과 「파도」를 비판해왔다. 그들은 이 작품들 속의 광기가 생활의 실패와 좌절에서 생겨난 것으로서 작가의 세계관과 미학의 엄중한 파탄을 의미한다고 보았다. 심지어 한 연구자는, 「모색」, 「파도」 등에는 작가의 왜곡된 열정과 자의식 및 현실에 대한 패배감, 회의만이 있을 뿐이고, 그리하여 현실에 대한 모색은 거의 불가능하게 되며 관념화된 주관의 밀실로 들어가거나 세태에 대한 기술의 형태로밖에 소설을 쓸 수 없게 된다고 했다.[12] 다른 한 연구자는 「파도」가 신경증적인 의처증을 빌미로 현실생활에서 전향자가 겪는 갈등을 밀도있게 묘사했으며 비정상적인 사회에서 고뇌하는 전향자가 오히려 인간적일 수 있음도 시사하고 있다고 해석했는데,[13] 필자는 이 의견에 동의하며 그 해석 방식을 적잖이 수용했지만, 이 연구자 역시 「파도」의 신경증이 결국은 일종의 한계를 드러내는 것이라고 보았다.[14] 그러나 루쉰과 비교함으로써 우리는 「파도」의 광기가 아이러니컬한 반항과 추구의 절실성을 의미한다는 것을 발견한다. 또한 「모색」과 「파도」 사이의 차이도 발견한다. 「모색」의 광기가 「광인일기」로부터 상대적으로 먼 데 비해 「파도」의 광기는 「광인일기」와 가깝다는 것이다. 아마도 바로 여기에 비교문학적 연구의 주된 의의가 있을 것이다.

지금까지 우리는 루쉰이라는 거울을 통해 한설야를 다시 보았다. 반대로 한설야라는 거울을 통해 루쉰을 다시 보는 작업(이것은 비교가 아니라 대비다)도 의미 있는 작업이 될 것이다. 하지만 이 작업은 다음 기회를 기다려야겠다.

---

12 서경석, 『韓國近代現實主義文學史硏究』(태학사, 1998), pp. 186-187, 200-201.

13 장석홍, 『韓雪野小說硏究』(圖書出版 박이정, 1997), p. 224.

14 같은 곳.

○

1990년대 한국의 「광인일기」에 관하여*

『창작과비평』 1992년 가을호에 「광인일기」라는 제목의 단편소설이 발표되었다. 작가는 류양선(柳陽善)이다. 문학에 소양을 갖춘 사람이라면 이 제목으로부터 세계문학사상 유명한 두 작품을 연상할 것이다. 하나는 러시아 작가 고골의 「광인일기」이고 다른 하나는 중국 작가 루쉰의 「광인일기」다. 류양선의 「광인일기」는 루쉰의 작품과 제목이 동일할 뿐만 아니라 서사구조와 서술언어도 뚜렷한 유사성을 보인다. 필자와 류양선은 한 박사학위논문심사 자리에서 오랜만에(적어도 10년은 넘었지 싶다) 다시 만났는데, 이 자리에서 류양선은 자신의 작품을 첫째, 루쉰의 「광인일기」를 의식하면서 썼고(당시의 한 한국 작가도 의식했었는데 누구인지는 전혀 기억이 나지 않는다고 말했다), 둘째, 1991년의 '강경대(姜慶大) 사건'을 의식하

* 이 글은 2011년 9월 25일 중국 소흥(紹興)에서 개최된 〈루쉰 포럼〉에서 발표한 것으로, 약간 수정보완했다.

면서 썼으며, 셋째, 고골의 「광인일기」와는 아무 관계가 없다고 분명히 밝혔다.

류양선은 1951년생으로 서울대학교 국문과를 졸업했다. 1980년대에 무크지(비정기 간행물) 『문학의 시대』[1] 동인으로 활동하면서 소설을 발표했고 1989년에 장편소설 『이 사람은 누구인가』를 출판했다. 가톨릭대학교 국문과 교수이며, 국문학자로서 『한국농민문학연구』(1994), 『한국근현대문학과 시대정신』(1996), 『한국 현대문학의 탐색』(2005) 등의 학술저서를 펴냈다.

1987년은 한국현대사에서 대단히 중요한 해다. 짧게 보면 1980년 이래의 군부독재가, 길게 보면 1961년 이래의 군부독재가 이때 끝났다. 1987년 6월 시민항쟁의 승리가 그것을 가능하게 했다. 그러나 같은 해 12월의 대통령선거에서 신군부 출신의 노태우가 당선됨으로써 군부독재의 진정한 종언은 다시 연기되었다. 그 종언은 1992년 12월 소위 문민정부가 성립됨으로써 비로소 이루어졌다. 그러므로 1987년에서 1992년 사이에 학생운동을 비롯한 민주화운동이 계속된 것은 당연한 일이었다.

'강경대 사건'은 바로 이 시기에 발생했다. 1991년 4월 26일 학생시위 도중 당시 명지대학교 1학년 학생이었던 강경대 군이 사복경찰에게 쇠파이프로 두들겨 맞고 사망했다. 이 사건은 학생시위의 전국적 확산을 야기했고, 그 확산 속에서 분신자살이라는 극단적 시위가 잇달아 발생했다. 당시의 시위는 등록금 인상반대를 구호로 내걸었다. 그 구호를 민주화운동 개념으로 볼 것인지에 대한 논란도 있었지만, 당시의 정황에서는 구호가 아니라 시위 자체가 중요했으므로 넓은 의미에서 민주화운동으

1 1983년 12월에 창간호가 나왔고 1988년에 제4호를 종간호로 냈다.

로 보는 것이 타당하다.

류양선의 「광인일기」는 대학교 역사학과 교수인 민준식(閔俊植)의 '발광(發狂)'에 대한 이야기다. 민 교수 이야기만을 요약하면 다음과 같다. 갑자기 이상한 증세를 보이기 시작한 민 교수가 정신병원에 입원하여 치료를 받고 거의 완쾌되어 퇴원했다. 이 민 교수 이야기를 일인칭 화자 '나'가 서술한다. '나'는 같은 대학의 국문과 교수이며 소설을 쓰는 류(柳)다. 서술의 현재는 1992년이다. '나'는 지난 해 여름방학 때의 일, 그러니까 1991년 여름 민 교수가 거의 완쾌되었다는 소식을 전해 듣고 그의 집을 방문했던 일을 회상한다.

서술 순서대로 보면, 이 작품은 세 부분으로 나뉘어 있다. 제1부는 '나'의 회상이다. '나'는 퇴원한 민 교수를 방문하기로 마음먹고서 민 교수의 발병에 대해 회상한다. 민 교수는 입원하기 두어 달 전부터 정신이상 증세를 나타내기 시작했다. 이 무렵에 대해 소설은 다음과 같이 묘사한다.

> 민 교수의 방은 학생회관과 정면으로 마주보는 위치에 있어서, 창밖을 보면 학생회관 옥상에 밑으로 늘어뜨린 플래카드나 걸개그림들이 곧바로 눈에 들어왔다. 그즈음에는 쇠파이프에 맞아 죽은 강경대 군과 시위 도중 숨진 김귀정 양의 얼굴이 대형 걸개그림 속에 나란히 서서 민 교수의 연구실을 넘겨다보고 있었다. 그때 죽은 학생은 강 군과 김 양만이 아니었다. 광주에서, 안동에서, 성남에서, 다시 서울에서 학생들이 분신 또는 투신으로 스스로의 생명을 끊었다. 연이은 사태에 온 사회가 휘청거렸다.[2]

2 『창작과 비평』 1992년 가을호, pp. 122-123.

1991년 4, 5월 무렵이다. 이 무렵의 일련의 사태와 더불어 민 교수의 증세는 점점 더 심해진다. 민 교수는 자신이 가끔 환각에 사로잡히며 그럴 때 야릇한 쾌감을 느낀다고 말하기까지 한다. 그 뒤 얼마 지나지 않아 입원한다. '나'는 문병을 가지만 환자는 못 만나고 담당의사만 만난다. 담당의사는 민 교수의 정신질환이 피해망상증과 과대망상증이 겹쳐 발병한 급성정신착란증이라고 설명한다. 의사의 요청에 따라 '나'는 민 교수의 일기장을 가져다주던 중 가장 최근의 일기를 읽어본다. 이 대목을 소설은 다음과 같이 쓰고 있다. 루쉰의 「광인일기」 서문과 흡사하다.

> 그의 일기는 현실과 환각 사이를 왔다갔다 하는 것이어서 얼핏 황당무계한 것 같으면서도 어딘지 모르게 일관된 흐름이 느껴졌다. 그럼 이제, 도무지 뜻을 알 수 없는 글들 몇 편은 제외하고, 어느 정도 문맥이 통하는 것들만을 골라 소개하도록 하겠다.[3]

제2부는 발췌한 일기를 소개한다. 모두 '6월 ××일'이라고 날짜 표시를 하고 있다. 처음에 그것들은 폭력과 폭력시대에 대한 성찰을 내용으로 하는 진지한 수필에 가깝다. 다섯 번째 날 일기에서 '나'(민 교수)는 "뭐라고 형언할 수 없이 부끄럽고 참담한 것이라는 느낌"에 대해 말하는데, 이 느낌이 하나의 전기(轉機)가 된다. 이 뒤로 정신착란증이 급격히 심해지면서 '나'는 온갖 망상을 겪게 된다. 소개되는 망상은 모두 6개인데, 각각 정도의 차이는 있으나, 그 모두가 루쉰의 「광인일기」를 일정 정도 차용하고 있다. 그중 한 단락만 인용해보겠다.

---

3 위의 책, p. 124.

(6월 ××일)

사람 같기도 하고 짐승 같기도 한 무시무시한 괴물이 교정에 나타났다. 괴물은 학생들을 악착같이 쫓아다니며 하나씩 둘씩 잡아먹는다. 가엾은 학생들은 아우성치며 울부짖으며 이리저리 쫓겨다닌다. 낯모르는 여학생 하나가 쫓기다 못해 내 연구실로 뛰어들었다. 나는 재빨리 문을 잠갔지만, 괴물은 으르렁거리며 문을 부수고 들어왔다. 결국 여학생은 그 흉측한 괴물에게 잡아먹히고 말았다. 머리부터 발끝까지 우적우적 씹어먹는 걸 보면서 나는 악! 하고 비명을 질렀다.

잠을 깨니, 등줄기에 식은땀이 쭉 흘렀다.[4]

제3부는 퇴원한 민 교수를 방문한 이야기다. 민 교수는 자신의 상태를 "그저 귀신이 들어앉아 있는 것뿐"이라고 설명한다.

"이봐, 류 선생. 어렵고 복잡하게 무의식이니 뭐니 하지 말고 그냥 알기 쉽게 귀신이라고 하면 뭐 어떤가? 내겐 말야, 무의식이나 귀신이나 그게 그거라고 생각되네. 말하자면 자궁 속에서 들었던 대포소리 같은 것, 또는 어머니의 노랫소리 같은 것에 대한 멀고 먼 기억이라고나 할까? 그걸 뭐라고 부르든 간에 마음속의 벽장과도 같이 깊은 곳에 숨겨둔 가장 소중한 것들, 부끄럽고 참담하지만 싱싱하고 생명력 있는 그런 것들 말일세."[5]

---

4 위의 책, p. 128.
5 위의 책, p. 134.

여기서 '광기'는 긍정적인 것으로 재평가된다. 이 재평가는 민 교수를 찾아가는 길에 '나'가 품었던 "우리는 우리네 삶의 모습을 스스로 정직하게 성찰하기가 고통스럽기 때문에 그 고통을 그(민 교수—인용자)에게 떠맡겨버렸던 것이다"[6]라는 상념에서 이미 나타났었다. 그 광기는 '나'에 의하면 고통스럽지만 정직한 자기 성찰이고, 민 교수에 의하면 마음속 깊은 곳에 숨겨둔 가장 소중한 것들과의 대면이다. 이 재평가를 공유한 두 사람은 루쉰의 「광인일기」에 대해 다음과 같은 대화를 나눈다.

> "류 선생, 당장 떠오르는 소재가 없으면 나라도 모델로 해서 써봐. 내가 아주 제목까지 정해줄까? '귀신 들린 사람'이라고 하면 재미있을 거야. 어때? 한번 써볼 만하지 않겠어? 노신(魯迅)의 「광인일기(狂人日記)」처럼 말야."
>
> "아하, 그러고 보니 민 선생 일기가 어딘지 그 「광인일기」를 닮았더구만! 사람을 잡아먹느니 어쩌니 하는 것도 그렇구. 하지만 노신은 예교(禮教)를 비판한 것이 아닌가? 근대사회로 넘어오는 역사적 전환기에 봉건사상을 타파하자고 한 거구."
>
> "뭐 다를 게 있나? 지금도 전환기라면 전환기야! [……]"[7]

이 소설의 마지막 문단은 다음과 같다.

> 나는 저녁 늦게 민 교수의 집을 나오면서, 정신질환이란 아주 깊은 정신

6 같은 곳.
7 위의 책, p. 135.

의 휴식 또는 가장 외곬의 명상일는지도 모르겠다고 생각했다. 그리고 집에 도착한 즉시, 나는 책상 앞에 앉아 '귀신 들린 사람'이라는 제목으로 소설을 쓰기 시작했다.[8]

루쉰의 「광인일기」와 1990년대 한국의 「광인일기」가 어떻게 같고 어떻게 다른지는 이상의 소개만으로도 대략 짐작할 수 있을 것이다. 다만, 덧붙여 강조하고 싶은 점 두 가지가 있다. 하나는 류양선이 보여주는 광기의 긍정성에 대한 적극적 재평가에 주목할 필요가 있다는 점이다. 설사 그 적극적 재평가가 주로 관념적 진술에 의해 이루어진 것은 문학적 약점이라고 하더라도 말이다. 다른 하나는 필자가 작가에게서 직접 들은 "당시 상황에서는 교수가 한 사람쯤은 미쳐야 할 것 같아서 이 작품을 썼다"라는 말이다. 이 작품의 이야기는 실화가 아니라 전적으로 허구다. 적어도 우리에게 알려진 바로는 이런 일이 없었다. 작가는 그 없음을 자신의 소설쓰기로 보완하거나 보충하고자 한 것이다. 1990년대 한국의 「광인일기」는 지식인의 양심을 표현한 것이며 그 자체 일종의 현실참여이고 일종의 정치적 저항이다. 이것이야말로 루쉰의 「광인일기」와 1990년대 한국의 「광인일기」가 만나는 심층적인 지점일 것이다.

필자가 1990년대 한국의 「광인일기」를 소개한 것은 '한국에서의 루쉰'이라는 맥락과 관련된다. 이하는 그 맥락에 대한 설명이다.

루쉰 문학이 한국인에 의해 한국어로 처음 번역 소개된 것은 『동광(東光)』 1927년 8월호에 게재된 유수인(柳樹人: 본명 柳基石) 번역의 「광인일기」였고, 루쉰 문학에 대해 한국인이 한국어로 쓴 첫 평론은 1931년 1

8 위의 책, p. 136.

월 조선일보에 연재된 정래동(丁來東)의 「노신과 그의 작품」이었다. 필자의 스승이며 타이징눙(臺靜農) 선생[9]의 제자인 김시준(金時俊) 서울대 명예교수의 연구에 따르면,[10] 외국인에 의한 루쉰 문학의 번역 소개나 평론은 한국에서의 그것들이 세계적으로 최초다. 예컨대, 「고향」의 일본어 번역은 『대조화(大調和)』 1927년 10월호에 실렸고, 린슈진(林守仁: 본명 山上正義)의 평론 「루쉰과 그의 작품에 대하여」는 1931년 10월에 발표되었다.

처음은 이처럼 빨랐지만, 그 이후는 그다지 활발하지 못했다. 이후 일본에서 일어난 루쉰붐과는 대조적인데, 이는 한국이 식민지 치하였고 해방 이후에는 세계적 냉전구조에 가장 깊숙이 편입되었다는 데서 주로 기인했다. 오랫동안 루쉰은 금기시되거나 백안시되었다. 1970년대에 루쉰의 소설만은 일부 번역되어 종종 세계문학전집에 포함되기도 했으나, 작품에 대한 해설은 주로 반(反)봉건성에 초점을 맞춘 극히 온건하고 제한된 것이었다.

사정에 큰 변화가 생긴 것은 1980년대 들어서였다. 1980년 5월 광주민중항쟁이 비극으로 끝나고 잠시간 침묵기를 거친 뒤 한국 사회와 문화에는 정치적 독재에 대한 거센 저항의 조류가 일어났다. 그 저항의 조류 속에서 루쉰과 루쉰 문학에 대한 관심이 빠른 속도로 증대되었다. 루쉰 작품의 번역과 루쉰 연구도 활발해졌다. 중국 현대문학에 대한 학문적 연구가 본격적으로 시작된 것도 바로 이 무렵이었는데, 그 연구의 중심에 루쉰 연구가 있었다. 필자도 1984년 12월 「루쉰 소설과 5·4운동」(이 책 1

9 타이징눙(1903-1990)은 루쉰의 제자로서 1920년대에 소설가로 활동했고 1950년대부터 타이완대학 중문과 교수로 재직했다.

10 중국현대문학학회 편, 『노신의 문학과 사상』(백산서당, 1996), pp. 4-6.

부에 수록)이라는 글을 발표함으로써 중국 현대문학 연구활동을 시작했다.

그 뒤로 지금까지 나온 번역이나 연구성과를 소개하자면 엄청나게 많은 지면이 필요할 것이므로 여기서 일일이 거론할 수는 없겠다. 다만 다음 몇 가지는 특기할 만하다. 「광인일기」에서 「죽은 자 살려내기(起死)」까지 루쉰의 소설 작품 전부에 대한 첫 번역본은 김시준 역의 『루쉰소설전집』으로서 1989년에 출판되었다. 한국인에 의한 루쉰 연구의 성과로 구성된 첫 단행본은 한국 중국현대문학학회 편의 『노신의 문학과 사상』으로서 1996년에 출판되었다. 한국인에 의한 루쉰 연구의 성과로 구성된 첫 중국어판 단행본은 루쉰박물관 편의 『한국루쉰연구논문집』으로서 2005년에 출판되었다. 2007년에 결성된 루쉰전집번역위원회에서 2010년부터 총 20권 계획의 한국어판 루쉰전집을 간행하기 시작했고 2011년 7월 현재 그 네 번째 권이 출판되었다.[11]

여기서 중요한 것은 루쉰 문학과 한국문학 사이의 내면적 관계라고 필자는 생각한다. 이것이야말로 '한국에서의 루쉰'의 진정한 내용이 아니겠는가. 이상에서 살펴본 번역과 연구들은 진공 상태에서가 아니라 한국의 일정한 사회 문화적 문맥 속에서 이루어졌다. 바로 그 문맥이 중요하다. 그 문맥 속에서 동시대의 한국문학도 형성된바, 루쉰의 번역자와 연구자들은 바로 그 문맥을 경유하여 루쉰과 한국문학 사이의 소통을 수행해왔다. 필자의 경우를 소박한 예로 삼자면, 필자의 루쉰 연구와 루쉰 번역은 그것을 통해 동시대 한국문학에 관여하는 것을 의식적 목표로 삼아왔다. 개인에 따라 그 의도의 양과 질에 차이는 있겠지만 그 의도와 완전히 무관할 수는 없다.

11 보주: 2018년에 완간되었음.

그러나 루쉰 문학과 한국문학 사이의 내면적 관계의 정화(精華)는 번역이나 연구가 아니라 한국문학 작품에서 나타난다. 이것은 더구나 새로운 창조이기까지 하다! 이 새로운 창조는 순차적인 발전단계에 따라 이루어지지 않는다. 여기에는 비약이 있고 신생(新生)이 있다. 하나하나가 고유한 신기원이다. 돌이켜보면, 이미 1936년에 이광수의 단편소설 「만(萬)영감의 죽음」, 1940년에 한설야(韓雪野)의 단편소설 「모색(摸索)」과 「파도(波濤)」, 1941년에 김사량(金史良)의 단편소설 「유치장에서 만난 사나이」(일본어판 제목은 「Q伯爵」)가 루쉰의 「광인일기」, 「쿵이지」, 「아Q정전」 등과의 텍스트 상호관계 속에서 태어났다. 오늘 우리가 살펴본 류양선의 단편소설 「광인일기」는 비교적 최근의 예다.

이제는 이 창조적 공간에 주목해야 한다. '한국에서의 루쉰'의 진정한 내용도 '루쉰의 세계적 의의' 중 가장 중요한 측면도 바로 여기에 있을 것이다. 이 창조적 공간을 밝히기 위해서는 한국의 중국문학 연구자와 중국의 한국문학 연구자 사이에 적극적인 협력이 필요하다.

2부

루쉰 읽기의 쟁점과 토론

○

동아시아적 시각으로 본 세 편의 「고향」: 치리코프·루쉰·현진건*

1. 정체성의 다층성에 대하여

2000년 6월 스위스 취리히에서 열렸던 한국문학 낭송회에서의 일이다. 한 청중이 오정희(吳貞姬) 선생에게, 당신의 작품에서 한국적인 것이 무엇이라고 생각하는가, 라는 질문을 던졌다. 오정희 선생이 낭송한 작품은 「중국인 거리」였는데, 이 작품은 한국전쟁 직후의 피폐하고 혼란스러운 소도시의 일상 속에서 유년을 벗어나 성장해가는 한 소녀의 내면을 섬세하게 그리고 있다. 여기서 중국인 거리는 '비밀스럽고 환상적이고 괴기스러운' 세계로 등장한다. 그 비밀, 환상, 괴기는 사실은 모든 유년에 공히 나타나는 세계 인식상의 특징이다. 자아의 성장과 더불어 그 비밀, 환상,

* 이 글은 『중국문학』 제34집(한국중국어문학회, 2000)에 발표한 것이다.

괴기는 탈신비화된다. 필자의 생각으로는, 한국전쟁 직후의 인천이라는 특수한 시공간 속에서 자아의 성장이라는 존재론적 보편성이 구현된다는 데 이 작품의 핵심이 있고, 그 구현의 세부적 양상에 이 작품의 매력이 있다. 그런데 그 스위스 청중은 그러한 보편성의 차원에는 무심한 채 왜 '한국적인 것'에만 관심을 갖는 것일까?

'한국적인 것'이라는 질문 방식 자체에 문제가 있어 보인다. 답변에서 오정희 선생은 작중화자의 할머니가 여자들 속옷 빨래를 바깥에 널지 말라고 하는 것을 한 예로 들었는데, 그러나 그것은 꼭 한국적인 것이라기보다는 유교적 풍속의 맥락에서 설명될 수 있는 것이고 유교적 풍속은 한국뿐만 아니라 동아시아 일반에 공통되는 것이다. 역으로 스위스 작가에게 당신의 작품에서 스위스적인 것이 무엇인가, 라고 묻는다면 질문을 받은 스위스 작가는 무어라고 답할 수 있을까? 스위스 국민은 독일계, 프랑스계, 이태리계의 복합으로 구성되어 있고 언어도 그 3개 국어를 공용하는데, 국민의 다수가 독일계여서 스위스문학의 경우 독자성이 약하고 독일문학권 속에 포섭되는 측면이 강하다. 요컨대 유럽 내의 다양한 차이들에도 불구하고 성립되는 유럽적인 것이라는 정체성이 스위스적인 것이라는 정체성보다 훨씬 더 중요한 그런 형국이라고 할 수 있을 터다. '한국적인 것'이라는 질문 방식 자체에 숨어 있는 것은 그러한 유럽적인 것의 보편성과 자신이 그 보편성 속에 들어 있다는 데 대한 확신이고, 그 보편성과 다른 것들은 개별로서 존재할 것이라는 막연한 발상이다. 필자는 여기서 일종의 강력한 오리엔탈리즘을 발견한다.

이 오리엔탈리즘은 동양을 전체적으로 규정하는 경우와는 달라서 유럽적 보편성 대 일국적 개별성이라는 구조로 되어 있고, 비유럽권에서는 그 일국적 개별성이 있어야 나름대로의 문화적 가치가 있다고 생각한다. 그렇다면 그 일국적 개별성 이외의 다른 측면들은 비유럽권에서는 아무런 가치도 없단 말인가. 우리가 그러한 생각에 부응한다면 그것은 오리엔탈리즘을 추종하는 것에 지나지 않는다. 한국문학과 서양문학, 중국문학과 서양문학, 일본문학과 서양문학이라는 식의 파악이 그 좋은 예다. 정체성이라는 개념 자체가 실은 이데올로기적인 것이어서 끊임없는 비판의 대상이 되어야 한다. 무엇보다도 정체성은 고정된 실체가 아니라 항상 변화와 형성 속에 있는 것이다. 또한 정체성은 단층적인 것이 아니라 다층적인 것이다. 한국문학의 경우, 거기에는 한국적, 동아시아적, 세계적, 인류적 등 여러 층위의 정체성이 복합되어 있다고 보아야 한다. 다른 층위들을 배제해버리고 그중 어느 한 층위만을 내세우는 태도는 당연히 옳지 않다. 대체로 그런 태도는 의도했건 안 했건 어떤 이데올로기적 맥락으로부터 비롯되는 법이다. 타자가 '나'를 볼 때나 '나' 자신이 '나'를 볼 때나 그 점은 마찬가지다.

근자의 동아시아 담론은 종래 배제되어온 동아시아적 층위에 대한 존중이라는 의미에서 기본적으로 정당하다고 필자는 생각한다. 하지만 동아시아적 층위에서의 정체성을 고정된 실체로 간주한다거나, 이것을 중심에 놓고 다른 층위들을 배제해버리는 데 대해서는 동의할 수 없다. 따라서 필자는 동아시아적 층위의 정체성 문제에 대한 접근에서 조심스러워지지 않을 수 없다. 필자가 방법으로서의 동아시아를 시험하는 것은 그 조심스러운 접근의 첫 걸음이라 할 수 있다. 20세기 초에 러시아·중국·한국에서 나온 동명의 세 편의 단편소설을 비교하고 대비하는 작업을 동아시적 시각에서 수행하고자 하는 이 글은 그 시험의 한 구체적인 예가 될 것이다.

2. 세 편의 「고향」[1]

1910-20년대 한·중·일 동아시아 3국의 문학은 러시아 문학의 강력한 영향 속에 있었고, 동아시아 3국 작가들 사이의 직접적인 영향 관계는 없을지라도 그들이 공히 같은 러시아 작가로부터 영향을 받은 경우는 많았다. 현진건(玄鎭健, 1900-1943), 루쉰(魯迅, 1881-1936)과 치리코프(Evgenii Nikolaevich Chirikov, 1864-1932)가 바로 그런 예다. 치리코프가 동아시아에 처음 소개된 것은 일본에서였다. 1920년 세키구치 야사쿠(關口彌作) 번역의 『치리코프 선집』이 출판되었고 치리코프는 자유주의파 및 좌익 문학청년의 애독서가 되어 일종의 치리코프 붐을 일으켰다(이 붐은 오래 가지 못하고 금세 끝났지만). 루쉰은 이 일역본 중의 두 편을 1921년에 번역하여 1922년에 출판한 『현대소설역총(現代小說譯叢)』에 실었다. 그중 지금 문제가 되는 작품의 제목이 일역에서 「田舍町(소읍)」이었는데 루쉰의 중국어역에서는 「省會(성 정부 소재지, 성도)」로 바뀌었다. 그리고 루쉰이 자신의 작품 「고향」을 탈고한 것은 1921년 1월이었고 발표한 것은 동년 5월이었다. 한편 현진건은 같은 작품을 1921년 6월에 번역을 마쳐 『개벽(開闢)』 제25호에 「고향」이라는 제목으로 실었고(일역본을 텍스트로 했으리라 생각된다), 자신의 미발표작 「고향」을 1926년에 출판한 창작집 『조선의 얼굴』에 실었다. 이리하여 우리는, 현진건의 역제를 택하면, 세 편의 「고향」이라는 소설을 만나게 되는 것이다.

---

1 '세 편의 「고향」'에 대한 이 글의 착안은, 필자가 강의를 맡았던 2000년도 1학기 연세대학교 대학원 수업에서 배수정 군이 발표한 「송현호의 「현진건과 魯迅의 「故鄕」 比較 硏究」에 대하여」로부터 촉발되었다.

1) 치리코프의 「고향」

치리코프는 1864년 카잔(Kazan)의 한 소읍에서 출생했다. 11세 때 카잔의 성도로 가서 중학교를 마치고 이어 카잔대학에 진학했으나 1887년 대학을 중퇴했다(심비르스크(Simbirsk) 출생의 레닌(Vladimir I. Lenin) 역시 카잔대학을 다니다가 같은 해에 퇴학당했다). 중학교 졸업 무렵부터 혁명사상의 영향을 받았고, 1882년부터 글을 쓰기 시작했으며, 1886년 잡지 『러시아의 부(Russkoe Bogatstvo)』에 단편을 발표하면서 문명을 얻었다. 문학적으로는 네크라소프(N. A. Nekrasov)의, 사상적으로는 체르니셰프스키(Nicholas Chernyshevsky)의 영향을 받은 그의 혁명사상은 나로드니크(narodnik)의 그것이었다. 그러나 알렉산드르(Alexandr) 2세 치세인 1873-74년에 정점에 이르렀던 나로드니크 운동은 이후 크게 보아 세 개의 흐름으로 나누어지며 차츰 퇴조해갔다. 세 개의 흐름이란, 1) 지식인들이 농민들을 교육하겠다는 자세를 버리고 오히려 농민들 속에 들어가 농민들로부터 배우려는 자세를 취해야 한다는 흐름, 2) 차리즘의 타도는 폭력에 의존해야 한다는 테러리즘 지향의 흐름, 3) 반(反)테러리즘과 나로드니크 전통의 고수를 주장하며 서구의 사회민주주의에 관심을 보인 흐름이다. 그중 2)의 흐름은 1878년에 '인민의 의지당'을 구성하고 1881년에 알렉산드르 2세의 암살에 성공하지만, 이 암살이 오히려 일반 대중들의 반발을 불러일으키고 알렉산드르 3세의 반동 정치를 초래함으로써 운동의 퇴조를 한층 가속화하는 결과를 가져왔다. 그러다가 1891년과 92년의 대기근이 나로드니크 운동의 퇴조를 결정적인 것으로 만들었고, 대신 마르크시즘에 대한 관심을 증대시켰다. 1883년에 결성된 러시아 최초의 마르크시스트 조직 〈노동자 해방 그룹〉(플레하노프(Plekhanov)가 그 중심인물이다)은 결성 후 10년간 고립과 좌절과 고난의 세월을 보냈지만, 1890년대에 들어서는 러시아 정부의 급속한 공업화 정책과 더불어 노동계급이 형성되고 젊은 세대들에 의해 마르크시즘 운동이 빠른 속도로 확산되기 시작했다. 레닌의 경우를 보면, 1888년부터 『자본론』을 읽으면서 마르크시즘을 받아들이기 시작했고, 1895년에는 플레하노프와 만나 운동에 대해 논의하고 그 해 가을에 '노동자 해방 동맹'을 결성하기에 이르는 것이다.[2] 이러한 시대적 흐름 속에서 치리코프는 레닌이나 트로츠기(Trotsky)와는 달리 인민주의자로서의 사상적 정체성을 포기하거나 변화시키지 않았다. 그리하여 1890년대부터 1905년의 혁명을 거쳐 1917년의 혁명에 이르기까지 치리코프는 중편소설 「상이군인들」(1897), 「외국인들」(1899), 희곡 「유대인들」(1904), 「농부들」(1905) 등, 나로드니크 운동의 퇴조와 그 사상적 위기를 주제로 하여 마르크스주의파와의 투쟁에서 멸망해 가는 러시아 인텔리겐차를 묘사하는 작품을 주로 발표했다. 러시아혁명 후인 1920년에 외국으로 망명했고 1932년에 타계했다. 그러한 치리코프가 러시아혁명의 영향 속에서 1920년경 잠시나마 일본의 치리코프 붐을 일으킨 것은 얼핏 잘 납득이 되지 않는다. 아마도 당시 동아시아 3국에서의 혁명사상에 대한 이해가 아직 마르크스주의 헤게모니의 그것에 도달하지 않은, 일종의 혼돈 상태에 있었기 때문일 것이다. 알다시피 일본의 좌익운동에서 마르크스주의가 주가 되는 것은 관동대지진 이후의 일이었다.

치리코프의 「고향」(이하, 현진건의 번역을 따른다)은 작가의 자전적 색채가 짙은 일인칭 서술의 소설이다. 처음 일인칭 화자는 볼가(Volga) 강변 고향 마을의 부두로 다가가는 배 위에 있다(이 마을은 소읍이지 성도가

2 이상의 러시아 혁명운동사에 관한 요약은 김학준(金學俊), 『러시아혁명사』(문학과지성사, 1999), pp. 136-295의 이곳저곳을 근거로 하였음.

아니다. 따라서 루쉰의 역제는 잘못되었다). '나'는 이 마을을 떠난 지 이미 이십 년이나 되었다. 그동안 부모 형제는 다 세상을 떠났고 '나'만 남았는데, '나'는 옛 추억을 되살리며 고향 마을을 다시 찾은 것이다. 부두에서 여관으로, 여관에서 옛집으로, 옛집에서 다시 여관으로. 그 사이사이에 '나'는 이런저런 과거사를 회상한다. 여름방학을 맞아 귀가한 자신을 부두까지 마중 나왔던 가족들, 사신카(Sashinka)라는 여자와의 연애, 남동생 모지야, 연적이었던 친구 보고야브렌스키(Bogojavlensky). 그 기억들은 '나'의 대학생 시절 어느 하루에 있었던 일들인 것 같다. 그리고 그 사이사이에 짐꾼과 여관 주인의 입을 통해 '나'가 고향을 떠나 있던 동안 벌어진 일들이 소개된다. 혁명의 와중에 마을은 대부분 타버리고 옛것은 거의 남아 있지 않으며, 알 만한 옛사람들도 다 죽고 없다. 이 혁명은 1905년의 무장봉기를 가리키는 것 같다. 그동안 '나'는 격문을 붙이고 등사판의 검은 먹을 손에 묻히며 혁명 활동을 했었지만, 혁명이 실패로 돌아간 뒤로 경찰의 감시를 받으며 실의와 좌절에 잠긴 채 살아왔다. 다음 날 경찰의 호출장을 받고 경찰서에 찾아간 '나'는 부서장을 만난다. '나'의 기억에는 없지만 부서장은 '나'의 대학 후배로서 '나'를 잘 안다. 그는 대학의 소동 때에 자기가 간사의 뺨을 쳤다고 말하며 그 시절을 회상한다. 처형당한 우리야노브 이야기가 나오고 작가 치리코프가 카잔대학을 다녔다는 점을 감안하면, 여기서 이야기되는 대학의 소동은 1887년 12월 카잔대학의 그것인 것 같다. 1887년 3월 알렉산드르 3세 암살 계획이 발각되어 체포된 상트페테르부르크(St. Petersburg) 대학생 알렉산드르 울리야노프(Alexandr Ulyanov: 그는 레닌의 친형으로 나로드니크 운동의 과격주의적 분파에 속했다)가 5월에 처형되자 학생 시위가 전국적으로 확산되었고 12월에는 카잔대학에서도 학생 집회가 열렸는데 이 집회에 참석했다가 레닌이 퇴학당했던 것이다.[3] 마지막에 '나'는 경찰서를 나오며 애상에 잠긴다.

이 작품의 주제는 잃어버린 청춘에 대한 애상이다. 고향도 혁명도 여기서는 부차적인 것으로 나타난다. 여기서 고향은 변한 것과 변하지 않은 것 두 종류다. 마을의 건축물은 다 타버려 옛것은 거의 남아 있지 않고 사람들도 다 죽거나 없어졌다. 고향 상실이 주제라면 바로 이 변한 고향에 초점이 맞추어질 것이다. 그러나 이 작품의 서술은 그렇지 않다. 우선 고향의 자연은 옛 모습 그대로다. 작품 서두에 묘사되는 볼가강 풍경을 보라. 여름 저녁 풍경이 옛 그대로일 뿐만 아니라 누군가가 고기를 낚고 있는 모습까지 옛날과 꼭 같다. 그러나 이 풍경의 온전함은 '나'에게 위안이나 환희를 가져다주기는커녕 반대로 "슬픈 생각이 솟아 눈물이 날 듯하"게 한다. 그 비애는 "한번 가고 다 돌아오지 아니할 생애"에 대한 인식에서 비롯된다. 여기서는 풍경이 온전할수록 비애는 더욱 커진다. 또 하나 변하지 않은 것은 옛 집이다. "나의 회상에 극히 귀중한 이 자리"는 조금도 훼손되지 않고 고스란히 남아 있다. 게다가 옛 집에서 옛날과 똑같이 피아노 소리가 울리기까지 하는데, 그 소리는 "나를 청년시대로부터 격하게 한 이십 년의 세월이 스르륵 사라지"게 해준다. 그러나 본정신이 돌아오자 '나'는 "아아, 생명도 그 새에 가버린다"라며 탄식한다. 더욱이 주목되는 것은 고향이 유년과 결부되지 않고 청년과 결부되어 있다는 점이다. 고향에서의 행복과 신비의 유년 체험이 이 작품에서는 전혀 나타나지 않는다. 대신 고향의 기억은 대학생으로서 여름방학에 귀향했을 때에만 집중되어 있다. 혁명의 경우도 마찬가지다. 심하게 말하면 여기서 혁명은 거의 장식적인 것으로 떨어지고 있다고 할 정도다. '나'가 지난 이십 년간 혁명 활동에 참여했던 것은 단지 실패라는 결과를 위한 전제로

---

3 위의 책, pp. 219-221 참조.

서만 의미가 있다. 혁명이 아닌 다른 것을 추구했던 것으로 설정을 바꾸어도 별반 차이가 없는 것이다. 경찰서 부서장과 만난 뒤 '나'의 다음과 같은 독백을 보면 그 점은 더욱 분명해진다.

> 모든 무질서의 폐지와 근절을 위하여 설치된 경관이, 제가 일찍이 행한 무질서를 통쾌하게 추억할 뿐더러, 물로 빠지는 사람이 풀잎을 부여잡듯, 그 추억을 귀중히 여김은 진실로 까닭을 모를 일이다. 그것은 그도 나 모양으로 머리에 백발이 흩날리게 되고, 지리한 인생의 길에서 생명의 꽃을 애달픈 지난날에 잃어버린 까닭이 아닐까?[4]

혁명과 정치는 여기서 청춘으로 환원되어 버린다. '나'의 청춘이 사신카와의 연애에서 절정에 달했다면 부서장의 청춘은 그 학생 집회 때 절정에 달했던 것이라 할 수 있다. 잃어버린 청춘에 대한 애상에는 오로지 과거와 추억만 있을 뿐, 미래도 희망도 들어설 자리가 없다. 그러니 '나'가 "장래일지라도 행복스러운 제 조국을 볼 수 있다는 희망조차 없"다고 독백하는 것은 당연한 일이다. 뒤집어 말하면 패배주의 내지 해소주의가 그 패배와 해소의 자리를 과거를 향한 애상으로 채움으로써 일종의 역설적 위안을 얻는 형국이라고 할 수 있다.[5]

---

4 『개벽』 제25호(1922), p. 144. 현진건의 번역을 현대 맞춤법에 맞게 필자가 고쳤음.

5 따라서 "「시골읍내」는 혁명파 지식인이 이십 년만에 배로 귀향하여, 친구와 재회하고 실망한다는 줄거리"라는 후지이 교수의 요약은 그다지 적절치 못하다고 생각된다. 이 요약은 루쉰의 「고향」을 전제하고 이를 틀로 하여 치리코프의 작품을 억지로 끼워맞춘 데서 비롯된 듯하다. 후지이 교수 자신도 「루쉰과 치리코프—「고향」의 풍경」이라는 다른 글에서는 그런 억지 끼워맞추기로부터 벗어나고 있는데, 이에 대해서는 아래에서 다시 살펴볼 것이다. 藤井省三, 김양수 역, 『100년간의 중국문학』(토마토, 1995),

2) 루쉰의 「고향」

루쉰의 「고향」은 여러모로 치리코프의 「고향」과 닮았다. 작가의 자전적 색채가 짙은 일인칭 서술의 소설이라는 점, 처음 일인칭 화자가 고향에 가까워지는 배 위에 있다는 점, 이십여 년만의 귀향이라는 점, 과거의 좋았던 시절에 대한 회상이 현재의 서술 속에 삽입된다는 점, 과거의 시간을 공유하는 사람을 다시 만나고 그 만남으로부터 일정한 심리적 영향을 받는다는 점 등이 그렇다. 두 작품 사이의 상호텍스트성은 후지이 교수의 「루쉰과 치리코프—「고향」의 풍경」에서 자세하게 분석된 바가 있는데, 그에 의하면 루쉰이 「고향」을 쓰면서 치리코프의 「고향」을 의식적으로 가져온 것은 명백한 사실이다. 물론 여기서 중요한 것은 영향이나 모방이라는 측면이 아니라 변형이나 독창이라는 측면이고, 후지이 교수 역시 두 작품의 차이를 해명하는 데 힘을 기울였다. 필자는 그 해명에 상당 부분 동의하면서도 그것을 약간 조정하거나 그것으로부터 좀 더 나아갈 필요가 있다고 생각한다. 먼저, 후지이 교수의 분석과 해명을 간략히 살펴볼 필요가 있겠다.

후지이 교수는 1921년 11월 2일에 쓰인 루쉰의 「「개나리(連翹)」 역자 후기」(제목과는 달리, 내용상으로 볼 때 사실은 「개나리」와 「고향」 두 편 모두에 대한 후기다)에서 "그의 저작은 깊이 있는 사상은 다소 부족하지만 솔직하고 생동하며 청신하다"라는 구절에 주목한다(이 구절을 루쉰의 창견으로 보는 후지이 교수의 견해에 필자는 동의한다). 그러고서 그는 과다한 감상주의, 회상의 산만함, 결미의 혼잡함 등을 치리코프 「고향」의 약점으

p. 153.

로 지적하고, 그에 반해 루쉰의 「고향」은 잘 정돈되어 있고 유기적으로 결합되어 있다고 평가한다(이 지적과 평가에도 대체로 동의할 수 있다). 그러나 그가 말하고자 하는 것은 주로 루쉰의 '희망에 관한 사고'다. 치리코프의 「고향」은 절망과 곤혹을 묘사하고 있을 뿐인 데 반해, 루쉰의 「고향」은 '희망에 관한 사고'를 펼치고 있으니, 말하자면 이것이 바로 루쉰이 말하는 "깊이 있는 사상"에 해당한다는 것이다(이 지적에도 대체로 동의할 수 있겠다). 그런데 주의할 것은 후지이 교수가 그 사상의 내용을 '희망 이론의 파산'으로 파악한다는 점이다. 그는 동경시절 잡지 『신생(新生)』의 출판 계획 때부터 「광인일기(狂人日記)」에 이르기까지 추구되어온 '희망 이론'이 「고향」에 와서 파산하고 그 뒤로 루쉰은 '적막의 시기'로 들어간다고 본다. 그는 이를 풍경과 관련지어 설명한다. 그에 의하면 풍경은 루쉰에게 어둠과 고독 속에 유일하게 남아있는 자기동일성 확인의 처소다. 말하자면 풍경이야말로 희망의 근거라는 것이다. 「고향」의 서두는 그 풍경을 주도면밀하게 배제하고 그럼으로써 희망 이론의 파산이라는 입각점을 정면으로 제출할 수 있었다고 그는 주장한다.[6]

후지이 교수 주장의 가장 큰 난점은, 루쉰이 풍경을 배제함으로써 희망 이론의 파산이라는 입각점을 마련할 수 있었다는 점을 인정한다고 할 때 그렇다면 풍경을 전혀 배제하지 않은 치리코프가 희망의 소멸, 절망과 곤혹으로의 함몰로 나아간 것이 내적으로 설명될 수 있어야 한다는 점이다. 풍경이 희망의 근거라면 치리코프는 귀향에서 희망을 회복하거나 획득하는 것이 논리상 자연스럽다. 후지이 교수 자신도 인용한, "이

6 藤井省三(陳福康譯), 「魯迅與契里珂夫 — 〈故鄕〉的風景」, 『魯迅比較硏究』(上海外語敎育出版社, 1997), pp. 134-159 참조.

최초의 역정들은 자연에 대한 사랑을 계발해주었고 꿈 같은 소년시대에 풍부한 양식을 주었다"[7]라는 치리코프의 말은 치리코프에게도 풍경이 희망의 근거임을 분명히 알려주지 않는가. 이 부정합은 우리에게 다른 방식의 읽기를 요청한다. 일단 우리 나름으로 루쉰의 「고향」을 읽으면서 후지이 교수와의 토론이 필요한 부분은 그때그때 검토하기로 하자.

앞에서 치리코프의 고향에는 변한 것과 변하지 않은 것이 있다고 지적했는데, 루쉰의 고향에도 변한 것과 변하지 않은 것이 있다. 다만 그 양상이 사뭇 다르다. 루쉰에게서는 자연과 풍경까지도 변한 것이다. 서두 세 번째 문장부터의 다음과 같은 서술을 보자.

> 선창 틈으로 바깥을 내다보니 음산한 하늘 아래 여기저기 몇 개인가의 쓸쓸하고 황량한 마을이 활기 없이 가로누워 있었다. 내 마음은 슬퍼지지 않을 수가 없었다.
>
> 아! 이것이 내가 이십 년 동안 늘 그리워하던 고향이란 말인가?
>
> 내 기억 속의 고향은 전혀 이렇지 않았다. 내 고향은 훨씬 더 좋았다.[8]

후지이 교수는 서두의 첫 문장, "나는 혹한을 무릅쓰고, 이천여 리나 떨어진 먼 곳에서, 이십여 년 동안 떠나 있던 고향으로 돌아왔다"를 치리코프 「고향」의 서두와 비교하며 '풍경의 배제'로 규정했는데, 위에 인용한 대목은 비록 간략한 묘사이기는 하지만 이 또한 분명히 풍경 묘사다.

---

7 藤井省三(1997), p. 159.
8 루쉰, 「고향」, 전형준 역, 『아Q정전』(창작과비평사, 1996), p. 47.

다만, 치리코프의 볼가강변 풍경이 밝은 것인 데 반해 루쉰의 풍경이 어두운 것이라는 풍경 성격의 상반이 있을 뿐이다. 우리가 보기에 더 중요한 것은 변화와 불변의 차이다. 치리코프의 볼가강변 풍경은 변함없이 예전과 똑같지만, 루쉰의 풍경은 예전과는 완전히 달라졌다. 서로 다른 풍경 앞에서 두 주인공은 똑같은 슬픔의 반응을 보이는데 그 슬픔의 내용은 당연히 달라진다. 치리코프의 그것이 잃어버린 청춘에 대한 애상인 데 반해 루쉰의 그것은 고향 상실의 슬픔인 것이다. 이 풍경 묘사에서 계절적 배경이 한쪽이 여름인 데 반해 다른 한쪽은 겨울이라는 점을 후지이 교수는 예리하게 지적하고 있다. 하지만, 계절적 차이는 풍경의 배제 여부보다는 풍경의 성격 차이를 낳는 것이 아닌가. 또한 계절적 차이가 풍경의 성격을 필연적으로 규정짓는 것도 결코 아니다. 예컨대 겨울의 설경은 밝은 풍경이 될 수 있고 여름의 혹서, 가뭄, 장마 같은 것은 어두운 풍경이 될 수 있다. 계절적 차이는 풍경의 성격 차이를 보다 용이하게 낳을 수 있다고 말하는 편이 더 적절할 것이다. 더구나 루쉰의 귀향이 실제로 있었던 때도 1919년 겨울이었으니 계절 문제에 너무 의도성을 따질 필요까지는 없을지도 모른다.

루쉰에게서는 치리코프와는 달리 고향집의 모습도 달라졌다.

> 기와지붕 위에는 시든 풀의 꺾어진 줄기들이 바람에 떨면서, 이 고옥이 주인을 바꾸지 않을 수 없게 된 원인을 말해주고 있었다.[9]

루쉰에게서 변하지 않은 것은 어린 시절의 친구 룬투(閏土)에 관한

9 위의 책, p. 48.

상상 속 장면뿐이다. 어머니에게서 룬투 이야기를 듣자마자 '나'는 까맣게 잊고 있던 그 상상의 화면을 떠올린다. 서두에서 기억하려고 애쓰지만 기억이 나지 않던 '나'의 고향은 바로 이 상상의 화면이다. 이 화면은 실제가 아니라 룬투의 이야기를 듣고 '나'의 상상력이 구성해낸 것이다('나'는 결코 룬투네 마을에 가본 적이 없다). 이 점이 중요하다. 여기서 루쉰의 고향은 형이상학적이거나 심리적인 고향으로 변하는 것이다. 이 고향은 위안과 환희, 행복 같은 근원정서를 내용으로 한다. 이에 견주어 보면, 치리코프의 경우는 지리적 고향은 변함이 없지만 형이상학적 심리적 고향이 상실되었다고 할 수 있다. 루쉰의 경우는 지리적 고향의 변화로 인해 오히려 형이상학적 심리적 고향이 뚜렷이 인식되는 것이다. 그런데 이 고향이 룬투와의 재회 이후 다시 변한다. 이제 중년이 된 룬투는 완전히 변해버렸고, 그 변화에 충격을 받고 실망한 '나'는 그 상상 속 소년 룬투의 모습이 흐릿해지는 것을 느끼고 몹시 슬퍼진다. 하지만 루쉰의 소설은 아직 끝나지 않았다. 소년 룬투의 모습이 지워진 채로 상상의 화면은 자신을 재구성해낸다. 루쉰의 「고향」의 진정한 주인공은 바로 이 상상의 화면이라고 해야 할지도 모르겠다.

> 몽롱한 가운데, 나의 눈앞에 해변의 초록빛 모래밭이 펼쳐졌다. 그 위의 쪽빛 하늘에는 황금빛 둥근 달이 걸려 있었다.[10]

이 대목에 대해 후지이 교수는 이렇게 풀이한다. "루쉰의 「고향」은 소년(즉 희망)이 환상의 풍경(즉 나의 아름다운 고향, 달콤한 이상향) 속에

10 위의 책, p. 61.

서 상실되고, 그런 뒤 엄혹한 현실을 비추어내는 과정을 묘사한 작품이다."[11] 하지만, 바로 위 인용의 상상의 화면을 '엄혹한 현실'의 '상징적 표현'으로 보는 것은 무리가 아닐까? 소년이 있는 장면에서는 소년이 희망이라고 인정될 수 있겠지만, 소년이 없는 장면에서는 그 상상의 풍경 자체가 희망에 해당하는 것이 아니겠는가. 상상의 화면의 재구성은 곧 고향(형이상학적 심리적)의 재구성이고, 그 의미내용의 변화다. 이 재구성은 오히려 과거와 추억으로부터 미래와 희망으로 지향이 옮겨졌음을 의미하는 것으로 생각된다. '희망은 지상의 길과 같아서 본래 있는 것도 아니고 없는 것도 아니며, 단지 그것의 실현을 추구하는 사람에게만 생겨나는, 실천적이고 불확정적이며 미래적인 것'이라는, 「고향」의 그 유명한 마지막 구절은 바로 그 재구성으로부터 나온다. 후지이 교수는 이 지상의 길 비유에 대해 '몇 겹의 전절(轉折)'과 '긍정과 부정의 반복 논술'을 지적할 뿐 더이상의 해석을 가하지 않는다. 그러나 우리가 보기에는 이 지상의 길 비유는 상상의 화면의 재구성과 그 의미내용의 변화에 대한 친절한 부연설명이다. 여기서 파산되는 것은 이미 주어져 있는, 확정적인, 결정된 희망(실은 우상에 지나지 않는)의 이론이고, 여기서 생겨나는 것은 실천적이고 불확정적이며 미래적인 희망의 이론인 것이다.[12]

치리코프에게 결여되었던, 치리코프가 그 자리를 추억과 애상으로 대체했던, 미래와 희망에 대한 이야기로 루쉰은 성큼 나아갔다. 흥미로운 것은 플롯상으로 볼 때 치리코프는 복잡하게 회상을 짜 넣었고 루쉰

---

11 藤井省三(1997), p. 155.

12 이 새로운 희망 이론의 발견 이후에 루쉰이 적막 내지는 고뇌와 방황의 시기로 들어가는 것에 대해서는 별도의 논구가 필요하겠다.

은 단 한 군데에만 비교적 긴 회상을 삽입했는데, 치리코프의 복잡성이 실은 같은 것의 반복으로 정체된 것이라면 루쉰의 단순성은 오히려 발전적인 것이라 할 수 있다는 점이다. 이런 차이가 스타일상으로는 치리코프의 들뜸과 다변, 루쉰의 침착과 절제라는 차이로 나타난다는 점도 주목된다. 요컨대 루쉰의 「고향」은 치리코프의 「고향」에 대한, 말의 바른 의미에 있어서의 패러디라고 할 수 있다. 이 패러디에는 치리코프에 대한 통렬한 비판이, 루쉰 자신의 표현으로는 '깊이 있는 사상의 부족'에 대한 통렬한 비판이 포함되어 있는 것이다. 치리코프가 고향과 혁명을 청춘으로 환원해버렸다면, 루쉰은 고향 상실의 형이상학으로부터 오히려 혁명으로 나아갈 디딤돌을 마련했다. 루쉰의 「고향」이 왜 걸작인지가 치리코프와의 비교에서 분명해진다.

3) 현진건의 「고향」

현진건의 「고향」은 치리코프나 루쉰의 「고향」과 아주 다른 모습을 하고 있다. 심지어는 그것들과 상호텍스트 관계가 과연 성립될지 의심스러울 정도다. 무엇보다도 큰 차이는 치리코프나 루쉰의 경우 귀향하는 사람이 일인칭 화자 자신인 데 반해, 현진건의 경우 화자에 의해 관찰되고 서술되는 삼인칭의 '그'라는 점이다. 치리코프의 경우, 지식인인 '나'가 귀향하여 역시 지식인인 경찰서 부서장을 만난다. 루쉰의 경우, 지식인인 '나'가 귀향하여 농민인 룬투를 만난다. 현진건의 경우, 노동자인 '그'가 귀향하여 옛날 이웃에 살던 여자를 만난 이야기를 지식인인 '나'가 듣는다. 치리코프와 루쉰의 경우는 귀향이 현재형으로 서술되는 데 반해 현진건의 경우는 과거형으로 작중인물의 입을 통해 진술된다. 이러한 형태상의 차이는 중요한 의미를 함축하고 있다.

우선 '그'의 귀향 내역을 살펴보아야겠다. '그'의 고향은 역둔토를 파먹고 사는 외딴 동리였는데 넉넉하지는 못할망정 평화로운 농촌으로 남부럽지 않게 살 수 있었다. 하지만 그 땅이 전부 동척 소유가 되고 난 뒤로 먹고 살기가 어려워졌고 '그'가 17살 되던 해에 '그'의 집안은 고향을 떠나 서간도로 이주했다. 그러나 서간도 역시 살기 어렵기는 마찬가지여서 그곳에서 '그'는 부모를 다 여의고, 신의주로, 안동현으로, 규슈 탄광으로, 오사카 철공장으로 혼자 떠돌다가 떠난 지 9년 만에 고향을 찾았다. 그런데 '그'의 경우는 아예 고향이 없어져 버렸다. 백여 호 되던 동리가 아주 폐농이 되어버린 것이다. 거기서 '그'는 한 여자를 만난다. 이웃에 살던 여자로 어렸을 때 혼담까지 있었던 그녀('궐녀(厥女)'라고 표기하고 있는데 이는 '그녀'라는 말 이전에 사용되던 삼인칭 여성 대명사다)는 17살 때 유곽에 팔려가 몸을 팔다가 10년 만에 병든 몸으로 풀려나 읍내의 일본인 집에서 아이를 봐주며 살고 있다.

'그'의 귀향은 치리코프와 루쉰의 두 주인공들과 아주 다르다. 처음 이향의 이유도 생존을 위해서였고, 귀향시의 고향 상실의 정도도 극단적이며, 고향에서 만난 사람의 처지도 극단적으로 열악하다. '그'가 노동자이기 때문에 지식인 귀향자들과는 근본적으로 삶의 조건이 다른 것이다. 이 작품에서는 일인칭 관찰자가 지식인인데, '나'는 대구(대구는 작가의 고향이다)에서 서울로 올라가는 차중에서 '그'를 만나 이야기를 나눈다. 서울살이가 육칠 년 된다는 것을 보면 '나' 역시 고향을 떠나 사는 사람일 듯한데, 그렇다면 '나'가 귀향자가 되는 경우도 얼마든지 가능할 터다. 심지어는 '나' 역시 고향에 들렀다가 오는 길인지도 모른다. 그러나 '나'의 고향 이야기는 일언반구도 언급되지 않는다. 왜 현진건은 지식인 귀향자를 선택하지 않고 노동자 귀향자를 택했을까? 그리고 노동자 귀향자를 일인칭 화자로 내세우거나 직접 삼인칭 주관적 시점으로 삼지 않았을까?

지금 같은 형태로는 세부적인 묘사가 어려울 수밖에 없는데도 이렇게 쓴 이유가 무엇일까?

현진건의 「고향」 앞에서 필자는 계속 떠오르는 의문문들에 직면한다. 과연 이 작품은 작가 자신이 번역한 치리코프의 「고향」과 어떤 관계에 있는 것일까? 작품의 수법과 내용에 유사점이 많은가? 두 여자, 즉 치리코프의 사신카와 현진건의 '그녀',[13] 다 불타버리고 옛것이 거의 남아 있지 않은 소읍과 아예 폐농이 되어버린 동리. 그러나 필자가 보기에는 유사점은 미미하고 차이점이 훨씬 더 크다.

한편, 루쉰의 「고향」과는 직접적인 영향 관계가 없는 것일까? 현진건의 행적을 더듬어보면 루쉰으로부터의 영향의 개연성을 발견하기 어렵다. 1900년생인 현진건은 일본으로 건너가 중학교를 다니다가 1918년 동경의 성성(成城)중학교를 중퇴하고, 다시 중국으로 가 상해(上海)의 호강(滬江)대학 독일어 전문부를 다니다가 이듬해인 1919년에 귀국했다. 1920년 『개벽』 12월호에 「희생화(犧牲花)」를 발표하면서 등단했다. 그가 중국에 체류한 것은 1918-1919년이고, 루쉰이 「고향」을 발표한 것은 1921년 5월, 루쉰이 『현대소설역총』을 출판한 것은 1922년 5월, 현진건이 치리코프의 「고향」을 번역한 것은 1921년 6월이었다. 그리고 루쉰 작품의 첫 일본어 번역(「고향」)이 발표된 것이 1927년 10월이고, 루쉰 작품의 첫 한국어 번역(「광인일기」)이 발표된 것이 1927년 8월이다. 작품집 『조선의 얼굴』(1926)에 처음 실린 현진건의 「고향」은 언제 쓰인 것인지 알

13 하지만 '그녀'는 러시아 작가 아르츠이바셰프(Mikhail Artsybashev, 1878-1927)의 「행복」에 나오는 병에 걸려 유곽에서 쫓겨난 샤슈카(Sashka)와 더 관계가 밀접한 것 같다. 루쉰이 그랬던 것처럼 현진건도 이 작품을 번역한 바 있다.

수 없지만, 상황으로 보아 루쉰의 「고향」과 직접적인 관계가 있었다고 보기는 쉽지 않다. 혹은, 꼭 루쉰의 「고향」은 아니더라도, 현진건이 중국 체류 시 루쉰으로부터 영향을 받았을 가능성이 있을까? 당시 현진건의 사촌형 현정건(玄鼎健, 1887-1932)은 상해임시정부에서 고려공산당 상해파의 일원으로 활동하고 있었는데, 현진건이 그 사촌형의 영향을 받아 중국에 남아 독립운동을 하는 길을 선택하지 않고 대신 문학의 길을 선택했다는 점, 그리고 그의 문학이 반제국주의적이고 민족주의적인 것이었다는 점이 당시 루쉰의 상황과 유사하기는 하지만, 이 유사성을 직접적 영향의 결과로 보기는 역시 어렵다. 그 유사성은 우연성의 그것이기 쉽다. 하지만, 그렇기 때문에 오히려 더 의미 있는 유사성일 수도 있다.

살펴본 것처럼 현진건과 루쉰 두 사람의 「고향」은 유사점은 거의 없고 차이점이 두드러진다. 다만 노동자 '그'와 농민 룬투 사이에 일종의 유사점이 발견되는 것은 흥미롭다.

가령, '그'에 대한 다음과 같은 묘사를 보자.

> 군데군데 찢어진 경성드뭇한 눈썹이 올올이 일어서며 아래로 축 처지는 서슬에 양미간에는 여러 가닥 주름이 잡히고, 광대뼈 위로 빰살이 실룩실룩 보이자 두 볼은 쭉 빨아 든다. 입은 소태나 먹은 것처럼 왼편으로 삐뚤어지게 찢어 올라가고, 죄던 눈엔 눈물이 괸 듯 30세밖에 되어 안 보이는 그 얼굴이 10년가량은 늙어진 듯하였다.[14]

루쉰 「고향」의 룬투는 다음과 같이 묘사되고 있다.

---

14 현진건, 「고향」, p. 239.

> 그의 키는 배나 커졌지만, 옛날의 검붉던 둥근 얼굴은 이미 잿빛으로 변한 데다 깊은 주름살이 파여 있고, 눈도 자기 아버지처럼 가장자리가 온통 벌겋게 부어올라 있었다.[15]

두 묘사는 확실히 상통하는 데가 있다. 그러고 보면 현진건의 '그'는 바로 고향을 떠나 살아가는 룬투의 모습이 아닌가. 현진건의 일인칭 화자가 말하는 것처럼 '그'의 얼굴이 '음산하고 비참한 조선의 얼굴'이라면, 룬투의 얼굴은 '중국의 얼굴'이 될 것이다. 현진건의 「고향」은 노동자 '그'의 귀향과 고향 상실을 그림으로써 결과적으로 치리코프와 루쉰에게 공통되는 지식인 귀향 소설의 형태를 벗어나 새로운 형태를 스스로 빚어내고 있다. 이 점에서 현진건의 「고향」은 각별히 주목될 필요가 있다. 다만 그것의 지식인 시점에 의한 일인칭 관찰자 서술은 아무래도 긍정적으로 평가하기 어려울 것 같다. 이 서술의 효과를 객관성의 확보라고 말하는 것은 지나치다. 오히려 '그'와의 거리를 충분히 극복하지 못한 데서 오는 한계라고 보는 편이 온당할 것이다. 그리고 그 한계가 이 작품을 디테일과 직접성이 부족하며 플롯이 빈약한 소품으로 만들어버렸다고 보아야 할 것이다.

3. 맺는 말

동아시아 문학이라는 정체성에 대해 탐구하거나 동아시아적 시각으로

---

15 루쉰, 앞의 책, p. 55.

한국문학, 중국문학, 일본문학 등의 개별문학을 비교하고 대비할 때 가장 범하기 쉬운 오류는 공통점을 발견하는 데 치중하고 차이를 경시하며 발견된 부분적인 공통점을 손쉽게 일반화하는 것이다. 이 경우 그 발견과 일반화는 흔히 자의적인 판단과 해석에 근거하여 이루어진다. 세 편의 「고향」에 대한 비교와 대비의 작업을 동아시아적 시각에서 수행하면서 필자가 공통점의 규명을 서두르지 않고 차이에 대해 더욱 유의하며 무엇보다도 각각의 텍스트의 독자성에 대한 존중을 중시하고자 한 것은 바로 그러한 오류를 극복하기 위해서다. 그러한 오류는 오히려 동아시아 담론의 가능한 정당성을 손상하거나 무화할 것이니 어쩌면 정체성의 동아시아적 층위에 대한 무관심보다도 더 해로울지 모른다.

이 글에서 세 편의 「고향」을 함께 살피는 일을 통해 우리가 동아시아 문학의 정체성 문제에 접근하는 무슨 중요한 단서를 얻은 것은 결코 아니다. 그것은 이런 식의 구체적 작업들의 축적과 더불어 겨우 실마리를 드러낼 것이지 간단한 일반화를 통해 관념적으로 구축될 것이 아니다. 단지 여기서 우리가 확인할 수 있었던 것은, 이처럼 세 편의 「고향」을 함께 살필 때 그 각각의 작품들의 특징과 의미와 가치가 훨씬 잘 드러난다는 점이다. 동아시아적 지평은 우선 개별문학을 그 지평 속에서 상대화해주고 객관화해준다는 점만으로도 의의가 있다. 개별문학과 서양문학이라는 구도 속에서는 그런 상대화와 객관화가 영영 불가능하다. '동아시아적인 것'이라는 정체성 문제는 그런 상대화와 객관화 위에서 재탐색되어야 한다.

○

문자문화와 시각문화:*
문화연구의 루쉰관에 대한 검토

20세기 중국문학의 강력한 중심으로 작용해온 루쉰이 요즘 들어 수난을 겪고 있다. 사실상 루쉰의 수난은 새삼스러운 일이라 할 수 없다. 오도된 루쉰 해석이 루쉰을 대체해버리고 결과적으로 루쉰 자신은 소외되는 현상은 루쉰 사후 수십 년 동안 지속되었다. 마오쩌둥주의(Maoism)의 신격화된 루쉰 해석이 바로 그것이다. 그러나 그것은 적어도 루쉰에 대한 긍정적 평가가 전제였다. 설사 그 평가의 내용이 부당하다 하더라도 말이다. 1980년대 이후의 계몽주의 시각은 종래의 신격화된 루쉰상(像)을 거

* 이 글의 초고는 『현대비평과 이론』 12권 2호(옴니북스, 2005), 수정보완한 제2고는 『魯迅研究月刊』 第288期(魯迅博物館, 2006)에 발표했다. 현재의 글은 대폭 수정보완한 제3고로서 졸저 『언어 너머의 문학』(문학과지성사, 2013)에 수록했다. 이 글의 축약판 「幻灯片事件的诠释与翻译」은 2013년 4월 미국 하버드대학에서 열린 국제루쉰연구회 제3차 학술포럼에서 구두 발표했고 『漢語言文學研究』(河南大學, 2013) 제4권 제2기에 게재했다.

부하고, 인간 루쉰과 문학가 루쉰을 긍정적 맥락에서 파악하고자 노력했다. 이 노력에 해석의 오류가 포함되지 않았다고 할 수 없고 일정한 이데올로기적 연관이 없다고 할 수 없음은 물론이지만, 적어도 그것이 루쉰 자신을 향한 진지한 탐색이었다는 점을 부정할 수는 없다. 그러나 최근의 양상은 무척 다르다. 중국 네티즌과 작가들이 주역이 되어 종래의 루쉰 해석을 비판하는데, 이 비판은 루쉰 텍스트의 정전성(正典性, canonicity)에 대한 비판이다. 마오쩌둥주의에 의한 정전화(正典化)와 1980년대 이후 계몽주의에 의한 정전화를 비판하는 것은 필요한 일이지만, 그렇다고 해서 그 필요성이 비판에 자동적으로 정당성을 부여해주지는 않는다. 비판이 정당해지려면 무엇보다도 텍스트에 대한 존중을 바탕으로 새로운 해석에 대한 추구가 있어야 하고, 기존 해석들의 상대적 의미에 대한 인정이 있어야 하며, 자기해석의 상대성에 대한 객관화가 있어야 한다. 그런데 실상은 루쉰 텍스트의 정전성을 거부함과 동시에 루쉰 텍스트 자체를 아주 간단하게 부정하기까지 하고 있다. 그 정전화들은 결코 루쉰의 의도도 아니었고 루쉰 텍스트의 의도도 아니었는데, 정전화에 대한 비판이 어느 틈에 루쉰 비판으로 바뀌어 버리곤 한다. 그러나 지금 우리가 살펴보고자 하는 것은 또 다른 맥락에서 오는 수난, 즉 문학 안에서가 아니라 문학 밖에서 오는 수난이다. 영화를 중시하는 문화연구에 의해 루쉰과 그의 문학이 오독되고 평가절하되는 것이 그것이다. 이는 문자문화에 대한 시각문화의 우위를 주장하는 최근의 유행담론과 관계된다.

1. 레이 초우의 해석과 번역에 대한 질문

루쉰은 1923년 8월에 출판한 첫 소설집 『납함(吶喊)』의 서문(「自序」) 말미에 서문을 쓴 날짜를 1922년 12월 3일이라고 적었다. 하루 만에 다 쓴 것인지 아니면 전부터 써오다가 이날 완성한 것인지 분명치 않지만, 상식적으로 볼 때 후자일 가능성이 높다. 후자라면 언제부터 쓰기 시작했는지가 궁금해지는데, 어쩌면 글의 일부에 대한 구상은 1922년보다 훨씬 이전부터 있었는지도 모른다. 이 점을 염두에 둘 필요가 있다. 그렇기는 하나, 일단은 1922년 중에 쓰였다는 전제 아래 우리의 논의를 진행하기로 한다.

이 서문은 아마도 동서고금을 막론하고 소설집 서문들 중 가장 많이 인용된 서문 중 하나일 것이다. 그중에서도 가장 많이 인용된 부분은 환등사건 에피소드다. 이 에피소드는 루쉰이 어떻게 해서 의학에서 문학으로 전향하게 되었는가에 대한 이야기로 잘 알려져 있다. 즉, 루쉰이 센다이의학전문학교에서 러일전쟁의 환등사진을 보고서 문학에 뜻을 두게 되었다는 것이다. 좀 더 자세히 말하면, 일본군에게 러시아군의 첩자라는 이유로 처형당하는 중국인과 이 처형을 구경하는 중국인들의 '마비된 표정'이 루쉰이 본 환등사진의 내용이었고, 그로부터 충격을 받은 루쉰이 중요한 것은 중국인의 신체의 건강이 아니라 정신의 개조라고 생각하게 되었으며, 그리하여 의학에서 문학으로 전향했다는 것이다. 환등사건에 대한 이러한 해석은 통설이다. 이 통설에 이의를 제기하고 다른 새로운 해석을 시도한 예가 적지 않지만, 그럼에도 이 통설은 여전히 널리 통용되고 있다.

새로운 해석의 시도들 중 아마도 가장 특이한 예는 환등사건을 시각문화와의 대면이라는 각도에서 해석한 레이 초우일 것이다. 레이 초우가 전개한 논의는 매우 흥미로우며 대단히 논쟁적이다. 레이 초우는 그녀의 저서 『원시적 열정』 제1부의 첫 번째 절(「"하나의 뉴스릴이 현대중국사를 바꿨다": 오래된 이야기를 다시 말하기」)에서 루쉰의 『납함』 서문 중 환등사건 에피소드를 인용하였는데 그 인용은 루쉰의 중국어 문장 그대로가 아니라 다음과 같은 영어 번역문이다(이하, 인용문에서 밑줄과 굵은 글씨는 필자가 표시한 것임).

> I do not know what advanced methods are now used to teach microbiology, but at that time lantern slides were used to show the microbes; and if the lecture ended early, the instructor might show slides of natural scenery or news to fill up the time. This was during the Russo-Japanese War, so there were many war films, and I had to join in the clapping and cheering in the lecture hall along with the other students. It was a long time since I had seen any compatriots, but one day I saw a film showing some Chinese, one of whom was bound, while many others stood around him. They were all strong fellows but appeared completely apathetic. According to the commentary, the one with his hands bound was a spy working for the Russians, who was to have his head cut off by the Japanese military as a *public demonstration*, while the Chinese beside him had come to *appreciate this spectacular event*.
>
> Before the term was over I had left for Tokyo, because after this film I felt that medical science was not so important after all. The people of a weak and backward country, however strong and healthy they may be, can only serve to be made *materials or onlookers of such meaningless public exposures*; and it doesn't really matter how many of them die of illness. The most important thing, therefore, was to change their spirit, and since at that time I felt that literature was the best means to this end, I determined to promote a literary movement. ... I was fortunate enough to find some kindred spirits. ... Our first step, of course, was to publish

a magazine, the title of which denoted that this was a new birth. As we were then classically inclined, we called it *Xin Sheng* [New Life].[1]

레이 초우는 이 영어 번역이 양셴이(Yang Hsien-yi)와 글래디스 양(Gladys Yang)의 번역[2]을 자신이 약간 고친 것이라고 하며 다음과 같이 밝혔다: "나는 중국어 원문의 시각에 관한 표현을 강조하기 위해 영어의 자연스러운 유려함을 다소 희생시키면서 표준적인 번역에 손질을 했다(위 인용문에서 수정을 가한 부분은 이탤릭체로 표시했다)."[3]

이탤릭체로 표시된 부분은 다음과 같다. 1) public demonstration, 2) appreciate this spectacular event, 3) materials or onlookers of such meaningless public exposures.

양셴이와 글래디스 양의 영어 번역은 이 대목들을 1) warning to others, 2) enjoy the spectacle, 3) examples of, or to witness such futile spectacles로 번역했다.[4] 레이 초우의 수정에서 시각에 관한 표현이 강조된 것은 1)이다. 2)는 spectacle, spectacular라는 동일한 표현을 사용했고 3)은 spectacles에서 exposures로 바뀌었지만, 둘 다 시각적 표현이라는 점에서 똑같다. 결국 1)의 수정만 비시각적 표현을 시각적 표현으로 바꾼

1 Rey Chow, *Primitive Passions* (New York: Columbia University Press, 1995), pp. 4-5.
2 레이 초우는 "Preface to the First Collection of Short Stories, 'Call to Arms,'" *Selected Stories of Lu Hsun* (Beijing: Foreign Languages Press, 1960), pp. 2-3이라고 그 출전을 밝혔다.
3 Chow, 앞의 책, p. 5: 정재서 역, 『원시적 열정』(이산출판사, 2004), p. 21. 인용은 원칙적으로 정재서 역에 따르되 필요시 고치기도 했다. 이하 인용 면수는 영문판의 것을 괄호 속에 숫자만 표기한다.
4 "Preface to the First Collection of Short Stories, 'Call to Arms,'" *Selected Stories of Lu Hsun* (New York, London: W.W.Norton & Company, 1977), pp. 2-3을 참조했다.

것이고, 2)와 3)은 똑같은 시각적 표현으로서 특별히 강조된 것도 아니다. 이렇게 보면 번역문 수정에 대한 레이 초우의 해명은 다소 과장된 것이 아닌가 싶고, 특히 2)와 3)의 수정은 꼭 필요한 것이었는지 의심스럽다. 그밖에 더 주목할 것은, '이양(二楊)'[5]이 나중에 스스로 자신들의 번역을 수정했다는 사실이다. *Lu Xun Selected Works*에 실린 "Preface to *Call to Arms*"에는 3)이 examples of or as witnesses of such futile spectacles라고 바뀐다.[6] 이쪽이 좀 더 원문에 가까운 번역인 듯한데, 다행히 전과 크게 달라지지는 않아 이 장면에서 우리의 논의가 더 복잡해질 필요는 없다.

루쉰의 중국어 원문은 이 대목들을 다음과 같이 썼다. 1) 示衆, 2) 賞鑑這示衆的盛擧, 3) 毫無意義的示衆的材料和看客. 루쉰은 "示衆"이라는 시각적 의미의 단어를 반복해서 사용했던 것이다. 이에 비해 '이양'은 1)의 '示衆'을 원래의 시각적 의미를 포기하면서 warning to others로 의역하고, 2)와 3)의 '示衆'에는 spectacle이라는 말을 일관되게 적용했다. 레이 초우는, 1)에 시각적 의미를 갖는 말(demonstration)을 사용한 반면 2)와 3)에 각각 다른 말(spectacular와 exposures)을 배당했다. 필자는 '示衆'에 단어 대 단어로 대응하는 하나의 단어를 사용하는 번역이 옳다고 생각하기 때문에 두 영어 번역 모두에 대해 찬성하지 않는다. 두 영어 번역이 중국어 한 단어를 영어로 매번 다르게 번역한 것은 같은 단어의 반복을 피하는 영어 글쓰기의 관습과 관련이 있을 것이다. 그러나 같은 단어

5 이하, 양셴이(楊憲益, 1915-2009)와 글래디스 양(1919-1999) 부부를 간편하게 '이양(二楊)'이라 약칭하기로 한다. 두 사람은 1941년에 결혼했다. 영국인인 글래디스 양의 본명은 Gladys Margaret Tayler, 중국명은 다이나이데(戴乃迭)다.

6 *Lu Xun Selected Works Volume One* (Beijing: Foreign Languages Press, 1980; 第2版, 第2次印刷 1985), p. 35.

의 단순 반복을 피하는 관습은 중국어 글쓰기나 한국어 글쓰기에서도 마찬가지로 나타난다. 그러므로 그러한 관습에도 불구하고 의도적으로 같은 단어를 되풀이 사용했을 때는 그 의도 자체가 중요한 번역 대상이 되어야 한다.

레이 초우는 왜 이처럼 인용문의 번역에서부터 시각에 관한 표현을 강조하고자 한 것일까? 그것은 환등사건을 시각문화의 체험으로 보았기 때문이다. 루쉰이 환등사건에서 충격을 받았고 그 충격으로 인해 의학을 그만두고 문학으로 전향했다는 통설 그 자체는 크게 문제될 게 없지만, 그렇게 말할 때 충격을 받은 방식의 중요성이 간과된다고 레이 초우는 지적한다. 말하자면 '중국인의 정신의 마비'와 '시각적'으로 '조우'함으로써 충격을 받은 것인데, 여기서 중요한 것은 '중국인의 정신의 마비와의 조우'가 아니라 '시각적 조우(visual encounter)'라는 것이다. 그녀가 보기에, "비평가들은 (이 에피소드에 대해—인용자) 획일적으로 문학의 문제로밖에 생각하지 않았으므로, 루쉰의 이야기 자체에는 주의를 기울이지 않고, 그 이야기의 문학사적 의의에만 주목했던 것"(7)이다.

'시각적 조우'란 무엇인가? 레이 초우는 먼저, "루쉰은 화면을 보면서 중국인 구경꾼들이 무감각한(apathetic)[7] 상태로 있는지를 어떻게 아는가"(7)라고 묻는다. 그것을 레이 초우는 소급적 해석으로 보았다. 그녀가 강조하고자 하는 것은, "루쉰의 설명이 이미 소리 없는 시각적 사건을 언어화하고 내러티브화하려는 소급적 시도라는 사실"(7)이다. 그러니까 1922년에 서문을 쓰면서 17년 전에 본 화면을 소급적으로 언어화했다는 것인데, 이렇게 보게 되면 실제로 17년 전에 충격을 준 것은 '시각적 조

7 중국어 원문은 '麻木的神情', 즉 '마비된 표정'이라고 되어 있다.

우' 자체임이 분명해진다.

그렇다면 그 '시각적 조우'에서, '정확히 말해서 루쉰이 보고 있었던 것은 무엇인가? 그것을 어떻게 보고 있었는가?'(8) 이 수사적 질문에 대한 레이 초우 자신의 답은 다음과 같다.

> film 관객으로서 루쉰 자신의 관점에서 볼 때, 그가 '보고' '발견한' 것은 처형의 잔혹함이나 구경꾼들의 표면상의 냉혹함만은 아니다. film이라는 미디어 자체가 가지고 있는 직접적이고 잔혹하고 **날것 그대로**의 힘이다. 투사를 통해 뿜어져 나오는 힘에 의해 film은 잔혹함이 주는 충격을 공격이라는 형태로 증강시킨다. 희생자를 불시에 내리치는 참수의 형태와 마찬가지로 그 영상은 루쉰에게 한 방 얻어맞은 듯한 충격을 주었다. **본다는 그 자신의 행위를 통해**, 루쉰이 직면한 것은 첫째, 마치 매개 없이 메시지를 전달하는 것 같은 film이라는 새로운 미디어의 투명성이었고, 둘째, 이 새로운 미디어의 힘과 처형 그 자체의 폭력성 사이의 친연성이었다.(8)

요컨대 레이 초우가 말하고자 하는 것은 film 보기를 통해 루쉰이 받은 충격은 두 가지로 첫째는 "그나 그의 동포들의 존재가 세계의 눈에는 구경거리로밖에 보이지 않는다는 깨달음"(10)이고, 둘째는 "문학이나 글쓰기가 전통적으로 점유하고 있던 역할을 빼앗고, 그것을 대체할지도 모르는 강력한 미디어와 자기가 만나고 있다는 그의 인식과 관련이 있다"(10)는 것인데, 그녀에게 중요한 것은 두 번째 충격이다. 그래서 "루쉰의 이야기는 고대 이래의 언어중심문화가 20세기로 진입하는 교차로에 서있고 현대문화와 포스트모던 문화에서는 모든 예술형태를 포괄하는 힘을 가진 시각 이미지가 곧 실현되리라는 예감으로 가득 차있다"(10)는 진술이 나온다. 이 두 번째 충격이 주는 '위협'에 대한 루쉰의 반응을 "시각적인 것을 거부해버리는 것이 아니라, 시각이 주는 고통을 참고 견디면서 문학으로 회귀"(10)한 것이라고 레이 초우는 본다.[8] 여기서 루쉰 이야기의 양가성이라는 개념이 도출된다. 즉, "현대에 문학의 시작을 알리는 몸짓 자체가 문학적 글쓰기의 자기 완결성이나 유효성을 부정하고 있다"(11)는 것이다.

이상과 같은 루쉰 해석의 의도는 명백하다. 문자문화에 대한 시각문화의 우위를 주장하고자 하는 것이며 시각문화 중에서도 film을 특권화하고자 하는 것이다. 이 의도는 두 번째 절(「문학이라는 기호를 탈중심화하기」)에서 "20세기 초, 중국의 지식인들에게 film의 등장은 언어기호와 문학기호가 지위를 상실하는 획기적인 순간이었다"(18)라고 단언하는 순간 그 표출의 절정에 도달한다.

레이 초우의 논의에는 부분적으로 예리한 통찰들이 적지 않지만, 전체적으로 볼 때 우리는 더 많은 의문을 품지 않을 수 없고 더 많은 이의를 제기하지 않을 수 없다. 우리의 비판적 검토는 다시 『납함』 서문을 인용한 영어 번역문으로 돌아가는 데서부터 시작해야 한다.

레이 초우가 제시한 영어 번역문은 루쉰이 '電影'이라고 쓴 것을 'lantern slides'로, '畵片'이라고 쓴 것을 처음 한 번은 'slides'로, 다음 두 번은 films, film으로 번역했다. 또 영어 번역문에는 film이라는 말이 한 번 더 나온다. 두 번째 문단의 "after this film"이다. 이것은 원문 "그 일이 있은 뒤로(從那一回以後)"에 대한 의역이다. 여기서의 film은 원문에는 없

8 약간 앞쪽에서는 "루쉰은 문학으로 도피하여 '해결'하려고 하지만 시각 이미지가 가하는 위협은 언제나 그를 괴롭혔을 것이다"(9)라고 쓰고 있는데 둘 다 같은 얘기다.

는 말이다.[8] 이러한 번역은 '이양'의 번역을 그대로 따른 것이지만, 이 역시 하나의 선택이므로 이 번역에 문제가 있다면 그것을 선택한 레이 초우 역시 그 문제로부터 자유로울 수 없다.[9] 지금 우리의 논의는 레이 초우가 루쉰의 중국어 원문을 읽어보지 않고 양셴이와 글래디스 양의 영어 번역문만을 읽었을 리는 없다는 것을 전제로 한다.[10] 필자에게는 둘 다 외국어이기는 하지만, 루쉰의 '電影'은 'lantern slides'나 'filmslide'로(즉 환등으로), '畵片'은 'slide(s)'로(즉 슬라이드로) 일관되게 번역하는 게 옳다고 판단된다. 그리하여 루쉰의 이 서문에 대한 필자의 축어적 번역은 다음과 같이 된다. 문제의 대목들은 밑줄로 표시했다.

> 미생물학의 교수법이 지금은 또 어떻게 발전했는지 모르지만, 요컨대 그 때는 **환등**을 이용하여 미생물의 형상을 보여주었고, 그래서 때로 강의가 일찍 끝나고 시간이 남으면 교수는 학생들에게 풍경이나 시사에 관한 **슬라이드**를 보여주는 것으로 남은 시간을 사용했다. 당시는 마침 러일전쟁 때였으므로 자연히 전쟁에 관한 **슬라이드**가 많은 편이었는데, 나는 그 강당에서 항상 나의 학우들의 박수와 갈채에 동조해야 했다. 한번은, 헤어진 지 오래된 많은 중국인들을 갑자기 **슬라이드** 속에서 만나게 되었다. 한 사람이 가운데 묶여 있고, 많은 사람들이 좌우에 서 있었다. 하나같이 건장한 체격이었지만 마비된 표정을 띠고 있었다. 해설에 의하면, 묶인 자는 러시아를 위해 군사간첩활동을 한 사람으로서, 바야흐로 일본

9 그리하여 영어 번역문에는 'lantern slide', 'slide', 'film' 등의 말이 전부 다섯 번 나온다. 앞에 인용한 영어 번역문에 밑줄로 표시해둔 바와 같다.

10 이 전제가 성립되지 않을 가능성은 상상하기 어렵다.

> 군이 목을 쳐서 **공개처형**을 하려는 참이었고, 둘러싼 자들은 **이 공개처형이라는 큰 행사를 구경하러** 온 사람들이었다.
>
> 그 학년이 채 끝나기도 전에 나는 동경으로 와버렸는데, 그 일이 있은 뒤로 의학이란 것이 결코 중요한 일이 아니며, 무릇 어리석은 국민은 몸이 제아무리 건강하고 튼튼하다 하더라도 **무의미하기 짝이 없는 공개처형의 재료나 구경꾼**이 될 수밖에 없고, 그에 비하면 병에 걸려 죽는 이가 많은 것은 꼭 불행이라고 할 것까지도 없다고 느껴졌기 때문이다. 그러므로 우리가 제일 먼저 할 일은 그들의 정신을 개조하는 데 있고, 정신개조에 좋은 것은 당시의 내가 생각하기로는 당연히 문예가 제일이었으므로 문예운동을 제창하기로 마음먹었다. 도쿄에 있는 유학생들 중에는 법, 정치, 물리, 화학이나 경찰, 공업을 배우는 사람이 대부분이었고 문학이나 미술을 공부하는 사람은 없었다. 하지만 그런 냉담한 분위기 속에서도 다행히 몇 사람의 동지를 찾아냈고, 그밖에 필요한 몇 사람을 더 불러 모아 상의한 결과, 첫걸음은 당연히 잡지를 내는 것이었다. 이름은 '새로운 생명(新的生命)'이라는 뜻을 취하기로 했는데, 당시 우리가 대체로 복고적인 경향을 띠었기 때문에 단지 『신생(新生)』이라고 부르기로 했다.

루쉰이 미생물학 수업 자료로 본 것은 미생물의 형태를 찍은 '電影'이고, 강의가 끝나고 남은 시간에 본 것은 자연 풍경이나 시사(時事)에 관계되는 '畫片'이다. '電影'이든 '畫片'이든 환등으로 보여주는 슬라이드 필름(즉 정지사진)이지 영화(즉 동영상)는 아니었다. 알다시피 film이라는 영어 단어는 본래 모든 필름을 포괄하는 의미이지만, 현재적 용법은 'cinema'나 'movie'라는 단어와 함께 주로 영화(동영상)를 의미하는 데 사용된다. 레이 초우가 처음에는 slide라는 말을 사용하고 나중에는 이 말을 film으로 바꿔버린(film이라는 말이 본래 모든 필름을 포괄하는 의미였기 때문에 이런 바꿈이 가능해진다) 영어 번역문을 제시한 뒤 그것들을 절 제목에서 아예 'news-reel'이라는 말[11]로 감싸버린 데는 확실히 어떤 의도 내지 경향이 엿보인다. news-reel은 뉴스슬라이드(정지사진)가 아니라 뉴스영화(동영상)다. 정지사진과 동영상 사이의 차이는 거의 본질적 차이일 수 있다. 이 차이에 대해서는 레이 초우 자신도 두 번째 절 말미에서 다음과 같이 분명히 언급하고 있다.

> 그리고 마지막으로 사진이나 회화의 경우와 다르게, film에서는 가시적인 것이 시간 안에서 움직이기도 한다. 이 움직이는 내러티브라고 하는 film의 특징 때문에 film은 다른 시각 양식들과는 전혀 다른 방식으로, 전통적으로 내러티브를 독점해온 언어텍스트와 당당히 겨룰 수 있는 것이다.(18)

그럼에도 불구하고 레이 초우는 'film'이라는 단어를 통해 영화와 환등을 구분 없이 뒤섞고 있다. 루쉰의 시각 테크놀로지 체험은 환등 때문이지 영화 때문이 아니다. 환등의 정지사진과 영화의 동영상 사이의 차이가 크다는 것을, 양자가 전혀 다르다는 것을 인정한다면, "20세기 초, 중국의 지식인들에게 film(영화)의 등장은 언어기호와 문학기호가 지위를 상실하는 획기적인 순간이었다"(18)라는 주장을 입증하기 위해 루쉰의 film(환등)사건을 끌어들이는 것은 부당하다고 할 수 있다. 레이 초우가 루쉰의 환등사건에 대해 이야기하면서 자꾸 film이라는 말을 사용하는 것

11 이 말은 레이 초우가 Jay Leyda, *Dianying: An Account of Films and the Film Audience in China* (Cambridge, MA: MIT Press, 1972), p. 13에서 따온 것이다.

은 바로 그 부당성을 은폐하기 위한 전략적(혹은 전술적) 어법일 수 있다. 제시된 영어 번역문은 이 어법이 정당성을 획득하는 데에 대단히 유용한 근거가 되어 준다.

그런데 흥미로운 것은 이양이 *Lu Xun Selected Works*에서는 기왕의 번역을 대폭 수정했다는 사실이다. 앞에서도 그 한 예를 보았지만 이번에는 사정이 그리 간단치 않다. 수정된 번역문을 직접 인용하는 편이 낫겠다.

> I have no idea what improved methods are now used to teach microbiology, but in those days we were shown lantern slides of microbes; and if the lecture ended early, the instructor might show slides of natural scenery or news to fill up the time. Since this was during the Russo-Japanese War, there were many war **slides**, and I had to join in the clapping and cheering in the lecture hall along with the other students. It was a long time since I had seen any compatriots, but one day I saw a **news-reel slide** of a number of Chinese, one of them bound and the rest standing around him. They were all sturdy fellows but appeared completely apathetic. According to the commentary, the one with his hands bound was a spy working for the Russians who was to be beheaded by the Japanese military as a warning to others, while the Chinese beside him had come to enjoy the spectacles.
>
> Before the term was over I had left for Tokyo, because this **slide** convinced me that medical science was not so important after all. The people of a weak and backward country, however strong and healthy they might be, can only serve to be made examples of or as witnesses of such futile spectacles; and it was not necessarily deplorable if many of them

> died of illness. The most important thing, therefore, was to change their spirit; and since at that time I felt that literature was the best means to this end, I decided to promote a literary movement. ... I was fortunate enough to find some kindred spirits. ... Our first step, of course, was to publish a magazine, the title of which denoted that this was a new birth. As we were then rather classically inclined, we called it *Vita Nova* [*New Life*].[12]

밑줄 친 부분들이 수정된 곳이니 수정의 정도가 꽤 크다는 것을 알 수 있다. 여기서 특히 주목할 것은 굵게 표시한 곳이다. 기왕의 번역에서 films, film, film이었던 것들이 이제 slides, news-reel slide,[13] slide로 바뀐 것이다. 이는 루쉰의 '電影'은 lantern slides나 filmslide로(즉 환등으로), '畵片'은 slide(s)로(즉 슬라이드로) 일관되게 번역해야 한다는 필자의 주장과 거의 부합한다. 만약 레이 초우가 '이양'의 새 번역문을 인용하고 그리하여 film이란 말 대신 slide라는 말을 사용했다면 『원시적 열정』에서의 논의는 지금 같은 모습이 될 수 없었을 것이다.

---

12 *Lu Xun Selected Works Volume One*, pp. 34-35.

13 보주: 이양이 수정 번역에서 선택한 news-reel slide라는 표현은 적절하지 않아 보인다. reel은 실, 밧줄, 호스, 녹음테이프, 영화 필름 등을 감는 도구를 지칭하는 말이고, 그렇다면 news-reel slide라는 말은 성립될 수 없다.

2. 환등사건을 어떻게 읽을 것인가

레이 초우가 무시하고 배제했지만, 『납함』 서문의 환등사건 이야기를 문학비평 내지 문학연구 쪽에서 지금까지 어떻게 읽어왔는지를 살펴보아야 한다. 물론 통설은 루쉰의 이야기를 액면 그대로 받아들이는 것이다. 하지만 통설에 이의를 제기하고 새로운 읽기를 시도한 예도 적지 않다. 그 대표적인 예가 일본의 다케우치 요시미(竹內好)다. 다케우치는 1943년에 집필한 그의 저서 『루쉰』에서 환등사건 전에 이미 하나의 사건이 있었다는 점에 주목했다. 그것은 루쉰이 산문 「후지노(藤野) 선생」(1926)에서 쓰고 있는 해부학 강의노트 사건이다.[14] 후지노 선생이 루쉰의 강의노트를 고쳐 주면서 시험 문제를 유출했으며 그 때문에 루쉰이 낙제를 면할 수 있었다는 일본인 학생들의 비난을 받은 것이다. 환등사건은 강의노트 사건과 마찬가지로 루쉰에게 굴욕감을 주었다고 다케우치는 말한다. 다

14 蒙樹宏編, 『魯迅年譜稿』(廣西師範大學出版社, 1988), p. 48. 환등사건을 러일전쟁 중이었던 1905년 3월 13일 전후의 일이었으리라 추정한다. 강의노트 사건이 1905년 9, 10월 무렵의 일이었으므로, 이 추정에 따르면 환등사건이 먼저고 강의노트 사건은 나중이다. 그러나 「후지노 선생」에서 루쉰 자신이 두 사건의 선후에 대해 다음과 같이 분명하게 밝히고 있는 데 주목하면(바로 이 대목을 다케우치가 인용했다), 다케우치의 파악이 옳다고 할 수 있다. "중국은 약한 나라다. 따라서 중국인은 당연히 저능아다. 점수가 60점 이상이 되는 것은 자신의 힘이 아니다. 그들이 이렇게 의심하는 것도 무리가 아닐지 모른다. 그러나 나는 뒤이어 중국인이 총살당하는 것을 지켜보아야 할 운명에 놓이게 되었다. 2학년이 되면 세균학 수업이 생겨 세균의 형태는 모두 환등으로 보여주는데 [……]"(다케우치 요시미, 서광덕 역, 『루쉰』(문학과지성사, 2003), p. 72). 루쉰이 『납함』 서문에서 "마침 러일전쟁 때였으므로"라고 썼는데 러일전쟁이 끝난 것은 1905년 9월 5일이었으므로 환등사건은 9월 5일 이전의 일일 수밖에 없다고 판단해도 될까? 종전 후에도 한동안은 '러일전쟁 때였다'라고 말할 수 있다고 필자는 생각한다.

케우치의 생각으로는 루쉰은 "동포의 정신적 빈곤을 문학으로 구제하는 따위의 기분 좋은 지망을 품고서 센다이를 떠났던 것이 아니"라 "아마 굴욕을 씹으면서 센다이를 뒤로 했을 것"이다. 요컨대 환등사건과 문학 지망은 직접적인 관계가 없다는 것이 다케우치의 판단이다. 루쉰에게 문학으로의 전향이라는 것이 있었다면 그것은 갑자기 일어난 것이 아니라 전부터 서서히 이루어져 온 것이고, 강의노트 사건과 환등사건은 "그 자체가 그의 회심을 의미하는 것이 아니며 그가 받았던 굴욕감이 그의 회심의 축을 형성하는 여러 가지 요소 가운데 하나로 첨가되었을 것"이라고 다케우치는 설명한다.[15] 다케우치에 동의하든 않든(필자는 동의하는 편이지만), 중요한 것은 『납함』 서문의 서술을 액면 그대로 받아들이지 않는다는 점이다. 의혹을 품고 보면 우리는 여러 가지 질문을 떠올릴 수 있다.

우선, 환등사건이 있었던 1905년과 서문을 쓴 1922년 사이에 17년이라는 시차가 있다는 점에 주목해야 한다. 레이 초우는 이 점을 간과하지 않고, 중국인 구경꾼들의 표정이 마비된 것이라는 루쉰의 설명은 소급적 해석이라고 지적했다. 레이 초우는 특히 시각 이미지의 언어화 문제를 1905년과 1922년 사이의 시차라는 맥락에서 제기한 것인데, 따지고 보면 사태는 그보다 훨씬 복잡하다. 루쉰의 문장 안에 이미 두 개의 서로 다른 시간이 존재한다. 환등사건의 시간과 동경으로 온 뒤의 시간이다. 의학 따위는 조금도 중요한 것이 아니고 중요한 것은 정신개조이며 이를 위해 문예운동을 해야겠다고 결정한 것은 센다이에서의 일인가, 동경에서의

15 다케우치 요시미, 위의 책, pp. 73-74. 필자의 생각으로는, 다케우치의 경우 '루쉰의 문학을 본질적으로 공리주의로 보지 않는' 관점이 이러한 설명의 출발점임을 주목해야 한다.

일인가? 이뿐만 아니라, 의학을 그만두겠다는 결정과 문학을 하겠다는 결정 사이에도 시간적 거리가 있을 수 있다.

루쉰이 후지노 선생에게 의학을 그만두고 생물학을 하겠다고 말하자 후지노 선생이 "의학을 위해 가르친 해부학 따위가 생물학에 큰 도움이 되겠는가"라고 탄식했다는 에피소드[16]를 참조할 수도 있다. 그 에피소드에서 루쉰은 "사실 나는 생물학을 배울 마음은 없었으나, 그의 서글픈 표정을 본 나는 빈말로나마 위안하지 않을 수 없었다"라고 덧붙이고 있는데, 그 위안이 정말로 빈말이었다고 하더라도 이때 루쉰이 의학을 그만두기로 결심한 상태인 건 분명하지만 이미 '문학으로의 전향'을 결심한 상태인지는 여전히 확실하지 않다. 루쉰이 센다이의전을 그만두고 동경으로 나온 것은 1906년 3월 20일 전후의 일인데(공식적 퇴학 날짜는 3월 15일이다), 루쉰의 고향 친구 쉬서우창(許壽裳)은 이 무렵에 있었던 일을 1936년에 다음과 같이 서술했다.

> 그러나 2학년 봄방학이 되었을 때 그는 예전처럼 동경으로 돌아왔는데, 갑자기 '전변(轉變)'했다.
>
> "나 퇴학했어." 그가 내게 말했다.
>
> "왜?" 나는 그 말에 깜짝 놀라 물었다. 마음속으로 그의 의지가 약해진 건가 싶었다. "자네 정말 재미있게 공부하고 있는 거 아니었어? 왜 중단하겠다고……."
>
> "그래," 그는 잠시 머뭇거리다가 결국 이렇게 말했다. "나는 문예를

16 「후지노 선생」에 나오는 에피소드다. "2학년이 끝날 때(到第二學年的終結)"라고 쓰고 있는데 1906년 2, 3월 무렵으로 추정된다.

> 공부하기로 결심했네. 중국의 바보들과 대바보들을 의학으로 고칠 수 있겠는가?"
>
> 우리는 마주 보며 쓰게 웃었다. 바보와 대바보라는 두 부류는 우리의 일상적 대화 재료였기 때문이다.[17]

이로 보면 문학으로 전향을 결심한 것이 그 이전의 일이었음은 분명하다. 1905년 가을학기의 환등사건 뒤부터 1906년 3월 동경에서 쉬서우창을 만난 때까지, 그 몇 달간의 시간 어딘가에서 그 결심이 이루어졌다고 보는 게 온당할 것이다.

루쉰의 진술을 음미해보면 이 추정이 좀 더 그럴듯하게 느껴진다. 루쉰은 환등사건 당시에 바로 기의종문(棄醫從文)을 결심했다는 식으로는 결코 쓰지 않았다. 후세의 해석자들이 루쉰을 그렇게 읽었을 뿐이다. 해당 부분을 다시 인용해보자.

> 그 학년이 채 끝나기도 전에, 나는 동경으로 와버렸는데, 그 일이 있은 뒤로, 의학이란 것이 결코 중요한 일이 아니며, 무릇 어리석은 국민은, 몸이 제아무리 건강하고, 튼튼하다 하더라도, 무의미하기 짝이 없는 공개처형의 재료나 구경꾼이 될 수밖에 없고, 그에 비하면 병에 걸려 죽는 이가 많은 것은 꼭 불행이라고 할 것까지도 없다고 느껴졌기 때문이다. 그러므로 우리가 제일 먼저 할 일은, 그들의 정신을 개조하는 데 있고, 정신개조에 좋은 것은, 당시의 내가 생각하기로는 당연히 문예가 제일이

17 許壽裳, 「懷亡友魯迅」, 孫郁·黃喬生主編, 『摯友的懷念』(河北敎育出版社, 2000), p. 73.

었으므로, 문예운동을 제창하기로 마음먹었다.

위 인용은 원문의 구두점을 그대로 따라 직역한 것이어서 우리말로 읽기에 좀 불편하거나 어색할 수 있을 것이다. 불편하거나 어색하더라도 오해를 피하기 위해 이렇게 직역한 것인데, 위 인용은 크게 두 문장으로 구성되어 있다. 의전 중퇴의 원인이 환등사건 이후에 갖게 된 새로운 생각 때문이라는 것이 첫 번째 문장이다. 정신개조가 중요하다는 내용의 두 번째 문장은 앞 문장과 '그러므로'라는 접속사로 연결되는데 문제는 이 접속사다. 논리적으로 신체 건강이 별로 중요하지 않다는 새로운 생각은 한편으로(그 문장 안의 인과관계에서) 의전 중퇴의 원인이기도 하고, 다른 한편으로(다음 문장과의 인과관계에서) 정신개조가 중요하다는 생각의 원인이기도 하다. 그렇다면 이 두 개의 인과관계는 동시적인 것인가, 순차적인 것인가? 이 물음과 관련하여 볼 때 루쉰의 서술은 매우 모호하다. 종래의 통설은 그 모호함에 주의하지 않고 그것을 동시성으로 읽었다고 할 수 있다. 하지만 지금 우리는 그 모호함에 주목하면서 그것을 비동시적인 것으로 보고자 한다. 사실은, '"그 일이 있은 뒤로" 의학이 무의미하다고 느끼게 되었고, "그러므로" 정신개조가 시급하고 정신개조를 위해 문예운동을 해야겠다고 생각하게 되었다'라는 게 루쉰의 실제 진술인데, 여기에는 '시간을 두고 점점 더'라는 뉘앙스가 뚜렷이 포함되어 있다. 이 뉘앙스가 암시하는 시차의 존재는 대단히 중요하다. 그 시차에 환등사건에 대한 루쉰의 해석이 진행되었을 것이기 때문이다. 시각 이미지의 언어화 문제, 즉 중국인 구경꾼들의 표정을 마비된 표정이라고 해석한 것 역시 바로 이때의 해석이 아니었을까? 이것을 1922년의 소급적 행위로 보는 것이 과연 온당할까? 필자는 그 해석이 환등사건 당일부터 1906년 3월 사이에 이루어졌으며 일회적이지 않고 거듭해서 곱씹는 형태로 이루어졌다고 본다. 심지어는 1905년 환등을 보던 바로 그 순간에 동시적으로 첫 해석이 이루어졌고, 그 뒤로 거듭해서 재해석이 이루어졌다고 보는 편이 더 사실에 가까우리라 생각된다.

1922년에는 과거의 소급적 해석이 아니라 과거의 재구성이 이뤄졌다고 말하는 편이 적절하다. 이때 정말로 중요한 것은 루쉰이 왜 하필 환등사건만을 선택적으로 서술했는가다. 앞에서 보았듯이 강의노트 사건도 있었는데 말이다. 더욱이 『납함』 서문의 서술만으로 보자면 마치 루쉰이 환등사건 이전에는 문학에 대해 아무 관심이 없었던 것만 같고, 중국인의 정신개조의 필요성에 대해 아무런 인식이 없었던 것만 같다. 그러나 다른 많은 자료들을 통해 우리는 루쉰이 센다이의전 시절 이전부터 문학에 많은 관심이 있었고, 중국인의 정신개조의 필요성에 대한 인식 또한 이미 진행되고 있었음을 잘 알고 있다. 『납함』 서문의 서술은 이러한 사정을 은폐함으로써 일정한 내러티브 효과를 빚어낸다. 환등사건을 계기로 한, 의학에서 문학으로의 전향이라는 극적인 이야기가 생겨나는 것이다. 이 극적인 이야기는 '기원'에 관한 이야기로 읽힐 소지를 다분히 지니고 있다. 좁게는 루쉰 문학의 기원이, 넓게는 중국근대문학의 기원이 거기서 생겨난다. 어쩌면 이것이 루쉰의 서술의도였는지도 모른다.

『납함』 서문해석에 대해 레이 초우가 기여한 결정적인 공헌은 시각적 충격에 대한 성찰의 필요성을 제기했다는 데 있다. 이 점을 인정하는 데 인색할 필요는 없다. 그러나 아무래도 레이 초우는 그 시각적 충격의 의미를 지나치게 과장하고 있다. 레이 초우가 정지사진인 슬라이드와 동영상인 영화를 film이라는 영어 단어의 포괄성을 이용하여 동일시하고, 그럼으로써 영화의 미디어 효과를 슬라이드에까지 확대적용한 것은 과장된 해석을 정당화하기 위한 책략이다. 레이 초우의 과장은 새로운 신화의 구축을 위해 봉사한다. "20세기 초, 중국의 지식인들에게 film의 등장은 언어기호와 문학기호가 지위를 상실하는 획기적인 순간이었다"(18) 라는 신화가 그것이다. 이는 루쉰 문학에 대해서도 새로운 '기원'을 마련해준다. 환등사건에서 겪은 시각 테크놀로지의 위협이 루쉰 문학의 새로운 '기원'이 되는 것이다(종래의 '기원'은 환등사건에서 얻은, 중국인 정신개조의 필요성에 대한 깨달음이었다). 그러나 공개처형 장면을 환등으로 본 사건 이전에도 루쉰은 이미 환등이라는 미디어에 접촉했다(마치 환등사건 이전에도 정신개조의 필요성에 대한 인식을 가지고 있었던 것처럼). 미생물의 모습이나 시사나 풍경에 관한 슬라이드를 이미 적지 않게 보아 왔던 것이다. 그 슬라이드들에서도 루쉰이 환등사건에서와 동일한 정도의 시각적 충격을 받았을까? 그렇지 않았을 것이다. 그러므로 여기서 중요한 것은 이 환등사건이 환등이라는 미디어와 중국인의 병든 국민성이라는 내용이 결합된 것이었다는 점이다. 이 결합의 쌍방이 상호 간에 충격의 증폭을 최대화해 주었다고 보는 편이 온당하다. 루쉰이 환등사건을 선택적으로 서술한 것은 바로 그 때문일 것이다.

그러나 우리가 더욱 주의해야 할 것은 환등사건은 『납함』 서문의 극히 일부에 지나지 않는다는 사실이다. 서문의 전체 맥락에서 보면 환등사건과 문학으로의 전향이라는 '기원'은 다시 해체된다. 그것은 『신생』 잡지의 실패[18]라는 쓰디쓴 또 하나의 굴욕으로 귀결되는 것이다. 이 굴욕들 위에서 루쉰은 또 다른 '기원'의 이야기를 만들어냈다. 『납함』 서문의 후반부에서 서술되는 '쇠로 만든 방(鐵屋子)' 이야기, 즉 『신청년』 잡지의 원고청탁을 받았을 때 루쉰이 첸쉬엔퉁(錢玄同)에게 해주었다는 그 유명한 이야기가 그것이다. 이것은 루쉰 '문학'의 '기원'이 아니라 루쉰 '소설'

18 레이 초우가 제시한 인용 부분 바로 뒤에 서술된다.

의 '기원'이다. 여기서는 이에 대한 자세한 논의는 피하기로 한다.

3. 문자문화와 시각문화의 관계

레이 초우 논의의 대전제는 문자문화와 시각문화가 대립 관계에 있고 대체 관계에 있다는 것이다. 하지만 필자는 그 전제에 동의하지 않는다. 그것들은 단지 서로 다를 뿐이다. 문학에서 상상력과 이미지를 중시하는 입장에서 보면 시각적인 것은 문학의 본질적 요소다. 이 문학 내적인 시각성은 문학 바깥의 시각문화와 밀접한 관계를 갖기 때문에 시각문화의 시대적 환경의 차이에 따라 그 역시 다양한 변화를 보이는 것은 당연하고도 자연스러운 일이다. 이는 이를테면 원근법 이전의 회화와 원근법 이후의 회화, 인상주의 회화와 사진, 영화 등이 문학 내적 시각성에 어떤 영향을 주었는지를 생각해보면 쉽게 납득할 수 있다. 레이 초우도 루쉰을 비롯한 중국 작가들의 소설에서 영화의 영향을 발견하고 있지 않은가. 한편, 같은 시각문화라고 해서 다 똑같이 취급될 수는 없다. 회화와 조각이 다르고, 또 사진이 다르며, 같은 정지사진이라 해도 사진과 영사기를 통해 투영되는 환등이 다르고, 똑같이 영사기를 통해 투영된다 해도 정지상태의 환등과 동영상인 영화가 다르며, 똑같은 영화라고 해도 무성영화와 유성영화가 다르고, 똑같은 유성영화라고 해도 영화사적으로 다양한 차이가 존재한다. 문학과 영화는 기본적으로 상호영향관계를 가지면서 각각의 내적 차이에 따라 때로는 대립 관계가 될 수도 있고 때로는 보완 관계가 될 수도 있다. 문화의 중심에서 문학이 밀려나고 그 자리에 영화가 들어선다는 진술은 성립될 수 있지만, 그렇다고 문학이 소멸되고 영화로 대체되는 것은 아니다. 문학과 영화 사이에는 서열이나 질적 우열관계가 있지 않다. 양자는 기본적으로 서로 다른 것으로서 양립 가능한 관계인 것이다. 마치 문학과 음악이, 영화와 미술이 그런 것처럼 말이다.

하지만 레이 초우의 생각은 필자와 다른 것 같다. 레이 초우의 논의는 문학에 대한 일정한 규정을 대전제로 하고 있는 것으로 보인다. 가령 제1부 첫 번째 절에 나오는 다음과 같은 진술을 보자.

> 1920년대와 1930년대에, 문학의 지위가 점점 더 낮아지는 데 대해 작가들이 '글쓰기를 사회적-물질적 세계 안에서의 활동과 구분되는 것이라기보다 그 활동의 일부로 재정의'하는 대안을 선택했을 때조차도, 그러한 '사회적-물질적 세계 안에서의 활동'과 시각적인 것(visuality) 사이의 연결은 이루어지지 않았다.(6-7)[19]

이 진술의 전반부는 웬디 라슨(Wendy Larson)의 원용[20]이다. 그 출전을 밝히면서 레이 초우는 다음과 같은 설명을 덧붙였는데 이 보충설명 역시 웬디 라슨의 원용이다.

> 라슨의 명제는, 20세기 초의 근대(modern) 중국문학이 문학 혹은 텍스트 생산 노동을 정당화하기 위해 사용된 권위(authority)와 참조성

19 이 인용문은 한국어판의 번역을 필자가 고친 것이다. 원래 한국어 번역판은 다음과 같다. "1920년대와 1930년대에 문학의 위상이 점차 낮아지자 작가들은 '글쓰기를 사회적·물질적 세계와 구분되는 행위라기보다 그 세계 안에서의 활동으로 재정의하는' 대안을 선택했다. 그러나 그때조차도 이와 같은 '사회적·물질적 세계 안에서의 활동'과 시각 사이의 연결은 이루어지지 않았다."(정재서 역, 앞의, 책, pp. 23-24)

20 Wendy Larson, *Literary Authority and the Modern Chinese Writer: Ambivalence and Autobiography* (Durham, NC: Duke University Press, 1991), p. 8.

> (referentiality)의 현저한 변화로 특징지어졌다는 것이다. 텍스트 참조의 권위는 계속적으로 사회적-물질적 세계의 권위에 길을 내주었다. 전통이 붕괴되고 있었기 때문에 작가들은 점점 더 텍스트 생산노동을 부정적으로 바라보게 되었지만, 그럼에도 텍스트 생산작업을 계속해서 특권화했다.(205)

웬디 라슨은 미국의 오리건대학 동아시아 어문학부 교수이고, 현대 중국의 문학과 영화를 전공한 백인여성 학자다. 1984년에 버클리에서 박사학위를 받았으니 필자나 레이 초우보다 약간 선배다. 그녀의 저서 『문학의 권위와 근대 중국 작가: 양가성과 자서전』은 궈모뤄(郭沫若), 선충원(沈從文), 루쉰(魯迅), 후스(胡適), 바진(巴金) 등의 에세이와 자서전을 통해 1920년대 말 1930년대 초에 중국 작가들이 겪은 권위(authority)의 위기를 해명하고자 했다. 그녀에 의하면, 그들은 사회적 삶에 대한 문학작품이나 텍스트 형태의 학술(literary works or textual scholarship)의 영향력에 의심을 품게 되었고, 그 불신으로 인해 텍스트 생산작업을 비판하거나 심지어 포기하게 되었다. 그들이 대안으로 택한 것은 혁명작업, 군사작업, 육체노동 등, 즉 사회적-물질적 세계 안에서의 활동이었다. 그러나 여전히 글쓰기를 포기할 수 없었기 때문에 작가들 중 일부는 글쓰기작업을 물질적 생산에 더 가깝거나 그 일부인 것으로 재정의하고자 했다.[21]

레이 초우가 웬디 라슨을 원용한 것은 자신의 논거로 삼기 위해서였지만, 실제로 두 사람 사이에는 결코 작지 않은 차이가 있다. 웬디 라슨은 “20세기 내내, 중국 작가들은 어떻게 새로운 문학전통을 창조할 것인가

---

21 위의 책, p.153 참조.

하는 문제와 씨름했다. 문학의 권위와 사회적-물질적 권위 사이의 갈등은 그 싸움의 일부다"[22]라고 말했는데, 이는 20세기 초의 권위상 위기 경험을 경계로 그 이전의 옛 문학전통과 그 이후의 새로운 문학전통을 나누었기 때문에 가능한 진술이다. 이에 반해 레이 초우에게는 그런 구별이 없다. 위의 두 번째 인용문을 보면, "권위(authority)와 참조성(referentiality)의 현저한 변화"(즉, '20세기 초의 권위상 위기 경험')가 단지 '전통'의 '붕괴' 과정으로만 인식된다. 웬디 라슨이 보고 있는 새로운 문학전통의 창조가 레이 초우에게는 보이지 않는다. 레이 초우에게는 오직 고대 이래 오래도록 지속되어온 문학전통이 급격히 붕괴되는 모습만 보인다. 웬디 라슨이 1920년대 말 1930년대 초라는 시간 속에서 새로운 문학전통의 창조와 관련한 작가들의 고뇌를 보는 데 반해 레이 초우는 그보다 15년 안팎 이전의 시간 속에서 '문학이라는 전통'의 붕괴를, 그리고 그 전통으로의 재전향을 보며 20년대 말 30년대 초의 문학현상 또한 그 재전향이라는 커다란 틀 속에 들어 있다고 파악하는 것이다. 1905-1906년에 루쉰이 시각적인 것으로 나아가지 않은 점, 그리고 20년대 말 30년대 초에 이르러서도 중국 작가들이 여전히 시각적인 것을 중시하지 않은 점이 레이 초우의 불만사항이다.

예를 하나 더 들어보자. 제1부 세 번째 절(「원시적 열정의 출현」)에 나오는,

> 5·4운동 작가들이 문학을 회춘시키려 했을 때, 그들은 영감을 얻기 위해 하층계급의 비참함과 좌절에 눈을 돌렸다.(21)

22 http://eall.uoregon.edu/faculty-and-staff/larson/

라는 진술은 우리를 곤혹스럽게 만든다. 이 진술은 5·4운동 작가들이 구문학을 부정하고 신문학을 건설하려고 했을 때(1919년 전후)를 말하는 것인가, 아니면 5·4문학의 퇴조와 프로문학의 대두(즉 1920년대 말부터 1930년대 초)를 말하는 것인가? 만약 전자라면, 위 진술은 오류다. 왜냐하면 5·4운동 작가들의 목적은 결코 '문학의 회춘'이 아니었기 때문이다. 기존 문학을 붕괴시키고 새로운 문학을 생성하는 것이 목적이었다. 만약 후자라면 위 진술은 대단히 수상하다. 문학이 자신의 '회춘'을 위해 하층계급의 비참함과 좌절을 이용했다는 이런 식의 말투는 몹시 불쾌한 기억을 불러일으킨다. 이 대목에서 필자는 1950, 60년대 미국에 팽배했던 반공주의의 논술전략(사회주의자 내지 공산주의자를 헐뜯는 교묘하고 천박한 솜씨)을 연상했다. 1970, 80년대 한국에서도 당시의 노동운동가, 사회운동가, 학생운동가 들에 대해 이런 식의 의사(擬似)-정신분석이 관변홍보자료나 어용학자의 글에서 행해진 바 있다.

레이 초우가 이런 논술을 한 배경에는 중국의 전통문학(전근대문학)과 20세기의 신문학(근대문학)을 구별하지 않고 하나의 정체성(整體性)으로 파악하는 시각이 있다. 작가가 문학이라는 제도 속에 들어 있다는 사실은 물론 중요하다. 하지만 중국에서 전통문학과 신문학 사이에는 명백히 제도의 단절, 마치 푸코가 말한 에피스테메의 단절과도 같은 단절이 존재한다(그 단절에 비하면 근대문학과 포스트근대문학 사이의 차이는 그저 약간의 차이에 지나지 않는다). 그 단절을 무시하고 양자를 하나의 제도로 취급하는 것은 잘못이다. 20세기의 신문학 작가들은 새로운 제도의 형성에 관여되었던 것이지 붕괴되는 옛 제도의 존속 내지 회춘에 관여되었던 것이 아니다. 그들은 전통을 붕괴시키는 운동 속에 능동적 주체로 서 있었다.

이와 관련하여 주의할 것은, 전통이라는 말의 용법이 서양과 동양에서 서로 다르다는 점이다. 예컨대 1920-1930년대에 발터 벤야민이 전통문학을 비판하고 아방가르드와 영화를 긍정했을 때의 전통문학은 근대문학이지만, 동시대 중국에서 이야기되는 전통문학은 전근대문학이다. 그러므로 중국의 전통문학과 신문학 사이의 관계는 벤야민의 전통문학과 아방가르드 사이의 관계와 결코 같을 수가 없다. 중국의 신문학은 벤야민의 전통문학과 아방가르드를 다 포괄하며 전근대 중국의 전통문학과 첨예하게 단절을 이룬다.[23, 24]

레이 초우의 근본 동기는 서문 말미에 잘 나타난다.

---

23 그럼에도 중국 연구자들 중에는 그 단절에 주목하지 않는 경우가 종종 있다. '단절이라니? 중국의 신문학은 전통문학을 계승하면서 창신한 것이지 단절만 한 것이 아니야'라는 반박이 들리는 듯하다. 오해를 피하기 위해 조금 더 부연하자면, '전통'이라는 말의 막연한 사용이 문제라는 점을 분명하게 인식할 필요가 있다. '전통'이라는 말을 사용하지 않으면 우리는 다음과 같이 말하게 되는 게 당연하다. 즉, 중국의 근대문학과 전근대문학 사이에 존재하는 날카로운 단절은 서양의 근대문학과 전근대문학 사이에도 똑같이 나타난다. 또한, 중국의 근대문학과 전근대문학 사이에 단절에도 불구하고 존재하는 연속은 서양의 근대문학과 전근대문학 사이에도 똑같이 나타난다. 이러한 점들은 중국문학과 서양문학을 하나의 동일한 지평, 즉 문학일반이라는 지평에 함께 놓고 보면 명백해진다고 생각한다. 만약 이런 점들이 충분히 인식되지 않았다면 근대문학의 근대성에 대한 성찰이 충분하지 않았다는 뜻이다. 근대성의 비판과 부정이 오늘날의 대세라지만 그 비판과 부정은 근대성에 대한 충분한 성찰 위에서 나와야 하는 것이라고 필자는 믿는다(미셸 푸코의 근대성 비판이 바로 그렇지 않은가). 중국연구가 문학을 대상으로 할 때 그 연구는 중국연구이기에 앞서 먼저 문학연구가 되어야 한다는 필자의 주장은 바로 이런 문제의식으로부터 나온 것이다.

24 어쩌면 레이 초우는 전근대의 중국과 20세기 전반기의 중국, 문화대혁명 시기의 중국, 그리고 오늘날의 중국을 전부 하나의 정체성으로 파악하고 있는지도 모르겠다. 그런 파악이 필요한 장면도 있지만 분별이 필요한 장면이 더 많은 법이다. 분별을 하지 않기 때문에 문화대혁명 시기의 중국을 오늘날의 중국을 비판하는 근거로 삼고, 오늘날의 중국을 설명하기 위해 전근대의 중국을 근거로 삼는 일이 생겨나는 것이다. 이것이 단순한 착오가 아니라 일정한 의도를 내포하고 있지 않은지 냉정히 살펴봐야 한다.

> 비록 '문학'이 나의 전문영역이기는 하지만,[25] 현대/모더니즘적인 문학이 '혁명적'(혹은 '전복적')인 동시에, 내가 이 책에서 검증하는 시각 이미지 같은 대중문화의 형식들보다 높은 서열에 있다고 보는 그런 유의 학문적 낭만주의를 믿지 않는다.(xiii)

여기서 "현대/모더니즘적"은 'modern/modernist'의 한국어 번역이다. 이로 보면 레이 초우는 모더니즘 문학의 엘리트주의에 대해 적대적이며, 특히 모더니즘 문학이 시각문화 및 대중문화를 평가절하하는 데 대해 강력히 반발하는 입장이다. 모더니즘 문학의 엘리트주의는 비판받을 만하고 시각적 표상양식의 권리는 회복되거나 획득되어야 한다는 데 대해 필자 역시 동의한다. 그러나 그 비판과 권리획득을 위해 모든 문학을 무차별하게 모더니즘 문학의 엘리트주의와 동일시하는 데는 동의할 수 없다.

그 무차별한 동일시가 다음과 같은 진술을 낳는다.

> 루쉰이 택한 문학으로의 전향이라는 '해결책'은 말의 의의를 계속해서 특권화한다는 오래된 대책이었다. [……] 앉아서 슬라이드를 보도록 강요당한 루쉰은 충격을 받아 그것에 반응한 것이지만, 그는 영상을 시각에 의한 폭력의 기억으로 간주하고 보이는 것을 수동성과 결부짓는다. 한편 쓰인 문자는 문화적 변용을 가져오는 능동적 요인이라는 의미를 다시 부여받는다. 그 영상이 희생자 산출과 연관된다면, 쓰인 문자는 권력 획득의 한 형식으로 상상되는 것이다. 따라서 루쉰의 이야기에는 의학

25 1995년에는 레이 초우도 문학을 자신의 전문영역으로 인정하고 있었음을 알 수 있다. 2012년에는 비판이론 및 문화연구를 자신의 전문영역으로 밝히고 있다.

> 에서 문학으로의 근본적인 전향 말고도 또 하나의 다른 전향, 즉 전통으로의 재전향이 있다. 그것은 문자문화로서의 문화를 재확인하는 것이며, 문자문화란 쓰기와 읽기 중심의 문화이고 영화와 의학을 포함하는 테크놀로지의 대극에 위치한 문화인 것이다.(14)

루쉰의 문학 선택이 "말의 의의를 계속해서 특권화"하는 것이었는가? 루쉰이 "권력획득의 한 형식"으로서 문학을 선택한 것인가? 루쉰의 문학 선택이 "문자문화로서의 문화를 재확인"한 것인가? 그렇다면 루쉰은 문학이 아니라 시각문화를, 다시 말해 슬라이드 필름이나 영화를 선택했어야 했다는 말인가? 때로는 소박하게 물을 때 사정이 더욱 명료하게 드러나기도 하는 법이다.

심지어 레이 초우는 문자문화 일반을 모더니즘 문학의 엘리트주의와 등치시킨다. 문자문화는 말할 것도 없고 문학만 하더라도 그 내부에 엄청난 차이가 존재하며 모더니즘 문학의 엘리트주의는 그중 특수한 일부에 불과하므로 그 등치는 어불성설이다. 더구나 모더니즘 문학도 간단히 엘리트주의로 설명해 버릴 수만은 없을 만큼 복잡한 내역을 가지고 있다. 또한 문자문화 내부에 다양한 차이가 존재하는 것처럼 시각문화 내부에도 다양한 차이가 존재하며, 더구나 시각 테크놀로지는 글쓰기보다도 더 권력의 문제와 긴밀하게 관계될 가능성이 높다.

문자문화 대 시각문화라는 거대한 틀에서 문제를 단순화시켜 보기보다는 각각의 내부에 존재하는 다양한 차이와, 문자문화와 시각문화 사이의 소통과 상호작용에 대한 섬세한 고찰이 더 필요하다. 루쉰의 경우, 시각 테크놀로지의 충격이 그의 문학에 어떻게 내면화되어 나타나는가를 섬세하게 고찰하는 것이 시각문화 우위론에 입각해서 루쉰의 문학 선택 자체를 비난하는 것보다 훨씬 생산적이다. 시각문화를 특권화하는 게

목적이 아니라 시각문화의 진정한 의미와 가치를 밝히는 게 목적이라면 그것은 두말할 나위도 없다.[26]

26 이 글의 중국어판을 준비하면서 떠오른 다음과 같은 새로운 생각 하나를 여기에 추가하고 싶다. 롤랑 바르트가 구분한 사진의 두 가지 요소(studium과 punctum)에 비추어보면, 루쉰은 문제의 슬라이드 사진에서 푼크툼을 본 것이다. 스투디움은 문화적으로 약속된 의미 속에서 이해되는 개념적인 것이고 푼크툼은 그 문화적 코드로부터 이탈된 다른 종류의 주관적 의미다. 똑같은 사진이 일본인 학생들에게는 스투디움이거나, 스투디움조차 없는, 단지 포르노그라피적 이미지로서 구경(spectacle)의 대상일 뿐이었다.

○

왕명과 김지하를 통한 「광인일기」 다시읽기*

1. 두 개의 자아

1918년에 발표된 루쉰(魯迅)의 「광인일기(狂人日記)」는, 쓰인 지 이제 한 세기가 다 되어가는, 중국어로 된 근대소설의 첫 작품임에도 불구하고, 오늘날까지 살아 있는 텍스트로 작동하고 있는 보기 드문 놀라운 작품이다. 그동안 수많은 해석들이 시도되었지만 그에 대한 해석의 지평은 여전히 활짝 열려 있다고 생각된다.

1980년대까지의 수많은 「광인일기」 해석들에 대한 왕푸런(王富仁)의 요령 있는 정리[1]에서부터 논의를 시작해보자. 왕푸런은 기왕의 해석들을

---

* 이 글은 『중국현대문학』 제63호(중국현대문학학회, 2012. 12.)에 발표한 것으로, 약간 수정보완했다.

1 王富仁, 「〈狂人日記〉細讀」, 『중국현대문학』 제6호(중국현대문학학회, 1992. 5.). 이하 인용은 전형준 편, 『루쉰』(문학과지성사, 1997)에 수록된 유세종 역, 「〈광인일기〉 자세

다음과 같이 크게 세 종류로 나누었다.

> 1) '광인'은 정신병자이지 반(反)봉건 전사(戰士)[2]가 아니다.
>
> 2) '광인'은 반봉건 전사이지 정신병자가 아니다.
>
> 3) '광인'은 정신분열증을 앓고 있는 반봉건 전사다.[3]

왕푸런은 그가 과거에 가졌던 견해는 그중 세 번째 것이었다고 밝힌 뒤 그 견해를 스스로 부정했다. 그가 과거에 세 번째 관점을 좇았던 것은, 세 가지 견해가 모두 "'광인' 형상으로부터 현실 생활 속에 존재하는 인물을 찾고자 한 결과"인데, 그중 1)과 2)는 리얼리즘의 요구('본질적 진실'과 '세부적 진실'이 하나로 통일되어야 한다는)에 위배되고 3)은 그렇지 않기 때문이다. 그러나 왕푸런은 3) 역시 "소설 텍스트 속에서 어떤 근거도 찾을 수 없는 것이었다"고 스스로 인정하고, 그 이유를 다음과 같이 밝혔다.

> 만약 그가 반봉건 전사였다면 병이 완쾌된 후 보다 명료하게 각성한 의식으로 반봉건 투쟁에 투신하는 것이 순리일 것이다. 그러나 루쉰은 분명하게 그가 '어떤 지방의 후보(候補)로 부임해' 관리가 되었다고 말하고 있다. 이는 그가 병이 완쾌된 후 결코 이지를 갖춘 반봉건 전사가 되지 않았음을 말해준다.(212)

히 읽기」에 의함.

2 '광인'을 계몽가로 보거나 혁명가로 보는 견해들도 있지만 이것들도 넓은 의미에서 '반봉건 전사'에 포함시킬 수 있으므로 왕푸런의 정리는 여전히 유효하다는 게 필자의 생각이다.

3 전형준 편, 앞의 책, p. 211. 이하 이 책의 인용은 괄호 속에 쪽수를 표시함.

확실히, "'광인'은 정신병을 앓고 있는 반봉건 전사다"라는 말은 성립되지 않으며 위 인용은 그 성립되지 않음을 분명하게 입증해준다. 그러나, "'광인'은 한편으로는 정신병자이면서 다른 한편으로는 반봉건 전사다"라는 말은 성립될 수 있다. 왜냐하면, '광인'이 정신병자인 것과 '광인'이 반봉건 전사인 것, 이 두 개의 사실은 서로 다른 차원에 속하는 일들이기 때문이다. 왕푸런은 그 서로 다른 차원 둘을 각각 '예술 구조'와 '의미 구조'라는 이름으로 파악했다. 그에 의하면 「광인일기」 백화문(白話文) 텍스트의 표층은 "미친 사람—광기 발병—병세 악화—이해 구함—실망, 병 치유"라는 구조로 되어 있는데 이것이 바로 '예술 구조'이고, 심층은 "각성자—각성—인식 심화—계몽 진행—실망, 소외화"라는 구조로 되어 있는 바 이것이 바로 '의미 구조'다. 이 두 구조가 한편으로 구조적 동일성(同構性)과 동의성(同義性)을 가지면서 동시에 구조적 비동일성(非同構性)과 반의성(反義性)도 갖는다는 데 주목한 왕푸런은 두 구조의 이러한 방식의 결합에 대한 이해를 다음과 같은 설명으로 감싼다.

> 중국 전통의 봉건문화는 식인적이고 부패하고 낙후한 문화이지만 광대한 사회 대중에 의해 받아들여지고 있는 현실적인 문화이기도 하다. 당시 사상 계몽가가 부르짖는 문화는 인도적이고 선진적인 문화이긴 하나 중국 사회에 발붙이고 서기 어려운 문화이며 문화 스스로 마땅히 가지고 있어야 할 계몽적 역할을 실현하기 어려운 문화다. 후자의 존재는 전자로 하여금 접수하기 어려운 무언가 두려운 면을 가지고 있었고 전자의 존재 역시 마찬가지로 후자에게는 현실적 의의를 결하고 있는 텅 빈 어떤 것이다.(239)

위 인용이 말하고 있는 일종의 딜레마 자체가 「광인일기」라는 작품의 진정한 내용이라는 데 대해 필자는 기본적으로 동의한다. 그러나 필자는 여기서 한 걸음 더 나아가고 싶다. 그것은 작중인물 '광인'과 작가 루쉰 사이의 관계라는 문제다. 이 문제에 대해 왕푸런은 두 군데에서 주목할 만한 진술을 했다.

> 1) 이전에 우리는 광인과 루쉰을 간단하게 동일시하였는데 이는 부분적인 합리성만 있을 뿐이었다. 사실 루쉰이 우리들에게 제공하고 있는 것은 느끼고 이해할 수 있는 하나의 대상, 루쉰의 깊은 내면에 자리한 또 다른 자아다. 흉내 내고 모방해야 할 어떤 대상도 아니며 더구나 루쉰 자체의 자아는 아니다.(237)

> 2) 루쉰은 광인과 다르다. 그는 일생을 마칠 때까지 현실의 땅 위에 서서 이상을 위해 싸웠다. 몸은 비록 전통과 봉건문화 속에 처해 있었지만 새로운 문화의 출로를 찾은 문화 전사였다.(239)

1)은 '광인'이 "루쉰의 깊은 내면에 자리한 또 다른 자아"라고 하면서도 그것이 "루쉰 자체의 자아는 아니다"고 언명하고 있고, 2)는 "루쉰은 광인과 다르다"라고 분명하게 단언하고 있다.

왕푸런과는 달리, 필자의 발상의 요점은 '광인'과 루쉰 사이의 유사성에 대한 중시에 있다. 물론 이것이 '간단한 동일시'를 말하는 것은 결코 아니다. 소설의 작중인물과 작가가 서로 다른 존재라는 것(심지어 아무리 같아 보이는 경우에조차도)은 문학이론에서 가장 초보적인 상식 중의 하나다. 하지만 작중인물과 작가 사이에 대체로, 어떤 형태로든, 내밀한 관계가 있다는 것(심지어 아무리 달라 보이는 경우에조차도) 또한 반드시 기억해야 할 상식 중의 하나다.[4] 필자가 주목하는 것은 자아의 분열 양상이다. '광인'과 루쉰 사이의 유사성에 착목하면, 문언문(文言文) 서문의 '나(余)'(즉, 작가와 동일하다고 여겨지는, '광인'의 옛 학교 친구)[5]와 백화문 일기의 '나(我)'(즉, 작가와 유사하다고 파악되는 '광인')는 모두 작가의 분신(分身)들이고 작가 내면의 또 다른 자아들이라고 볼 수 있다.

이러한 관점에서의 해석을 필자는 이미 시도한 바 있지만,[6] 그 해석은 양적으로 충분하지도 못했고 지금 돌아보면 필자 자신이 보기에도 사태를 너무 단순화한 점이 눈에 띈다. 그리하여 이 글에서는 중국 작가 왕멍의 소설 작품 및 한국 시인 김지하의 시 작품과의 비교를 통해 「광인일기」에 대한 필자 나름의 읽기를 다시 한번, 그리고 전보다 더 자세하게 시도하고자 한다.

본론으로 들어가기 전에 약간의 첨언이 필요하겠다. 자기분석(自我

---

4 약간의 오해가 있을 듯하므로 해명이 필요하겠다. 필자의 이 진술은 「광인일기」를 '오토픽션(autofiction)'으로 본다는 뜻이 아니다. 오토픽션은 세르쥬 두브로브스키의 『아들』(1977)이 최초인데, 자전적 글쓰기의 한 하부장르로서, 소설이라고 공표함과 동시에 저자-화자-주인공의 이름의 동일성을 드러낸다는 특징을 갖는다. 그 동일성이 드러나지 않으므로 「광인일기」는 당연히 오토픽션이 아니다. 그렇다면 '자전적 소설(roman autobiographique)'로 보는 것인가? 전통적으로 사용되어온 자전적 소설이라는 말을 오토픽션과 구별하여, 소설이라고 공표됨과 동시에 저자-화자-주인공의 이름의 동일성이 성립되지 않는 자전적 글쓰기에 적용할 수 있다는 주장은 일리가 있지만, 필자의 생각으로 「광인일기」는 그런 의미의 자전적 소설도 아니다. 애당초 「광인일기」는 자전적 글쓰기의 소산이 아니다. 자전적 소설이 자신의 자전성을 내세우는 것과는 반대로 이 소설은 오히려 자전성을 숨겼다. 필자는 이 숨겨진 자전성에 주목하자는 것이다. 필자의 관심은 자전적 글쓰기가 아니라 소설에 있다. 소설에 어떤 형태로든, 또 어느 정도로든 관여되는 자전성에 주목함으로써 소설을 더 잘 이해할 수 있으리라는 것이다.

5 이 '나'는 서문의 말미에서 "민국 7년 4월 2일 적음"이라고 쓴다. 민국 7년이면 1918년이다.

6 「소설가로서의 루쉰과 그의 소설세계」, 『중국현대문학』 제10호(중국현대문학학회, 1996. 6.)(이 책 1부에 수록): 전형준 편, 앞의 책, pp. 41-43 참조.

解剖)이나 자기반성(自我反思)의 측면에 주목한 루쉰 읽기는 이미 오래전부터 행해져 왔고 이제는 너무나 흔해졌다. 필자는 지금 「광인일기」를 자기분석이나 자기반성의 텍스트로 보아야 한다고 주장하려는 것이 아니라 이 소설에 나타나는 자아분열의 양상에 대해 살펴보려는 것이다. 루쉰에 관해서는 워낙 많은 글들이 생산되고 있기 때문에 필자와 관점을 같이하는 선행연구의 존재 여부를 확인하지는 못했다. 다만 「루쉰의 일인칭 소설 중의 서술대변인 독해」라는 소논문[7]의 관점은 필자와 비슷하면서도 달라 미리 검토해두는 것이 도움이 되리라 생각된다. 이 논문은 「두발 이야기」, 「광인일기」, 「술집에서」, 「고독한 사람」의 4편을 예로 들면서 거기에 나타나는 자아의 분열 양상에 대해, "작가의 '자아'가 두 개의 대립적 서술자로 분열된다. 하나는 일인칭 서술자로서 희망이라는 한 극을 대표하며 다른 하나는 삼인칭 서술자(서술대변인)[8]로서 절망이라는 한 극을 대표한다. 소설은 실질적으로 '자아'의 대화이고 영혼의 엄혹한 고문이다. 서로 힐난하는 하나의 '나'와 다른 하나의 '나'는 나누기 어렵다"(43), 라고 설명했다. 사실 이 설명은 「광인일기」 이외의 세 작품에 부합하는 설명이다. 「광인일기」의 경우는 두 개의 일인칭 서술자들이 등장하기 때문이다. 그런데 서술자 '나'와 작중인물 '그'든, 두 개의 '나'든 그들 사이의 관계를, 아무런 근거나 매개 없이, 자아의 분열로, 다시 말해 "작가의 '자아'의 서로 다른 두 측면 혹은 내면적 모순의 두 측면의 외화(外化)"(44)로 파악하는 게 과연 타당할까? 필자 자신이 전에 이런 식의

---

7 晏杰雄·龔鵬, 「魯迅自我小說中的敍述代言人解讀」, 『南通紡織職業技術學院學報(綜合版)』 第5卷 第4期(2005). 이하 이 논문의 인용은 괄호 속에 쪽수를 표시함.

8 작중인물(그것도 일인칭 화자와 함께 등장하는)을 삼인칭 서술자나 '서술대변인'이라고 파악하는 것은 납득하기 어렵지만 여기서는 논외로 하겠다.

파악을 시도한 적이 있기 때문에[9] 지금은 오히려 더 조심스러워진다. 그런 파악은 너무 단순할 뿐만 아니라 도식적이고 자의적인 것으로 추락하기 쉽다. 그렇게 되지 않으려면 선결해야 할 조건이 있다. 작가와 작중인물 사이의 관계 문제에 대한 충분한 검토가 필요한 것이다. 이 검토가 잘 수행된다면 그런 파악의 타당성을 검증할 수 있을 뿐만 아니라 작가의 내면 갈등의 표현이라는 비교적 추상적인 해석에서 한 걸음 더 나아가 보다 구체적인 해석을 시험해볼 수 있을 것이다.

2. 왕멍을 통해 보는 「광인일기」

왕멍(王蒙)의 1987년 발표작 장편소설 『변신인형(活動變人形)』의 끝부분(즉 속집 제5장 후반부)은 일인칭 화자 '나'가 1985년 여름 한 해변 휴양지에서 니자오(倪藻)와 만났던 일을 서술하고 있다. 니자오는 이 장편소설의 주인공이고, '나'는 니자오의 친구로서 소설을 쓰는 사람인데 니자오가 나를 부르는 호칭은 '왕형(老王)'이다. '나'와 니자오는 함께 수영하고 식사하고 무도회에 참가한다. 두 사람의 행동에는 약간의 차이가 있다. '나'는 먼저 수영을 끝내고 뭍으로 나오고 니자오는 바다 깊숙이 헤엄쳐 갔다가 저물녘이 되어서야 돌아오며(수영을 잘하면 이 정도까지 가능한 건가! 놀랍다), 무도회에서는 니자오만이 춤을 추고("뜻밖에도 니자오는 춤을 아주 산뜻하고 능숙하게" 춘다) 그때 '나'는 소설 구상에 깊이 잠긴다.[10]

9 전형준 편, 앞의 책, pp. 41-43 참조.

10 王蒙, 『活動變人形』(人民文學出版社, 1987), pp. 364-369: 전형준 역, 『변신인형』(문

이 장편소설은 기본적으로 삼인칭으로 서술되는데 몇 군데만은 예외적으로 일인칭으로 서술되었다. 끝부분 이외에도 제1장 첫머리, 제5장 첫머리, 제10장 후반부, 제18장 첫머리, 속집 제5장 전반부 등에 일인칭 화자 '나'가 등장한다. 하지만 그 '나'들은 니자오 이야기 바깥에서 자신의 이야기를 할 뿐인데, 작품 말미의 '나'는 니자오 이야기 속에 한 인물로 직접 등장한다는 점에서 다른 '나'들과 다르다. 독자는 앞의 '나'의 이야기를 들으면서 이 화자가 작가 자신이 아닐까 추측하게 되는데, 그 추측은 점점 더 강해지다가 작품 말미에 와서 확신으로 변한다. 이 '나'는 소설을 쓰는 사람이고 성도 왕씨이니 독자가 작가 왕멍 자신이라 여기게 되는 것은 자연스러운 일이다. 또한 니자오를 왕멍의 실제 친구나 그 친구를 모델로 만들어낸 허구의 인물일 것으로 생각하게 되는 것 또한 자연스럽다.

그러나 작가 왕멍에 대해 알면 알수록 우리는 작중인물 니자오의 생애가 작가와 비슷하다는 것을 발견한다. 이를테면, 니자오는 1934년생이고, 아버지가 서양에 유학을 다녀와서 대학에서 강의를 했고 1946년에 해방구로 갔으며, 그 부모는 불화가 심했고, 어린 시절 시쓰파이러우(西四牌樓) 근처에서 살았고, 중학교 때 공산당에 가입하여 지하활동을 했고, 1960년대에 신장(新疆)에서 살았고, 1980년 6월에 독일을 방문, 문혁 때 망명하여 독일에서 대학 교수가 된 옛 친구를 만난다. 이것들은 모두 작가 왕멍의 전기적 사실과 유사하다. 필자는 독일에 있는 왕멍의 친구 관위첸(關愚謙)을 서울에서 실제로 만나 그에게서 왕멍에 대해 많은 이야기를 듣기도 했다. 아마도 왕멍의 전기적 사실을 더 많이 알게 될수록 왕멍

학과지성사, 2004), pp. 497-503.

과 니자오 사이의 유사점도 더 많이 발견하게 될 것이다. 물론 그 유사성은 대부분의 경우 약간의 변형을 동반할 것이다. 니자오의 직업이 언어학자인 것처럼 말이다. 언어학자와 작가는 다르지만 둘 다 언어를 다룬다는 점에서 여전히 유사하다. 작중인물 니자오가 바로 작가 왕멍의 분신이라는 사실은 이 장편소설을 이해하는 데 결정적으로 중요하다. 니자오가 작가의 분신이므로 이 작품은 자전적 소설임이 분명하다.

그런데 자전이라면 아주 독특한 자전이다. 왜냐하면 작품 속에 소설가 왕멍과 언어학자 니자오가 함께 등장하기 때문이다. 니자오만 등장시켰을 경우를 상정해보면 양자 사이에 커다란 차이가 존재함을 금세 알아차릴 수 있다.

니자오는 아버지 니우청을 끝내 증오한다. 그 증오는 유년 시절의 희미한 반감에서부터 독일에서의 회상을 거쳐 아버지의 죽음 이후의 회상에 이르기까지 끈질기게 지속되며 끊임없이 덧난다. 작품 말미에서 왕멍과 대화하는 1985년의 니자오도 여전히 그 증오를 벗어나지 못한 것으로 보인다. 그러나 이 작품의 서술이 보여주는 것은 아주 다르다. 니자오 이야기를 서술하면서 때로 작품 속에 직접 등장하기도 하는 작가 왕멍은, 다시 말해 1985년에 이 작품을 쓰고 있는 왕멍은 니우청과의(그리하여 왕멍 자신의 아버지와의) 화해를 이루고 그에 대한 사랑을 획득한다. 그 화해와 사랑은 이 장편소설을 쓰는 과정에서 생성된 것이라고 할 수 있다. 화해와 사랑이 먼저 있어서 이 작품을 쓴 것이 아니라 작품을 쓰는 가운데 화해와 사랑이 생성되었다고 보아야 한다는 것이다. 그리고 그 생성의 주체는 작가가 미리 가지고 들어간 관념이 아니라 소설쓰기 자체, 특히 그 중에서도 시점과 화법의 복합이라는 글쓰기 형태라고 할 수 있다. 복합적인 시점과 화법으로 말미암아 인물과 사건들이 단순 규정의 틀을 벗어나 복잡한 진짜 모습을 드러낸다. 가령, 똑같은 일도 시점에 따라 설명과 판단이 달라진다. 아버지 니우청의 심정은 그것대로, 어머니 쟝징이(姜靜宜)의 심정은 또 그것대로 나름의 진정성을 드러내는 것이며, 그들을 부정하는 아들 니자오의 심정 또한 나름의 진정성을 드러낸다. 그들의 삶은 왜곡된 모습일망정 어김없이 진정성을 내포하고 있으며 그것이 그들의 삶에 의미를 부여한다. 이 진정성과 의미가 화해와 사랑의 근거다.

니자오와 왕멍의 동시적 출현은 일종의 자아분열이다. 반성하는 자아와 반성되는 자아로의 분열이다. 반성하는 자아 왕멍이 반성되는 자아 니자오에 대해 서술한다. 이 과정에서 화해가 이루어지는 것이다. 다시 말해 반성의 과정이 곧 서술의 과정이고 동시에 화해의 과정이다. 만약 니자오만 등장했다면 이러한 구조적 복합성은 실현되지 못했을 것이다.

「광인일기」의 두 명의 '나' 사이 관계는 『변신인형』의 니자오와 '나' 사이 관계와 기본적으로 같다. 우선 「광인일기」의 문언문 서문에 나오는 '나'가 독자들에게 작가 루쉰으로 여겨지는 것은 자연스럽다. 마치 『변신인형』 말미에서 '왕형'이라고 불리우는 '나'가 독자들에게 작가 왕멍으로 여겨지는 것이 자연스러운 것처럼 말이다. 백화문 일기의 화자 '나'(즉 광인)는 서문의 '나'(즉 작가 루쉰)의 중학교 시절 친구 형제 중 동생이다. 독자들이 이 광인을 루쉰의 실제 친구거나 그 친구를 모델로 만들어낸 허구의 인물이라고 여기는 것도 자연스럽다. 마치 『변신인형』의 니자오에 대해 독자들이 그러는 것처럼. 그러나 니자오가 실제로는 작가 왕멍의 분신이라 하기에 충분할 정도로 전기적 사실에 있어서 유사한 것처럼, 광인 역시 작가 루쉰과 유사한 면을 가지고 있다.

이른바 본사(本事)라는 각도에서 볼 때 「광인일기」의 광인은 문학적으로는 러시아 작가 고골(Nikolai Vasilievich Gogol, 1809-1852)의 동명의 단편소설에서 비롯되었고, 현실적으로는 루쉰의 이종사촌동생에서 비롯되었다. 그 이종사촌동생은 이름이 롼쥬쑨(阮久孫)으로 산서성(山西省)의 한 관청에서 일하던 중 피해망상증이 발병하여 1916년에 북경으로 치료하러 왔지만 끝내 치료하지 못하고 고향으로 돌아갔다.[11] 그렇다면 「광인일기」의 광인은 그 이종사촌동생을 모델로 삼아 만들어낸 허구의 인물임이 분명하다. 그런데 문제는 허구의 인물인 이 광인이 작가 루쉰과 전기적으로 유사한 면을 보인다는 데 있다.

우선 이 광인은 일기 제1절에서 "오늘 밤은 달빛이 좋다./내가 이것을 못 본 지도 이미 삼십여 년이 되었는데, 오늘 보니 기분이 아주 상쾌하다"[12]라고 말하는데, 일기의 현재를 1911년이라고 본다면 1881년은 정확히 30년 전이 된다. 1881년은 루쉰이 태어난 해다. 또 루쉰이 1912년 2월 소흥을 떠나 남경으로 가서 교육부 직원이 된 것과 「광인일기」 중의 '광인'이 병이 나은 뒤 관리가 되어 다른 지방으로 간 것 사이에는 분명한 유사 관계가 있다. 그리고 1911년 10월부터 1912년 2월까지 소흥에서 겪은 루쉰의 신해혁명 체험은 '광인'이 발병하면서부터 병이 낫기까지의 병

11 루쉰은 자신의 1916년 10월 30일 자 일기에 "쥬쑨(久孫)이 집에 왔다"고 썼고, 31일 자에 "오후에 쥬쑨의 병이 많이 악화되고 밤이 되자 더 심해져서 이케다 의사의 진찰을 급히 청했다"고, 11월 6일 자에 "이케다 의원으로 가서 쥬쑨을 기차역까지 데려가 란더(藍德)를 시켜 남쪽으로 돌아가게 했다"고 썼다. 『魯迅日記』 上卷(人民文學出版社, 1976), pp. 205-206 참조. 북경의 루쉰박물관에 롼쥬쑨이 쓴 편지가 보존되어 있는데 그 내용은 다음과 같다. "어머님 전상서. 눈물을 흘리며 어머님께 아뢰나이다. 번치현의 장지사는 마음이 약하여 보통 일은 대체로 형님께서 대신해서 결정하나 봅니다. 그래서 형님을 미워하는 자가 매우 많습니다. 이번에는 번치현 읍내의 인사들과 상업계가 모여 어떻게 사람을 잡을 것인가를 모의해서 결정했습니다. 자금을 모은 후 거리에서 뇌물을 주면서 형님과 동생을 죽이려 하고 있습니다. [……]" 王士菁, 『魯迅傳』: 유세종 역, 『루쉰의 삶과 사상』(다섯 수레, 1992), p. 104 참조. 저우쭤런(周作人)은 1950년에 쓴 글(「「狂人日記」里的人」)에서 정신병자 친척이 두 사람 있었다고 밝혔다. 孫郁·黃喬生主編, 『書里人生』(河北教育出版社, 2000), p. 177 참조.

12 루쉰, 전형준 역, 『아Q정전(루쉰소설선)』(창작과비평사, 1996(초판); 2006(개정판)), p. 8: 『魯迅全集』 第1卷(人民文出版社, 1981), p. 422.

력(심층구조적 의미로는 계몽 활동)과 유사 관계가 있다.[13]

이렇게 본다면 우리는 「광인일기」 서문의 '나'와 일기의 '나' 사이 관계에 대해 다음과 같이 말할 수 있다. 이 두 개의 '나'는 모두 작가 루쉰의 분신들이며 작가 내면의 또 다른 자아들이다. 그중 서문의 '나'는 반성하는 자아이고 일기의 '나'는 반성되는 자아다. 「광인일기」와 『변신인형』 두 작품 사이의 차이는, 『변신인형』에서 '나—왕멍'과 '니자오'가 같은 시공간에 출현하여 대화를 나누는 데 비해 「광인일기」에서 두 개의 '나'는 자신이 기록한 기록물의 기록자일 뿐이어서 둘이 같은 시공간에 출현하는 일이 발생하지 않는다는 것이다.

3. 김지하를 통해 보는 「광인일기」

「광인일기」와 『변신인형』, 두 작품의 같고 다름이 무엇을 뜻하는지를 알아보는 데에 한국시인 김지하를 참조하는 일이 도움이 될 것이다. 이 생각을 불러일으킨 김지하[14]의 시 「무화과」 전문은 다음과 같다.

> 돌담 기대 친구 손 붙들고
> 토한 뒤 눈물 닦고 코풀고 나서

13 이 유사 관계를 몇 달 간의 신해혁명 체험에 국한하지 않고 더 확장할 수 있는가 하는 문제는 뒤에 다시 살펴보기로 한다.

14 金芝河, 1941-2022. 1969년에 등단하여 한국의 대표적인 저항시인으로 활동함. 1970년 장시 「오적(五賊)」을 발표하고 반공법 위반으로 체포 투옥되었고, 1974년엔 전국민주청년학생총연맹 사건으로 체포되어 사형을 선고받았다. 1980년 12월에 형집행정지로 석방된 뒤 활발한 문학 활동을 펼쳤다.

우리른 잿빛 하늘
무화과 한 그루가 그마저 가려섰다.

이봐
내겐 꽃시절이 없었어
꽃 없이 바로 열매 맺는 게
그게 무화과 아닌가
어떤가
친구는 손뻗아 등 다스려주며
이것봐
열매 속에서 속꽃 피는 게
그게 무화과 아닌가
어떤가

일어나 둘이서 검은 개굴창가 따라
비틀거리며 걷는다
검은 도둑괭이 하나가 날쌔게
개굴창을 가로지른다[15]

이 시는 1986년 무크지 『우리시대의 문학』 제5호에 발표되었는데, 당시 이 무크지의 편집 동인이었던 필자가 시인에게 원고 청탁을 했었고 또 해남에 있던 시인의 집을 찾아가 직접 원고를 받아왔었다. 200자 원고

15 『우리시대의 문학』 제5호(문학과지성사, 1986), pp. 110-111.

지에 육필로 쓴 상태의, 「무화과」를 포함한 5편의 시를 처음 읽은 독자는 필자였던 것이다. 그러나 그 5편 중 필자는 「무화과」의 얼핏 담담해 보이는 언어는 무심히 지나쳐버렸고 오히려 「빗장질린 문」의 강렬한 언어에 주목했었다. 우둔한 필자가 무심히 지나쳐버린 「무화과」에 '마음을 사로잡히고' 그래서 이 시의 '내면으로 내려가본'[16] 사람은 비평가 김현(1942-1990)이었다. 김현의 평론 「속꽃 핀 열매의 꿈」은 이 시에서 세 개의 자아를 발견했다. 이 시에는 두 명의 인물이 등장한다. 하나는 술에 취해 무화과나무 아래에서 토하는 '나'고 다른 하나는 그런 나를 부축해주는 친구다. '나'는 "꽃처럼 활짝 펴 남의 시선을 끌던 시절이 없었네(나는 고생만 했네)"라고 심정을 토로하고, 친구는 무화과를 가리키며 "(자네는 무화과 같은 사람일세) 무화과는 꽃 없이 바로 열매를 맺어. 아니 열매 속에서 속꽃 피네(자네는 화려한 시절을 보낸 뒤에 성숙한 게 아니라, 성숙한 채로 화려한 걸세)"라고 '나'를 위로한다.[17] 이 대화에 대한 김현의 해석은 다음과 같다.

> 나의 절망과 친구의 위로는 매우 진부한 주제이다. 그러나 그 진부한 주제를 형용하는 무화과라는 이미지는 뛰어난 이미지이다. 무화과라는 이미지가 그 진부한 대화—나는 실패했다; 너는 위대하다—를 순식간에 비극적 높이로 이끌어 올린다. 그 비극적 높이는 열매 속에 속꽃이 피어 있다는 놀라운 인식에 의해 가능해진다. 꽃시절이 없는 것처럼 보여도, 열매가 있으면 그 속에 꽃은 들어 있다! 그 인식은 비극적이다.[18]

16 내면으로 들어가는 게 아니라 내려간다는 것은 이 내면이 공간적으로 밑에 있다는 것이 되고, 그러므로 이 내면은 동시에 심층이기도 하다.

17 김현, 『전체에 대한 통찰』(나남출판사, 1990), p. 327 참조.

18 위의 책, p. 328.

무화과라는 뛰어난 이미지가 진부한 대화를 비극적 높이로 이끌어 올린다는 김현의 말투는 그대로 그의 평론에도 적용될 수 있다. 즉, 김현의 뛰어난 해석이 외견상 담담해 보이는 이 시를 순식간에 치열한 비극적 시로 끌어올린다. 이 비극성은 신비주의, 낭만주의, 내부초월 등의 문제와 함께 보다 자세히 검토될 수 있다. 하지만 필자가 여기서 참조하고자 하는 것은 세 개의 자아 문제다. 문제의 대목에서 김현은 다음과 같이 썼다.

> 나와 친구와의 대화는 탄식과 위로의 대화이다. 그 대화는 실제로 존재하는 두 사람 사이에서 일어난다. 그러나 그 두 사람이 과연 두 사람일까? 화자는 삼련에서 "일어나 둘이서 개울가를 따라 비틀거리며 걷는다"라고 씀으로써, 그 둘이 하나같이 '비틀거리고 걷'는 모습을 보여준다. [……] 그들은 어둠 속으로 사라진다. 어둠 속으로 사라진 그 둘은 사실에 있어 하나가 아닐까? 더 나아가 나와 친구, 화자는 한 사람이 아닐까? 나는 꽃시절을 바랐다라는 바람의 동력이 그 나를 셋으로 나눠, 그 바람의 치기를 객관화시키고 있는 것이 아닐까? 그렇다면 나는 실재적 자아이며, 친구는 잠재적 자아이며, 화자는 그 두 자아를 관찰하는 예술적 자아이다. 실재적 자아의 욕망을 잠재적 자아는 너는 실패한 것이 아니라고 달래고, 그 두 자아의 대화를 예술적 자아는 어둡게 그려내고 있다. 절망에만 빠져 있지 않기 위해 자아는 분열하며, 한 자아는 달래고, 한 자아는 그 달램을 예술로 만든다. 한 자아의 욕망은 적절히 규제되어, 그의 절망은 폭발력을 제어받는다. 그 분열의 과정은 아름답고 감동적이다.[19]

19 위의 책, p. 330.

김현과 김지하는 오랫동안 서로 만날 기회가 없었는데[20] 「무화과」라는 시를 통해 오랜만의 만남을 이루었다. 김지하는 황지우와의 인터뷰에서 김현의 이 평론에 대한 소감을 묻는 질문에 "과연 김현답다"고 하면서, 자신이 술에 취해 토하고 친구 모씨가 자신의 등을 두드려준 일이 실제로 있었다고 밝힌 바 있다. 이른바 본사(本事)를 중요시하는 사람들은 이를 증거로 삼아 김현의 해석이 잘못되었다고 주장할 수도 있다. 필자의 생각은 다르다. 이 시는 실제로 있었던 일을 재현한 것이 아니기 때문이다. 실제로 있었던 일은 이 시의 하나의 모티프로 작용했을 따름이다. 이 시는 본사의 재현이 아니라 상상이다. 이 상상은 시인의 의식 너머에 숨어 있는 내면을 통찰한다. 그리고 이 통찰은 자아의 분열을 통해 성취된다.

김현의 개념을 이제까지의 논점에 적용하면 다음과 같다. 우선 「무화과」의 실재적 자아는 절망하는 자아고 잠재적 자아는 위로하는 자아인데 비해 「광인일기」와 『변신인형』의 실재적 자아는 반성하는 자아이고 잠재적 자아는 반성되는 자아라고 볼 수 있다. 이렇게 보면 양자 사이에는 능동성/수동성의 역전이라는 차이가 있다. 즉, 「무화과」에서는 잠재적 자아가 능동적인 데 비해 「광인일기」, 『변신인형』에서는 실재적 자아가 능동적이다. 이는 개성의 차이라기보다는 장르의 차이와 관련되는 게 아닐까 생각해볼 수 있다. 시는 서정 장르이고 소설은 서사 장르다. 장르의 차이를 좀 더 적극적으로 고려한다면, 「광인일기」, 『변신인형』에서의 두 자아, 즉 반성하는 자아와 반성되는 자아 둘 다를 모두 잠재적 자아라고

---

20 김지하는 1969년 11월 시인 조태일(趙泰一)이 주재하던 잡지 『시인』에 「황톳길」 외 4편의 시를 발표함으로써 등단했는데, 그때 조태일에게 김지하를 소개해준 사람이 바로 김현이었다.

파악할 수도 있다. 어쩌면 이 파악을 역으로 김지하의 시에 적용하는 것도 불가능하지만은 않을 듯하다. 그러니까 절망하는 '나' 역시 실재적 자아가 아니라 잠재적 자아라고 보는 것이다. 다음으로 주목되는 것은 '예술적 자아'의 문제다. 「광인일기」에는 김현이 말하는 의미에서의 '예술적 자아'가 나타나지 않는다. 「광인일기」의 두 명의 '나'는 각자 자기가 기록한 기록물 내부에 제한된 존재고, 이 작품이 제시하는 것은 두 개의 기록물뿐이다. '예술적 자아'가 있다면 그것은 두 개의 기록물들 뒤에 숨어 있다. 『변신인형』의 경우에도 '예술적 자아'가 「무화과」에서처럼 뚜렷하게 인지되지는 않는다. 「무화과」에서는 두 자아를 관찰하는 제3의 시선이 제3연에서 뚜렷이 나타났지만 『변신인형』의 경우에는 두 자아를 관찰하는 시선이 그중 한 자아, 즉 반성하는 자아와 겹쳐진 채 그 밖으로 나오지 않기 때문이다. 이렇게 보면 세 작품 사이에는 미묘한 차이가 존재함을 알 수 있다. 그 미묘한 차이를 통해 우리는 「광인일기」를 새롭게 음미해볼 수 있을 것이다.

만약 「광인일기」가 문언문 서문 없이 백화문으로 된 일기 부분만이었다면(고골의 「광인일기」가 그렇다), 그것은 원래의 「광인일기」와 어떻게 다른 것일까? 또, 「광인일기」를 『변신인형』처럼 구성했다면, 즉 '광인' 이야기를 니자오 이야기처럼 삼인칭으로 서술하면서 '나—루쉰'이 일인칭 화자로 등장했다면, 이것은 또 어떻게 다른 것일까? 또 만약에, 거기서 한걸음 더 나아가 두 자아를 관찰하는 '예술적 자아'가 나타나도록 서술했다면, 이것은 또 어떻게 다른 것일까? 「광인일기」는 지금의 형태기 때문에 루쉰의 「광인일기」다. 다른 것들은 각각 고골, 왕멍, 그리고 다른 어떤 작가의 「광인일기」가 될 것이다.

4. 광인과 루쉰의 관계

봉건에 반대하고 근대를 추구하는 반봉건 전사가 봉건에 매몰되어 있는 사람들의 눈에는 광인으로밖에 보이지 않는 게 당시의 현실이다. 가령 1919년 4월 작품인 「약(藥)」에서 옥중의 샤위(夏瑜)[21]가 "이 청나라의 천하는 우리 모두의 것"이라고 말했다가 옥리에게 따귀를 맞았는데, 따귀를 맞으면서도 "불쌍하다, 불쌍해"라고 말했다는 이야기를 전해 들은 사람들의 반응을 보자.

> "아이(阿義)가 불쌍하다구…… 미친 소리, 완전히 미쳤군." 희끗희끗한 수염이 문득 크게 깨달았다는 듯이 말했다.
>
> "미쳤어." 스무 살 남짓한 사람도 문득 크게 깨달은 듯이 말했다.[22]

이 대목은 전작인 「광인일기」에 대한 주석이라고 할 수 있다. 바로 이 맥락에서 반봉건 전사는 광인이다. 그러나 「약」의 혁명가는 사람들에게 광인이라고 평가되는 것이지 그 자신은 당당한 모습으로, 다시 말해 긍정적인 모습으로 나타난다. 아마도 츄진을 모델로 했기 때문일 것이다. 이에 비해 「광인일기」의 반봉건 전사는 사람들에게 광인이라고 평가될 뿐만 아니라 그 자신 실제로 광인으로 나타난다. 그 반봉건 전사가 바로 루쉰 자신이고 자신에 대한 반성이 그만큼 엄혹하고 치열하기 때문일 것이다.

---

21 주지하듯 그는 1907년 처형된 감호여협(鑒湖女俠) 츄진(秋瑾)을 모델로 한 인물이다.
22 루쉰, 전형준 역, 앞의 책, p. 44: 『魯迅全集』 第1卷, p. 446.

그러나 그 엄혹하고 치열한 반성의 대상은 신해혁명 당시에만 국한되는 것이 아니다. 일기에 나타나는 시간적 표지로 주목되는 것은 "작년에 시내에서 죄인을 죽였을 때는, 폐병에 걸린 사람 하나가 만두에다 그 피를 적셔서 먹었습니다"라는 말이다. 후속작품 「약」의 테마가 되기도 한 이 사건은 바로 1907년에 있었던 츄진의 처형을 가리키는 것인데 그렇다면 '지금'은 1908년이므로 일기의 시간적 배경을 신해혁명 당시, 즉 1911-1912년이라고 보는 것과 부합하지 않는다. 하지만 광인이 시간적 착각을 하는 것도 얼마든지 가능한 일이고 애당초 소설 속 알레고리의 시간이 실제 시간과는 다른 것이므로 그런 것은 문제가 되지 않을 수도 있다. 이렇게 보면 사실은 일기 첫머리의 '삼십여 년'이라는 숫자에도 얽매일 필요가 없다. 이런 숫자들의 구속에서 벗어나서 다시 생각해볼 필요가 있다.

신해혁명 시기의 루쉰에 대해 자세히 살펴보자.[23] 1902년에 도일했던 루쉰이 일본생활을 끝내고 귀국한 것은 1909년 8월이었다. 귀국한 루쉰은 항주(杭州)의 절강양급사범학당에서 화학과 생리학 담당교사로 있다가 이듬해 7월 사직하고 소흥(紹興)으로 돌아와 소흥부 중학당 교직을 맡았는데, 다음해인 1911년 7월 또 사직했다. 10월 10일에 신해혁명이 발발하여 전국적으로 확산되는 가운데 루쉰은 부중학당 학생들의 요청으로 학교로 돌아가 교감[監學] 직을 맡았다. 11월 5일, 항주가 광복되었다는 소식이 소흥으로 전해지자 소흥의 각계 인물들 약 100명이 모여 회의를 했고, 이 자리에서 루쉰이 주석(主席)으로 선출되었다. 루쉰은 무장연설대[武裝講演隊]를 조직하여 혁명의 의의를 선전할 것을 제의했다. 11

23 이하는 주로 蒙樹宏編, 『魯迅年譜稿』(廣西師範大學出版社, 1988), pp. 66-79 참조.

월 6일, 패전한 청나라 군대가 소흥으로 퇴각해온다는 소문이 퍼지며 민심이 뒤숭숭해지자 루쉰은 부중학당 학생들을 모아 가두선전 활동에 나서 민심을 안정시켰다. 이틀간 루쉰의 활동은 루쉰의 막내동생 저우젠런(周建人)의 회고록에 비교적 자세하게 기록되어 있다.[24] 며칠 뒤인 11월 10일 혁명당원인 왕진파(王金發)가 광복군을 이끌고 소흥에 입성, 11일에 소흥 군정분부(軍政分部)를 성립하고 스스로 도독(都督)이 되었다. 루쉰은 소흥의 초급사범학교 교장[監督]으로 임명되었다. 그러나 혁명은 금세 반동에 부딪혔다. 왕진파도 보수화되었고, 1912년 1월 3일 창간된 『월탁일보(越鐸日報)』라는 신문 발행에 관여하면서[25] 점점 더 왕진파와 대립하던 루쉰은 마침내 교장직을 그만두고 친구 쉬서우창(許壽裳)의 부름에 따라 남경으로 나와 중화민국 임시정부 교육부 직원이 되었다. 이때가 1912년 2월 말이다. 5월에는 정부가 북경으로 옮겨감에 따라 루쉰도 북경으로 이주했다.[26]

이상 간략히 살펴본바 신해혁명 당시 루쉰의 활동은 확실히 혁명활동이라고 불릴 만하다. 그러나 기왕의 루쉰논의는 일본 체류 시기와 북경의 소흥회관 거주 시기에 초점을 맞추었고, 신해혁명 시기에 대해서는 별다른 관심을 기울이지 않았다. 그것은 주로 루쉰 자신에게서 기인했다고 할 수 있다. 1922년 12월에 쓴 『납함(吶喊)』 서문에서 루쉰은 일본 체류

---

24 周建人, 「魯迅任紹興師範學校校長的一年」, 孫郁·黃喬生主編, 『年少滄桑』(河北敎育出版社, 2000), pp. 261-262 참조.

25 창간사도 썼고 '잡문란'을 만들어 필명을 바꿔가며 소흥의 여러 시대적 병폐를 질책했고 군정부를 공격하는 글까지 실었다. 王曉明, 『無法直面的人生: 魯迅傳』(上海文藝出版社, 1993): 이윤희 역, 『인간 루쉰』(동과서, 1999), pp. 76-77 참조.

26 신해혁명 당시의 이러한 사정은 루쉰 자신이 1926년에 쓴 산문 「판아이눙(范愛農)」에, 약간 조소적으로 비틀고 있지만, 비교적 자세히 서술되어 있다.

시의 환등사건과 잡지 『신생(新生)』 사건과 소홍회관 거주 시기에 있었던 '쇠로 만든 방(鐵屋子)' 일화에 대해 자세히 이야기하면서, 그 사이의 일에 대해서는 아주 모호하게 약간의 언급만 하는 데 그쳤다. 인용하면 다음과 같다.

> 내가 이제껏 겪어본 적이 없는 허무감을 느끼게 된 것은 그 이후(『신생』의 결말 이후—인용자)의 일이었다. 처음에 나는 그 이유를 몰랐다. **나중에 생각해 보니**, 무릇 한 사람의 주장이 찬성을 얻게 되면 그 전진을 촉구하게 되고 반대를 받게 되면 그 분투를 촉구하게 되지만, 낯선 사람들 속에서 홀로 외쳤는데 그들에게서 아무런 반응이 없으면, 찬성도 반대도 없으면, 마치 끝없는 벌판에서 선 것처럼 어찌할 도리가 없게 되니 이 얼마나 슬픈 일인가! 그리하여 나는 내가 느낀 것을 적막이라고 생각했다.
>
> 그 적막은 날로 자라나서, 마치 큰 독사처럼 나의 영혼을 휘감았다.
>
> 그러나 나는 끝없는 비애에 사로잡혀 있으면서도 조금도 분노하지는 않았다. 왜냐하면 **그 경험이 나를 반성케 했고** 스스로를 돌아보게 했기 때문이다. 나는 팔을 높이 들고 한 번 외치면 그 외침에 응하는 자가 구름처럼 몰려드는 그런 영웅이 결코 아니었던 것이다.
>
> 다만, 나 자신의 적막은 떨쳐버리지 않으면 안 되었다. 왜냐하면 그것이 내게 너무 고통스러웠기 때문이다. 그래서 나는 여러 가지 방법을 사용하여 자신의 영혼을 마취시키고서, 자신을 국민 속으로 함몰시켰고, 자신을 고대(古代)로 돌려보냈다. 그 뒤에도 몇 가지 더욱 적막하고 더욱 슬픈 일을 친히 겪거나 곁에서 지켜보았는데, 하나같이 돌이켜보고 싶지 않은 것들로서 그것들을 나의 머리와 함께 기꺼이 땅속에 묻어 없애고 싶었다. 그러나 나의 마취법이 주효했던 모양이다. 청년 시절의 비분강개하던 심정은 더 이상 생겨나지 않았다.[27](강조—인용자)

위 인용의 가장 큰 글쓰기 특징은 시간적 모호함이다. 처음의 『신생』의 결말과 마지막의 소홍회관 시절 이외에는 시간적 변별을 가능케 해주는 어떠한 표지도 제시하지 않았을 뿐만 아니라 사건이나 행위들이 중복되고 뒤섞여서 시간적 선후가 드러나지 않거나 은폐된다. 우리는 루쉰이 겪은 신해혁명 시기, 즉 1911년 10월부터 1912년 2월까지가 어디쯤에 해당하는 것일까, 라는 의문을 떠올리게 된다. 루쉰은 왜 그 시기에 대한 별도의 진술을 하지 않은 것일까? 신해혁명 시기가 그에게 별다른 의미가 없었기 때문일까, 아니면 거꾸로 너무 상처가 커서 회피하고 있는 것일까? 위 인용 중 주목할 곳은 강조 표시된 구절들이다. "나중에 생각해 보니"의 '나중에'는 언제인가? "그 경험이 나를 반성케 했고"의 '그 경험'은 무엇이며 '반성'한 때는 언제인가? 문맥상으로는, 『신생』의 결말 이후 허무감을 느끼게 되었고 **나중에** 그 이유를 알게 되었으며, **그 경험이 '나'를 반성케** 한 것으로 정리되니까 '그 경험'은 『신생』의 결말을 말하는 것 같다. 그렇다면 이유도 알고 반성도 한 '나중'은 대체 언제인 것일까? 신해혁명 이전인가, 이후인가? 필자는 이 모호함이 신해혁명 시기를 회피하고자 하는 마음의 움직임에서 비롯된 것이라고 본다. 그렇게 보면 위 인용에는 하나는 드러나고 다른 하나는 숨겨진 두 사건이 있다. 드러난 것은 『신생』의 결말이고 숨겨진 것은 신해혁명 체험이다. 두 사건은 좌절을 겪었다는 점에서 똑같고, 그 뒤 허무감을 느낀다는 점에서도 똑같다. 그렇다면 같은 사건을 두 번 겪은 뒤에, 그러니까 남경으로 간 뒤에 비로소 반성이 이루어진 것이 아닐까?

27 유세종·전형준 편역, 『투창과 비수(루쉰 산문선)』(도서출판 솔, 1997), pp. 87-88: 『魯迅全集』 第1卷, pp. 417-418.

이렇게 보면 '광인'과 루쉰전기(傳記) 사이의 유사 관계는 신해혁명 시기에 국한되지 않고 확장될 수 있다. 그 확장은 『신생』의 결말까지, 더 나아가 이른바 기의종문(棄醫從文)의 결심까지 거슬러 올라갈 수 있다. 일기에서 광인의 인식을 두 단계('나'도 사람 고기를 먹었을 수 있다는 걸 깨닫기 전과 후)로 나눌 수 있으므로, 도식화의 위험을 무릅쓰고 이 분기(分期)에 상응될 만하게 루쉰전기의 시기를 본다면, 우리가 주목할 만한 첫 번째 시간은 1907년이다. 『신생』 잡지의 추진이 좌절된 것도 이 무렵이었고,[28] 또한 쉬시린(徐錫麟)의 봉기가 실패하여 쉬시린, 천보핑(陳伯平), 마중한(馬宗漢), 츄진이 죽은 것이 1907년 7, 8월이었다. 1907년까지를 제1단계로 본다면, 이 시기는 "팔을 높이 들고 한 번 외치면 그 외침에 응하는 자가 구름처럼 몰려"들 것이라 믿은 나이브한 낙관주의, 소박한 계몽주의의 시기다. 그에 비해 1908년 이후의 제2단계는 소박한 계몽주의가 좌절된 뒤 적막과 비애로 고통받은 시기라 할 수 있는데, 이때 새롭게 시도한 나름대로의 노력들도 계속 좌절을 겪었다. 1907년 12월부터 1908년 8월까지 동맹회 기관지 『하남(河南)』에 발표된 4편의 글(「인간의 역사」, 「악마파 시의 힘」, 「과학사 교본」, 「문화의 편향」)이 실은 모두 1907년에 이미 쓴 글이었고, 1909년에는 『역외소설집(域外小說集)』의 출판이 참혹한 결과를 맞이했고(3월에 발행한 제1책이 21권, 7월에 발행한 제2책이 20권 판매되었다), 점점 심해지는 경제적 어려움에 몰려 더 이상 일본에 있지 못하고 8월 말에 귀국했으며, 귀국 후에는 교육계의 봉건적이고 부패한 분위기 속에서 교편을 잡았다가 사퇴하는 일을 되풀이했다.

28 추진을 시작한 것은 1906년 4월경이었고, 좌절로 결말이 나온 것은 1907년 여름이었다. 蒙樹宏編, 앞의 책, p. 55, 59 참조.

주목할 만한 두 번째 시간은 1911-1912년이다. 1911년 10월 루쉰은 드디어 신해혁명을 맞이했고 적극적으로 혁명활동을 벌였다. 이에 대해 쑨위(孫郁)는 "루쉰이 일생 동안 그처럼 즐겁게 혁명에 투신한 것은 매우 드문 일이었다"라고 썼고,[29] 왕샤오밍(王曉明)은 "(혁명의 전개가—인용자) 그를 희망에 부풀게 하였다. [……] 루쉰은 다시 '목숨을 건 사내'로 변모하였다"라고 썼다.[30] 그러나 순식간에 혁명이 반동화됨에 따라 루쉰은 결국 환멸에 빠지고 신변의 위협에도 봉착하여 소흥을 떠나게 되었다.

작중의 광인이 사람들에게 "당신들은 고칠 수 있어, 진심으로 고치라구! 앞으로는 사람을 잡아먹는 사람은 세상에 살아갈 수 없게 된다는 걸 알아야지"라고 외치는 모습과 흡사한 장면을 우리는 루쉰의 전기에서 시기적으로 두 차례 발견한다. 신해혁명 때의 루쉰의 활동, 특히 11월 5, 6일 이틀간의 활동과 1907년에 쓴 글 「악마파 시의 힘」에 나오는 영웅적 이미지(큰소리로 한 번 외치면 듣는 사람이 떨치고 일어난다)다.

이상의 검토로부터 우리는 일본 체류기간의 활동과 귀국 이후 신해혁명 체험까지의 자신에 대한 포괄적인 반성을 아이러니컬하게 그려낸 것이 「광인일기」라는 결론에 도달하게 된다. 이렇게 보면, '광인이 병이 나은 뒤 관리가 되었다'라는 결말을 두고 봉건현실에 굴복한 것으로 해석하는 것은 대단히 잘못된 것임이 확연해진다. 광인이 병이 나은 뒤 정상적인 반봉건 전사가 되었어야 했다고 생각하는 사람들[31]뿐만 아니라 작

29 孫郁, 『魯迅與周作人』(河北人民出版社, 1997): 김영문·이시활 역, 『루쉰과 저우쭈어런』(소명출판, 2005), p. 117.

30 이윤희 역, 앞의 책, p. 76.

31 작중의 '광인'을 "정신병을 앓고 있는 반봉건 전사"(앞에서 살펴본, 왕푸런의 표현)라는 현실적 존재로 여기기 때문에 그런 생각이 나올 수 있다.

품전체로부터 아이러니적 구조를 읽어내고 그 결말을 작가의 회의와 절망의 표현이라고 보는 사람들도 똑같이 그런 해석을 전제한다. 그런 해석에는 프레드릭 제임슨이 「다국적 자본주의 시대의 제3세계문학」(1986)에서 제시한 「광인일기」 분석이 큰 영향을 미쳤다. 요약보다는 직접 인용하는 편이 정확하겠다.

> 「광인일기」는 사실상, 별개의 상반되는 두 개의 결말을 갖는데, 이는 자신의 사회적 역할에 대한 작가 자신의 주저와 불안이라는 관점에서 검토해보면 유익하다. 하나의 결말은 기만당한 주체 자신의 것으로서, 거의 보편적인 식인 풍속이라는 견딜 수 없는 상황 속에서 미래를 향해 외치는 것인데, 허공으로 외친 절박한 마지막 대사는 "아이들을 구해라……" 라는 말이다. 그러나 이야기는 시작 페이지에 나오는 또 하나의 결말을 갖는다. 그 형(아마도 식인을 한)은 다음과 같은 쾌활한 말로 화자를 맞이한다. "먼 길을 보러 와줘서 고맙네만, 내 동생은 얼마 전에 병이 나아서 관직(an official post)을 맡아 다른 곳으로 갔다네." 그리하여, 이미 그 악몽은 사전에 무효화된다. 그 편집증적 망상가는 관료적 권력과 특혜의 공간에 자신의 자리를 마련하기 위해 지금 하고 있는 이야기, 자신이 어렴풋이 알아챈 현실의 소름끼치는 이면에 대한 짧고 공포스러운 이야기를 거기서 다시 환상과 망각의 영역으로 기꺼이 돌려보낸다. 나는 이렇게 동시적이고 상반되는 메시지들의 복잡한 작용을 통해서만, 서사텍스트가 진정한 미래에 대한 구체적인 시각을 열 수 있다고 주장하고 싶다.[32]

---

32 Fredric Jameson, "Third-world Literature in the Era of Multinational Capitalism",

지금까지 진행해온 우리의 논의는 제임슨의 이러한 제안에 대한 동의를 불가능하게 만든다. 오히려 다음과 같은 반론을 제기할 수 있다. 제임슨은 '관직을 맡아 다른 곳으로 갔다'는 구절을 지나치게 중시한 것 아닌가? 만약 '관직'이 아니라 '일본 유학'이나 '학교교사', '신문기자' 등으로 갔다면 완전히 다른 소설이 되는 것인가? 필자는 대동소이하다고 본다. '관직'으로 갔으면 봉건현실에 굴복한 것이고 일본 유학을 갔으면 굴복하지 않은 것인가? 게다가 그 관직은 '후보(候補)'로서 '관료적 권력과 특권'을 뜻할 정도로 대단한 것도 아니다.[33] 그것은 하급관리일 뿐이다(고

Social Text, No.15 (Duke University Press, Autumn 1986), p. 77. 필자의 번역이 부정확할 수 있으므로 참고를 위해 영어 원문을 제시하겠다: "Diary of a Madman" has in fact two distinct and incompatible endings, which prove instructive to examine in light of the writer's own hesitations and anxieties about his social role. One ending, that of the deluded subject himself, is very much a call to the future, in the impossible situation of a wellnigh universal cannibalism: the last desperate lines launched into the void are the words, "Save the children ……" But the tale has a second ending as well, which is disclosed on the opening page, when the older (supposedly cannibalistic) brother greets the narrator with the following cheerful remark: "I appreciate your coming such a long way to see us, but my brother recovered some time ago and has gone elsewhere to take up an official post." So, in advance, the nightmare is annulled; the paranoid visionary, his brief and terrible glimpse of the grisly reality beneath the appearance now vouchsafed, gratefully returns to the realm of illusion and oblivion therein again to take up his place in the space of bureaucratic power and privilege. I want to suggest that it is only at this price, by way of a complex play of simultaneous and antithetical messages, that the narrative text is able to open up a concrete perspective on the real future.

33 제임슨은 양셴이와 글래디스 양이 번역한 영문판("A Madman's Diary")를 읽은 것 같다. 그래서 "take up an official post"라는 양씨 부부의 영어 번역을 해석의 자료로 삼았다. 이 영어 표현은 원래의 '후보'라는 뜻을 전혀 반영하지 못한다. 1981년판 루쉰전집의 주석에 의하면 청나라의 관제에서 직함만 있고 실제 직무는 없는 중하급 관리로서 이부(吏部)에서 각 부(部)나 각 성(省)으로 추첨 배정하면 그 임용을 기다리는 것이 '후보'다.

골의 「광인일기」의 화자는 하급관리인데 미친다). 관리든 일본 유학이든 학교 교사든 신문기자든 그것들은 모두 '광기=반봉건'이라는 양가성의 세계를 벗어난 것이라는 점에서 공통되며 중요한 것은 바로 이 점이다(정상적 상태에서의 반봉건 추구가 이제 새로운 과제가 된다). 일기를 쓰는 사람과 일기를 보는 사람이라는 이중구조에서 중요한 것은 두 세계(양가성의 세계와 정상적인 세계)의 대립이지 두 결말(아이들을 구하라고 외치는[34] 결말과 관리로 갔다는 결말)의 대립이 아니다. 두 결말의 내용은 바꿀 수 있지만 두 세계의 성격은 바꿀 수 없다. 두 세계의 성격을 바꾸면 완전히 다른 소설이 되어 버릴 것이다.

그 결말은 '광기=반봉건'이라는 양가성의 세계로부터 벗어나기를 뜻한다. 그 세계를 벗어나서 '광인'은 '모지(某地)의 후보(候補)'로 갔고 루쉰은 '교육부의 직원'으로 갔다. 그리로 간 그들을 기다리고 있는 것은 적막과 비애와 고통이다. 그러나 그것들은 그 자체로 끝나는 것이 아니라 반성의 토대가 된다. 그런 의미에서 그것들은 단순히 부정적이기만 한 것이 아니다. 이 점이 중요하다.

---

34 보주: 이게 꼭 외침일지는 단언하기 어렵다. 원문은 "求求孩子……"인데, 원문의 중국어는 그 뉘앙스의 범위가 넓다. 그래서, 가령 이 장면을 연극화한다고 가정할 때 연출자의 해석이 필수적이다. 지금 광인은 큰 소리로 외치는 것인가, 반대로, 죽어가는 소리로 신음하듯 말하는 것인가? 남에게 하는 말인가, 혼잣말인가? 아마도 며칠 굶었을 테고, 실의에 빠졌다고 본다면 신음하듯 하는 혼잣말로 보는 게 더 그럴 듯할 수도 있고, 반대로 마지막 단말마의 비명처럼 큰소리로 외치는 것도 가능할 듯하다. 직역을 한다면, '아이들을 구하라', '아이들을 구해라', '아이들을 구하자' 등이 다 가능하겠지만 외침인지 중얼거림인지는 그 의미의 선택이 어렵다. 만약 중얼거림이라면, 아예 함축성을 포기하고 명확한 특정화를 취해 "아이들을 구해야 하는데……"라는 식으로 번역하는 게 좋을 수도 있겠다. 국내의 이주노 교수가 일찌감치 이 문제를 제기한 바 있다.

김현의 말투를 「광인일기」에 적용한다면, 고통에만 빠져 있지 않기 위해 자아는 분열하여, 한 자아는 반성하고 다른 한 자아는 반성되며 또 다른 한 자아는 뒤에 숨은 채 그 반성을 예술로 만든다, 라고 말할 수 있겠다. 그 반성의 결과, 고통은 극복의 계기를 얻고 새로운 전망 생성이 가능해진다. '광인'을 작가 루쉰의 잠재적 자아이며 반성되는 자아라고 볼 때 「광인일기」의 의미는 더욱 치열해지고 풍부해진다. 앞에서도 인용했던 왕푸런의 말처럼[35] 루쉰이 "광인과 다르"며, "일생을 마칠 때까지 현실의 땅 위에 서서 이상을 위해 싸"웠고 "몸은 비록 전통과 봉건문화 속에 처해 있었지만 새로운 문화의 출로를 찾은 문화 전사"였다고 한다면, 그것은 「광인일기」에서의 그 치열하고 풍부한 자기반성을 거쳐서 비로소 가능해진 것이다.

35 전형준 편, 앞의 책, p. 239.

○

루쉰 소설의 페미니즘적 해석에 대한 재검토*

1. 문제의 소재

문학작품의 해석이 독자가 가진 해석의 틀에 따라 달라지는 것은 불가피하다면 불가피하고 당연하다면 당연한 현상이다. 이 현상과 관련하여 지금까지 수많은 이론적 및 실제적 성찰이 이루어져 왔음을 우리는 잘 알고 있다. 망각과 무시가(때로는 무지 때문이기도 하지만) 새로운 해석자들에 의해 종종 행해진다는 사실 또한 우리는 잘 알고 있다. 이는 대체로 다음

---

* 이 글은 제8차 동아시아 현대중문문학국제학술연토회(2010년 11월 3-4일, 일본 게이오대학 히요시캠퍼스)에서 발표한 「魯迅與反諷: 關於〈傷逝〉的女性主義讀解」를 수정·보완한 것으로 『동아문화』 제51집(서울대학교 동아문화연구소, 2013)에 게재했다. 櫻庭弓子 게이오대학 교수와의 토론이 도움을 주었음을 밝히며 이 자리를 빌려 사의를 표한다.

두 가지의 공공연하거나 숨겨진 의도에서 비롯된다. 첫째, 해석의 틀에 대한 배타적 정당성을 주장하기 위하여다. 둘째, 해석의 배타적 정당성을 주장하기 위하여다. 둘 중 더욱 문제가 되는 것은 첫 번째 경우다. 왜냐하면 이 경우 문학작품은 그 자체는 탐구 대상이 아니고 어떤 '이론'의 정당성을 입증하기 위한 사례일 뿐이기 때문이다.

문학작품과 해석의 틀 사이에는 상호작용이 있다. 새로운 해석의 틀이 기왕의 문학작품에 대해 새로운 해석을 가능하게 해주기도 하고, 반대로 새로운 문학작품이 기왕의 해석의 틀에 변화를 야기하기도 한다. 이렇게 말하면 전자는 과거의 작품에만 해당되고 후자는 미래의 작품에만 해당되는 것처럼 오해될 수도 있겠으나, 사실은 그렇지 않다. 왜냐하면 여기서 '새로운'과 '기왕의'는 단순한 시간적 규정 너머의 것이기 때문이다. 예컨대 중세의 어느 작품에 대한 재발견이 현재의 어떤 이론을 생성하기도 한다. 이 상호작용에 대한 충분한 존중은 우리가 다음 두 가지의 상반되는 오류를 범하지 않도록 도와줄 것이다. 하나는 어느 한 해석만이 옳다는 오류고, 다른 하나는 모든 해석이 다 나름대로 옳다는 오류다. 진실은 이 양극단 사이에 있으며 시비의 문제가 아니라 적절성과 생산성의 문제로서 존재한다. 얼마나 적절하며 얼마나 생산적인가가 중요하다.

중국문학에서 거듭 새롭게 해석되면서 많은 경우 그 새로운 해석의 틀의 배타적 정당성을 입증하도록 이용된 대표적인 작가는 루쉰이다. 그 입증의 과정에서 루쉰은 때로는 긍정적으로, 때로는 부정적으로 평가되었다. 예컨대 마오쩌둥주의의 루쉰 해석이나 1980년대 신계몽주의의 루쉰 해석은 긍정적 평가의 대표적 예이고, 1928년경 프롤레타리아 혁명문학의 루쉰 해석이나 1990년대 이후 문화연구의 루쉰 해석은 부정적 평가의 대표적 예다. 이 네 가지의 해석에 대해 필자는 나름대로 비판적 검토를 행한 바 있다. 지금 여기에서 필자가 문제 삼고자 하는 것은 페미니즘

이라는 새로운 해석의 틀이다.[1]

중국문학 연구에서 페미니즘 이론이 강세를 띠면서 페미니즘에 입각한 기존 문학작품 재해석이 활발하게 진행된 지도 이제 20년이 다 되어간다. 이 작업은 그동안 새로운 착안점과 논의지평을 생산적 의의 속에서 대폭 개척해왔음이 분명하지만, 동시에 또 하나의 새로운 스테레오 타입을 만들어낸 것 또한 부정할 수 없는 사실이다. 그 스테레오 타입을 비판적으로 점검하고 왜곡된 대목을 교정하는 작업이 현재 시급히 필요하다. 루쉰 소설에 대한 페미니즘적 해석 역시 적지 않은 왜곡과 오류를 범해왔다. 그 해석의 주된 경향은 루쉰의 여성관을 남성중심주의로 규정하고, 그 남성중심주의를 비판하는 맥락에서 루쉰 소설을 해석하는 것이었다. 처음에는 이러한 해석이 상당히 참신한 바가 있었고 많은 의미 있는 문제제기를 내포하고 있었지만, 점점 스테레오 타입을 낳고 강화했다. 이는 특히 루쉰 소설의 아이러니[2]를 이해하지 못하거나 무시한 데서 비롯되었고, 또 적지 않은 경우 문학텍스트를 깊이 있게 읽는 일을 경시하는 데서 비롯되었다.

그러나 이러한 현상에 대한 정면에서의 자세한 비판 작업은 거의 이루어지지 않았다. 여성연구자들이 이런 현상을 주도했고, 남성연구자들은 대체로 침묵했다고 할 수 있다. 미국과 일본, 한국도 다를 바 없다. 특히 미국은 정도가 더 심해졌다. 그런 가운데 한국의 여성연구자 임우경[3]

1 오해를 피하기 위해 덧붙이자면, 페미니즘 자체가 아니라 페미니즘을 적용한 해석들을 문제 삼는 것이다.

2 부연하자면, 아이러니와 역설은 나타나는 모순이 하나는 주관적인 것이고, 다른 하나는 객관적이라는 것이라는 점에서 구별된다. 또 아이러니는 반어를 포함하지만 반어와 아이러니가 동일한 것은 아니다.

3 任佑卿, 『중국의 반전통주의 민족서사와 젠더』(연세대학교 대학원 박사학위 논문,

이 루쉰을 일방적으로 남성중심주의로 규정하는 데서 벗어나 상당히 균형 잡힌 해석을 시도한 작업은 마땅히 주목받아야 한다. 임우경의 작업은 지금 우리의 작업에 하나의 확실한 출발점을 제공해 줄 만큼 충분히 의미 있고 문제적이다.

2. 임우경의 페미니즘적 해석과 그 의의

문제시되는 루쉰의 텍스트는 1925년 작 단편소설 「상서」[4]다. 루쉰의 유명한 산문 「노라는 집을 나온 뒤 어떻게 되었는가」와 연관 지어 이 작품을 가출한 노라의 후일담으로 보고, 이 작품이 여주인공의 죽음을 통해 경제권의 보장 없이 여성 독립은 불가능함을 보여준다고 보는 종래의 통설에 이의를 제기하면서, 임우경은 "노라보다는 노라에 대해 이야기하는 남성 화자의 자기해부에 더 중점이 놓여 있다고 보아야 한다"[5]라고 지적하는 데서 자신의 논의를 시작했다. 임우경의 이 지적은 올바른 지적이다. 이는 이 작품의 스토리와 플롯의 차이를 보면 대번 알아차릴 수 있다.

제목에 입각해 '누가 누구를 애도하는가'라고 질문하고 답하는 방식

2004) 중 제5장 「민족의 기억과 망각 사이: 루쉰의 〈傷逝〉」. 이하 이 논문의 인용은 '임우경, 면수'로 표시함. 이 논문의 제5장을 고쳐 써서 중국어로 번역한 것이 魯迅博物館 編, 『韓國魯迅硏究論文集』(河南文藝出版社, 2005)에 실린 「民族敍事與遺忘的政治」다.

4 원제는 「傷逝」. '상서'는 죽음을 슬퍼한다는 뜻으로 예전에는 한국에서도 상용어는 아니지만 사용되어온 말이다. 비슷한 말로는 '추도(追悼)', '애도(哀悼)', '추념(追念)' 등이 있다. 많이 사용되는 말이 아니라는 점은 중국에서도 마찬가지나 루쉰이 굳이 이 말을 제목에 사용한 의도를 존중하여 한국어 역제로도 그대로 사용하기로 한다.

5 임우경, 122.

으로 이 작품을 간략히 요약할 수 있다. 남성인물 쥐엔성(涓生)이 죽은 여성인물 쯔쥔(子君)을 애도한다. 봉건에서 근대로 전환되는 시기, 그러나 여전히 봉건적인 것이 압도적으로 강세인 1920년대에 쥐엔성과 쯔쥔은 근대적 주체로서의 개인을 추구하는 젊은 남녀다. 가출한 쯔쥔이 쥐엔성과 동거를 시작한다. 처음에는 기쁨과 의미로 충만했던 그들의 동거는 점차 고통과 무의미로 바뀌어 간다. 일상이 그렇게 만들고, 봉건적 환경이 그렇게 만든다. 그들의 동거는 사람들에게 부도덕한 것으로 여겨지고, 그 때문에 쥐엔성이 직장에서 쫓겨난다. 극심한 생활고에까지 부딪히는 과정에서 쥐엔성의 쯔쥔에 대한 감정이 변해간다. 처음에는 실망으로, 나중에는 이 모든 고통이 쯔쥔 때문이라는 원망으로. 결국 쥐엔성은 쯔쥔에게 헤어지자고 제의하고, 그 얼마 뒤 쯔쥔은 그녀를 데리러 온 아버지를 따라가 버린다. 쯔쥔이 떠나간 뒤에도 쥐엔성의 생활은 호전되지 않는다. 그러던 어느 날 쥐엔성은 쯔쥔이 죽었다는 소식을 접하고 큰 충격을 받는다. 한동안 방황하던 쥐엔성은 쯔쥔을 추도하며 수기(手記)를 쓴다.

그러나 위의 요약은 시간 순서에 따라 이야기를 다시 정리한 것일 뿐, 이것이 이 작품의 진정한 내용인 것은 아니다. 이 작품은 쥐엔성이 쓴 수기라는 형태로 되어 있다. 따라서 쥐엔성이 일인칭 화자로서 모든 것을 서술한다. 이 형태에서 중요한 것은 과거의 쯔쥔과 쥐엔성 이야기가 아니라 과거를 회상하는 서술자의 현재적 서술 자체이고, 이 현재적 서술에서 행해지는 것이 바로 남성 화자의 자기해부인 것이다.

처음에 쯔쥔은 시골에서 올라와 숙부 집에 기거하고 있는 순박한 아가씨였다. 쥐엔성은 그녀에게 '전제적 가족제도, 구습타파, 남녀평등, 입센, 타고르, 셸리' 등을 이야기하고, 그렇게 하길 반년만에 쯔쥔이 "나는 나 자신의 것이고 그분들은 아무도 나를 간섭할 권리가 없어요!"라고 선언하게 된다. 이 선언이 뜻하는 것이 노라의 탄생이라면 이 노라는 쥐엔성에 의해 만들어진 노라라고 할 수 있다. 그래서 임우경은 쥐엔성과 쯔쥔의 관계를 창조자와 피조물의 관계로 파악했다. 그런데 '창조자의 환희'는 금세 끝난다. 일상과 생활고 속에서 쯔쥔은 더 이상 노라가 아니게 되고, 그런 쯔쥔을 쥐엔성은 노라로서의 새로운 삶을 포기해버린 천박한 여자라고 규정짓는다. 이것을 임우경은 "타자의 탄생"으로 파악했다.[6] 쯔쥔이 죽은 뒤 괴로워하던 쥐엔성은 자신이 쯔쥔에게 지은 죄를 참회하고 자신의 죄의식을 '사회 개혁의 의지'[7]로 승화시킨다. 이것을 임우경은 '피조물의 죽음과 창조자의 승화'라고 설명했다.

남성인물 쥐엔성과 여성인물 쯔쥔의 관계를 위 문단의 요약과 같이 파악한 임우경은 기왕의 해석들 중 몇 가지 경우를 비판적으로 적시하면서 그것들과 자신의 해석 사이에 분명한 경계선을 그었다. 순서대로 살펴보면 다음과 같다.

1) 쯔쥔의 시점이 완전히 배제되어 있고 그녀의 내면이 전혀 드러나지 않는다는 점은 이 작품 서술의 한 특징이다. 이 점을 이 작품의 반페미니즘적 증거로 제시하는 경우가 있는데,[8] 임우경은 여기에 반대한다. 임우경이 주목한 것은 "쯔쥔의 육성을 철저하게 배제시키는 것은 우선 저자 루쉰이라기보다는 쥐앤셩"이라는 점과 "쥐앤셩에 의해 쯔쥔의 침묵이 배가되는 것을 허용함으로써 창조자 쥐앤셩의 전제적이

---

6 '타자'라는 말이 적절하게 사용된 것 같지는 않지만, 그렇더라도 논자의 의도는 이해할 수 있다.

7 "사회를 변화시키고 '새로운 길'을 찾아 떠나야 하는 것"(임우경, 132)이라는 임우경의 표현을 필자가 이렇게 요약했다.

8 孟悅·戴錦華, 『浮出歷史的地表』(河南人民出版社, 1989).

고 이기적인 나르시시즘을 훨씬 효과적으로 드러내고자 했던 것이 바로 저자 루쉰의 의도였다고 해석할 수도 있"다는 또 한 가지 점이다(임우경, 127). 필자 역시 쯔쥔 시점의 배제는 루쉰의 남성중심주의적 한계 때문이 아니라 그 한계에 대한 엄혹한 자기 인식, 그리고 그것의 정직한 형태적 표현이라고 본다. 쯔쥔의 시점과 내면은 그것이 부재의 방식으로 존재하기 때문에 독자에 대해 한층 더 큰 심문의 힘을 행사하는지도 모른다.

2) "그것이 공허한 것이었음을 그녀(쯔쥔)는 깨닫지도 못하고 있다"라는 작중화자의 진술을 두고 쯔쥔은 '공허도 자각하지 못하는 존재'이고 쥐엔셩은 '그 공허를 자각하는 주체'라고 분석하는 경우가 있는데,[9] 임우경은 이를 '치명적인 오독'이라고 비판했다. 이는 쯔쥔과 헤어지고자 하면서 그 책임을 쯔쥔에게 전가하고자 하는 의도에서 비롯된 것이고 그렇기 때문에 "루쉰은 위와 같은 쥐앤셩의 말을 통해 사실은 쥐앤셩의 비열한 합리화에 화살을 겨누고 있다고 보아야 한다"는 것이 임우경의 해석이다(임우경, 128).

3) 루쉰을 자기해부의 고통마저 딛고 일어나 힘겨운 발걸음을 내딛는 초인적 이미지의 주체로 세우는 데만 관심을 집중하는 경우가 있는데,[10] 임우경은 이러한 독법에 반대했다(임우경, 135). 임우경은 "자신을 새로운 길을 찾아 나가는 현대적인 민족 주체로 세우는 과정이 한편으로 노라와 같은 타자의 탄생이나 죽음을 동반할 수밖에 없다는 사실에 대한 (루쉰의) 깨달음"(임우경, 134-135)이 중요하다고 보고 "만약

9 汪暉, 『無地反抗』(浙江文藝出版社, 1994).
10 같은 곳.

루쉰이 여타 작가들보다 깊이를 가졌다고 한다면 그것은 바로 자신의 그러한 한계에 대해 그가 누구보다도 철저하게 자각하고 있었다는 점일 것"(임우경, 134)이라고 주장한다.

위와 같은 비판과 그에 입각한 새로운 해석의 제시에 임우경의 성과가 있다고 필자는 생각한다. 그런데 이 새로운 해석 또한 루쉰 소설의 문학적 디테일과 아이러니에 대한 고려가 충분하다고 말하기는 어려운데, 바로 이 대목을 자세히 살펴봄으로써 우리는 문제의 핵심에 보다 가까이 접근할 수 있을 것이다.

3. 아이러니를 중시한 다시읽기

단편소설 「상서」의 서술구조 및 형태에 대해 다시 살펴보는 데서부터 우리의 논의를 시작하도록 하겠다. 시간적으로 맨 앞에 있는 것은 쥐엔성이 쯔쥔을 만나고, 교제하고, 회관을 나와 길조호동(吉兆胡同)에 얻은 셋방에서 동거하고, 헤어지고, 쯔쥔이 죽었다는 소식을 듣고, 회관으로 돌아오기까지의 일련의 사건들이다. 이 사건들은 1년 반 남짓에 걸쳐 일어난 것으로 계산된다(교제가 반년, 동거가 1년). 그다음 쥐엔성이 회관의 자기 방에서 수기를 쓴다. "초봄의 밤은 여전히 이토록 길다. 오랫동안 우두커니 앉아 있다가 오전에 거리에서 본 장례식이 생각났다"라는 구절로 보면 오전에 장례 행렬을 보았던 날 밤에 수기를 쓰기 시작해서 완성한 것으로 추정된다.

단편소설 「상서」는 바로 그 밤에 쥐엔성이 쓴 수기라는 모습을 하고 있다. 쥐엔성은 일인칭 화자로서 과거사를 회상하고 현재 심경을 토로한다. 여기서 우리는 쥐엔성의 진술을 그대로 믿어도 되는지 질문을 던질 필요가 있다. 이 질문은 결코 간단한 질문이 아니다. 앞에서 언급되었던 예로 이 문제를 따져보자.

> 그녀가 연마한 사상과 활달하고 두려움을 모르던 말도 결국은 역시 공허한 것이었던 게다. 더구나 그것이 공허한 것이었음을 그녀는 깨닫지도 못하고 있다. 그녀는 벌써 아무 책도 읽지 않는다. 그리고 인간의 생활에서 첫째로 중요한 것이 삶을 도모하는 것(求生)이며, 이 삶을 도모하는 길을 향해 가기 위해서는 반드시 손을 맞잡고 함께 나아가거나, 또는 홀로 분투해야만 한다는 것을 모른다. 그렇지 않고 남의 옷자락에 매달릴 줄만 안다면 제아무리 전사라 해도 싸우기 곤란해지고 종국에는 함께 망하는 수밖에 없다는 것을 말이다.[11]

앞에서 보았듯이 "그것이 공허한 것이었음을 그녀는 깨닫지도 못하고 있다"라는 진술에 대해, 왕후이는 이 진술을 사실로 받아들였고 임우경은 이 진술을 허위로 파악했다. 여기서 올바른 것은 왕후이가 아니라 임우경이다. 그러나 그렇다고 해서 쥐엔성의 진술을 믿을 수 없다는 뜻은 아니다. 문제는 이 진술에 두 가지 차원이 겹쳐 있는 데서 발생한다. 쯔쥔과의 동거 당시 쥐엔성이 가졌던 생각은 자신을 합리화하고 쯔쥔에게 책

11 『魯迅全集』 第2券(人民文學出版社, 1981), pp. 122-123. 인용문의 번역은 임우경의 것이다. 다만, '求生'의 우리말 번역으로 '삶을 도모하다'는 뜻이 모호하므로 적당하지 않다. 그 정확한 뜻은 '살길을 찾다', '살아갈 방도(생계 유지의 방도)를 찾다'다. 루쉰의 대표적 영어 번역자 양(楊)씨 부부는 'to make a living(생계 유지하기)'으로 옮겼다.

임을 전가하려는 비열한 허위의식의 소산이었음이 분명하다. 그런데 과거를 회상하는 서술의 현재에도 쥐엔성은 과거와 똑같이 생각하고 있는 것일까? 그렇지 않다. 그렇지 않음에도 쥐엔성은 과거의 생각을 그대로 서술하고 있는 것이다. 서술의 현재에 그 과거의 생각을 소급적으로 해석하거나, 그에 대해 논평하지 않고 말이다. 그러니 서술되는 과거의 쥐엔성은 사실을 왜곡했다 하더라도 수기를 쓰고 있는 현재의 쥐엔성의 진술은 믿을 수 있다는 결론이 나온다. 이 미묘한 이중성이 이 작품의 첫 번째 아이러니를 생성한다.[12]

다시 말하자면 쥐엔성의 회상은 일단 정직하다. 쯔쥔과의 동거 시 쥐엔성의 마음의 변화는 실은 극히 자기중심적이고 이기적이며 비겁한 합리화였고 자기기만이었는데, 쥐엔성은 그 마음의 변화를 당시 그대로 서술하는 것이다. 그렇다면 쥐엔성이 이러한 서술방식으로 수기를 쓰는

---

12 櫻庭 교수는 필자의 논지와 연관된 일본의 선행연구로, 텍스트 자체에 의거해 상세한 분석을 진행한 丸山昇의 「傷逝札記」, 『中哲文學會報』 6(東大中哲文學會, 1981)과 北岡正子의 「虛言世界への"イニシエ_シヨン"—傷逝の物語內容」, 『お茶の水女子大學中國文學會報』 6(お茶の水女子大學中國文學會, 1987), 그리고 표현 형식과 언어 자체의 특징을 분석한 中里見敬의 「傷逝的獨白和自由間接引語」, 『日本中國學會報』 46(日本中國學會, 1994)을 알려주었다. 北岡正子의 논문은 확인하지 못했지만, 이야기 내용의 복잡한 착종을 지적한 丸山昇와 자유간접화법의 사용에 대해 분석한 中里見敬, 그리고 아이러니를 중시한 필자 등 세 사람은 비슷한 곳을 서로 다른 시각으로 바라본 것 같다. 같은 곳을 바라봐도 시각이 다르면 관찰내용이 달라지는 법이니 셋은 각자 나름의 의의를 갖는다. 하물며 같은 곳이 아니라 비슷한 곳임에야. 특히 中里見敬가 "「상서」의 자유간접화법이 표현하는 것은 뉘우치는 서술자 '나'의 마음속의 이기적인 사상이다. '나'는 자신의 회한의 정을 진정으로 토로하고 거침없이 써내려가며 '나' 내면의 냉혹함과 이기심을 남김없이 폭로한다. 서술자 '나'와 작중인물 '나' 사이의 이러한 모순은 「상서」 텍스트 성립의 가장 기본적인 특색이다."라고 결론적으로 말했을 때 그것이 지적하는 것은 필자가 말하는 일차적 아이러니에 해당한다. 이하에서 필자는 더 나아가 아이러니가 거듭 중첩되는 데에 주목할 것이다.

목적은 무엇인가? '새로운 생로(新的生路)'로 나아가기 위해서다.[13]

> 새로운 생로는 아직 많다. 나는 반드시 그리로 걸어 들어가야 한다, 왜냐하면 내가 아직 살아 있기 때문에. 하지만 나는 어떻게 그 첫걸음을 내디뎌야 할지를 모른다. (……)
>
> [……]
>
> (……) 나는 살아 있다, 나는 새로운 생로를 향해 걸어 나가야 한다, 그 첫걸음은, —역시 나의 회한과 비애를 쓰는 것뿐이다, 쯔쥔을 위해, 나 자신을 위해.
>
> 나는 여전히 노래 부르는 것 같은 곡성만 가지고, 쯔쥔을 장송한다, 망각 속에 장사지낸다.
>
> 나는 망각할 것이다. 나는 나 자신을 위해, 또한 다시는 생각하지 않을 것이다, 망각으로 쯔쥔을 장송한 이 일을.[14]

새로운 생로로 나아가기 위해서는 쯔쥔과의 일에 대한 망각이 필요하다. 왜 망각이 필요한가? 쯔쥔에 대한 죄책감이 그의 발목을 잡기 때문이다. 쥐엔성의 애도는 망각을 위한 애도다. 죽은 쯔쥔을 애도하면서 쥐

---

13 '生路'의 사전적 의미는 1) '살길', '살아갈 방도', '활로', 2) '낯선 길'이다. 「상서」의 '生路'는 그중 1)의 뜻으로, 1) 중에서도 '살길'이나 '살아갈 방도'로 이해해야 한다고 필자는 생각한다. 이를 '삶의 길'로 옮기면 뉘앙스의 차이가 발생할 수 있다. '삶의 길'이라는 한국어는 '살길', '살아갈 방도', '활로' 등이 될 수도 있지만, 그보다는 '삶의 방식'(봉건적/근대적이라든지 노예적/주체적이라든지 등)이라는 뜻을 먼저 상기시킨다. 본문에서는 한국어에서도 '생로'라는 말을 사용한다는 점에 기대 그냥 '생로'라고 쓰기로 한다.

14 『魯迅全集』 第2券(人民文學出版社, 1981), pp. 129-130. 인용문의 번역은 필자의 것이다.

엔성은 "쯔쥔을 찾고, 만나서 나의 회한과 비애를 말하고, 그녀의 용서를 빌어 구하"기를 간절히 바란다. 이 정직한 수기쓰기가 바로 그 "용서를 빌어 구하"는 일에 다름 아니다. 그래서 수기를 쓴 쥐엔성은 이제 '망각'을 거론할 수 있게 된다. 그러나 과연 쥐엔성이 쯔쥔을 망각할 수 있을까? 이 작품의 마지막 문단은 이렇다.

> 나는 새로운 생로를 향해 첫걸음을 내디딜 것이다. 나는 진실을 마음의 상처 속에 깊이 감추고, 묵묵히 전진할 것이다, 망각과 거짓말을 나의 길잡이로 삼아……[15]

이 문단에서 우리는 '서술되는 과거의 쥐엔성과 서술하는 현재의 쥐엔성'의 관계와 똑같은 하나의 관계를 읽어낼 수 있다. '서술되는 작중인물 쥐엔성과 서술하는 작가 루쉰'의 관계다. 서술되는 현재의 작중인물 쥐엔성이 수기를 쓰면서 하는 위와 같은 진술은 자기중심적이고 이기적이며 비겁한 합리화고 자기기만이다. 마치 '서술되는 과거의 쥐엔성'이 쯔쥔을 떠나기 위해서 합리화와 자기기만을 했듯이 말이다. 이제 쥐엔성의 정직한 회상은 사실은 계산적이고 전략적인 정직이고 쥐엔성의 수기 전체가 허위와 교활로 충만한 것이 된다. 하지만 여기서 더욱 중요한 것은 그런 작중인물 쥐엔성에 대해 서술하는 작가 루쉰의 존재다. 루쉰은 작중인물 쥐엔성과 결코 동일인이 아니다. 그렇다고 쥐엔성이 루쉰과 아무 관계가 없는 허구적 존재이기만 한 것도 아니다. 쥐엔성은 작가 루쉰의 분신으로서 작가 자신의 많은 면모가 핍진하게 투영되어 있다. 앞에서 두

15 위의 책, p. 129. 인용문의 번역은 필자의 것이다.

쥐엔성에 대해 질문했던 것과 같은 방식으로 물어보면 사태가 명쾌해진다. 즉, 작가 루쉰은 위 문단을 쓰면서 작중인물 쥐엔성에게 동의하고 있었던 것일까? 이 물음에 대한 답에 따라 해석은 큰 차이로 갈라지게 된다.

먼저 답이 '그렇다'일 경우다. 임우경은 먼저 "루쉰은 저자로서의 명확한 권위적 위치에 자신을 위치시키는 대신 자신을 쥐앤셩과 완전히 동일시하는 포즈를 취한다"(임우경, 133)라고 진술하고 곧이어 "쥐앤셩의 정신적 분투와 나르시시즘의 여정은 곧 「상서」와 『야초』를 쓰던 1920년대 중반 루쉰의 정신적 여정이기도 했던 것이다. 쥐앤셩이라는 이기적인 창조자에 대한 해부는 곧 의식적이고도 고통스러운 저자의 자기응시이자 자조였다"(임우경, 133-134)라고 진술한다. 앞의 진술은 루쉰이 드러내지는 않았으나 실제로는 작중인물 쥐엔성에 동의하지 않는다는 뜻을, 뒤의 진술은 실제로 동의한다는 뜻을 내포한다. 그런데 이때 동의여부의 대상이 서로 다르다. 전자의 대상은 '서술되는 쥐엔성과 서술하는 쥐엔성' 중의 '서술되는 쥐엔성'이고 후자의 대상은 '서술하는 쥐엔성과 작가 루쉰' 중의 '서술하는 쥐엔성'이다. 다시 말해 작가 루쉰은 서술되는 쥐엔성에는 동의하지 않으면서 서술하는 쥐엔성에는 동의한다는 것이 임우경의 독법이다. 작중인물 쥐엔성의 한계가 곧 작가 루쉰의 한계이며 그 한계에 대해 자각하고 있었다는 점이 루쉰의 성과인 동시에 그 자각이 한계의 극복을 의미하는 것이 아니라는 점이 루쉰의 한계라는 임우경의 논지는 위와 같은 독법으로부터 나온다.

다음은 답이 '그렇지 않다'일 경우다. 서술하는 쥐엔성에게 동의하지 않음에도 작가 루쉰은 쥐엔성의 목소리를 논평적 개입을 완전히 배제한 채로, 그대로 재현했다는 독법이 성립한다. 이렇게 읽을 때 비로소 우리는 서술하는 쥐엔성과 작가 루쉰 사이의 감추어진 거리, 충돌, 상반을 주목하게 된다. 그 거리, 충돌, 상반으로부터 두 번째 아이러니가 생성되어

'회상되는 쥐엔성'과 '회상하는 쥐엔성' 사이에서 생성된 첫 번째 아이러니 위에 겹쳐지고, 이로써 단편소설 「상서」의 서사 공간은 극도로 긴장된 공간으로 변한다. 이 공간에서는 '루쉰의 자기해부'라는 말이 성립되지 않는다. 좁게는 작중인물 쥐엔성과 5·4시기 중국의 남성계몽주체의 정신에 대한 해부라고, 넓게는 근대적 인간의 영혼에 대한 해부라고 말하는 편이 나을 것이다. 예컨대, 도스토옙스키의 소설을 두고 '도스토옙스키의 자기해부'라고 말하지는 않지 않는가.

하지만 필자로서는 더 앞으로 돌아가고 싶다. 앞에 인용했던 이 작품의 마지막 문단, "나는 새로운 생로를 향해 첫걸음을 내디딜 것이다. 나는 진실을 마음의 상처 속에 깊이 감추고, 묵묵히 전진할 것이다, 망각과 거짓말을 나의 길잡이로 삼아……"라는 진술을 직설로 읽지 않고 그 자체 반어로, 아이러니로 읽어보고 싶은 것이다. 그렇게 읽으면 이 진술은 결코 망각할 수 없다는 말의 반어적 표현이 된다. "나는 쯔쥔을 결코 망각할 수 없다, 망각하지 않겠다"라고 진술하는 것과 이 작품에서처럼 반어적으로 표현하는 것 사이의 차이는 엄청난 차이다. 이는 단순한 수사법의 문제가 아니다. 이때 수사는 그 자체 진짜 내용이 되기 때문이다. 이 아이러니 속에 숨어 있는 것은 쥐엔성이라는 근대 지향적 남성주체의 딜레마다. 망각과 기억 사이에서, 그리고 허위와 진실 사이에서 순진한 형태의 택일이 불가능한 그런 딜레마, 마치 루시앙 골드만이 소설을 타락한 방법으로 진정한 가치를 추구한다고 정의한 것처럼, 그 딜레마가 진실이라면 그것은 아이러니를 통해서만 드러날 수 있다. 이것을 세 번째 아이러니라고 할 때 앞에서 살펴본 두 번째 아이러니와 논리적으로는 양립 불가능하다. 왜냐하면 하나는 반어로, 다른 하나는 직설로 읽을 때 성립되기 때문이다. 그렇다면 둘 중 어느 독법이 더 적절할까? 필자는 반어로 읽기가 우선이라고 생각하지만, 직설로 읽기를 꼭 포기할 필요는 없을 것 같다. 두 가지 읽기가 동시적으로 성립될 때, 그리하여 두 개의 아이러니가 중첩될 때 「상서」의 울림은 한층 더 긴장되고 풍부해질 것이다. 덧붙이자면, 두 번째 아이러니와 세 번째 아이러니 사이에는 명백한 공통점이 있다. 작가 루쉰이 '망각'에 대해 비판적 태도를 취하고 있다는 점이다. 만약 여기서의 '망각'이 호미 바바의 포스트식민주의 이론에서 비판적으로 검토된, 민족서사에 나타나는, 민족서사를 완성하기 위해 반드시 필요한 그 '망각'이라면 루쉰은 그 '망각'을 비판한 것이지 결코 주장한 것이 아니다. 또 하나 주목할 만한 것은 마지막 세 문단과 그 앞 사이에 존재하는 불균형 내지 불일치다. 지금 우리가 말하는 반어적 독법의 문제는 실은 이 마지막 세 문단의 문제다. 이 작품이 만약 마지막 세 문단 없이 끝난다면 세 번째 아이러니는 발생하지 않겠지만 그것은 「상서」가 아닌 다른 작품이 되어버릴 것이다.

이 세 문단 중에서도 마지막 문단은 1924년, 25년 사이에 발표된 루쉰의 작품들 중 「복을 비는 제사」, 「술집에서」, 「고독한 사람」 3편의 마지막 문단들과 언술방식이 매우 유사하다. 그 3편의 마지막 문단들에 대해서는 다른 글에서 자세히 검토한 바 있으므로[16] 여기서는 되풀이하지 않겠지만, 그 3편의 결미와 「상서」의 결미를 간략하게라도 비교해 볼 필요는 있을 것 같다. 먼저 「상서」와 「복을 비는 제사」 2편은 여성의 희생과 관련한 남성계몽주체의 딜레마를 다룬다는 공통점이 있다. 동시에 「상서」를 비롯한 4편 모두에서, 근대적 개인 추구의 딜레마를 다루고 있다는 공통점도 발견된다. 그렇다면 「상서」의 결미는 페미니즘적 관점에서

16 전형준, 「소설가로서의 루쉰과 그의 소설세계」, 『중국현대문학』 제10호(중국현대문학학회, 1996)를 말함(이 책 1부에 수록).

해석될 측면과 보다 일반적인 지평에서 해석될 측면을 다 가지고 있다고 해야 한다. 필자에게 더 중요해 보이는 것은 그 일반적인 지평이다. 네 편 모두에 나타나는 일반적 지평에서의 문학적 요소가 바로 아이러니다. 루쉰 소설의 아이러니가 올바르게 파악되어야 페미니즘적 해석도 정확해지고 정당해지지 않겠는가. 필자의 이의제기는 이 하나의 반문으로 요약될 수 있다.[17]

17 보주: 「상서」를 애도와 우울증에 대한 프로이트의 설명과 관련지어 읽는 것도 가능하다. 쥐엔성은 죽은 쯔쥔을 애도하고 있다. 이 애도의 과정을 거쳐 쯔쥔에게 쏟았던 리비도를 회수하는 것인데(이 작품에서는 망각이라는 말로 표현된다), 회수에 성공하지 못하고 리비도가 고착되면 우울증에 빠지게 된다. 수기를 쓰는 쥐엔성은 애도와 우울증 사이의 기로에 서 있는 셈이다. 그러나 데리다에 따르면 애도가 성공하기 위해서는 실패해야 한다. 진정한 애도는 끝이 없는 것, 위로할 수 없는 것, 화해할 수 없는 것이다. 그것은 치유를 거부한다. 망각을 결심하는 쥐엔성의 애도는 어느 길로 갈 것인가. 망각은 결심한다고 되는 게 아니며, 무의식의 움직임은 의식이 통제할 수 있지 않으므로, 우리는 쥐엔성의 미래를 예측할 수 없다. 이 독법에서는 젠더문제가 변수로 등장하지 않는다. 필자가 본문에서 임우경과 함께한 독법은 젠더를 주요변수로 설정한 것인바, 이를 프로이트/데리다의 독법과 융합할 수 없을까 생각해보니 논의가 엄청나게 복잡해질 것 같고 그리로 갈 경로가 모호하기만 하다. 각주로 첨가하여 문제제기의 흔적만 남기기로 한다.

○

각성과 무화의 반복이 뜻하는 것: 「아Q정전」 다시읽기*

네이버 열린연단은 근현대 세계문학의 대표작가 10명 중 하나로 중국 작가 루쉰(魯迅)을, 그리고 그의 대표작으로 중편소설 「아Q정전(阿Q正傳)」을 선택했다. 이 선택에 필자는 기꺼이 동의한다. 왜 루쉰인가? 근현대 중국문학을 대표하는 작가이기 때문이다. 왜 「아Q정전」인가? 루쉰 문학을 대표하는 작품이기 때문이다.

* 이 글은 2015년 10월에 필자가 한국의 포털사이트 네이버의 열린연단에서 진행한 강연 내용을 바탕으로 2016년 11월에 집필한 「아Q가 보여주는 역사의 딜레마: 루쉰의 〈아Q정전〉 읽기」, 『고전강연 6』(민음사, 2018)을 2020년 1월에 한 번 더 수정보완한 것이다. 애당초 강연을 위해 독자를 비전공자까지 확대설정하고 해설에 초점을 맞추었기 때문에 필자 자신의 글과 중복되는 내용을 피하지 않았다. 글 중에서 말하는 '요즈음'의 시간적 기준은 2016년이다.

1. 루쉰을 보는 시각

해외에서 가장 많이 알려진 중국 현대작가는 루쉰이다.[1] 1881년에 중국 절강성(浙江省) 소흥(紹興)에서 태어난 루쉰은 37세 되던 해인 1918년 중국 최초의 현대소설 「광인일기(狂人日記)」를 발표했고 향년 55세로 1936년 타계하기까지 『납함(吶喊)』,[2] 『방황(彷徨)』, 『고사신편(故事新編)』, 등 세 권의 소설집을 출판했다. 소설가일 뿐만 아니라 산문가, 번역가, 시인, 학자였으며 사상가이자 혁명가였는데, 그중 어느 측면이 주목되는가는 보는 사람에 따라 완연히 달라지기도 한다.

물론 생전에도 유명했고 높은 평가를 받았지만 사후에 마오쩌둥(毛澤東)에게 "루쉰은 중국 문화혁명의 주장(主將)이다. 그는 위대한 문학가일 뿐만 아니라 또한 위대한 사상가이자 위대한 혁명가이기도 하다"[3]라는 극찬을 받고 사회주의 문학의 정전(正典)이 되면서 루쉰은 더욱 유명해졌다. 마오쩌둥식 루쉰평가가 절정에 이른 것은 문화대혁명 시기였다. 이때 사회주의 문학의 정전은 소련의 고리키와 중국의 루쉰 둘이었다.

문혁이 끝나고 1980년대가 되자 신계몽주의자들이 신격화에 다다른 마오쩌둥식 루쉰관을 부정하고 '인간 루쉰'을 강조하는 재해석과 재평가를 시도했다. 여기에서 루쉰은 더 이상 사회주의 문학의 정전이 아니라

1 본명은 저우수런(周樹人)이고, 루쉰은 그가 가장 많이 사용한 필명이다.

2 영어권에서는 'Call to Arms'라는 양(Yang)씨 부부의 번역이 통용되었는데 이는 군대의 동원명령이라는 뜻으로서 부적절한 번역이라 생각된다. 이 소설집의 작가 서문을 보면 제목의 '납함(吶喊)'이 전사(戰士)들에 대한 응원의 함성을 뜻함을 분명히 알 수 있다.

3 마오쩌둥이 1940년에 발표한 「신민주주의론」의 한 구절이다.

계몽주의와 휴머니즘의 실천자로서 새로운 긍정적 이미지를 부여받았다. 그러나 이 새로운 긍정적 이미지의 형성이 종래의 마오쩌둥식 루쉰관을 완전히 없애지는 못했다. 여전히 사회주의 문학의 정전으로서 루쉰을 찬양하는 관점이 관방(官方)을 중심으로 유지되었고, 다른 한편으로 바로 그렇기 때문에, 즉 사회주의 문학의 정전이기 때문에 루쉰을 싫어하고 비난하는 발언들도 많이 행해졌다. 찬양과 비난이라는 정반대의 태도를 보이지만 루쉰을 사회주의 문학의 정전으로 본다는 점에서는 다르지 않다. 루쉰을 사회주의 문학의 정전으로 보는 사람들은 루쉰이 사회주의 쪽으로부터 비난받은 일에 대해 거의 언급하지 않는다. 1928년에 당시의 젊은 프로문학운동가들이 '아Q의 시대는 죽었다'면서 맹렬하게 루쉰을 비난했었고, 1942년에 마오쩌둥이 루쉰 산문의 비판적 글쓰기 방식의 유효성을 부정했었다. 1957년 반우파투쟁 당시에는 마오쩌둥이 사석에서 "루쉰이 지금까지 살아 있다면 대국(大局)을 보고 침묵하거나 아니면 감옥에 갇혀서 계속 쓰고 있을 것"이라고도 했다. 그러니 루쉰 문학을 단순하게 사회주의 문학의 정전으로 규정짓는 것 자체가 이미 왜곡이라 할 수 있다.

1990년대부터 지금에 이르기까지 루쉰을 폄하하는 발언들이 점점 더 많아졌다. 현재적 의의에 대한 회의, 포스트식민주의적 비판, 포스트모더니즘적 비판, 페미니즘적 비판 등 폄하의 이유도 다양해졌다. 그러나 이 모든 폄하들은, 그것들이 활발한 그만큼, 역설적으로 루쉰의 중요성을 다시 한번 확인시켜 준다. 1990년대 이래의 도덕이상주의 논쟁, 자유주의 논쟁, 혁명 이상주의 논쟁 등 여러 사상 논쟁들이 끊임없이 루쉰을 주요 사례로 삼은 것도 마찬가지로 이해될 수 있다. 물론 폄하만 늘어난 것은 아니고 루쉰의 긍정적 의의를 새롭게 검토하는 다시읽기도 다양해졌다. 필자가 중시하는 것은 이 다시읽기다.

2.「아Q정전」을 읽기 전에 알아야 할 것들

루쉰 소설 중 사람들에게 가장 널리 알려진 작품은「아Q정전」이다. 러시아의 사회주의 문학을 대표하는 고리키나 노벨문학상을 수상한 프랑스 작가 로맹 롤랑이「아Q정전」을 읽고 눈물을 흘렸다는 일화도 유명한데, 두 일화 모두 확인된 사실은 아니다. 다만 로맹 롤랑이 높이 평가한 것은 사실이다.[4]

「아Q정전」은 1921년 12월 4일부터 1922년 2월 12일까지『신보(晨報)』라는 신문의 부간(副刊) 즉 문화면에 매주 한 번씩 연재되었는데 처음 연재를 시작할 때는 '개심화(開心話)'란에 실렸고 2회 연재분부터 '신문예'란으로 옮겼다. 속사정을 살펴보면,[5] '개심화'란을 새로 만든 편집자가 여기에 글을 쓰라고 루쉰에게 제안했고 이 제안을 받아들인 루쉰이 1회 분을 쓴 게「아Q정전」의 제1장「서(序)」였다. 이때만 해도 루쉰에게 소설을 쓴다는 의식은 별로 없었던 것 같다. 첫 소설을 발표하면서부터 사용해온 루쉰이라는 필명을 쓰지 않고 바런(巴人)이라는 필명을 따로 사용한 것도 그래서였을 것이다.[6] 그러나 제2장부터는 '개심화' 즉 '심심풀이의 즐거운

4 1925년 프랑스 유학 중이던 징인위(敬隱漁)가 프랑스어로 번역하여 로맹 롤랑에게 보냈고, 로맹 롤랑의 추천으로 1926년 5월과 6월 잡지『유럽』에 발표되었다. 한국어 번역(양백화 역)은 1930년 1월 4일부터 2월 16일까지『조선일보』에 발표되었다. 일본어 번역은 井上紅梅의 것이 1928년 상해의 일본어 신문에 먼저 게재되고 1929년 일본 잡지에 다시 게재되었는데 이 번역은 오역이 많다. 1931년에 대련의 일본어 잡지에 長江陽의 번역이 게재되었고, 松浦圭三의 번역과 山上正義의 번역이 같은 해에 단행본으로 잇달아 출판되었다. 양백화의 한국어 번역은 일본의 1931년 번역보다는 1년 빨랐지만, 안타깝게도 井上紅梅의 것을 중역한 것이었다.

5 루쉰은 산문「아Q정전을 쓰게 된 원인」(1926)에서 그 속사정을 자세히 밝혔다.

6 바런은 하리파인(下里巴人)이라는 말에서 따온 것으로 민간의 통속적인 노래라는 뜻

이야기'에서 '진지한' 소설로 스타일이 바뀌었고 그래서 편집자가 신문예란으로 지면을 옮겼다. 나중에 루쉰은 제1장을 가리켜 "불필요한 골계"라고 스스로 혹평했다.[7] 미학주의라고 불러도 될 만한 루쉰의 소설쓰기의 엄격성에 비추어 보면 그가 이 작품에 대해 문학적 불만을 가진 것은 조금도 이상한 일이 아니다.

그럼에도 「아Q정전」은 루쉰의 대표작이며 뛰어난 작품이다. 왜 그런지는 앞으로의 논의에서 살펴볼 것이다. 그에 앞서 제목에 대한 자세한 설명이 필요하다. 오해를 없애기 위해서다.

작가는 제1장 「서」에서 '아Q'라는 이름에 대해 다음과 같이 설명하고 있다.

> 셋째, 나는 또 아Q의 이름을 어떻게 쓰는지도 모른다. 그가 살아 있었을 때 사람들은 다들 그를 아꾸이(阿Quei)라고 불렀는데 [……] 아꾸이라는 게 아꾸이(阿桂)일까 아꾸이(阿貴)일까? [……] 그밖에 꾸이(Quei)라고 읽는 벽자들은 더욱더 부적합했다. [……] 주음자모(注音字母)는 아직 통용되지 않는 것 같으니 '서양 글자'를 쓰는 수밖에 없다. 영국에서 널리 사용되는 발음 표기법에 따라 그를 아Quei라고 쓰고, 줄여서 아Q라고 쓴다.[8]

아(阿)는 이름이나 성 앞에 붙여 친근한 호칭으로 사용한다. 이름이

이다. 통속적이 아닌 고상한 노래라는 뜻을 가진 반대말은 양춘백설(陽春白雪)이다.

7 흥미로운 것은 제1장이 프랑스어 번역본에는 없다는 사실이다. 로맹 롤랑은 제1장을 보지 못한 것이다.

8 『魯迅全集』 第1卷(人民文學出版社, 1981), pp. 488-489.

꾸이이면 아꾸이라고 부르는 것이다. 그러나 아꾸이는 꾸이가 무슨 글자인지 모른다. 계(桂)와 귀(貴)는 표준 중국어에서 발음이 꾸이이고 흔히 이름자로 사용되는 글자이지만 그중 어느 글자인지를 모르므로 소리로 표기하겠다는 것이 위에 인용된 진술의 취지다.[9] 주음자모는 1918년에 제정된 중국식 발음 표기법인데 이 작품이 발표되던 당시에는 사용되고 있었지만 아직 널리 보급되지는 않았고 작품의 시간적 배경이 되고 있는 신해혁명(1911) 시기에는 존재하지도 않았다. 그래서 "영국에서 널리 사용되는 발음 표기법"을 사용하겠다는 것인데, 이 표기법이 바로 웨이드-자일스(Wade-Giles), 줄여서 웨이드 표기법이다. 영국에서 1892년에 완성된 이 표기법은 한어병음자모에 자리를 내주기 전까지 중국어 로마자 발음 표기법의 사실상의 표준이었는데, 문제는 이 표기법에 따르면 꾸이는 Kuei로 표기된다는 데 있다.[10] 이를 모를 리가 없는 루쉰이 왜 억지를 부려가며 K를 Q로 바꾼 것일까? 꾸이를 Quei로 표기하는 유일한 방식은 마테오 리치 방식이지만, 이 방식은 별로 사용되지 않았고 별로 알려지지도 않았다. 루쉰이 주음자모 제정에 참여했다는 점을 고려하면 그가 마테오 리치 방식에 대해 알았을 가능성은 있지만 이에 대해 직접 언급한 적은 없다. 설사 알았다 하더라도 여기서 중요한 것은 웨이드 표기법을 내세우면서 일부러 Quei라고 표기했다는 데 있다. 왜 그랬을까? 우리는 대문자 Q라는 표기가 필요했기 때문이라고 짐작할 수 있다. Q는 큐라고

9 천바이천(陳白塵) 감독의 영화 〈아Q정전〉(1981)에서는 계(桂) 자를 선택했지만(아꾸이가 죽은 뒤 술집 주인이 외상 장부에서 阿桂라고 쓰인 이름자를 지운다), 이는 작가의 의도와는 부합되지 않는다.

10 오늘날 웨이드식을 대체한 중국어 발음 표기법 한어병음자모(漢語併音字母)에서는 꾸이를 Gui라고 표기한다.

읽는데 이 발음은 청나라의 전통적 헤어스타일 변발(辮髮)을 뜻하는 영어 단어 queue와 발음이 같고, 대문자 Q의 모양은 변발의 모양과 유사하다(아Q가 재판정에서 동그랗게 그리려다 붓이 빗나가 찌그러져 버린 동그라미의 모양도 Q의 모양이다). 결국 읽을 때는 '아꾸이'라고 읽고 쓸 때는 '아Q'라고 쓰는 매우 흥미로운 결과가 나오게 된다. 가령 다음과 같은 대목을 보자.

> "아Q, 너 이 개 같은 놈! 네가 나를 네 일가라고 말했더냐?"
> 아Q는 입을 열지 않았다.[11]

대화문을 읽을 때는 당연히 아Q를 아꾸이라고 읽어야 하겠지만 지문을 읽을 때는 아큐라고 읽어야 할지 아꾸이라고 읽어야 할지 망설여진다. 어쩌면 이 아큐와 아꾸이의 이중성이야말로 에크리튀르의 중요한 논제가 될 수도 있다. 그러니 이 작품의 한국어 제목에서 '아Q'가 아니라 '아큐'라고 쓴다면 명백한 오역이다.

또 하나 살펴볼 것은 제목의 '정전(正傳)'이라는 말이다. 전기를 정전이라 부른 예는 「아Q정전」 이전에는 없다. 제1장에서 전기의 각종 명칭들, 즉 열전(列傳), 자전(自傳), 내전(內傳), 외전(外傳), 별전(別傳), 본전(本傳), 가전(家傳), 소전(小傳), 대전(大傳) 등을 나열한 작가는 그 모두가 이 작품의 제목으로 사용하기에 부적합하다고 판정한 뒤, '한화휴제언귀정전(閑話休題言歸正傳)'이라는 옛 이야기꾼의 상투어에서 '정전'이라는 말을 따왔다고 설명한다. '한화휴제언귀정전'을 우리말로 옮기면 '여담은 그만두고 본래 이야기로 돌아가서'이므로, '정전'이라는 말은 전기

11 『魯迅全集』 第1卷, p.488

를 뜻하는 것이 아니라 '본래 이야기'란 의미다. 영어 번역자 양씨 부부는 그 상투어를 "Enough of this digression, and back to the true story"라고 번역했고 그래서 「아Q정전」의 영어 제목이 「The True Story of Ah Q」가 되었다. 우리도 「아Q 이야기」나 「아Q에 대한 본래 이야기」로 제목을 붙일 수 있겠지만, 한국어는 한자어를 사용하기 때문에 '정전'이라는 말을 그대로 쓸 수 있고, 그래서 한국어 제목은 이 복잡한 사정을 함축하여 「아Q정전」이 된다.

3. 「아Q정전」을 보는 시각

「아Q정전」에 대한 기왕의 수많은 해석들은 크게 보면 다음 세 가지 관점으로 나뉠 수 있다.

1) 중국 국민성을 부정적으로 묘사했다고 보는 관점
2) 신해혁명을 부정적으로 묘사했다고 보는 관점
3) 농민계급의 혁명성을 긍정적으로 묘사했다고 보는 관점

이 세 가지 중 가장 널리 유포되어 있는 것은 1)의 관점이다. 이렇게 볼 때 「아Q정전」은 부정적 국민성, 즉 중국인의 나쁜 성격(劣根性)을 묘사한 알레고리고(그 나쁜 성격을 대표하는 것이 '정신승리법'이다), 작중인물 아Q는 중국인의 알레고리다. 루쉰이 자신의 창작의도에 대해 '국민의 영혼[國人的靈魂]'을 묘사하려 했으며 '국민성의 개조'를 위한 것이라는 발언을 자주 했기 때문에 이 관점은 강한 설득력을 갖는다. 루쉰 문학의 기원, 나아가서는 중국 현대문학의 기원에 관한 전설적 이야기라 할 이른

바 '환등사건' 에피소드도 이 관점에 부합한다. 「아Q정전」 발표 당시에 루쉰의 친동생이며 함께 문학 활동을 하던 저우쭤런(周作人)이 "아Q라는 사람은 중국의 모든 '보(譜)'의 결정체"라고[12] 논평한 이래, 예컨대 1940년에 평론가 바런(巴人)이 아Q를 "가장 보편성을 갖춘 민족의 전형"이라고[13] 논평한 것처럼 1)의 관점은 해석의 주류가 되었다. 1930년에 한국의 중국문학 연구자 정래동이 "본래 「아Q정전」은 중국의 사회상을 그리려 한 것보다 중국인의 호도(糊塗)한 것과 중국 전통적 사상인 '정신적 자위(自慰)'의 손실 등을 역설하여 당시 중국인의 보편적 성격을 묘사한 것이란 것이 일반적 평이다"[14]라고 소개한 것도 바로 이 관점이다.

2)의 관점은 1)과 유사하면서도 다르다. 부정적 묘사로 본다는 점에서는 유사하지만 국민성의 알레고리가 아니라 사회상의 사실적 묘사라고 보기 때문이다. 「아Q정전」을 신해혁명과 그 사회상의 묘사라고 보게 되면 아Q는 농민, 혹은 넓히면 인민, 좁히면 고농(雇農)의 전형이 된다. 예컨대 1941년에 소설가 저우리보(周立波)는 이 작품을 "신해혁명의 진실한 그림"이라고[15] 평했고, 1949년에 평론가 천융(陳涌)은 아Q는 착취당하는 농촌 프롤레타리아이면서 동시에 "아Q가 가장 잘 대표하는 것은 중국의 봉건통치계급"이라고[16] 설명했다. 1930년에 최초의 「아Q정전」 한국어 번역을 발표한 소설가 양백화가 "취재는 혁명에 희생된 무지

---

12 仲密(周作人), 「阿Q正傳」, 『晨報』 副刊(1922. 3. 19.)(汪暉, 『阿Q生命中的六個瞬間』(華東師範大學出版社, 2014), p. 11에서 재인용). 여기서 '보'는 계보라는 뜻임.

13 巴人(王任叔), 「魯迅的創作方法」(汪暉, 위의 책, p. 18에서 재인용).

14 「魯迅과 그의 作品」, 『조선일보』 1930년 4월 9일.

15 周立波, 「談阿Q」(汪暉, 앞의 책, p. 18에서 재인용).

16 陳涌, 『阿Q正傳是怎樣的作品』(위의 책, p. 19에서 재인용).

한 한 농민의 전 생애에 있으니 제1혁명 당시의 사회상태를 노신씨 일류의 신랄한 풍자와 투철한 관찰로 여실하게 표현한 것이다”[17]라고 해설한 것도 바로 이 관점이다.

3)의 관점은 앞의 두 관점과 근본적으로 다르다. 「아Q정전」을 긍정적 묘사로 보기 때문이다. 여기서 「아Q정전」은 농민계급의 혁명성을 묘사한 리얼리즘 작품이며 아Q는 정신승리법을 벗어나 자발적인 혁명 요구로 나아간 농민계급의 전형이다. 1979년에 문학사가 린즈하오(林志浩)가 “압박과 착취를 받으면서 그로 인해 자발적으로 혁명을 요구하게 되는 빈농의 계급적 특징”을 묘사했다고 평한 것을[18] 대표적 예로 들 수 있다.

이상의 세 가지 관점들은 다 나름대로 이 작품에 대해 조명해주는 바가 있다. 전혀 근거가 없다거나 완전히 틀렸다고 말할 수는 없다. 그러나 셋 다 어느 한 측면에만 편향되어 다른 측면들을 보지 못했다는 점에서는 공통된 한계가 있다. 특히 3)의 관점은 자신이 본 측면에 대해서도 지나치게 과잉해석을 함으로써 더욱 큰 오류를 범했다. 필자가 보기에 「아Q정전」은 이 세 가지 관점을 다 가능하게 하는 복합성을 지녔고 바로 이 복합성이야말로 이 작품의 가장 중요한 특징이다.

---

17 「阿Q正傳」, 『조선일보』 1930년 1월 4일. 양백화의 이 해설도 일본어 번역자 井上紅梅의 해설을 옮긴 것이다.

18 林志浩主編, 『中國現代文學史』 上冊(人民文學出版社, 1979), pp. 67-70 참조.

4. 「아Q정전」 읽기의 기초

이제부터는 「아Q정전」을 자세히 읽어보자(줄거리는 이 책 1부에 수록된 「루쉰 소설과 5·4운동」 참조). 우리의 해석은 앞에서 살펴본 세 가지 관점 중 관점 1)과 관점 3)에 대한 이의제기에서 출발한다.

관점 1)이 주목하는 정신승리법[19]은 발단에 지나지 않으며, 제3장에 나오는, "(왕털보에게 맞은 뒤—인용자) 아Q의 기억으로 이것은 평생에 첫 번째 가는 굴욕이라 해야 할 것 같았다. [……] 아Q는 어찌할 바를 모르고 서 있었다."[20]라는 대목에서부터 정신승리법의 파탄이 벌써 나타나기 시작하고, 제4장에 이르면 이미 정신승리법은 아Q의 의식을 거의 설명하지 못한다는 점(하녀 우마에게 "같이 자자(我和你困覺)"면서 무릎을 꿇는 장면에서[21] 부각되는 것은 인간적 절실함이지 더 이상 부정적 국민성이 아니다)을 주목하면, 우리는 관점 1)의 유효성이 얼마나 제한적인가를 금세 알 수 있다.

관점 3)이 근거로 삼는 것은 제7장에서 아Q가 "혁명당은 곧 반역이며 반역은 곧 자기를 곤란하게 만드는 것"이라는 고정관념에서 벗어나

---

19 정신승리법을 간단하게 설명해주는 제2장의 두 장면을 인용해보겠다:

아Q는 형식상으로 패배했다. 놈들은 노란 변발을 휘어잡고 벽에 그의 머리를 너덧 번 쿵쿵 짓찧었다. 건달들은 그제야 만족해하며 의기양양하게 돌아갔다. 아Q는 잠시 선 채로, "나는 자식에게 맞은 셈 치자. 요즘 세상은 정말 개판이야……"라고 생각했다. 그러고 나서는 그도 만족하며 의기양양하게 돌아갔다.(『魯迅全集』 第1卷, p. 492)

그러나 10초도 지나지 않아 아Q도 역시 만족해하며 의기양양하게 돌아갔다. 그는 자기가 자기경멸을 잘하는 제일인자라고 생각했다. '자기경멸'이라는 말을 빼고 나면 남는 것은 '제일인자'다. 장원급제도 '제일인자'이지 않은가? "네까짓 것들이 뭐가 잘났냐?"(같은 곳)

20 위의 책, p. 496.

21 위의 책, p. 501.

"혁명도 나쁘지 않다"고 생각하게 되는 대목[22]이다. 이런 독법은 일면 타당해 보이지만, 그것은 극히 일부에 지나지 않는 부분만을 의미화해 전체에 대한 설명을 대체하기 때문에 오히려 왜곡을 낳는다.

필자가 주목한 것은 다음과 같은 대목이다.

첫째, 제4장의 구애사건 이후 공격적 풍자는 부수적인 것이 되고 동정과 연민을 밑에 깐 해학이 전면으로 대두되어 아Q에 대한 희화화는 비애를 강력히 포함한다. 이때부터 아Q는 부정적이면서 동시에 긍정적이기도 한, 복합적 인물로 변모한다.

둘째, 제4장부터 아Q의 불행한 삶은 자오나으리 댁과 불가분의 관계가 된다. 제5장에서 중흥한 아Q가 다시 비참한 지경으로 떨어지는 것 또한 자오나으리 댁과 관계된다. 지배계급이 민중의 불행, 고통과 본질적 연관을 갖고 나타나는, 그리하여 공격적 풍자의 대상이 되는 이러한 모습은 「아Q정전」 이전의 루쉰 소설에서는 보이지 않던 것이다. 제7장에서 아Q가 혁명도 나쁘지 않다고 생각하게 되는 것은 이 맥락에서 이해되어야 한다. 얼핏 맹목적 반항으로 보일지도 모를 "반란이다! 반란이다!"라는 외침이 이 맥락에서 보면 절실성을 획득한다. 그것은 아Q 자신은 의식하지 못하지만 "축적된 비애의 발현"[23]이다. 이것을 무지나 맹목적 반항으로만 본다면 피상적 관찰에 지나지 않고, 반대로 관점 3)처럼 혁명성의 온전한 발현으로 본다면 과장이며 왜곡이다.

셋째, 아Q의 혁명당에의 투항은 헛된 일이 되고 만다. 수재와 가짜

---

22 위의 책, p. 513.

23 김지하 시인의 시론 「풍자냐 자살이냐」에 나오는 표현이다. 필자가 아Q를 분석하는 도구 중 일부는 이 시론에서 원용한 것이다.

양놈이 먼저 혁명을 해버렸기 때문이다. 아Q는 오히려 강도로 몰려 총살당하고 만다. 혁명에 의해 타도되어야 할 구지배계급이 혁명당의 일원으로 전신하고, 혁명의 주체가 되어야 할 피지배계급은 혁명과제의 수행을 위해 죽음을 당하는 이 아이러니야말로 신해혁명의 실체에 대한, 나아가서는 중국 사회의 봉건성에 대한 근본적 비판이다. 필자의 해석은 앞에 소개한 세 관점 중에서는 상대적으로 관점 2)에 가깝다. 가깝지만 물론 같지는 않다. 필자는 관점 2)만 성립된다고 생각하지 않고, 또 관점 2)의 상대적 유효성을 인정하더라도 사실적(寫實的) 성격보다는 알레고리적 성격을 중시하기 때문이다.

넷째, 「아Q정전」 이전의 루쉰 소설에는 희망이 거의 나타나지 않고 드물게 나타날 경우 그 희망은 민중에 대한 부정적인 관점 위에 조작적으로 세워진 것으로서 당위의 절망적 확인인 데 비해, 「아Q정전」은 외면상 철저한 절망의 모습을 하고 있지만, 그 형식가(形式價)가 민중에 대한 근원적 긍정을 구현하고 있다.

5. 왕후이의 새로운 해석

근년에 중국에서 나온 새로운 아Q해석 하나가 눈길을 끈다. 이른바 신좌파(新左派)라고 불리는 지식인 그룹의 대표적 일원으로서 본래 루쉰 전공자였던 칭화대 교수 왕후이(汪暉)의 책 『아Q 생명 속의 여섯 순간』[24]이 그것이다. 왕후이가 주목한 것은 아Q가 정신승리법을 벗어나는 여섯 순

24 汪暉, 『阿Q生命中的六個瞬間』(華東師範大學出版社, 2014).

간, 여덟 장면으로서 요약하면 다음과 같다.

1) 실패의 고통: 도박판에서 딴 돈을 다 잃어버린 뒤(제2장)

2) 어찌 해야 할 바를 모름: 왕털보에게 맞은 뒤(제3장)

3) 성(性)과 기아(饑餓):

3-1) 우마에게 구애할 때(제4장),

3-2) 생계의 위기에 빠졌을 때(제5장)

4) 생존 본능의 돌파: '먹을 것을 구할[求食] 길'을 찾아 나설 때(제5장)

5) 혁명의 본능과 '한심함(無聊)':

5-1) 혁명본능의 발동(제7장),

5-2) 혁명 불허 후의 '한심함'(제8장)

6) 대단원과 죽음: 눈빛과 공포(제9장)

아Q가 정신승리법에서 벗어나는 모습을 중시한 필자가 1984년에 쓴 글 「루쉰 소설과 5·4운동」(이 책 1부에 수록)에서 제시했던 것은 2)와 3-1), 3-2), 5-1) 이었고, 2005년에 한 잡지의 청탁으로 쓴 글 「어리석은 아Q, 불쌍한 아Q」에서는 "요즘 들어 내게 가장 가슴 아픈 대목은 처형장으로 끌려가는 도중에 아Q가 진상을 깨닫는 장면이다. 구경꾼들의 시선, 그 무시무시한 눈빛이 아Q의 영혼을 물어뜯는 장면. 아Q는 '사람 살려'라고 외치려 하지만 그 외침조차 소리 내지 못하고 정신을 잃고 만다. 소리 내지 못한 이 외침이야말로 아Q의 진실이다"라고 하며 6)의 의미를 강조했었으니 필자가 주목한 것은 네 순간, 다섯 장면이었다고 할 수 있다. 필자는 제시하지 않았고, 왕후이가 제시한 두 순간, 세 장면 1), 4), 5-2)에 대해 좀더 자세히 살펴보도록 하자.[25]

1)과 관련된 부분을 인용하면 다음과 같다.

> 하얗게 반짝이는 은전 더미! 더구나 자기의 것이었는데…… [……] 자기를 벌레라고 해보아도 역시 마음이 개운치 않았다. 그도 이번에는 실패의 고통을 조금 느꼈다.[26]

정신승리법의 작동이 중단되는 첫 장면이다. 그런데 우리가 더욱 주목해야 할 것은 이 작동불능은 잠시뿐이고 금세 회복된다는 점이다. 위 인용에 바로 이어서, "그러나 그는 금세 패배를 승리로 바꾸어놓았다. 그는 오른손을 들어 자기 빰을 힘껏 연달아 두 번 때렸다. [……] 잠시 후에는 자기가 남을 때린 것 같았으므로 [……] 만족해하며 의기양양하게 드러누웠다"라고[27] 서술된다. 이는 2)와 많이 다르다. 2)에서는 자기 혼자만의 정신승리법으로는 해결되지 않고, 여승을 희롱하고서야, 다시 말해 자신보다 더 약한 사람에게 패배의 고통을 전가하고서야 비로소 승리의 쾌감을 느낄 수 있게 된다. 필자가 1)을 제시하지 않고 2)부터 제시한 것은 그 차이를 중시했기 때문이다.

한편 4)와 5-2)와 관련된 부분은 다음과 같다.

> 그는 길거리를 가면서 '먹을 것을 구하려[求食]' 했다. 낯익은 술집이 보였고 낯익은 만둣집이 보였지만 그는 전부 지나쳤다. [……] 그가 구하려는 것은 그런 것들이 아니었다. 그가 구하려는 것이 어떤 것인지는 그 자신도 몰랐다.[28]

---

25 그 순간들을 서술할 때 이야기꾼식의 서술에서 근대적인 삼인칭 주관적 시점의 서술로 변화된다는 점을 왕후이는 예리하게 포착하고 있다.

26 『魯迅全集』 第1卷, p. 493.

27 위의 책, p. 494.

> 그는 이토록 한심한[無聊][29] 느낌이 든 적은 이제껏 없었던 것 같았다. 자신의 틀어 올린 변발에 대해서도 무의미(無意味)하게 느껴졌고 모멸감이 들었다.[30]

4)와 5-2)를 필자는 간과했는데 왕후이가 이 두 장면을 제시한 것을 보니 과연 중요한 장면이라 할 수 있다.

이 여섯 순간의 제시를 근거로 왕후이는 다음과 같이 명쾌하게 자신의 주장을 성립시킨다.

> 우리는 「아Q정전」이 정신승리법의 전형을 창조했다고 말하기보다는 정신승리법을 돌파할 계기를 제시했다고 말하는 편이 나을 것이다.[31]

그리고 논의를 더 전개해 주목할 만한 새로운 해석을 시도한다. 들뢰즈를 참조한 것이 분명해 보이는 왕후이의 이 해석은 정신과 신체의 이항대립을 해석의 틀로 삼고, 의식은 정신에, 본능과 직감,[32] 잠재의식은 신체에 해당하는 것으로 설정하며, 정신승리법은 정신의 영역에서 작동

28 위의 책, p. 506.

29 '우랴오(無聊)'는 루쉰이 많이 사용한 말 중 하나다. '우랴오'는 무의미하다, 지루하다, 심심하다, 시시하다, 뻔뻔하다, 한심하다 등 여러 가지 뜻으로 사용되는데 여기서는 바로 뒤에 나오는 무의미(無意味)라는 말과 구별해야 할 것 같다.

30 『魯迅全集』第1卷, p. 520.

31 汪暉, 앞의 책, p. 66.

32 루쉰이 사용한 단어는 즈쥐에(直覺)인데 이는 직관이라는 뜻도 될 수 있고 직감이라는 뜻도 될 수 있다. 중국어에는 즈관(直觀)과 즈간(直感)이라는 말들이 다 따로 있기도 한데 즈쥐에는 그 둘에 걸쳐 있는 셈이다. 소설에서 사용된 즈쥐에라는 말은 직감이라는 뜻으로 보는 게 합당할 것이다.

되고 정신승리법 돌파의 계기는 신체 영역에서 나타난다고 본다. 이렇게 보면 여섯 순간은 의식(정신)의 벽을 뚫고 본능, 직감, 잠재의식(신체)이 발휘된 순간이다.

왕후이는 이 순간에 '아래를 향한 초월(向下超越)'이 이루어진다고 한다. "직감과 본능이 드러내주는 현실관계를 향해 초월하는 것, 비역사적 영역을 향해 초월하는 것"[33]이 '아래를 향한 초월'이다. 왕후이에 의하면 정신, 의식, 역사는 위(上)이고 신체, 욕망, 본능, 직감, 잠재의식, 귀신은 아래(下)다. 그리고 혁명은 "위를 향한 초월(向上超越), 즉 본능과 직감을 벗어나 역사의 계보로 진입하는 것이 아니라, 아래를 향한 초월, 즉 귀신의 세계에 잠입하며 본능과 직감을 심화하고 뛰어넘어, 역사의 계보에 의해 억압된 계보에 대한 파악을 획득하고 나아가 세계의 총체성을 펼쳐 보이는 것"[34]이다. 왜 그런가 하면, "직감과 본능은 진실한 요구와 진실한 관계를 드러낼 뿐만 아니라 그 관계를 변화시키고자 하는 욕망을 솔직하게 표현"[35]하기 때문이다. 그리하여 왕후이는 "이러한 의미에서 「아Q정전」은 중국혁명 발단시대의 알레고리다"[36]라는 주장으로 논의를 마무리 짓는다.

---

33 汪暉, 앞의 책, p. 66.
34 위의 책, p. 89.
35 같은 곳.
36 같은 곳.

6. 왕후이의 해석과 다르게 읽기

공교롭게도 필자 역시 '아래로'라는 방향을 강조했었다. 앞서 언급한 「어리석은 아Q, 불쌍한 아Q」에서였는데, 그것은 왕후이와는 달리 아래를 향한 동일화(초월이 아니라)이고 계몽(신체가 아니라)에 관한 것이었다. 필자는 다음과 같이 썼었다.

> 아직 진상을 대면하지 못한 상태의 아Q는 그 자신도 구경꾼의 하나고 무시무시한 눈빛 중의 하나다. 자기 자신이 그 눈빛에 영혼을 물어뜯길 때가 되어서야 비로소 진상을 깨닫게 되지만 때는 이미 늦었다. 이 딜레마가 바로 루쉰 당시의 중국현실인 것이고 지금도 그런 것이 아닐까. 이렇게 쓰고 있는 나 자신도 어쩔 수 없는 하나의 아Q인 것이 아닐까. 어리석은 아Q 불쌍한 아Q를 **위에서 내려다보는 시선**으로는 「아Q정전」을 병든 국민성에 대한 비판으로 읽거나 계급적 각성의 발견으로 읽게 되기 십상이다. **나 자신이 하나의 아Q가 되어 아Q를 대면**할 때 비로소 연민과 해학을 그 깊이에서 공감할 수 있다.[37]

필자는 「아Q정전」에서 중국혁명의 발단시대를 보기보다는 위에서 아래로 내려다보는 시선의 순진한 계몽주의에 대한 반성을 보았던 것이다. 필자의 관점은 이 작품을 루쉰의 다른 작품 「광인일기」와 함께 맥락화하는 데서 비롯되었다. 「광인일기」의 광인은 지식인이고 「아Q정전」의 아Q는 민중이지만 작가는 두 인물 모두에 자기 자신을 동일화하면서 순

37 『문·학·관』(한국현대문학관) 2005년 여름호, p. 7.

진한 계몽주의라는 당시의 주류사조(자신의 과거를 포함하여)에 대해 심각한 반성을 수행했다라는 맥락화다. 이에 대한 자세한 논의는 이 글의 범위를 많이 벗어날 것 같다.

왕후이의 논의에 대해 필자가 특별히 더 추가하고 싶은 것은 정신승리법을 벗어나는 순간들, 아래를 향한 초월이 이루어지는 순간들이 그야말로 순간에 지나지 않는다는 사실을 어떻게 의미화할지에 대한 질문이다. 그 순간에 각성(의식적인 것이든 무의식적인 것이든)이 이루어진다고 한다면 이 각성은 순간에 그치고 금세 무화(無化)되고 만다. 이 각성-무화의 과정은 우선 아Q의 삶 안에서 여러 차례(적어도 여섯 번 이상) 되풀이해서 나타나지만, 아Q의 삶과 죽음을 전체적으로 볼 때 이 역시 각성-무화 과정의 한 단위라 할 수 있겠고, 신해혁명 전체를 그 과정의 한 단위로 보는 것도 가능하다.

왕후이 역시 이 각성-무화의 과정을 간과하지 않았고 그래서 "「아Q정전」의 여섯 순간은 아Q가 '각성'하는 계기이기도 하지만 매번 겨우 몇 초, 심지어 몇 분초 지속되다가 바람 따라 사라져버린다"[38]고 지적했다. 그러나 왕후이가 중시하는 것은 무화가 아니라 발생이다. 어떻게 발생할 수 있었고 어떤 가능성을 내포하고 있었는지에 시선을 집중한다. 그래서 그 과정의 되풀이에 대해 설명할 때 '순환'과 '반복[重復]'이라는 개념 쌍을 사용한다. "각성의 순간에 순환이 반복으로 변한다"[39]는 진술을 보면 순환은 부정적 의미, 반복은 긍정적 의미를 갖는다. "'반복'의 반복 불가능성에 대한 게시를 통해 '순환'이라는 환각을 타파한다"[40]는 진술을 보

38 汪暉, 앞의 책, p. 66.
39 위의 책, p. 86.
40 같은 곳.

면 순환은 자연법칙처럼 불가피하지만 반복은 그것이 되풀이되지 않게 만들 수 있다고 말하려는 것 같다.

왕후이의 의견을 충분히 존중하지만, 필자는 각성-무화의 과정에서 어떻게 각성이 발생했는가 만큼이나 어떻게 각성이 무화되었는가가 중요하며, 각성의 순간에 순환이 반복으로 변하고 반복의 반복 불가능성이 게시된다는 점 이상으로 무화의 순간 반복의 불가피성이 실현된다는 점이 중요하다고 생각한다. 왕후이와 필자는 지금 서로 강조점을 달리하는 것인데, 루쉰과 「아Q정전」은 서로 다른 두 강조점을 다 포함하면서 어느 한쪽의 손도 들어주지 않는다. 그것이 루쉰이고 그것이 「아Q정전」이며 바로 여기에 왕후이나 필자의 한계가 있을 것이다.

7. 「아Q정전」의 현재적 의미

루쉰이 1926년에 발표한 산문 「아Q정전을 쓰게 된 원인」에는 다음과 같은 구절이 나온다.

> 중화민국 원년은 이미 지나가 버려서 추적할 수 없지만, 앞으로 다시 개혁이 있게 되면 아Q 같은 혁명당이 또 나타나리라고 나는 믿는다. 사람들이 말하는 것처럼, 내가 과거의 어느 한 시기를 그려냈을 뿐이기를 나 역시 몹시 바라는 바이지만, 내가 본 것이 현대의 전신(前身)이 아니라 그 후, 혹은 20, 30년 후일까 봐 나는 두렵다.[41]

---

41 魯迅, 「〈阿Q正傳〉的成因」, 全集 3(人民文學出版社, 1981), p. 397.

과연 루쉰의 통찰력은 놀랍다. 1926년으로부터 30년 뒤면 1956년 무렵이 되는바 그 해에 이른바 백화제방 백가쟁명이 있었고, 바로 그다음 해에 반우파투쟁이 있었으며, 이어서 대약진운동이 나왔다. 그로부터 몇 년 더 지난 뒤 문화대혁명이 나왔다. 문화대혁명이 끝나고 시작된 이른바 개혁개방, 1989년의 천안문사건, 1990년대 이후의 사회주의 시장경제, 그리고 관료자본주의의 모순 심화, 정치적 독재의 강화, 국가주의의 팽창 등으로 특징지어지는 지금의 중국 사회[42] 등은 모두 루쉰이 본 것의 계속되는 반복이라 할 수 있지 않겠는가.

왕후이도 다음과 같이 말하며 이 점을 분명히 지적했다. "1990년대는 루쉰이 묘사한 사회 현상이 대규모로 부활한 시대인 동시에 루쉰을 배척하는 흐름도 정점에 도달한 시대였다."[43] 누가 루쉰을 배척한다는 것인가? 루쉰에 의해 공격적 풍자의 대상이 되었던 사람들과 똑같은, 오늘날의 지배계급이 루쉰을 배척한다는 것이다. 왕후이의 지적은 예리하다. 다만, 1950, 60, 70년대, 중국에서 흔히 전(前) 30년이라고 부르는 시대에 대해 왕후이가 침묵하거나 은연중 변호하는 데 대해서는 동의하기 어렵다.[44]

최근 중국의 유행어들 중에 자오쟈런(趙家人)이라는 말과 "너도 자오씨 자격이 있냐(你也配姓趙)?"라는 말은 「아Q정전」의 다음과 같은 장

42 최근 비판자들은 이 체제를 특색(特色) 권귀(權貴) 관료자본주의라고 부른다. 특색은 중국 특색, 즉 중국적이라는 뜻이고, 권귀는 권세가라는 뜻이다.

43 汪暉, 앞의 책, p. 95.

44 이와 관련한 일화를 하나 소개하자면, 최근 필자가 웨이신(중국의 카카오톡) 채팅 방에서 왕후이가 말한 아Q의 부활에 대해 언급했더니 한 중국 학자가 반박했다. 아Q는 죽은 적이 없는데 어떻게 부활을 하느냐? 그의 말이 맞는 것 같다.

면에서 비롯되었다.

> "아Q, 너 이 개 같은 놈! 네가 나를 네 일가라고 말했더냐?"
>
> 아Q는 입을 열지 않았다.
>
> 자오나으리는 점점 더 화가 나서 몇 발자국 뛰어나오며 말했다. "어디다 대고 허튼소리냐! 나에게 어떻게 너 같은 일가가 있을 수 있겠느냐? 네 성이 자오냐[你姓趙麽]?"
>
> 아Q는 입을 열지 않고 뒤로 물러나려고 했다. 자오나으리가 달려들어 그의 따귀를 한 대 때렸다.
>
> "네가 어떻게 자오씨일 수 있냐[你怎麽會姓趙]! …… 네가 어디가 자오씨 자격이 있냐[你那裏配姓趙]!"(제1장)[45]

자오자런은 오늘날 중국의 지배계급을 가리킨다. 챠오무(喬木)라는 이름으로 인터넷에 게시된 글 「누가 진정한 '자오자런'인가」에 따르면 "혈통 좋고, 권력 있고, 돈 있고, 공금을 제멋대로 쓰고, 공유(公有) 자산을 자기들끼리 공유(共有)하고, 죄를 짓고도 벌을 받지 않는 것"이 자오자런의 특징이다. 그래서 실제로 성이 자오인 사람이 오히려 자기는 자오자런이 아니라고 말하는 웃지 못할 사태가 발생한다. 자오자런에게 지배당하는 수많은 사람들이 오늘날의 아Q다. 각성 이전의 아Q가 "혁명당은 곧 반역이며, 반역은 곧 자기를 곤란하게 만드는 것이라고 생각"하고 그래서 혁명당을 "깊이 증오하고 극히 원망"한 것처럼 오늘날의 아Q는 '헌

45 『魯迅全集』第1卷, p. 488.

정민주파[46]는 곧 반당(反黨)이며 반당은 곧 자기를 곤란하게 만드는 것이라고 생각'하고 그래서 헌정민주파를 '깊이 증오하고 극히 원망'한다. 어쩌면 이렇게 똑같은지 놀라울 정도다.

그런데 이 아Q들 중 많은 사람들이 자신도 자오쟈런에 속한다고 생각한다. 이 비유에 따르면, 그들은 자신이 자오씨인 줄로 착각하는 것이다. 그들을 '자오씨 아Q(姓趙阿Q)'라고 부른다면, '자오씨 아Q'들은 자오쟈런을 지지하고 아Q를 경멸하며, 아Q의 각성을 비난하고 심지어 증오한다. 자오쟈런은 그런 그들을 배제하지 않고, 오히려 대놓고 그렇게 하라고 부추긴다. 100년 전의 자오쟈런보다 지금의 자오쟈런이 훨씬 더 교활해진 것이다. 그리하여 「아Q정전」에서는 자오나으리가 자오씨라 자처한 아Q를 욕하면서 "네가 어디가 자오씨 자격이 있냐"라고 말했지만, 오늘날은 각성한 사람들이 '자오씨 아Q'들을 풍자적으로 비판하면서 "너도 자오씨 자격이 있냐"라고 묻게 되었다.

이것이 중국만의 일일까? 필자는 그렇지 않다고 생각한다. 한국이나 미국도 무엇이 다를 것인가? 오십보백보, 도토리 키재기가 아니겠는가? 최근 필자가 본 한국의 한 판타지 소설에서 판타지 세계의 왕이 현대 한국 사회에 대해 다음과 같이 말한다.

> 그곳은 참 기이한 곳이오.
>
> 온 나라가 노예로 가득한 곳이오. 대충 가늠컨대 천에 다섯을 제외한 나머지는 모두 노예라 할 수 있소.

46 최근 한창 논란 중이어서 이를 예로 들었을 뿐, 당연히 다른 것들을 예로 들 수도 있다.

> 대부분의 노예들은 자신이 노예라는 자각이 없소. 다들 하나같이 자신을 자유민이라 여기고 있지.(실탄, 〈리미트리스 드림〉에서)[47]

그렇다. 우리는 자신을 자유민이라고 여기는 노예, 또 하나의 아Q인지 모른다. 소비사회의 자발적 노예이며 철학자 한병철 교수의 말에 따르면 '피로사회'에서 무한한 착취를 당하고 있으면서도 그런 줄 모르는, 우리에 대한 부당한 지배를 우리 자신이 정당화해주는, 그런 자해(自害)의 메커니즘 속에 깊숙이 잠겨 있는 어리석고 불쌍한 존재가 아니냐, 라고 아Q가 우리에게 묻는다. 필자는 아니라고 답하지 못한다.

---

47 Munpia.com에 연재되었음. 필명 실탄의 한자는 實彈으로 추정됨.

○

중국에서의 프레드릭 제임슨의 루쉰 읽기 수용*

1. 머리말

1986년 *Social Text*에 발표된 프레드릭 제임슨의「다국적 자본주의 시대의 제3세계문학(Third-world Literature in the Era of Multinational Capitalism)」은 서양의 제3세계문학론의 기본전제와도 같았고 제3세계에까지 강력하게 영향을 미쳤는데, 이러한 양상은 30년이 지난 지금까지도 큰 변화 없이 지속되고 있다. 이에 대한 반성적 검토의 필요성은 그동안 부단히 커져 왔으나, 그 필요성이 본격적으로 논의의 대상이 된 적은 거의 없었다. 한국에서는 더욱 그러한데, 제임슨의 이 글이 오랫동안 한국어로 번역 소

* 이 글은『동아문화』제59집(서울대학교 동아문화연구소, 2020. 12.)에 발표한 것이다.

개되지 않았으면서도[1] 무수히 언급되었다는 데서 저간의 사정을 엿볼 수 있다. 이 글은 비록 중국이라는 한정된 지역과 제임슨의 루쉰 읽기라는 특정한 주제에 국한했지만 그 양상에 대한 반성적 검토를 수행하고 이 검토를 통해 이러한 작업이 확대심화되어야 한다는 필요성을 환기시키는 데 목적을 둔다.

1994년에 발표된 가오위엔둥(高遠東)의 「정전의 의의: 루쉰과 그 소설 및 프레드릭 제임슨의 루쉰에 대한 이해(經典的意義: 魯迅及其小說兼及弗詹姆遜對魯迅的理解)」[2]는 제임슨의 제3세계문학론을 본격적으로 검토한 글로서 주목된다. 이것 이전에도 제임슨의 제3세계문학론을 중국에 소개한 글이 있었지만,[3] 가오위엔둥의 글은 단순히 제임슨을 소개하는 데 그치지 않고 제임슨의 글에 나타난 루쉰에 대한 이해를 비판적으로 고찰한 본격적인 논문이다. 맹목적 추종이 아니라 비판적 토론을 시도한 가오위엔둥의 이 글은 당시는 물론이고 지금도 주목받을 만한 귀중한 성과라

---

1 한국어 번역 소개는 일반 출판물에서는 김용규, 김경연 공편, 『세계문학의 가장자리에서』(현암사, 2014)에서 이루어졌고, 학회지에서는 김태연의 번역으로 한국중국현대문학학회의 『자료와 소식』 제8호(1997)에서 이루어졌다. 이때 김태연은 가오위엔둥의 논문 「정전의 의의」도 김희진과의 공역으로 함께 소개했다. 번역도 상당히 정확했던 이 소개가 학회 바깥으로까지 널리 전해지지 못한 것이 아쉽다.

2 『魯迅研究月刊』 1994年 第4期에 게재됨. 經典은 canon의 중국어 번역이다. 한국에서는 정전(正典)으로 번역한다.

3 다음과 같은 글이 있다.

1) 王逢振, 「杰出的西方马克思主义批评家: 费雷德里克·詹姆逊」(『外国文学』 1987年 第10期: 王逢振编著, 『今日西方文学批评理论-十四位著名批评家访谈录』(漓江出版社, 1988. 2.)). 王逢振이 미국 방문학자 시절(1986년 9월-1987년 6월)에 제임슨을 만난 면담록이다.

2) 程代熙, 「西方文论的新信息-读《今日西方文学批评理论》」(『文艺理论与批评』 1989年 第2期). 위의 책에 대한 서평이다.

3) 張頤武, 「第三世界文化: 新的起点」(『讀書』 1990年 第6期).

할 수 있으므로 우리는 두 번째 절에서 그 내역을 자세히 검토할 것이다.

가오위엔둥은 제임슨의 글을 영문이 아니라 중역본으로 읽었다는 사실을 밝힌다. 그가 읽은 중역본은 두 가지다. 하나는 1989년에 발표된 장징위엔(張京媛)의 번역 「다국적 자본주의시대에 처한 제3세계문학(處于跨國資本主義時代中的第三世界文學)」[4]이고, 다른 하나는 1993년에 발표된 쑨썽타오(孫盛濤)와 쉬량(徐良)의 발췌번역 「루쉰: 중국문화의 한 민족적 알레고리(魯迅: 一個中國文化的民族寓言)」[5]다. 가오위엔둥은 기본적으로 장징위엔 번역을 인용하였고 특별한 경우에만 쑨성타오와 쉬량의 번역에 대해 언급했다. 장징위엔 번역은 제임슨의 발표 후 3년만에 나온 첫 번역인 데다가 발췌번역이 아니라 전역이라 중국의 학술계와 비평계는 지금까지 30여 년 동안 대부분 이 번역을 사용해왔다. 장징위엔의 공헌이 크다고 하겠는데, 다만 번역 과정에서 적지 않은 오류를 범함으로써 자신의 번역을 사용한 많은 이들에게 결과적으로 좋지 않은 영향을 미치기도 했다. 우리는 세 번째 절에서 장징위엔 번역의 오류와 관련하여 몇 가지 문제를 살펴볼 것이다.

장징위엔의 번역 중 특히 주목할 대목은 루쉰 작품 속의 문장을 처리한 방법이다. 제임슨은 중국어를 모르므로 당연히 루쉰의 영역본을 읽었는데, 그 판본은 양씨 부부, 즉 양셴이(楊憲益)와 글래디스 양(Gladys Yang) 두 사람이 번역한 *Selected Stories of Lu Hsun*이다. 1960년에 북경 외문출판사에서 초판이 나온 이 번역의 1972년판을 뉴욕과 런던의 W. W.

---

4 『當代電影』 1989年 第6期에 게재됨(가오위엔둥의 글에 1984년이라고 표기되어 있는 것은 오자라고 생각된다).

5 『魯迅硏究月刊』 1993年 第4期에 게재됨(『新華文摘』 1993年 第9期에 재수록됨).

Norton & Company가 재출판해서 영어권 독자들에게 내놓은 1977년 이래 지금까지 영어권 독자들이 루쉰을 접하는 주된 경로였다. 양씨 부부는 나중에 북경 외문출판사에서 *Lu Xun Selected Works* 전4권을 내면서 번역에 적지 않은 수정을 가했는데, 이 수정 번역이 영어권 독자들에게 인용되는 일은 거의 없는 듯하다. 수정 번역이 루쉰의 원문에 좀 더 가깝다고 생각하는 필자로서는 이 점 유감이지만, 정도의 차이는 있을 망정 번역문과 원문 사이에 격차가 있을 수밖에 없다는 점은 두 번역이 다 마찬가지다. 장징위엔은 루쉰 작품 속의 문장이 인용될 때 아무런 설명 없이 루쉰의 중국어 원문을 그대로 제시했다. 제임슨이 인용한 양씨 부부의 영어 번역문과 루쉰의 중국어 원문 사이의 격차에 대해 고려할 필요를 느끼지 않은 것이라 하겠다. 이것은 제임슨 번역자에게는 별 문제가 아닐 수도 있을 것이다. 그러나 제임슨을 이해하는 데는 매우 큰 문제가 될 수도 있다. 우리는 네 번째 절에서 루쉰 작품의 영어 번역과 관련하여 제임슨의 루쉰 읽기에 대해 검토할 것이다.

2. 가오위엔둥의 토론

가오위엔둥 글의 처음과 끝은 루쉰의 정전화에 대한 논의이고 중간의 대부분은 제임슨의 루쉰 읽기에 대한 토론이다. '루쉰 넘어서기(超越魯迅)'나 '정전 해체(消解經典)' 같은 주장들이 나오고 있던 당시 중국 상황과 관련하여 가오위엔둥은 정전으로서의 루쉰의 의의를 긍정적으로 고찰하고자 했다. 가오위엔둥의 요점은 루쉰의 정전화가 맥락에 따라 변화되어 왔다는 데 있으며, 그의 우려는 정전화 자체가 아니라 정전화가 역사와 동시대의 맥락에서 이탈하여 일종의 자족적 보편성을 갖게 되는 데 있다.

더 나아가서는, 하나하나의 정전화 속에서 그 정전화를 벗어나는 계기를 나타낸다는 점이 정전으로서의 루쉰의 특성이라고 가오위엔둥은 주장한다. 글을 맺는 다음과 같은 마지막 문장이 그 주장을 역설하고 있다.

> 비록 루쉰의 사상과 작품의 정전화가 집단적·학파적, 그리고 이익을 달리하는 미학적·정치적인 규범과 소조 작용에서 벗어날 수 없으며 오늘날까지 우리의 이해와 해석을 제약하고 있지만, 기실 루쉰의 실천은 오히려 정전규범으로서의 반(反)규범적 특성을 가지고 있는바, 이 역설은 루쉰 소설 텍스트 및 그 맥락과 텍스트 독해 및 그 맥락 사이의 변증법적 관계와 이른바 정전의 의의의 상대성을 이해하는 데 우리가 돈오(頓悟)를 얻게 해줄 수도 있을 것이다.[6]

핵심적인 명제는 반규범적 특성이다. 규범에 제약된 정전화를 스스로 벗어나는 힘이 루쉰에게 있다는 것이다. 이를 가오위엔둥의 표현을 따라 '반(反)규범적 정전'이라 부르거나 필자의 감각으로는 '탈(脫)정전적 정전'이라고 불러도 되지 않을까 싶다.

이러한 정전론이 제임슨과 무슨 관계가 있는가? 가오위엔둥은 제임슨의 루쉰 읽기를 맥락에 따른 정전화의 한 사례라고 보았다. 미국식 개인주의적 마르크스주의 입장, 인문규범과 '중심주체'(홑따옴표는 가오위엔둥의 것임)의 문화전통에 대한 반성, 제1세계의 문화적 모순과 분열 상황에 대한 우려, 세계문학이라는 주제의 새로운 제출 등이 루쉰 소설 읽기에서 비(서양)규범적 형식으로서의 제3세계 텍스트라는 복잡한 맥락을

6 高遠東, 「經典的意義」『魯迅硏究月刊』 1994年 第4期, p. 27.

구성한 것이라고 가오위엔둥은 설명한다.[7] 제3세계 텍스트의 특징은 민족적 알레고리(national allegories)인바, 사적인 개인의 운명에 관한 이야기가 민족적 알레고리의 형식으로 정치를 투사한다는 제임슨의 유명한 명제가 바로 여기서 나왔다. 제1세계 텍스트에서 사적인 것과 공적인 것이 돌이킬 수 없이 분열된 데 대해 비판하는 관점이 제3세계 텍스트에서 그 반(反)명제를 발견하게 한 것이라고 설명할 수 있겠다.

가오위엔둥은 제임슨이 루쉰 소설을 민족적 알레고리로 읽어낸 내역을 자세히 소개하는데, 이 소개는 추종을 위한 소개가 아니라 이의제기를 위한 소개다. 이 점이 우리가 가오위엔둥의 이 글을 주목하게 되는 주된 이유다. 이의제기를 순서대로 따라가면 다음과 같다.

1) 루쉰 소설에 알레고리적 정치적 '공진'(resonance의 중국어 번역임)이라는 예술 효과가 있다고 할 때 그것을 루쉰 창작의 개인적 본질에서 제3세계문학 및 문화의 본질로 엄청나게 비약시켜도 되는 것인지에 대한 질문.[8] 동시대의 다른 작가들은 물론이고 루쉰 자신의 다른 작품에서도 민족적 알레고리 형식으로 쓰이지 않은, 충분히 개인화되고 심리화된 텍스트들을 쉽게 찾아볼 수 있다는 것이다.[9]
2) 제임슨이 그의 저서 『정치적 무의식』에서 주장한바, '사유화'와 자본주의 지배하의 '사회적 삶의 경향성 법칙'이 공과 사, 사회와 심리, 정치와 시학, 역사와 개인을 분열시키고 개인을 시간과 변화에 대해 마비되게 만든다고 했을 때, 그 '사회적 삶의 경향성 법칙'이라는 것이

7 위의 글, pp. 20-21 참조.
8 위의 글, p. 22 참조.
9 같은 곳 참조.

중국의 계몽주의 맥락에서는 모더니티의 한 대명사였다는 지적.[10] 이는 제임슨의 맥락과 루쉰의 맥락 사이에 불일치가 있고 상반이 있음을 지적하는 것이다(가오위엔둥은 '긴장'과 '단절[膈膜]'이라는 표현을 사용했다).[11] 포스트모더니즘 문화 속에 위치한 채 제3세계 문화생산의 민족주의 맥락에 대해 갖는 제임슨의 관심과 루쉰이 문화생산을 진행한 계몽주의 맥락 사이에는 첨예한 모순이 있다는 지적, 그리고 이 모순이 제임슨이 루쉰 소설을 계몽주의라는 맥락에는 두지 않고 오직 제1세계의 문화제국주의와 싸우는 민족주의 맥락에만 두고 읽음으로써 중국 문화와 문화적 특징에 대한 루쉰의 비판이 강력한 혁명적 효과를 갖는다는 것을 이해하는 데 어려움을 초래한다는 가오위엔둥의 지적[12]에는 설득력이 있다. 필자도 가오위엔둥과 비슷한 생각이 있다. 필자가 보기에 제임슨의 글이 사례로 든 중국의 루쉰과 세네갈의 우스만 상벤(Ousmane Sembène) 사이에는 1910-1920년대 중국과 1950-1960년대 세네갈이라는 맥락상의 커다란 차이가 존재하는 바, 제임슨의 논의는 대부분 우스만 상벤의 맥락에 적절한 것이라고 할 수 있다.

3) 바로 위의 논의와 연관하여 제임슨의 오독의 한 예를 드는데, 흥미로운 예이므로 따로 제시하는 게 좋겠다. 소설집 『납함(吶喊)』의 서문에 나오는, '쇠로 만든 방(鐵屋子, iron house)' 에피소드에 대한 제임슨의 논평이 바로 그것이다. 이 알레고리를 희망 없는 역사단계에 정치적 해결의 시야를 상실한 지식인의 상황이라는 뜻으로 읽은 제임슨은 그

10 위의 글, pp. 22-23 참조.

11 위의 글, p. 23 참조.

12 위의 글, p. 24 참조.

역사단계에 "중국공산당은 막 성립되었고 중산계급혁명의 실패가 이미 뚜렷해진"이라는 설명을 붙였다. 가오위엔둥은 쳰쉬엔퉁(錢玄同)이 소흥회관의 루쉰을 방문한 것은 루쉰이 「광인일기」를 발표한 1918년 5월 이전이었고[13] 중국공산당이 성립된 것은 1921년 7월이었으니 우선 이것부터 잘못된 설명임을 지적한 뒤, 루쉰의 계몽주의적 성격의 소설쓰기의 모순심리를 '정치적 방황'으로 이해하고 그 '정치적 방황'이 소설 서사상의 폐쇄성과 연관된다고 설명한 제임슨에 대해 그러한 설명이 정치적 본질만 지나치게 중시한 편향된 왜곡이고 비역사적이며 연역적인 접근이라고 반박했다.[14]

4) 계몽주의 맥락을 무시한 데서 비롯된 착오의 한 예로 든 「광인일기」 결말에 대한 해석문제. 제임슨은 문언문 서문의 결말을 중시하여 그것이 백화문 일기의 결말에 대해 전복작용을 한다고 해석했는데, 가오위엔둥은 두 결말의 차이가 신구문화와 신구도덕의 갈등과 투쟁이라는 본질을 반영한다고 보고, 구문화의 문체인 문언문의 결말은 반항의 어려움과 구전통의 강대함을 표현하는 것이고 신문화의 표지인 백화문의 결말은 계몽주의의 사상과 가치를 전달하는 것이며, 그렇기 때문에 제임슨이 문언문의 결말을 중시하면서 작가 본인의 자신의 사회 작용에 대한 망설임과 불안의 표현이라는 점에만 주목한 것은 충

13 쳰쉬엔퉁이 1917년 8월 9일에 루쉰을 찾아갔을 때 쇠로 만든 방 얘기를 처음 나누었고 그 뒤로도 여러 차례 방문하며 루쉰을, 아직 루쉰이라는 필명을 쓰기 전이므로 저우수런(周樹人)을 설득했다고 한다. 루쉰은 1918년 1월부터 『신청년』 편집위원진에 합류했고, 4월에 「광인일기」를 탈고했다.

14 『魯迅研究月刊』 1994年 第4期, p. 25 참조. 사실 '정치적 방황'이란 말은 장징위엔이 '정치적 문제'를 오역한 것이었는데 이 사정은 다음 절에서 살펴볼 것이다.

분치 못한 해석이라고 반박했다.[15]

5) 제3세계 문화에 대해 동정적이기는 하지만 제임슨 역시 제3세계 문화를 서양문화가 먼저 획득한 보편성-모더니티로부터 벗어난 것으로 인식하고 제1세계 문화생산의 타자로서 존재한다고 보는 근본적 한계를 안고 있으며, 그렇기 때문에 제3세계 문화생산의 다원성과 복잡성을 대폭 단순화해버리는 오류를 범한다는 지적. 가오위엔둥은 고대중국의 우주론과 루쉰의 문화생산에 나타나는 정치와 리비도적 동력의 통일관계를 제임슨이 동일한 것으로 취급한 장면을 특히 예로 들면서, 루쉰이 고대중국제왕의 우주론과 중의약리(中醫藥理)에 대해 혐오했다는 사실을 환기시키고, 나아가서는 '제3세계 문학이론'이라는 것이 실은 제1세계 담론의 성질을 가졌음이 여기서 잘 드러난다고 주장했다.[16]

6) 전쟁 後 1960, 70년대 이래의 국제 정치, 경제, 문화 국면을 묘술하고 분석하는 '제3세계 이론'으로 20세기 초부터 1930년대에 이르기까지의 루쉰이라는 문화적 존재를 고찰하는 것이 타당한지에 대한 질문. 정전 문화가 서로 다른 시공 속에서 존재하는 상대성에 대한 인식의 중요성을 확인하면서 가오위엔둥은 '루쉰으로 돌아가기(回到魯迅)'를 강조하고 그 역사와 문제의 맥락이 그 소설을 읽는 데 대해 갖는 중요성에 관심을 기울일 것을 강조했다.[17]

---

15 같은 곳 참조. 가오위엔둥은 같은 곳에서 「아Q정전」에 대한 제임슨의 해석에 대해서도 약간의 반론을 제시했는데 문제제기만 하고 편폭의 제한을 이유로 자세한 논의는 전개하지 않았다.

16 위의 책, p. 26 참조.

17 위의 책, p. 27 참조.

가오위엔둥의 이의제기는 맥락의 차이와 맥락의 복잡성과 다양성이라는 계기를 중시하는 시각이 일관되게 관철되는데, 대부분 충분한 설득력을 갖고 있다. 다만 다음과 같은 두 가지 점은 확인이 필요하다.

첫째, 일부 반론은 제임슨이 자신의 논의가 가진 한계라고 미리 밝혀둔 것들과 관련된다. 예컨대, "흔히 제3세계문학이라고 불리는 것에 대한 일반적인 이론을 제공하는 것은, 제3세계 민족문화 및 각 지역의 독특한 역사적 궤적 양자의 엄청난 다양성을 고려한다면 주제 넘는 일일 수 있다. 따라서 이 모든 것은 잠정적이며, 제1세계의 가치관과 고정관념에 의해 만들어진(formed) 사람들에게 구체적인 연구관점을 제공하고 이 명백하게 경시된 문학의 흥미로움과 가치에 대한 감각을 전달한다는 두 가지 의도를 지니고 있다"[18]는 진술은 제3세계 문화의 다양성에 대한 자신의 이해 부족을 밝힌다. 다만, 이 다양성은 제3세계 민족문화들의 다양성을 가리키는 것으로 보이는바, 가오위엔둥이 말한 "제3세계 문화생산의 다양성"이 한 민족문화 내부의 다양성이라는 것과는 차이가 있다. 또, "아래에 이어질 논의가 사변적이며 전문가들에 의한 교정을 매우 요한다는 점을 굳이 덧붙일 필요가 없길 바란다. 그 논의는 중국 문화에 대한 '이론'이라기보다는 하나의 방법론적 사례로서 제시되는 것이다"[19]라는 단서는 바로 다음에 전개되는 고대중국의 우주론에 대한 제임슨의 잘못된 유추를 위한 변호가 될 수 있겠는데, 제임슨의 단서를 받아들인다면 가오위엔둥의 지적은 보완이나 조언이 될 수 있다. '쇠로 만든 방' 에피소

18 Fredric Jameson, "Third-world Literature in the Era of Multinational Capitalism", *Social Text*, No.15 (Duke University Press, Autumn 1986), p. 68.

19 위의 글, p. 72.

드에 대해 논평하면서 중국공산당 성립에 대해 잘못 언급한 것도 이 단서에 의해 변호될 수 있을 것이다.

가오위엔둥이 언급하지는 않았지만, 제임슨의 자기변호라는 각도에서 보자면 들뢰즈와 가타리의 『천 개의 고원』을 인용하는 장면에 주목할 필요가 있다. 들뢰즈와 가타리는 망상을 다룬 영화(Nicholas Ray의 〈Bigger than Life〉)를 고찰하면서 그 망상이 사회적인 동시에 개인적이라는 점(혹은, 개인적이기 이전에 먼저 사회적이라는 점)을 강조하는데, 이 대목을 인용하고서 제임슨은 다음과 같이 쓴다. "들뢰즈와 가타리가 여기서 제안하는 것은 이 영화에 대한 새롭고 보다 적절한 알레고리적 읽기인 듯하다. 그렇다면 그와 같은 알레고리적 구조들은 제1세계의 문화적 텍스트들에 결여된 것이라기보다는 무의식적인 것이며, 따라서 지금 우리 제1세계의 상황에 대한 전반적인 사회적·역사적 비평을 수반하는 해석적 메커니즘에 의해 해독되어야 한다."[20] 사적인 것과 공적인 것 사이의 돌이킬 수 없는 분열이라는 제임슨의 명제가 여기서 제1세계의 텍스트에도 사적인 것과 정치적인 것의 알레고리적 조응이 전혀 없지는 않다고 일보 후퇴한다. 물론 제임슨은 다음과 같은 설득력 있는 단서를 단다. "여기서 핵심은, 우리 자신의 문화적 텍스트에 존재하는 무의식적 알레고리들과는 달리, 제3세계의 민족적 알레고리들은 의식적이고 명시적이라는 점이다."[21] 제임슨의 이 글은 아마도 이러한 종류의 단서를 훨씬 더 많이 달아야 반박의 여지를 줄일 수 있을 것이다.

20 위의 글, p. 79.
21 같은 곳.

3. 장징위엔의 번역

앞 절에서 우리는 가오위엔둥의 토론에 충분한 설득력이 있음을 확인했다. 그런데 가오위엔둥의 토론은 대부분 장징위엔의 중역본에 근거한 바, 그 번역이 토론에 크고 작은 영향을 미쳤음에 주목할 필요가 있다. 가오위엔둥이 인용한 대목을 중심으로 장징위엔의 번역을 살펴보자.

가오위엔둥이 제일 먼저 인용한 구절은 "모든 제3세계의 텍스트는 우언성과 특수성을 띠고 있다: 우리는 그 텍스트들을 민족 우언으로 읽어야 한다"(중국어 번역을 한국어로 직역한 것임)[22]다. 영어 원문은 "All third-world texts are necessarily, I want to argue, allegorical, and in a very specific way: they are to be read as what I will call national allegories"[23]다. 영어 원문을 한국어로 옮기면 "나는, 모든 제3세계 텍스트들은 필연적으로 알레고리적이며 매우 특수한 방식으로 그러하다고 주장하고자 한다: 그것들은 내가 민족적 알레고리라고 부르려는 것으로서 읽히게 된다"다. 이 구절만 보아도 장징위엔 번역의 특징을 알아차릴 수 있다. 빠뜨림 없는 직역과는 거리가 멀고, 의역 위주로 오역도 있고('특수성'이라는 명사를 목적어로 한 번역은 명백히 오역이다) 생략하는 게 많은(축약이라고 해야 할지 단순화라고 해야 할지 모르겠다) 번역이어서 원문과 비교하면 뉘앙스의 차이는 말할 것도 없고 명백히 의미의 차이가 수반될 수밖에 없다. 더욱 문제인 것은 때로 한 구절이나 한 문장이, 심지어는 한 문단이 생략된다는 점

22 張京媛譯, 「處于跨國資本主義時代中的第三世界文學」(『當代電影』 1989年 第6期), p. 48.

23 Jameson, 앞의 글, p. 69.

이다. 우리가 우려하는 것은 원문과 번역의 차이가 제임슨에 대한 오해를 유발할 수도 있다는 점이다. 중요한 인용들을 하나씩 점검해보자.

위 인용에 바로 이어서 그 이유로 인용되는 것은 원문에서는 다음 문단에 가서야 나오는 구절이다. 중국어 번역은 "제3세계의 텍스트는, 심지어 개인과 리비도적 동력에 관한 것처럼 보이는 텍스트들도 언제나 민족 우언의 형식으로 일종의 정치를 투사한다: 개인 운명에 관한 이야기는 제3세계의 대중문화와 사회가 충격을 받는 우언을 포함한다"[24]다. 영어 원문은 "Third-world texts, even those which are seemingly private and invested with a properly libidinal dynamic necessarily project a political dimension in the form of national allegory: the story of the private individual destiny is always an allegory of the embattled situation of the public third-world culture and society"[25]다. 이를 한국어로 직역하면 "제3세계 텍스트들은 심지어 외견상 사적이며 철저히 리비도적인 동력을 지니고 있는 것들조차도, 필연적으로 민족적 알레고리라는 형식으로 정치적 차원을 투사한다. 사적이고 개인적인 운명에 관한 이야기는 언제나 공적인 제3세계 문화와 사회의, 적군에 포위되어 전쟁 준비를 갖춘(embattled) 상황에 대한 알레고리다"가 된다. '대중문화'는 오역이고 '충격을 받는'도 오역이다. 이 오역들을 통해서는 제임슨의 의도를 이해할 수가 없다.

서구에서 오랫동안 신뢰를 잃었던 알레고리 형식이 오늘날 다시 흥미를 끄는 데 대해 설명하는 대목에서 가오위엔둥이 취한 인용은 "그것

---

24 張京媛譯, 앞의 글, p. 48.
25 Jameson, 앞의 글, p. 69.

은 분열과 이질로 충만하고, 몽환과도 같은 다양한 해석을 띠고 있으며, 부호에 대한 단일한 표술이 아니다"다. 이 대목의 번역은 문제가 매우 심각하므로 자세히 살펴보아야겠다.

1) 서양에서 일찌감치 명예를 상실한 우언 형식은 일찍이 워즈워스와 코울리지의 낭만주의적 반역의 특별한 목표가 된 적도 있지만, 오늘날의 문학이론은 우언의 언어구조에 대해 흥미를 되살리고 있다. 우언정신은 극도의 불연속성을 가지며, 분열과 이질로 충만하고, 몽환과도 같은 다양한 해석을 띠고 있으며, 부호에 대한 단일한 표술이 아니다. 우언에 대한 우리의 전통적 개념은 우언이 인물과 인격화를 포장선염(鋪張渲染)하는 것으로서 일대일의 상응물을 가지고 비교하는 것이라고 여긴다. 그러나 이러한 상응물 자체는 텍스트의 매번의 영원한 존재 속에서 끊임없이 변화하고 변형하며 능지 과정에 대한 그러한 시각을 복잡하게 변화시킨다.(중국어 번역을 한국어로 직역)[26]

2) This new mapping process brings me to the cautionary remark I wanted to make about allegory itself—a form long discredited in the west and the specific target of the Romantic revolution of Wordsworth and Coleridge, yet a linguistic structure which also seems to be experiencing a remarkable reawakening of interest in contemporary literary theory. If allegory has once again become somehow congenial for us today, as over against the massive and monumental unifications of an older modernist symbolism or even realism itself, it is because

26 張京媛譯, 앞의 글, p. 50.

the allegorical spirit is profoundly discontinuous, a matter of breaks and heterogeneities, of the multiple polysemia of the dream rather than the homogeneous representation of the symbol. Our traditional conception of allegory — based, for instance, on stereotypes of Bunyan — is that of an elaborate set of figures and personifications to be read against some one-to-one table of equivalences: this is, so to speak, a one-dimensional view of this signifying process, which might only be set in motion and complexified were we willing to entertain the more alarming notion that such equivalences are themselves in constant change and transformation at each perpetual present of the text.[27]

3) 이러한 새로운 지도그리기 과정은 알레고리 자체 — 서구에서는 오랫동안 신뢰를 잃어왔으며 워즈워스와 코울리지의 낭만주의 혁명의 구체적인 목표물이기도 했지만 현시대 문학이론에서는 다시 주목할 만한 흥미를 끌고 있는 듯한 언어학적 구조 — 에 대해 하고 싶었던 경고성 논평으로 나를 이끈다. 만약 알레고리가 오래된 모더니즘적 상징주의나 심지어 리얼리즘 그 자체의 거대하고 기념비적인 단일화와는 대조적으로 오늘날 다시 한번 어떻게든 우리에게 적합한 것이 된다면, 그것은 알레고리적인 정신이 근본적으로 불연속적이며, 상징의 균질적인 재현이라기보다는 꿈의 다양한 다의성의 문제이자 단절과 이질성의 문제이기 때문이다. 알레고리에 대한 우리의 전통적인 관념 — 예컨대, 번연의 스테레오 타입에 근거한 — 은 등가물의 일대

27 Jameson, 앞의 글, p. 73.

일 목록에 기대어 읽히는 등장인물들과 의인화들의 정교한 집합이라는 것인데, 이는 그러한 의미화 과정에 대한 일차원적인 시각이라 할 만하다. 이 같은 시각은 아마도 그러한 등가물들이 그 자체로 텍스트의 매 순간순간의 현 시점마다 끊임없는 변화와 변형을 거치고 있다는, 보다 불온한 생각을 통해서만이 활기를 띠고 복잡해질 수 있을 것이다.(영문의 직역)

1)의 밑줄은 오역을 표시한 것이고, 3)의 밑줄은 중국어 번역에서 생략된 곳을 표시한 것이다. 1)과 3)을 비교해보면 1)이 왜 이해하기 어려운지, 1)에서 어떻게 제임슨에 대한 오해가 발생하는지를 금세 알아차릴 수 있다.

가오위엔둥이 장징위엔의 번역을 안심하고 믿지는 않은 듯하다. 그 자신이 영어 원문을 읽어보지는 못했지만 쑨썽타오와 쉬량 두 사람의 발췌번역「루쉰: 중국문화의 한 민족적 알레고리(魯迅: 一個中國文化的民族寓言)」[28]와 대조해본 것은 그래서일 것이다. 대조는 두 군데에 나온다. 하나는 민족적 알레고리와 서양의 표현형식과의 관계에 대해 언급하는 곳이다.[29]

1) 우리는 이 텍스트들을 민족 우언으로 읽어야 한다. 특히 그것들의 형식이 주도적 지위를 점한 서양의 표현형식 기제—예를 들어 소설 같은—에서 발전했을 때.(장징위엔 번역의 직역)[30]

---

28 『魯迅研究月刊』1993年 第4期에 게재됨(『新華文摘』1993年 第9期에 재수록됨).
29 高遠東, 앞의 글, p. 28 참조.
30 張京媛譯, 앞의 글, p. 48.

2) 그것들은 민족우언(national allegories)으로 읽히게 된다. 더욱이 그것들의 형식이 우세를 점한 서양의 묘사 방법으로부터 발전해 나왔을 때.(쑨썽타오와 쉬량 번역의 직역)[31]

3) they are to be read as what I will call national allegories, even when, or perhaps I should say, particularly when their forms develop out of predominantly western machineries of representation, such as the novel.[32]

4) 그것들은 심지어—혹은 이렇게 말해야 할지도 모른다—특히 그것들의 형식이 소설과 같은 현저하게 서구적인 재현기계들로부터 발전했을 때, 내가 민족적 알레고리라고 부르려는 것으로서 읽히게 된다.(영문의 직역)

가오위엔둥은 두 번역이 의미가 상반된다면서 그중 장징위엔의 번역을 따랐다고 밝혔는데, 사실 이 두 번역은 의미가 상반될 정도는 아니고 거의 유사하다고 생각된다. 밑줄 친 "읽어야 한다"와 "읽히게 된다" 중에서는 '읽히게 된다'가 맞고, "주도적 지위를 점한"과 "우세를 점한"은 predominantly(주로, 현저히)의 오역이며, "특히(特別)"와 "더욱이(尤其是)"는 원문의 even과 particularly 중 어느 하나만 취했다는 점에서 공통된다.

다른 하나는 루쉰의 기의종문(棄醫從文)에 관해 논하는 곳이다.[33]

31 高遠東, 앞의 글, p. 28에서 재인용.

32 Jameson, 앞의 글, p. 69.

33 高遠東, 앞의 글, p. 28.

1) 나중에 그는 문화생산의 정치문화에 대한 상세한 논술을 정치적 의약(醫藥)의 가장 유효한 형식으로 선택했다.(장징위엔 번역의 직역)[34]

2) 그러나 나중에 그는 문화 성과—나는 주로 정치문화 성과라고 생각한다—가 정치적 약물(藥物)보다 더욱 유효한 형식임을 인정했다.(쑨썽타오와 쉬량 번역의 직역)[35]

3) only later to decide that the production of culture—I am tempted to say, the elaboration of a political culture—was a more effective form of political medicine.[36]

4) 이후에는 문화의 생산—나는 정치문화의 정교화라고 말하고 싶다—이 보다 효과적인 형태의 정치적 약이라는 결론을 내리게 되었다.(영문의 직역)

가오위엔둥은 1)이 좀 더 난해하고 2)가 좀 더 분명하다고 평하면서 1)을 채택했지만, 실은 둘 다 오역이다. 제임슨의 의도는 '문화의 생산'='정치문화의 정교화'이며, '정치문화에 대한 상세한 논술'이라는 난해해 보이는 번역이나 '주로'라는 평이한 번역이나 모두 오역이다. 2)의 비교급 사용도 오역이지만 중요한 문제는 아니다. 중요한 것은 '정치문화에 대한 상세한 논술'이라는 오역이 가오위엔둥을 당혹하게 했다는 점이다. 더구나 가오위엔둥은 장징위엔의 '정치문화에 대한 상세한 논술'의 '논술(闡述)'을 '해석(闡釋)'으로 잘못 인용해서 '정치문화에 대한 상세한 해석'

34 張京媛譯, 앞의 글, p. 48.
35 高遠東, 앞의 글, p. 28에서 재인용.
36 Jameson, 앞의 글, p. 73.

이라는 허상과 씨름하게 되고, 그리하여 루쉰의 산문 「문화의 편향」을 고찰하게 된다.[37]

'쇠로 만든 방' 에피소드와 관련한 토론 역시 번역 문제를 포함하고 있다.

> 1) 이러한 정치적 방황이 문학으로 반영된 것이 서사상의 폐쇄인데 이 점에 관해서는 뒤에서 더 상세히 논술하겠다.(장징위엔의 중국어 번역을 한국어로 직역)[38]
>
> 2) The formal or literary manifestation of this political problem is the possibility of narrative closure, something we will return to more specifically.[39]
>
> 3) 이 같은 정치적 문제의 형식적 혹은 문학적 표명이 바로 서사적 종결의 가능성인데, 뒤에서 보다 구체적으로 다루겠다.(영문의 직역)

"반영"이라는 번역도 부적절해 보이고 "서사상의 폐쇄(封閉)"도 적절하지는 않은 듯하지만 더 큰 문제는 "정치적 문제"를 "정치적 방황"으로 번역한 데 있다. 여기서 말하는 '정치적 문제'란 "어떤 해결책도 어떤 형태의 실천이나 변화도 생각할 수 없을 것만 같은 가망 없어 보이는 상황"[40]을 가리킨다. '정치적 문제'는 객관적인 것이고 '정치적 방황'은 주관적인 것이다. 다시 말해 루쉰에게 주어진 객관적 조건이 '정치적 문제'

37 高遠東, 앞의 글, p. 24 참조.
38 張京媛譯, 앞의 글, p. 51.
39 Jameson, 앞의 글, p. 77.
40 같은 곳.

고 루쉰이 행하는 주관적 행동이 '정치적 방황'이다. 이 오역은 제임슨이 루쉰의 의도를 잘못 읽거나 잘못 규정했다는 가오위엔둥의 반론을 불러일으켰다. '서사적 종결'을 '서사상의 폐쇄'로 번역한 것도 문제를 야기할 만한데, 다행히 "그렇다면 서사적 종결의 문제와 서사적 텍스트가 미래상 및 앞으로의 집단적인 프로젝트와 지니는 관계의 문제는 단순히 형식적이거나 문학비평적인 문제가 아니다"[41]로 시작하는 제임슨의 논의가 바로 뒤따르는, "「광인일기」에는 사실상 뚜렷이 다르고 양립불가능한 두 개의 결말이 있는데, 이는 자신의 사회적 역할에 대한 작가 스스로의 망설임과 불안이라는 관점에서 검토해보면 유익하다"[42]라는 문장에서부터 '결말(ending, 結局)'이라는 말을 사용함으로써 오해를 피할 수 있었다.

장징위엔의 번역은 지금까지 지적한 것들보다 훨씬 더 많은 문제들을 안고 있지만, 이 글이 그 문제들을 일일이 드러내는 데 목표를 둔 것이 아니므로 이 정도에서 그치기로 한다. 우리가 확인한 것은 오역이나 번역의 특정한 경향이 이 번역문을 근거로 한 논의에 영향을 미칠 수 있다는 사실이고, 가오위엔둥의 경우는 그 영향을 다 피하지는 못했지만 그래도 영향을 극히 적게 받았던 것으로 판명된바 이는 가오위엔둥의 탁월함을 시사한다. 장징위엔 번역의 인용은 가오위엔둥뿐만 아니라 중국과 중국어권의 수많은 학자, 평론가들에 의해 행해져 왔다. 그 잘못된 인용에 대한 인식이 널리 공유되기를 바랄 따름이다.

41 같은 곳.
42 같은 곳.

4. 프레드릭 제임슨의 루쉰 읽기

제임슨의 루쉰 읽기는 양셴이(楊憲益)와 글래디스 양(Gladys Yang) 두 사람이 번역한 *Selected Stories of Lu Hsun*의 북경 외문출판사 1972년판을 채택했다.[43] 그러므로 제임슨의 글 속에 양씨 부부의 번역이 사용한 표현들이 인용되는 것은 당연한 일이다. 제임슨의 글을 중국어로 번역할 때 이 인용들을 루쉰의 중국어 원문으로 대체하는 방법과 영어 표현을 중국어로 다시 번역하는 방법이 다 가능할 것이다. 우리가 생각하기에 제임슨을 이해하는 데 주안점을 둔다면 영어 표현의 번역이 필요하다.

루쉰에 관한 제임슨의 논술 중에는 우리에게 생경한 느낌을 야기하는 장면이 종종 나타난다. 예를 들어, 단편소설 「약」의 결말에 대해 "서로를 가로지르며 중층결정하는 폐곡선이나 순환로들의 집합으로서의 서사"라고 설명하는 장면에서 '서로를 가로지르는 것들'은 "치료적 식인풍속의 극악무도함(the enormity of therapeutic cannibalism)"과 "가족의 배신과 정치적 탄압이라는 보다 명시적인 폭력(the more overt violence of family betrayal and political repression)"이고 이 두 가지가 빈민들의 공동묘지에서 마주친다(실제로 마주치는 것은 두 어머니다).[44] 여기서 '가족의 배신'은 무엇을 가리키는가? 처형당한 혁명가 샤위가 샤쓰의 아들이고 샤위를 고발한 것이 샤쓰의 형 샤싼이니 숙부가 조카를 고발한 것을 가리킨다. 필자는 '가족의 배신'을 국가 폭력과 나란히 놓는 것이 생경하게 느껴진다. 의미의 층위가 현저히 다르기 때문이다. 그러나 이 생경함은 영어 번역과는

43 위의 글, p. 87 주석 9 참조.

44 위의 글, p. 73.

무관하다.

생경함이 영어 번역과 관계되는 대표적인 예는 「광인일기」 서문 중의 한 대목이다. 꼭 제임슨의 인용이 아니더라도, 양씨 부부의 영어 번역은 전반적으로 토론거리를 많이 포함하고 있다. '납함(吶喊)'이라는 소설집 제목을 군대의 '동원명령'이나 '소집명령'을 뜻하는 'Call to Arms'로 번역한 것부터가 정확하지 않다. 루쉰의 '외침'은 전사(戰士)들에 대한 응원의 함성을 외친다는 뜻이니 Shout, Chant, Cry 등이 적절하다. '쇠로 만든 방(鐵屋子)'도 Iron House가 아니라 Iron Room이 정확하다. 양씨 부부의 인용이 인용자의 논지에 결정적인 영향을 미친 대표적인 예로는 홍콩출신의 재미학자 레이 초우가 『납함』의 서문을 인용한 대목을 들 수 있는데, 제임슨이 「광인일기」 서문을 인용한 대목도 또 하나의 대표적인 예로 추가될 수 있다.[45]

1) I appreciate your coming such a long way to see us, but my brother recovered some time ago and has gone elsewhere to take up an official post.[46](양씨 부부의 번역)

2) 자네가 우리를 보러 먼 길을 와줘서 고맙네만, 내 동생은 얼마 전에 회복되어 관직에 취임하기 위해 다른 곳으로 갔네.(영역의 직역)

---

45 필자는 이미 이 두 사례에 대해, 레이 초우의 인용에 대해서는 「문자문화와 시각문화: 문화연구의 루쉰관에 대한 검토」(이 책 2부에 수록)에서, 제임슨의 인용에 대해서는 「왕명과 김지하를 통한 광인일기 다시읽기」(이 책 2부에 수록)에서 비교적 자세히 고찰한 바 있다. 이 글은 기왕의 고찰과 부분적으로 중복되는 것을 피할 수 없었지만, 그러나 기왕의 고찰에서 언급이 불충분했던 점들을 다소나마 보완하고자 했다.

46 *Selected Stories of Lu Hsun* (W.W.Norton & Company, 1977), p. 7.

3) 劳君远道来视, 然已早逾, 赴某地候补矣.[47](원문)

4) 자네가 먼 길을 보러 와줘서 고맙지만, 벌써 병이 나아서 모지의 후보로 갔네.(원문의 직역)

"후보(候補)"와 "official post"가 등가물인지에 대한 문제가 단순히 번역문제로 그치지 않는다는 점을 주목해야 한다. 1981년판 루쉰전집의 주석에 의하면 청나라의 관제에서 직함만 있고 실제 직무는 없는 중하급 관리로서 이부(吏部)에서 각 부(部)나 성(省)으로 추첨배정하면 그 임용을 기다리는 것이 '후보'다.[48] 이에 반해 'official post'는 중립적인 개념으로서 관직 일반을 지칭하며 그 직의 높이나 성격 같은 구체적 내용을 지칭하는 바가 없다.

'official post'라는 번역어를 근거로 제임슨은 다음과 같이 썼다.

---

47 張京媛譯, 앞의 글, p. 52.

48 『魯迅全集』第1卷(人民文學出版社, 1981), p. 432 참조. 후보제도의 내용은 이 주석에서의 설명보다 훨씬 더 복잡하다. 車惠媛, 「18세기 淸朝의 지방관 현지임용과 候補制」, 『동양사학연구』 90(2005. 3.), pp. 41-42의 설명을 소개하면 다음과 같다. "법전과 사전류에 규정된 바에 의하면 이 제도는 '實缺을 얻지 못한 관료가 먼저 吏部의 候選을 거쳐 명부에 이름을 기재하고 직위, 자격, 班次에 따라 매월 한 차례 掣籤(추첨)을 치르고 그 결과에 따라 각 部院 衙門이나 각 省에 補授되기를 기다리는 것'이었다. 이 정의를 따를 경우 후보란 이미 관료로 재직한 경험이 있으면서 이부의 후선 과정을 통과한 자들로 한정된다. 그러나 전술한 대로 雍正연간부터 임관경험이 없는 관료예비군들을 지방에 파견, 이부 후선을 거치지 않고 직접 임용하기 시작했고 지방에서는 이들을 '試用候補'로 통칭하고 있다. 중앙 법제상 후보는 곧 관료경력자로 한정되지만 실제로 雍正연간 이후 試用 및 大挑, 그리고 捐納을 통한 未入仕者들이 후보층을 이루고 있었던 것이다. 그런 까닭에 청말 관료제에 대한 실지 조사를 통해 편찬된 『淸國行政法』에서는 '保擧 혹은 捐納에 의해 자격을 얻은 자, 혹은 拔貢, 優貢, 大挑 등 實缺에 임명되기까지 遲速緩急의 차이는 있으나 관료가 될 법정 자격을 가진 자'로 후보 범위를 넓게 규정하고 있다."

> 그 편집증적 망상가는 관료적 권력과 특혜의 공간에 자신의 자리를 마련하기 위해 지금 하고 있는 이야기, 자신이 어렴풋이 알아챈 현실의 소름 끼치는 이면에 대한 짧고 공포스러운 이야기를 거기서 다시 환상과 망각의 영역으로 기꺼이 돌려보낸다.[49]

'관직취임'이 "관료적 권력과 특혜의 공간에 자신의 자리를 마련"하는 일이라는 전제가 있기에 이 결말이 타협이나 굴복의 의미로 해석된다. 그리고 이 결말이 서문에서 미리 제시되는 점을 두고 "그래서 그 악몽은 사전에 무효화된다"라는 해석이 나온다. 이 결말과 '미래를 향한 외침'[50] 이라는 또 다른 결말을 상반되는 것으로 보고, "이렇게 동시적이고 상반되는 메시지들의 복잡한 작용을 통해서만이 서사적 텍스트가 진정한 미래에 대한 구체적 관점을 열어줄 수 있다"[51]고 논술하는 장면은 제임슨의 탁월함을 유감없이 보여주지만, 여전히 제임슨의 강조점은 타협(혹은 굴복)의 결말 쪽에 놓여 있다. 두 개의 결말을 두고, "자신의 사회적 역할에 대한 작가 스스로의 망설임과 불안이라는 관점에서 검토해보면 유익하다"[52]라고 논평하는 발언을 선행시키고 있는 것을 보면 우리의 추측은 좀 더 설득력을 갖는다.

앞 절에서 살펴보았듯이 가오위엔둥은 이러한 제임슨의 관점에 반대하면서, 두 결말의 차이가 신구문화와 신구도덕의 갈등과 투쟁이라는

---

49 Jameson, 앞의 글, p. 77.

50 일기 끝의 마지막 문장 "아이들을 구해라……" 또는 "아이들을 구하자……"를 꼭 외침이라 할 수 있을지는 분명치 않다. 작은 소리의 혼잣말일 수도 있다.

51 Jameson, 앞의 글, p. 77.

52 같은 곳.

본질을 반영한다고 보고, 구문화의 문체인 문언문의 결말은 반항의 어려움과 구전통의 강대함을 표현하는 것이고 신문화의 표지인 백화문의 결말은 계몽주의의 사상과 가치를 전달하는 것이라고 주장했다. 가오위엔둥은 상대적으로 백화문의 결말 쪽에 강조점을 두었다고 할 수 있다. 필자는 이 문제에 관해 가오위엔둥의 손을 들어주고 싶지만, 가오위엔둥 역시 '관직취임'을 타협(혹은 굴복)의 결말로 본다는 점에서는 제임슨과 다르지 않다.

'후보'라는 청나라 관직을 '관료적 권력과 특혜'라는 의미로 이해해야만 하는 것일까? '후보'라는 임용 대기 상태의 중하급 관리는 관료사회 내부에서 상층이 아니라 하층일 수 있는 것이 아닐까? 고골의 「광인일기」의 주인공도 하급관리(14등급 중 9급)이지 않은가? 루쉰의 광인이 고골의 주인공과 같은 하급관리가 되었다면 거기에 '관료적 권력과 특혜'라는 의미부여는 전혀 어울리지 않을 것이다. 관직 일반을 지칭하는 'official post'보다는 '후보'가 상대적으로 관직이 낮은 쪽을 특정하는 것은 사실이고, 그러한 '후보'의 내용을 명확히 한다면 그것을 '관료적 권력과 특혜'라는 의미로 단정 지을 가능성은 확연히 줄어든다. 그러나 '후보'는 고골의 주인공만큼 하급관리를 특정하는 명칭은 아니기 때문에 제임슨의 해석의 원인을 온전히 양씨 부부의 번역에서만 찾는 것은 옳지 않을 수도 있다.

어쩌면 이는 '후보'라는 원문과 'official post'라는 번역 사이에 나타나는 뉘앙스의 차이 문제가 아닐 수도 있다. 후보든 official post든 그것들을 타협과 굴복으로 의미화하는 것 자체가 기계적인 해석이고 오류일 수 있다는 것이다. 하급관리 내지 관료예비군인 후보와 일반적 의미의 official post의 의미차이에 주목하는 필자 역시 그러한 의미화 방식에 사로잡혀 있는 것일 수도 있다. 만약에 중학교 교사나 신문사 기자가 되었다면? 그것도 타협과 굴복인가? 광인이 병이 나아서 신문사 기자가 되었다고 썼다면 이 작품에 대한 해석이 완전히 달라지는 것일까? 후보든 official post든 교사든 기자든, 이것들의 공통점은 광기 상태에서 벗어나 정상 상태가 되었다는 데 있다. 그렇다면 이는 비관직/관직의 문제가 아니라 광인/정상인의 문제라고 보아야 하는 것이 아닐까? 그가 비관직에서 관직으로 옮겨간 게 문제인 것이 아니고 광인에서 정상인으로 변화된 게 문제인 것이라고 할 때, 광인이 되기 전의 정상인과 광인에서 벗어난 정상인은 당연히 같은 정상인이 아닐 것이다. 필자가 제시하고 싶은 것은 광인에서 벗어난 정상인을 관료적 권력과 특혜라든지 타협 내지 굴복이라는 의미로 해석하는 데서 벗어날 수 있는 가능성이다.

'후보'라는 말을 냉정하게 다시 살펴보면, 「광인일기」의 서문은 후보로 간 이 사람의 상태가 어떠한지에 대해 아무런 정보도 제공하지 않는다. 그가 타협하고 굴복했는지, 아니라면 다른 어떤 상태인지에 대해 작품은 침묵하고 있다. 어쩌면 이 침묵을 존중하는 것이야말로 올바른 해석일 수도 있다. 작품의 침묵에 대한 독자의 반응은 물론 다양하게 나타날 수 있다. 독자에 따라 제임슨처럼 굴복을 볼 수도 있고, 절망이나 방황, 반성이나 성장, 혹은 그밖의 다른 것들을 볼 수도 있다.

필자의 반응은 주로 반성과 관계된다. 이 반응은 작품 속의 광인과 작품 밖의 루쉰이 겹쳐 보이는 데에서 비롯된다.[53] '식인을 하지 말자'고 외치던 광인은 외침을 멈추고 후보가 되어 모지로 갔고, 1911년부터

53 물론 「광인일기」가 작가의 자전적 작품인 것은 아니다. 「광인일기」가 알레고리라고 할 때 이 알레고리 안에는 여러 이질적인 의미화 작용들이 복합적으로, 불연속적으로, 때로는 상호 모순적으로 뒤얽혀 있고 그중 하나의 의미화 작용이 루쉰의 삶 자체와 연결될 수 있다는 의미에서 이 문제를 살펴볼 필요가 있다.

1912년에 걸치는 신해혁명 시기에 소흥에서 혁명을 지지하는 활동을 하던 루쉰은 활동을 멈추고 교육부 관리로 취임하기 위해 남경으로 갔다. 우리는 모지로 간 광인이 어떻게 살았는지에 대해서는 아는 바가 없지만 남경으로 간 루쉰에 대해서는 아는 바가 있다. 1912년부터 1918년까지, 남경으로 갔다가 다시 북경으로 가 소흥회관에서 거주하며 교육부에 출근하는 생활을 하던 중 『신청년』의 원고청탁을 받을 때까지, 루쉰에게 이 시간은 한편으로 절망과 방황의 시간이고 적막과 비애와 고통의 시간이었지만, 동시에 반성의 시간이고 성숙의 시간이기도 했다. 루쉰의 소설은 바로 이 이중성의 시간 속에서 배태되었고, 「광인일기」 쓰기는 그 자체로 자기반성의 수행이었다. 이렇게 보기 때문에 필자는 반성이라는 계기를 중시할 수밖에 없다. 이 반성은 성숙은 물론이고 절망, 방황, 적막, 비애, 고통 같은 것들과는 함께 할 수 있겠지만 관료적 권력과 특권이나 타협, 굴복과는 거리가 멀다. 어떤 반성이고 어떤 성숙인가? 순진한 낙관주의적 계몽주의가 파산하자 그에 대한 반성을 행하며 성숙한 현실주의적 계몽주의(혹은 계몽주의가 아닌 다른 것이라 해도 무방하겠다)로 나아가는 전환을 여기서 엿볼 수 있다. 제임슨이 루쉰에게서 본 "자신의 사회적 역할에 대한 작가 스스로의 망설임과 불안"이라는 것도 시각을 바꾸어 바라보면, 자신의 사회적 역할에 대한 순진한 확신의 붕괴를 겪은 뒤 보다 성숙한 탐색으로 나아가는 성찰의 모습으로 볼 수 있다.

5. 맺는 말

필자가 이 글을 구상하게 된 계기는 수년 전에 참석한, 루쉰을 주제로 미국에서 열린 한 학술대회(2013년 하버드대학에서 개최된 제3차 국제루쉰포럼)

였다. 미국 측 참가자들 중 필자보다 젊은 몇 학자들이 프레드릭 제임슨의 제3세계문학론을 언급하는 데서 논의를 시작했다. 그런데 그 논의는 제임슨에 대한 비판적 거리두기보다는 맹목적 추종에 가까워서 필자는 다소 뜻밖이기도 했고 몹시 당혹스럽기도 했다. 제임슨의 루쉰 읽기가 중국에서 어떻게 수용되었는가를 살펴보아야겠다는 생각이 든 것은 바로 그때였다.

장징위엔의 번역은 매우 이른 시기의 번역이었지만 오류가 많았고, 가오위엔둥의 토론은 오류가 많은 번역을 사용했지만 그 영향을 크게 받지는 않으면서 비판적 거리두기를 수행했고 설득력 있는 이의제기를 하는 데 성공했다. 가오위엔둥의 토론이 그 뒤 중국에서 어떤 논의들로 이어졌는가, 장징위엔의 번역이 그 뒤 중국에서 어떻게 사용되고 수정되었는가 등의 화제에 우리가 지속적인 관심을 가질 수 있음은 물론이지만, 이 문제에 대한 인식의 필요성을 중국의 관련 학계에 환기시킬 수 있다면 이 글의 역할은 그것으로 충분할 것이다.

제임슨의 제3세계문학론이 미국 학계 내에서 불러일으킨 논쟁의 전말에 대해 이해할 필요도 있다. 그 논쟁을 통해 제임슨에 대한 이해를 심화하고 나아가서는 제3세계문학으로서의 루쉰에 대한 이해를 더욱 진전시킬 수 있으리라 기대한다. 이는 차후의 과제로 남긴다.

○

루쉰의 산문과 산문시에 대한 재검토*

요즘 저는 루쉰(魯迅)의 산문과 산문시 선집의 편역 작업을 진행하고 있습니다. 이 책을 준비하는 과정에서 뜻밖에도 많은 생각들이 들었습니다. 다소 단편적이고 분산적인 상태이지만 그 생각들에 대해 여러분께 보고를 드리는 것으로 강연의 내용을 삼고자 합니다.

2018년에 한국어판 『루쉰전집』이 완간됨으로써 루쉰의 산문은 이제 한국어로 다 번역되었고, 특히 루쉰의 유일한 산문시집 『야초(野草)』는 이번 전집판의 한병곤 교수 이전에도 유세종과 이욱연이라는 훌륭한 번역자들에 의해 거듭 출판된 바 있습니다. 이미 번역되었다고 해서 또 번역하면 안 된다는 법은 없지요. 옳고 그르고나 잘하고 못하고의 문제가

* 필자의 정년퇴임 기념강연(2022년 2월 17일) 원고에 각주를 추가한 것이다. '부엉이의 불길한 말'이라고 제목을 붙인 루쉰의 산문과 산문시 선집에 이 원고의 축약본을 옮긴이의 말로 실었다.

아니라, 그보다는 높은 수준에서 생각해본다면, 문학의 번역이라는 것이 그 자체로 창작의 측면도 갖는 것이기 때문에 새로운 번역자에게는 자기만의 탐구라는, 다른 무엇과도 바꿀 수 없는 의미가 있는 것입니다.

루쉰은 그 발생부터 오늘에 이르기까지의 중국 현대문학에서 가장 중요한 작가입니다. 소설가로서뿐만 아니라, 산문가로서, 시인으로서, 비평가로서, 번역가로서, 문학연구자로서 두루 활동했고, 그가 남긴 작품들은 발표 당시에는 동시대의 중국문학을 대표하는 작품이었으며, 지금은 중국 현대문학의 살아 있는 고전이 되고 있습니다.

그 여러 가지 신분 중 시인으로서의 루쉰은 그다지 주목을 받지 못했습니다. 루쉰이 남긴 시는 크게 두 종류입니다. 하나는 전(前)근대의 구체시(舊體詩)이고 다른 하나는 산문시입니다. 구체시는 현대문학이 아니라고 보아 제외할 수도 있겠지만, 산문시는 현대시의 주요 장르에 속하는 것이므로 산문시로 시집 한 권을 펴낸 시인 루쉰은 충분히 주목받을 만합니다. 그런데도 시인 루쉰이 별로 주목받지 못한 것은 그 시적 성취가 낮아서가 아니라 루쉰의 산문시를 시라기보다는 산문의 일종으로 여기는 시각이 지배적이었기 때문입니다. 그 시각 아래에서는 산문시도 산문가로서의 업적에 속하는 것이 되고 거기에서 발견되는 성취도 산문가 루쉰의 것이 됩니다. 하지만 저의 생각은 다릅니다. 루쉰의 산문시는 산문이기 이전에 시입니다. 그리하여 루쉰의 산문시를 어떻게 읽어야 할지에 대해 간략하게나마 문제를 제기해 보고자 합니다. 루쉰 자신은 나중에 "작은 느낌(感觸)이 있을 때 짧은 글들을 썼는데, 과장해서 말하면 산문시"(『자선집』 서문, 1932)라고 말하기도 했고, 한 편지에서는 "기술은 결코 나쁘지 않은데, 단지 심정이 너무 의기소침"(「샤오쥔에게 보낸 편지」, 1934)하다고 말하기도 했습니다.

루쉰 자신에게 더욱 큰 의미가 있는 장르는 소설이 아니라 산문이었는지도 모릅니다. 일본 유학에 나선 20대 청년이 처음 지망했던 의학을 중도에 포기하고 중국인의 병든 정신을 치유하겠다는 뜻을 품고 문예로 전향해서, 이듬해인 1907년 12월부터 동맹회 하남분회의 기관지 『하남(河南)』에 잇달아 발표한 글이 「인간의 역사(人之歷史)」, 「악마파 시의 힘(摩羅詩力說)」, 「과학사 교본(科學史教篇)」, 「문화의 편향(文化偏至論)」 그리고 「악성의 타파(破惡聲論)」입니다. 이 글들은 논문이나 비평에 가깝고 중국어(백화)가 아니라 한문(문언문)으로 쓰였지만, 지금 우리가 말하는 넓은 의미에서의 산문에 당연히 포함됩니다. 루쉰의 평생에 걸친 산문 쓰기는 여기서 시작되었습니다(1903년 전후에 발표한 5편의 글이 있으나 이것들은 '기의종문(棄醫從文)' 이전의 것입니다). 1918년에 중국어로 쓴 산문을 발표하기 시작하여 귀천 이틀 전의 마지막 글까지 루쉰이 쓴 산문의 양은 엄청나게 많아서 전집의 가장 많은 분량을 산문이 차지합니다. 처음에는 수감록(隨感錄)이라는 제목을 붙이기도 했지만 보통은 잡문(雜文)이라고 불렀고 잡감문(雜感文)이라고 부르기도 했는데, 우리는 이를 산문이라는 일반적 명칭으로 부르기로 하겠습니다.

루쉰의 산문을 시기별로 나눈다면, 1907, 8년경의 재일 시기(낭만주의 시기), 1918년부터 27년까지(비판적 리얼리즘 시기), 1927년부터 30년까지(전환기), 1930년 이후(좌익작가연맹(약칭 좌련) 시기), 이렇게 네 단계로 파악할 수 있습니다. 단계를 어떻게 나누고 각 단계의 내용을 어떻게 이해하든지 간에, 중요한 것은 단계론이라는 것에 집착해서는 안 된다는 점입니다. 단계별로 차이가 분명히 존재하지만, 반대로 네 단계 전체를 하나로 관통하는 동일성도 있다는 점을 주목하지 않으면 안 됩니다. 저는 그 동일성에 비판적 태도라는 이름을 붙이려 합니다. 그 동일성과 차이의 관계 속에서 비로소, 루쉰의 산문에 대한, 그리고 루쉰에 대한 온전한 이해가 가능할 것입니다.

루쉰이 산문시집 『야초(野草)』를 펴낸 것은 루쉰 산문 2단계의 끝 시기에 해당하는데, 이 시집은 한편으로 2단계의 특성을 극대화하고 있으면서, 동시에 네 단계 전체를 하나로 관통하는 동일성을 다른 무엇보다 더 잘 드러내고 있다고 저는 생각합니다. 그러니까 『야초』를 루쉰 문학에서 예외적인 것이 아니라 오히려 핵심적인 것이라고 보는 것입니다.

1. 『야초』를 어떻게 읽을 것인가?

1927년 7월에 출판된 루쉰의 『야초』는 산문시집이라고 불려 왔지만 여기 실린 23편 중 2편은 산문시라고 하는 게 적절해 보이지 않습니다. 「나의 실연」은 2세기 초 후한(後漢) 시대 장형(張衡)의 "아소사혜재태산(我所思兮在太山)"으로 시작하는 사수시(四愁詩)를 본뜬 의고시(擬古詩)로서 정형시라 할 수 있고, 「길손(過客)」은 다음 인용에서 보듯 형태상 희곡입니다.

길손 [……] 어르신, 아마 여기서 오래 사셨을 테니, 앞에 어떤 것이 있는지 아시겠네요?

노인 앞에? 앞에는, 무덤이 있지.

길손 (의아해하며,) 무덤이요?

아이 아니, 아니, 아니에요. 거기엔 들백합이랑 들장미가 아주 많이 있어요, 제가 늘 놀러 가거든요, 가서 그것들을 보거든요.

길손 (서쪽을 돌아보며, 미소 짓는 것처럼,) 맞아. 그런 곳엔 들백합이랑 들장미가 아주 많지, 나도 늘 놀러 갔었고, 가서 본 적이 있어. 하지만, 그건 무덤이야. (노인을 향해서,) 어르신, 그 묘지를 지난 다음에는요?

노인　　지난 다음? 그건 내가 모르지. 난 가본 적이 없소.

그 밖에도 「퇴패한 선의 떨림」(頹敗는 쇠퇴하여 무너지다라는 뜻입니다. 흔히 쓰는 말은 아니지만 우리말에서도 한자어로 사용됩니다)을 형태상 소설이라고 보는 경우도 있지만, 시에도 이야기시가 있으므로 이는 문제될 게 없습니다. 작자 자신이 이 책을 두고 산문시라고 규정하였으므로, 요즈음의 장르론에 입각하면 다 산문시라고 인정할 수 있습니다. 하지만 저의 마음은 다른 쪽으로 기웁니다. 『야초』를 산문시집이 아니라 시집이라고 부르고, 그 속에 21편의 산문시(「제사」까지 시로 보면 22편의 산문시)와 1편의 극시, 그리고 1편의 의고체 정형시가 수록되었다고 보는 쪽으로(산문시로 분류한 22편 중에서도 일부는 자유시로 봐야 할지 모릅니다). 저와 정반대로, 『야초』를 산문집으로 보고, 산문의 시화(詩化), 소설화, 연극화로 설명하는 시각도 있는데, 저로서는 동의하기 어렵습니다. 산문은 비허구 장르이고 시, 소설, 연극은 허구 장르이기 때문에 그런 설명이 저에게는 너무나 이상스럽게 느껴집니다. 루쉰의 산문과 산문시를 한 책에 함께 넣으면서 제가 강하게 느낀 것은 이 둘이 정말로 아주 다르다는 점이었습니다. 전에 생각했던 것보다 훨씬 더.

『야초』에 실린 23편의 시가 쓰인 시기는 1924년 9월 15일부터 26년 4월 10일 사이입니다. 이는 루쉰의 두 번째 소설집 『방황』에 실린 단편소설 11편 중 「장명등」부터 「이혼」까지의 7편이 쓰인 시기와 시간상으로 겹칩니다. 이 왕성한 창작의 시기에 루쉰의 삶에는 어떤 일이 있었을까요? 1년 전인 1923년 8월에 동생 저우쭤런(周作人)과 결별하고 팔도만호동(八道灣胡同) 11호 집(지금은 없어졌고 그 부근에 새로 옛 모습대로 지었다고 합니다)에서 나온 루쉰은 전탑호동(磚塔胡同) 61호를 거쳐 1924년 5월부터 26년 8월까지 부성문내 서삼조호동(阜成門内西三條胡同) 21호에 거주했습니다. 이 집이 현재 루쉰박물관과 붙어 있는 북경루쉰고거(北京魯迅故居)입니다. 『야초』가 집필된 곳이 이 집입니다. 1924년 9월에 쓰인 시 「가을밤」에 "나의 뒤뜰에서, 담 밖으로 두 그루 나무가 보이는데, 하나는 대추나무고, 또 하나도 대추나무다./그 위로 밤하늘은, 괴이하고 높은데, 내 평생 이렇게 괴이하고 높은 하늘은 본 적이 없다"라고 묘사되는 뒤뜰은 이 집의 뒤뜰인 것입니다. 이 집에서의 루쉰의 기본 정서는 「가을밤」의 다음과 같은 대목에 잘 표현되고 있습니다. 자아의 분열이 나타납니다. 이렇게 분열된 자아들 사이의 대화가 이 시집의 도처에서 진행됩니다.

> 갑자기 한밤의 웃음소리가 들린다, 키득키득, 잠든 사람들 깨우기 싫다는 듯, 하지만 사방의 공기가 다 호응하여 웃는다. 한밤중, 다른 사람은 아무도 없으니, 나는 금세 알아차린다 이 소리가 내 입에서 난다는 걸, 나도 금세 이 웃음소리에 쫓겨나, 자신의 방으로 돌아간다. 등불의 심지도 금세 높여진다.

이 집에서 사는 동안 루쉰이 겪은 가장 큰 일은 1925년의 북경여사대사건과 1926년의 3·18사건입니다. 북경 군벌정부에 대한 저항을 내용으로 하는 두 사건 중 북경여사대사건은 고난의 과정을 거쳐 결국 승리를 거두었습니다. 하지만 정부가 시위 군중을 향해 발포하여 47명이 사망한 3·18사건은 수많은 희생에도 불구하고 좌절로 끝났고, 체포령이 내려진 루쉰은 결국 8월에 북경을 떠났습니다.[1] 바로 그 전 달인 7월에 국

1 3월 26일 북경 군벌정부에 의해 지명 수배되어 도피 생활을 시작했고 수배령이 해제된 뒤 집으로 돌아왔다.

민혁명군의 북벌전쟁이 막 시작된 상황이었습니다.

북경을 떠난 루쉰은 린위탕(林語堂)의 권유에 따라 하문(厦門: 아모이)으로 가서 하문대학 국문과 교수로 부임했지만 하문의 적막한 분위기를 견디지 못해 한 학기만인 1927년 1월에 사직하고, 이번에는 혁명의 도시 광주로 가서 중산대학에 부임했습니다. 1926년 7월에 시작된 국민혁명군의 북벌전쟁이 바야흐로 한창 진행되는 중인 1927년 4월 8일에 루쉰은 혁명군의 사관학교인 황포군관학교에서 〈혁명시대의 문학〉이라는 유명한 강연을 하며 거의 흥분 상태에 도달한 자신의 정서를 노출했습니다. 이를테면 이런 식입니다.

> 이곳 혁명 지방의 문학가들은 문학과 혁명이 크게 관계된다고 말하기 좋아하는 것 같습니다. 예컨대 그것을 가지고 선전하고 고취하고 선동하여 혁명을 촉진하고 혁명을 완성할 수 있다는 거죠. 하지만 제 생각엔, 그런 글은 힘이 없습니다. 좋은 문예작품은 예전부터 대부분 다른 사람의 명령을 받지 않고 이로움과 해로움을 돌아보지 않고 저절로 마음속에서 흘러나오는 것이기 때문입니다. [……] 혁명을 위해서는 '혁명인'이 필요한 것이지 '혁명문학'은 급히 서둘 필요가 없습니다.
>
> [……]
>
> 총을 잡은 제군들이 오히려 문학 이야기를 들으려 하는군요. 제 경우는, 물론 대포 소리를 듣고 싶습니다. 대포 소리가 문학 소리보다 훨씬 더 듣기 좋을 것 같습니다.

아주 기분 좋은 흥분 상태가 완연합니다. 하지만, 바로 며칠 뒤 4·12 쿠데타가 상해에서 발생하고 4월 15일에는 광주도 쿠데타의 폭력에 휩쓸렸습니다. 국민당과 공산당의 합작으로 이루어진 혁명 세력 내부에 분열이 발생한 것으로서, 국민당 우파 장제스(蔣介石)의 군대가 공산당과 국민당 좌파를 탄압한 이 사건으로 무수한 인명이 희생되었습니다. 루쉰은 큰 충격을 받았습니다. 그가 『야초』의 「제사」를 쓴 것은 바로 그 직후인 4월 26일이었습니다. '제사'는 책의 첫머리에 그 책과 관계되는 노래나 시 등의 글귀를 인용한 것을 가리키는 말입니다. 그러니까 서문이나 머리말, 서시 등과는 다른 것입니다. 예를 들면 엘리엇이 시집 『황무지』에 로마시대 시인의 시를 인용하여 제사로 삼았는데 이것이 서문이나 서시는 아닌 것이죠. 루쉰은 자신이 새로 글을 쓰고 거기에 「제사」라는 제목을 붙였습니다. 제목은 「제사」이지만 실제 내용은 서문이나 서시에 해당한다고 볼 수 있습니다. 제 번역은 중국어 단어 중 우리말에서도 똑같은 한자어로 사용되는 것들은 그대로 두는 방식을 선호합니다. 다음은 「제사」의 전문을 제가 우리말로 옮긴 것입니다.

> 침묵하고 있을 때, 나는 충실을 느낀다; 내가 막 입을 열려 하면, 바로 그 순간 공허가 느껴진다.
>
> 과거의 생명은 이미 사망했다. 이 사망이 내게 대환희를 준다, 이로써 내가 알게 되니까 그것이 살아 있던 적이 있다는 걸. 사망한 생명은 이미 부패했다. 이 부패가 내게 대환희를 준다, 이로써 내가 알게 되니까 그것이 공허가 아니었다는 걸.
>
> 생명의 진흙이 지면에 버려져, 교목을 낳지 못하고, 야초만을 낳았으니, 이는 나의 잘못이다.
>
> 야초는, 뿌리가 깊지 않고, 꽃과 잎이 아름답지 않지만, 하지만 이슬을 흡수하고, 물을 흡수하고, 죽은 지 오래된 사람의 피와 살을 흡수하여, 각자 자신의 생존을 쟁취한다. 살았을 때는, 짓밟힐 것이요, 베어질 것이다, 사망하여 부패할 때까지 줄곧.

허나 나는 편안하고, 흔연하다. 나는 크게 웃으련다, 나는 노래 부르련다.

나는 나의 야초를 사랑한다, 허나 나는 야초로 장식을 한 이 지면을 증오한다.

땅속의 불은 지하에서 운행하고, 질주한다; 용암이 일단 분출하면, 모든 야초를, 그리고 교목을 다 태워버리고, 그리하여 또한 부패할 것 하나 없게 될 터.

허나 나는 편안하고, 흔연하다. 나는 크게 웃으련다, 나는 노래 부르련다.

천지가 이렇게 고요하니, 나는 크게 웃지도 노래 부르지도 못한다. 천지가 이렇게 고요하지 않더라도, 나는 아마 못할 것이다. 나는 이 한 무더기 야초를, 밝음과 어둠, 삶과 죽음, 과거와 미래 사이에서, 친구와 원수, 사람과 짐승, 사랑하는 자와 사랑하지 않는 자의 앞에 바쳐 증거로 삼는다.

나 자신을 위해, 친구와 원수, 사람과 짐승, 사랑하는 자와 사랑하지 않는 자를 위해, 나는 희망한다 이 야초의 부패가, 빨리 오기를. 그렇지 않으면, 내가 먼저 생존한 적이 없게 되리니, 이는 정말로 사망과 부패보다 더 불행한 것.

가거라, 야초여, 나의 제사에 잇달아!

1927년 4월 26일,

루쉰이 광주(廣州)의 백운루(白雲樓)에서 씀.

4월에 「제사」를 쓰고 7월에 『야초』를 출판한 뒤, 같은 해 10월 상해의 조계지역으로 이주한 루쉰은 다음 해인 1928년에, 프롤레타리아 혁명문학운동을 전개하는 창조사(創造社)와 태양사(太陽社)의 젊은 문인들에게 시대에 뒤떨어진 소시민 작가라고 매도당하고, 그들과 논쟁을 벌이면서 마르크스주의 저작을 집중적으로 읽고 번역했습니다.

『야초』에 대해 세간에 유통되는 잘못된 이해 중 많은 것들이 『야초』 집필 시기 및 그 전후의 사정에 대한 오해와 관련됩니다. 대표적인 몇 가지를 살펴보면 다음과 같습니다. 문제를 확연히 하기 위해 다소 극단적인 예를 선택했습니다. 전문가들은 다 아는 얘기겠지만 조금만 거리가 있어도 오해하기 쉬운 것들입니다.

1) **『야초』가 학생운동을 지지하다 수배되어 도피 생활을 하던 중에 쓰인 시집이라는 것**: 그렇지 않습니다. 시집의 24편 중에서 3·18사건 이후에 쓰인 것은 3편이며 그중 2편이 수배령이 내린 3월 26일 직후의 4월 중에 쓰였고, 「제사」는 그로부터 1년 뒤에, 북경을 떠난 지 이미 8개월이 지난 남방에서 쓰인 것입니다. 나머지 21편은 3·18 이전에 쓰였으니, 도피 생활 중에 썼다라는 말이 암시하는 뭔가 급박하고 극적인 상황은 아니었던 것입니다.

2) **「제사」를 쓸 때 루쉰은 이미 진화론에서 마르크스주의의 계급론으로 사상적 전향을 했다고 보는 것**: 그렇지 않습니다. 다음 해인 1928년, 창조사 및 태양사와 논쟁을 벌이는 중에 사상적으로 '전향', 전향이라는 표현이 적절한지도 의문이지만, 혹은 변화가 이루어지기 시작했습니다. 그러므로 '이미 사망한 과거의 생명'은 민주주의자 루쉰을 가리키고 시의 화자는 새로 태어난 공산주의자 루쉰이라는 설명은 오류입니다.

3) **「제사」의 칼끝이 겨냥하는 것은 4·12쿠데타를 일으킨 국민당 우파라는 설명**: 그렇기도 하고 그렇지 않기도 합니다. 국민당 내부의 분열

징후는 전부터 나타나고 있었고 그것이 4·12쿠데타로 폭발한 것이지만, 『야초』에 실린 23편의 시(4·12쿠데타 1년 전에 쓰인)가 보여주는, 세계에 대한 비판적 인식은 현실 정치에서 보자면 당시의 북경 군벌정부와 밀접한 관련이 있는 것이고, 「야초 제사」(4·12쿠데타 직후에 쓰여진)에 와서는 그 비판적 인식의 대상에 국민당 우파가 추가된 것이라 할 수 있습니다. 다만 멀리 있는 적보다 가까이 있는 위협이 더 급하기도 하고 4·12쿠데타로 인한 충격이 워낙 컸기 때문에 우선순위가 바뀌게 되었습니다. 1928년 6월 국민혁명군의 북경 입성으로 북벌전쟁이 끝나고 장제스를 수반으로 한 국민정부의 통치가 시작된 뒤에 비로소, 이 국민정부의 독재가 루쉰의 전면적인 비판 대상이 됩니다. 그러나 더 근본적으로는, '세계에 대한 비판적 인식'이라고 할 때의 '세계'가 현실 정치에 국한되는 좁은 것이 아니라는 점을 잊어서는 안 되겠습니다.

"침묵하고 있을 때, 나는 충실을 느낀다; 내가 막 입을 열려 하면, 바로 그 순간 공허가 느껴진다"라는 「제사」의 첫 구절을 두고, '백색 테러(4·12쿠데타를 지칭합니다)의 피비린내 나는 현실, 끝없는 비애와 고뇌와 영락과 사멸에 직면하여 수많은 감정과 분노가 떠오르므로 충실을 느끼고, 종잡을 수도 없고 어떻게 써야 할지도 모르겠고 할 말도 없어지므로 공허를 느끼는 것'이라고 풀이하는 것도 유사한 경우입니다. 그러한 풀이는 루쉰이 1927년 9월 23일에 쓴 산문(「어떻게 쓸 것인가」)에서 한 말을 변조한 것이나 마찬가지입니다. 루쉰은 다음과 같이 썼습니다.

> 나는 돌난간에 기대어 멀리 바라보며, 내 자신의 마음의 소리를 들었는데, 사방 멀리로부터 끝없는 비애와 고뇌와 영락과 사멸이 모두 이 정적[술처럼 농밀한(인용문 바로 앞에서 술처럼 농밀하다고 표현됩니다)] 속으로 섞여 들어, 거기에 색깔을 더하고, 맛을 더하고, 향을 더해 그것을 약

술(藥酒)로 변화시키는 것 같았다. 그때, 나는 이미 쓰고 싶었지만, 하지만 쓰지 못했고, 쓸 수가 없었다. 이것이 바로 내가 말한 바 '침묵하고 있을 때, 나는 충실을 느낀다; 내가 막 입을 열려 하면, 바로 그 순간 공허가 느껴진다'라는 것이다.

하문대학 도서관 2층에서 홀로 바깥의 밤풍경을 바라보는 장면입니다. 뒤로는 묘지가 있는 산이고 앞으로는 아득한 하늘과 바다가 검은 솜 같은 야색에 잠겨 있습니다. 이 회상 장면의 시간은 1926년 하반기 중의 어느 날 밤일 것입니다. 루쉰이 하문을 떠난 것이 1927년 1월이었으니까요. 그러니까, 4·12쿠데타보다 적어도 4개월 이전의 일이고, 그러므로 "비애와 고뇌와 영락과 사멸"은 4·12쿠데타를 가리키는 것이 아닙니다. 이 글을 쓴 것은 1927년 9월이지만 이 글에서 묘사되는 회상 장면은 같은 해 1월 이전의 것이고, 글을 쓰는 현재 회상하는 내용이 같은 해 4월 26일에 쓴 「제사」의 첫 문장과 연결되고 있는 것입니다. "비애와 고뇌와 영락과 사멸"이라고, 그리고 "침묵하고 있을 때, 나는 충실을 느낀다; 내가 막 입을 열려 하면, 바로 그 순간 공허가 느껴진다"라고 표현된 심경은 1926년 하반기 하문에서의 심경이면서 넓게는 청년 시절부터 1927년 4월 26일 「제사」를 쓸 때까지, 그리고 아마도 그 이후 타계하기까지 그가 큰 좌절을 겪을 때마다 느낀 공통된 심경이었으리라 생각됩니다.

4) **'땅 속의 불(地火)'이 용암으로 분출하는 이미지는 공산주의 혁명을 가리킨다는 해석**: 그렇지 않습니다. 그 이미지의 상징적 의미는 혁명으로 해석될 수 있습니다. 그러나 그 혁명은 당시에 진행되고 있던, 4·12쿠데타로 인해 큰 어려움에 처한, 그리하여 용암의 분출이 난망해진 국민혁명과 우선 관련됩니다. 그리고 꼭 국민혁명만을 가리키기보다는 프

랑스혁명에서부터 신해혁명, 국민혁명, 나아가서는 러시아혁명과 미래에 이루어질 중국의 사회주의혁명 등 모든 혁명을 포괄하는 어떤 본질적 모습을 암시한다고 보는 편이 더 적합할 것입니다. 루쉰에 대해 말하자면, 루쉰이 평생 추구한 혁명은 처음에는 신해혁명에서, 그다음엔 국민혁명에서, 만년엔 사회주의혁명에서 그 실현을 기대한 것이라고 설명해야 올바른 표현이 될 것 같습니다. 만약에 그가 1950년대와 60년대를 살았더라면, 그리고 우리와 함께 오늘날을 살아가고 있다면 자신의 혁명을 어디에서 발견할까요? 1957년 반우파투쟁 당시 "만약 루쉰이 살아 있다면 그는 어떻게 되었을까요?"라는 사석에서의 질문에 마오쩌둥이 "감옥에 갇혀 글을 쓰고 있거나, 아니면 상황이 어떻게 돌아가는지 알고 아무 소리도 않고 가만히 있었을 것 같소"라고 말했다는 일화에서 우리는 강한 암시를 받습니다.

상징과 알레고리는 같기도 하고 다르기도 합니다. 상징이든 알레고리든 그것을 읽는 독법이 시대 배경에서 비유의 원관념을 찾곤 하는데 이때 사실과 다른 잘못된 적용이 종종 나타나는 바, '땅 속의 불'에 대한 해석도 그런 예입니다. 그런데 저에게 더 중요해 보이는 것은 잘못된 적용이 아니라 그런 독법 자체입니다. 「제사」에서의 이슬, 물, 피와 살에 대한 해석을 예로 살펴봅시다. 예컨대, 이슬을 전통문학의 작가 작품(후한 시대의 장형(張衡), 당나라 때의 이상은(李商隱) 같은)과 외국문학의 작가 작품(보들레르, 투르게네프, 구리야가와 하쿠손 같은)의 비유로 보고, 물을 5·4 시대정신의 비유로 보고, 피와 살을 자신의 '이미 사망한 과거의 생명'과 전우(戰友)와 청년들의 피와 살이라고 보는 것. 나름대로 그럴 듯하지만, 자의적이기도 하고, 무엇보다도 비유의 의미가 좁게 한정되어 버립니다. 원관념은 암시 속에 묻어둔 채 보조관념으로 제시된 이슬 자체, 물 자체, 죽은 지 오래된 사람들의 피와 살(썩어서 거름으로 변한) 자체를 이미지로 상상하는 편이 더 좋은 독법이라고 저는 생각합니다.

5) **"생명의 진흙이 지면에 버려져, 교목을 낳지 못하고, 야초만을 낳았으니, 이는 나의 잘못이다"라는 구절을 두고, 여기서의 '야초'가 『야초』라는 책과 여기에 실린 작품들을 가리키는 것으로 보고 '이것은 루쉰의 겸손이다, 그에게는 『납함』이나 『방황』 같은 교목 같은 작품도 있다'라는 식으로 논평하는 것**: 적절하지 않습니다. 루쉰의 이 구절은 자신이 써낸 일련의 시들이 교목이 되지 못하고 야초가 되었다는 뜻이지, 다른 작품들의 존재나 가치와는 아무런 상관이 없습니다. 더구나 여기서 '야초'라는 말에는 아이러니와 패러독스가 다 숨어 있습니다. 교목이 야초보다 우월한 것도 아니고(미적 범주에 무슨 우열이 있겠습니까), 오히려 이 작품들은 야초이기 때문에 가치를 가지는 것이며 그 가치가 어쩌면 교목보다 더 귀중한 것일 수도 있습니다. 겸손이 아니라 오히려 반어라고 봐야 할 것입니다. 그리고 이런 의미에서라면 루쉰은 『납함』도 『방황』도 다 교목 같은 것이 아니라 야초 같은 것이라고 말할 것임이 분명합니다. 이 야초라는 비유에서 중요한 것은 그것이 명시적인 것이 아니라 암시적인 것이라는 점입니다. 암시는 불확실하기 때문에 암시인 것이지 확실하면 암시가 아닙니다. 원관념의 속성이 바로 불확실성인 것입니다.

1931년에 쓴 「『야초』 영역본 서문」에서 루쉰은 몇몇 시편들의 창작 동기를 밝혔습니다. 당시에 성행한 실연시를 풍자하기 위해서(「나의 실연」), 사회의 많은 방관자들을 증오했기 때문에(「복수 1」), 청년들의 의기소침함에 놀랐기 때문에(「희망」), 문인과 학자들이 군벌을 돕는 걸 보고서(「이러한 전사」), 나를 지키려 하는, 나를 사랑하는 사람을 위해(「석엽」), 북경 군벌정부가 민중에게 발포한 뒤(「희미한 핏자국 속에서」), 봉천파와 직예파 군벌전쟁 때(「한잠」). 이러한 설명 뒤에, "그러므로, 말하자면, 그 대부분이 황폐한 지옥 가장자리의 창백한 작은 꽃이고 당연히 아름다울 리가 없다"라는 말을 덧붙였습니다. 여기서 '지옥'은 군벌정부 지배하의 북경을(문단이라고 본 경우도 있습니다), '작은 꽃'은 『야초』의 시편들을 비유한 것입니다. 그 뒤를 이어서, "하지만 그 지옥 역시 반드시 잃어버려야 한다고, 말 잘하고 손 악랄한 자들이 그때는 아직 뜻을 이루지 못한 영웅의 얼굴과 말투로 내게 말했다. 그래서 「잃어버린 좋은 지옥」을 지었다"라는 설명을 추가했는데, '말 잘하고 손 악랄한 자들'은 당시 논쟁 상대였던 천위엔(陳源) 등을 가리킵니다. 이런 설명이 시를 이해하는 데 큰 도움이 되는 것 같지는 않습니다. 시의 진짜 내용은 그런 동기 속에 있는 것이 아니라 그 동기로부터 시작해서 새롭게 생성되는 것입니다. 그 동기에 얽매이면 오히려 시가 왜소해질 것 같습니다. 「잃어버린 좋은 지옥」에서 시 속의 '악마'나 '인류'가 천위엔 등을 가리킨다고 보거나 '신', '악마', '인류'가 청조, 군벌정부, 국민정부를 가리킨다고 보는 것은 합리적이지도 않지만 무엇보다도 이 시를 왜소하게 만들어 버립니다.

『야초』의 시편들은 대부분(즉, 다 그렇다는 것은 아닙니다) 알레고리와 상징으로 읽어야 합니다. 이 작품들이 쓰이던 1925, 6년 당시의 중국 시단은 어떠했던가요? 1900년에 태어난 리진파(李金髮)가 프랑스 유학에서 돌아와 두 권의 시집 원고를 루쉰 형제에게 보여준 것이 1923년이었고 그중 한 권인 『보슬비(微雨)』가 출판된 것이 1925년이었습니다. 리진파를 필두로 당시의 많은 젊은 시인들이 상징주의의 세례를 받았습니다. 낭만주의와 상징주의가 때로는 구별되고 때로는 뒤섞이며 동시대의 중국 시를 형성했습니다. 바로 그런 흐름 속에서 루쉰의 『야초』가 탄생했다는 사실은 충분히 고려되어야 합니다.

2. 다른 고찰을 위한 착안점들

루쉰이 일본의 영문학자이자 문학평론가 구리야가와 하쿠손(廚川白村, 1880-1923)의 책『고민의 상징』(1924)을 번역하면서(1924년 12월 출판, 실제로는 1925년 3월 출판) 그 책에 소개된 프로이트의 예술관으로부터 받은 영향이『야초』에 나타난다는 리어우판(李歐梵)의 설명은 일리가 있습니다. 예를 들면『야초』의 많은 시편들이 꿈을 모티프로 한 것이 그 영향과 무관하지 않을 것 같습니다(심지어「죽은 불」부터「죽은 뒤」까지 계속해서 7편은 "나는 꿈을 꾸었다(我夢見)"로 시작합니다). 구리야가와의 이 책은 베르그송의 생명철학과 프로이트의 정신분석학을 적극 수용했습니다. "문학은 고민의 상징이다"라는 구리야가와의 명제는 유명합니다. 이 명제에 대한 자신의 이해를 루쉰은 번역판의 서문에서 다음과 같이 밝혔습니다.

> 주지는, 매우 분명한데, 작자 자신의 말로 하자면, "생명력이 억압을 받아 생겨나는 고민과 오뇌가 문예의 근저이고 그 표현 방법이 광의의 상징주의"라는 것이다. 다만 "소위 상징주의라는 것은, 단지 지난 세기말 프랑스 시단의 일파가 표방했던 주의만이 결코 아니라, 무릇 모든 문예가, 옛날부터 지금까지, 이런 의미에서 상징주의의 표현 방법을 사용하지 않은 적이 없다."

상징과 상징주의에 대해서는 구리야가와가 제시한 이해 방식이 나름대로 설득력이 있기는 하지만 우리가 여기에 꼭 얽매일 필요는 없다고 생각됩니다. 우리의 관찰과 사유는 좀더 자유로워야 하겠습니다.

1925년 6월 작인「퇴패한 선의 떨림(頹敗線的顫動)」을 읽어보겠습니다. 화자 '나'는 꿈을 꾸는 자신을 꿈꿉니다. 꿈속의 꿈입니다. 가난한 엄마가 굶주린 어린 딸을 먹이기 위해 고민하는 장면. 그리고 장면이 바뀝니다. 시간이 많이 지났고, 딸이 성장하여 가정을 꾸렸는데 그 젊은 부부가 늙어버린 여자를 차갑게 욕하고 독하게 비웃습니다. 차라리 죽게 내버려 둘 것이지 가난하게 살게 해서 자기들을 망쳤다는 겁니다. 늙은 여자가 문밖으로 나가 황야의 복판에서 벌거벗은 채 석상처럼 섭니다. 두 손을 하늘로 뻗고 입으로는 인간의 것이 아닌, 그래서 말이 없는 언어를 흘려냅니다. 이미 황폐해진, 퇴패한(쇠퇴하여 무너진) 몸 전체가 떨립니다. 그 떨림에 공명하여 온 세상이 함께 떨립니다. 그때 '나'는 가위눌렸다는 것을, 손을 가슴에 올려놓고 잤기 때문임을 알아차리고 꿈속에서 평생의 힘을 다해 무거운 손을 움직이려 합니다. 꿈 속의 꿈 이야기만을 보고서 가난한 여자의 비참한 일생을 묘사했다고 설명하는 것은 당연히 좋은 읽기가 아닙니다. 전기적 사실과 결부지어, 루쉰이 현실에서 당한 배반을 비유한 것이라고 보기도 합니다. 세 가지 설이 있습니다. 동생 저우쭤런(周作人)의 배반, 제자 가오창훙(高長虹)의 배반, 제자 쑨푸위엔(孫伏園)의 배반. 저우쭤런 설은 세대적 차이라는 문제가 있고, 가오창훙 설은 실제로 시간이 안 맞습니다. 쑨푸위엔 설은 중국의 젊은 학자 류춘융(劉春勇) 교수가 상세한 고찰 끝에 제기한 새로운 설입니다. 전기적 연관이라는 측면에서 본다면 쑨푸위엔 설이 가장 합당하다고 생각됩니다. 제가 말씀드리고 싶은 것은, 그렇다고 하더라도 그것은 이 작품의 해석이 될 수 없다는 것입니다. 황야의 복판에 서서 두 손을 하늘 향해 뻗은 채 온몸으로 떠는 쇠퇴하여 무너진 몸, 그리고 그 떨림에 공명하는 온 세상의 떨림. 시적 현재로서 제시되는 이 이미지 자체가 중요한 것입니다.

한 편 더 보겠습니다. 1926년 4월 10일에 썼고 시집의 마지막 수록작이 된 「한잠(一覺)」은 청년 작가들의 글을(『어사』 잡지의 원고일 듯합니다) 편집하면서 든 소감을 토로하는 내용으로, 「퇴패한 선의 떨림」에 비해서는 상당히 사실적(寫實的)으로 보입니다. 이미 난폭(粗暴)해졌거나 곧 난폭해질 청년 작가들의 고통스러운 영혼들을 사랑한다고, 그들이 자신에게 인간 세상에서 살아 있다는 걸 느끼게 해준다고 화자가 말합니다. 편집을 하던 중에 석양이 져서 등불을 켭니다. 온갖 청춘들이 하나하나 눈앞을 달려가고(글을 읽고 있는 것이죠), 황혼이 주변을 에워쌉니다. 피곤한 '나'는 담배를 든 채 가만히 눈을 감는데, 긴 꿈이 보입니다(꾸다(做)가 아니라 보이다(看見)라고 썼습니다). 문득 놀라 깨어나니, 여전히 황혼이 비치고 있습니다. 한잠(중국어로 一覺, '이쟈오'라고 읽습니다), 즉 잠깐의 잠을 잔 것입니다(당나라 두목(杜牧)의 시구 "십년일교양주몽(十年一覺揚州夢)", 십 년만에 양주의 꿈을 깨고 보니, 이 구절도, 십 년의 양주 꿈을 잠깐 졸 듯 꾸고 보니, 라고 하면 안 될까요?). 담배 연기가 움직임 없는 공기 속을 피어오르고, 몇 조각 여름 구름처럼 이름 모를 형상을 서서히 만들어냅니다. 이 작품을 3·18사건 이후 청년들의 반역을 묘사했다고 설명하면 완전히 틀린 말은 아니겠지만 이 작품이 아닌 다른 어떤 작품을 두고 하는 말같이 느껴집니다. 검토되는 청년들의 원고 중 3·18 이후에 쓰인 것은 있더라도 몇 편 안 될 터이고, 무엇보다도 이 작품의 초점은 편집을 하던 중 피곤해서 깜박 잠이 든 화자에게 있습니다. 여기서는 「퇴패한 선의 떨림」과는 달리 꿈의 내용이 나오지 않습니다. 오히려 바람 없는 황혼 속에 피어오르는 담배 연기라는 이미지에 주목해야 할 것 같습니다. 3월 26일 내려진 수배령으로 이리저리 옮겨 다니는 도피 생활 중 4월 8일부터 15일까지 일주일 간 집에 들러 여태 묵혀 두었던 원고들을 편집했다는 것, 4월 8일과 10일에 각각 한 편씩, 「희미한 핏자국 속에서」와 「한잠」 두 편을 썼는데 두 편의 분위기가 대조적이며 마지막 작품의 마지막 구절에서 이런 이미지가 제시된다는 것. 주목할 만한 장면인 것 같습니다.

비유의 원관념이 무엇인지 추측하느라 애쓸 것이 아니라, 비유들의 구조와 내적 작동을 살펴보는 편이 유익하리라 생각됩니다. 『야초』에는 이항대립이 매우 많이 등장합니다. 「퇴패한 선의 떨림」의 늙은 여자가 황야의 복판에 서는 장면에서만 보아도 '미련과 결별, 애무와 복수, 양육과 섬멸, 축복과 저주……'가 나열되고 그것들이 합쳐진 뒤에 그녀의 두 손이 들려집니다. 「제사」에는 '친구와 원수, 사람과 짐승, 사랑하는 자와 사랑하지 않는 자'가 나열됩니다. 시집 전체에 걸쳐 등장하는 이항대립 중 대표적인 것은 죽음과 삶, 어둠과 밝음, 절망과 희망입니다. 하나가 다른 하나에 승리하는 것. 이런 구조는 예로부터 많이 보아온 것입니다. 권선징악이 대표적인 예이겠고, 암흑을 물리치고 광명을 획득한다는 구조도 많이 보아왔지요. 두 항목 중 어느 한 항목을 선택할 때 이런 구조가 나옵니다. 반대로 악을 선택하고 암흑을 선택하는 경우도 있겠죠. 그런데 그 이항대립이 어느 쪽으로든 승패가 정해지지 않고 한없이 대치가 계속될 수도 있습니다. 이때 비극적 세계관이 나옵니다. 하지만 승부가 나지 않더라도 대치 외의 다른 길이 없는 것이 아닙니다. 대립 자체를 없애는 것입니다. 두 대립물을 하나로 합치는 것. 모순되는 것의 통합, 이것이 옥시모론, 한자어로 모순어법이라고 번역되는 것이죠. 어둠과 밝음이라는 모순의 통합은 실제로 여명과 황혼에서 가능해집니다. 물과 불이라는 모순의 통합은 알코올에서 실현됩니다. 상징주의의 관심의 대상이 바로 옥시모론입니다. 그렇다면 『야초』의 시편들은 어떤 모습을 보이는 걸까요? 한 항목의 선택에서부터 비극적 세계관과 옥시모론까지 다 나타나는 것 같습니다. 이뿐만 아니라 거기서 더 나아가 다양한 방식의 '놀이'를 하고 있는 것으로 생각됩니다. 자리 바꾸기와 뒤집기, 그리고 연결짓기가 우선 눈에 띄지만 그 밖에도 많은 변주들이 가능할 것 같습니다(쑨거 교수가 말한 "절망과 희망의 바깥"은 이항대립의 바깥으로 나가기가 되겠습니다). 그리고 그러한 '놀이'에 거의 대부분 수반되는 것이 아이러니와 패러독스입니다.

이런 문제의식을 가지고 루쉰을 좀 더 들여다봐야겠다는 것이 지금의 제 생각입니다.

존경하는 쳰리췬(錢理群, 1939-) 교수의 『야초』 해석은 왕후이(王暉, 1959-) 교수의 것과 더불어 제가 본 『야초』론 중 가장 인상적이었습니다. 쳰리췬 교수가 주목한 것은 루쉰이 이항대립 중 한쪽을 거부하고 포기하면서 다른 한쪽을 택했다는 점입니다. '어둠', '공허', '무위', '육박'이 루쉰이 선택한 것이고, 루쉰은 그 '무'와 '공'에서 오히려 더 큰 '유'와 '실'에 도달할 수 있었다는 것입니다. 이 해석에서 저는 루쉰 이전에 쳰리췬 교수 자신의 모습을 봅니다.

왕후이 교수는 또 다른 사유를 보여주었습니다. 절망과 희망의 이항대립의 경우, 희망도 허망하고 절망도 허망한 것이며 그러므로 루쉰은 희망을 선택하는 것이 아니라 절망에 대한 반항을 선택했다는 것입니다. 아마도 최근 몇십 년간의 루쉰 해석에 가장 큰 영향력을 행사한 것은 이 '절망에 대한 반항'이라는 설일 것입니다. 이는 "암흑과 허무만이 실재(實有)라고 느끼며, 한사코 그것들을 향해 절망적인 항전을 한다"고 한 루쉰 자신의 말과 연결됩니다. '무지(無地)[2]에서의 방황'도 왕후이 교수가 중시하는 개념입니다. 산문시 「그림자의 고별」에 "나는 암흑을 향해 무지에서 방황하리라"라는 구절이 나옵니다. 천국도 지옥도 거부한 그림자가 택한 것이 '무지에서의 방황'인데 이 방황은 암흑을 지향하는 것이고, 암흑에 도달하게 되면 그림자의 존재가 암흑 속에서 지워질 터인데, 그 지워짐을 "세계가 전부 나 자신에 속하게 된다"고 인식하는 장면에 왕후이 교수의 예리한 시선이 집중됩니다. 하지만 저는 "세계가 전부 나 자신에 속하게

2 무(無)의 장소, 혹은 장소가 없는 장소라는 뜻으로 봐야 할 것 같다.

된다"라는 진술을 액면 그대로 이해해도 되는 것인지, 일종의 반어로 봐야 하는 것인지 좀 망설여집니다.[3]

두 분의 뛰어난 해석에 반대하자는 것이 아니라 두 분과는 다른 해석의 가능성을 점검해보자는 것이 저의 취지입니다. 저에게는 몇 가지 착안점이 보입니다.

첫째, 제가 보기에 『야초』에 나타나는 수많은 이항대립과 그 이항대립들을 가지고 '놀이'하는 다양한 방식에 비추어 본다면 쳰리췬 교수와 왕후이 교수는 그중 주로 한 항목의 선택과 관련되는 특정한 일부에 주목한 것 같습니다.

둘째, 쳰리췬, 왕후이 두 분은 시의 화자와 시인을 완전히 동일시하고 있습니다. 화자의 선택이 시인의 선택이고 화자의 결심이 시인의 결심이 되고 있습니다. 제 생각으로는 시의 화자와 시인을 분리해야 합니다. 이것은 산문이 아니고 시이기 때문입니다. 때로 화자와 시인이 동일해질 때도 있겠지만 기본적으로는 다르다는 것을 전제하고 해석해야 한다는 게 제 생각입니다. 처음부터 동일한 것과 원래 다른 것인데 동일하게 나

---

3 반어냐 아니냐 이전에 "세계가 전부 나 자신에 속하게 된다"고 번역한 중국어 원문 "那世界全屬于我自己"를 이 구절만 따로 떼어서 단장취의 하는 것이 부적절할 수도 있다. 이 구절을 문맥 속에서 보면 뜻도 번역도 달라질 수 있기 때문이다. 문맥은 다음과 같다.

> 내가 원하는 건 이런 것이오, 친구—
> 나 홀로 멀리 가는 것, 암흑 속에 당신이 없을 뿐 아니라, 더 이상 다른 그림자도 없는 것. 오직 나만이 암흑 속에 잠기고, 그 세상이 전부 내 것이 되는 것.

이 문맥에서 중요한 것은 '오직 나만이'라는 구절이 아닐까? 이 암흑 속에는 당신도, 다른 그림자도 없고 오직 나만 있는 것이고, 그래서 이 세상이 전부 내 것이 되는 게 아닐까?

타난다는 것 사이에는 차이가 있는 것 같습니다.

셋째, 『야초』는 시이면서 철학으로 읽힐 소지를 많이 가지고 있습니다. 일찍부터 루쉰의 작품 중에서 『야초』에 각별히 주목해 온 일본 학계에서도 『야초』에 나타나는 시와 철학의 일치를 중시했습니다(예컨대 기야마 히데오(木山英雄, 1934-)의 「〈야초〉의 주체 구축의 논리와 그 방법-루쉰의 시와 철학의 시대」, 1963). 쳰리췬, 왕후이 두 분 역시 『야초』를 기본적으로 시로 보면서 동시에 철학으로도 보았다고 생각됩니다. 사실 『야초』는 그 두 측면 중 시적 측면보다 철학적 측면이 더 많은 주목을 받아왔습니다. 왕후이 교수의 『야초』 읽기도 실은 철학적 측면에 더 많이 기운 것이었습니다. 그가 『야초』를 절망에 반항하는 '인생 철학'이라고 파악한 것은 니체에서부터 카뮈(루쉰이 『야초』를 쓸 때에는 12세 아이였던)에 이르는 사상사적 맥락 속에서였습니다. 쑨거(孫歌) 교수의 최근 저서(『절망과 희망의 바깥-루쉰 『야초』 자세히 읽기』, 2020)도 『야초』의 철학적 측면에 주목하고 있는데, 이 책은 『야초』를 중국의 사상사라는 맥락 속에서 읽은 점이 독특합니다. 명말의 이탁오(李卓吾)에서 청말 민국초의 장태염(章太炎)을 거쳐 루쉰(魯迅)으로 이어지는 사상사적 맥락 속에서 『야초』를 자세히 읽고 있습니다(이 읽기는 다케우치 요시미(竹内好, 1910-1977)의 루쉰 연구와 미조구치 유조(溝口雄三, 1932-2010)의 중국사상사 연구에서 영향을 받은 것입니다). 이러한 읽기는, 시로서의 『야초』에 먼저 접근하려 하는 저와는 방향이 반대라고 할 수 있습니다. 이 장면에서 떠오르는 분이 있습니다. 일본의 루쉰 연구자 마루야마 노보루(丸山昇, 1931-2006)입니다. 그는 루쉰 평전(『魯迅—その文学と革命』, 1965)을 쓰면서 『야초』를 통해 루쉰의 정신, 내면, 사상을 보아내려고 노력했는데, 그 관찰이 오히려 『야초』의 시적 측면을 집요하게 파헤치고 있습니다. "가을 하늘과 대추나무를 그려한 관념(대추나무 가지가 하늘을 찔러 귀신같이 눈을 깜박거리게(鬼睒眼) 하고 달을 찔러 창백해지게 한다는 관념을 말합니다)과 결부시키는 어떤 것이 그의 내부에 존재하고 있어서 그가 이 시점에서 그것에 형태를 부여하려고 했다"고, 또 "추상적 관념의 세계에 대한 충동이 현실 회피가 아니고 도리어 작자를 현실과 보다 구체적으로 연관시키는 용수철이 된다"고 말하는 마루야마의 모습이 저에게는 무척 인상적이었습니다. 시라는 자료에서 철학을 읽어내는 것이 아니라 철학을 읽기 위해 시 자체를 파고든다는 그런 느낌입니다. 그의 텍스트는 시라는 형태인 것입니다. 형태는 겉과 속의 분리할 수 없는 통일체입니다.

쑨거 교수의 책에 대한 최근의 한 서평은 이 책의 방향에 『야초』 해석의 사상사적 전향이라는 이름을 붙이고 있는데, 이 서평에 흥미로운 대목이 있습니다. 인용해 보겠습니다.

> 루쉰의 제자 쉬판청은 『야초』를 '상징주의'로 해석하는 데 명확하게 반대했다. 그는, "그 사이의 기교의 정심함은 산문과 같아서 역시 '상징주의'라 지칭할 수 없다. 요컨대 인생 중의 모순, 고통을, 특히 그 시대의 것을, 일관되게 표현했으며, 전 세계 사람들이 다 이해할 수 있는 알레고리에 기탁하여 뜻은 깊고 정밀한데 형식은 그토록 간단하다"고 말했다. 바꿔 말하면, 쉬판청은 『야초』가 주로 '이념적이고 정신적인 것'으로서 니체의 『차라투스트라는 이렇게 말했다』 식의 철언(哲言)이고 상징이나 시예(詩藝)는 철언의 외표에 불과하다고 생각했다.(천윈하오(陳雲昊), 「〈야초〉 해석의 사상사적 전향」, 『중국현대문학연구총간』, 2021년 2기)

이로 보면 쉬판청 선생이 『야초』는 상징이 아니라 알레고리이고 시가 아니라 산문이며 시가 아니라 철학이라고 주장한 것 같습니다. 쉬판청(徐梵澄, 1909-2000) 선생은 루쉰의 제자였으며 1934년에 니체의 『차라투스트라는 이렇게 말했다』를 번역 출판한 철학자이자 인도학자입니다. 그런데 실제로 쉬판청 선생의 글(「〈잡문〉과 〈야초〉에 대한 약설(略說〈雜文〉和〈野草〉)」, 1986)을 보면 그렇지 않습니다. 따옴표친 인용 부분은 『야초』 중의 사실(寫實)적인 몇 편에 대한 논평일 뿐입니다. 인용된 부분 앞에서 쉬판청 선생은 『야초』 중 대부분 작품의 알레고리와 상징에서 분명하게 알아볼 수 있는 유래들을 하나하나 밝혔습니다, 앞쪽에서는 외표적인 것들을, 뒤쪽에서는 이념적이고 정신적인, 보다 내적인 것들을. 그리고 그 앞에서 중요한 몇 가지 발언을 먼저 해놓았습니다. 순서대로 소개하면 다음과 같습니다: 『야초』가 산문시인 것은 자명하다; 상징의 해석은 가장 어려운 일이어서 상징이 독자의 해석을 거쳐 이해되면 물론 즐거운 일이지만 흔히 오해가 발생하거나 해석자의 어리석음이 드러난다; 깊은 철리(哲理)를 시적 산문 속에 기탁한 니체를 본떠 니체의 산문시 형식을 취했기에 루쉰 자신이 번역했던 「차라투스트라는 이렇게 말했다 서문」과 『야초』 중의 여러 작품이 매우 비슷하다; 분명한 알레고리와 상징은 원래의 뜻 바깥의 어떤 의미를 들여와서 읽으면[讀入] 안 된다, 그러지 않으면 견강부회가 된다(그래서 섣부른 해석은 하지 않고 분명한 유래들만 소개하겠다는 뜻입니다). 이렇게 보면, 『야초』는 니체의 「차라투스트라는 이렇게 말했다 서문」을 본뜬 산문시이고, 상징으로 이루어졌는데 그 상징을 해석하는 것은 매우 어려운 일이며, 그러므로 자신은 섣부른 해석을 하기보다는 분명한 유래들을 소개하는 데서 그치겠다, 라는 것이 쉬판청 선생의 발언 내용임을 알 수 있습니다. 인용자의 소개와 원문의 뜻이 정반대가 됩니다(우리는 『차라투스트라는 이렇게 말했다』의 형식을 철학 소설(philosophical fiction)이라고 하는데 중국에서는 산문시라고 하는 것도 흥미롭습니다).

제 의견에 가까운 분은 오히려 쉬판청 선생인 것 같습니다. 저는 『야초』를 먼저 시로 봅니다. 마치 하이데거가 횔덜린의 시를 시로 보았듯이.

하이데거에게 횔덜린의 시는 시이지 철학 텍스트가 아니었습니다. 하이데거에게 시인과 사유자(즉 철학자)는 존재의 집인 언어의 파수꾼들이고, 존재의 소리에 귀를 기울이는 그들은 각자 독특한 방식으로 본질적인 말하기를 하는데, 그 방식들은 혼동될 수 없습니다. '사유자로서의 시인'인 니체는 어디까지나 사유자이고 '시인으로서의 사유자'인 횔덜린은 어디까지나 시인인 것이며, 니체가 쓴 것은 철학이고 횔덜린이 쓴 것은 시인 것입니다. 『야초』를 철학 텍스트로 보는 것은 횔덜린의 시를 철학 텍스트로 보고 횔덜린을 철학자로 보는 것과 마찬가지라고 생각됩니다. 횔덜린의 시를 읽는 사유자가 횔덜린 쪽으로 다가가는 것은 가능합니다. 만년의 하이데거가 그랬듯이. 사유자와 시인의 사이에서. 그러나 그때도 횔덜린은 여전히 시인일 뿐입니다. 제 경우는 제가 사유자도 아니고 시인도 아니므로, 단지 비평의 눈으로 시인의 시를 볼 따름입니다.[4]

『야초』를 먼저 시로서 읽은 분들도 당연히 있었고 결코 적지만도 않습니다. 그러나 상대적으로 주목받지 못한 것도 사실이고 그 읽기가 충분히 넓지 못하고 깊지 못했던 것도 사실입니다. 루쉰 담론의 현 상황에서 볼 때 『야초』를 시로서 읽는 작업의 확대와 심화가 매우 필요하다고 생각합니다. 『야초』를 철학으로 읽고자 하는 분들 중에는 시로 읽는 것을 꺼리는 경우가 많은데, 그때 시로 읽는다는 것은 상징주의로 읽는다는 것과 거의 동의어인 것 같습니다. 저 역시 그렇게 읽는 것에는 거부감을 느낍

4 예컨대, 가을 하늘과 대추나무를 '그러한 관념'과 결부시키는 그 '어떤 것'이 루쉰의 내부에 있어서 그것에 형태를 부여하려 했다고 설명한 마루야마의 말을 빌리자면, 그 형태가 시다. 이 형태 속에 '그러한 관념'도, 가을 하늘과 대추나무도, 그 둘을 결부시키는 그 '어떤 것'도 다 들어 있는 것이다. 시에서 중요한 것은 그것들을 다 포함하는 형태와 그것의 생성 자체다.

니다. 상징주의로 미리 규정해 놓고 읽는 것은 바람직하지 않습니다. 상징주의가 많은 영향을 미쳤고 상징주의를 많이 수용했음은 인정하지만, 그렇다고 상징주의에 가둘 필요는 없다는 것입니다. 상징주의는 금세 통속화되어 상투형으로 전락해버리지만 반대로 개별적인 시적 탐구와 융합하여 상징주의라는 이름으로 가둘 수 없는 새로운 시 세계를 열기도 하고, 바로 이 열림에서 좋은 시가 나옵니다. 19세기 후반의 상징주의가 1920년대 중반은 물론이고, 21세기인 지금에도 창조적 의의를 갖는 것은 바로 이런 열림 속에서인 것입니다. 루쉰 또한 우리에게 이런 열림을 주는 창조적 계기가 된다고 생각합니다.

『야초』 중에서 가장 유명한 작품 「희망」을 소개하는 것으로 강연의 마무리를 삼고자 합니다. 작품의 중간 부분입니다.

> [……] 희망, 희망, 이 희망의 방패로, 저 공허 속의 어둔 밤의 내습에 항거했소, 방패 뒤도 똑같이 공허 속의 어둔 밤이었지만. 허나 바로 그렇게, 내 청춘은 계속 소진되었소.
>
> 내 어찌 몰랐겠소 내 청춘 이미 가버렸음을? 허나 몸 밖의 청춘은 그대론 줄 알았지. 별, 달빛, 죽어가는 나비, 어둠 속의 꽃, 부엉이의 불길한 말, 두견의 피울음, 웃음의 아득함, 사랑의 너울대는 춤. …… 슬프고 막막한 청춘이라도, 그래도 필경 청춘인 것을.
>
> 헌데 지금은 왜 이리 적막하지? 몸 밖의 청춘마저 모두 사라져버렸나, 세상의 청년들도 다 늙어버렸나?
>
> 나는 이 공허 속의 어둔 밤에 내가 육박해야만 하오. 나는 희망의 방패를 내려놓았소, 나는 페퇴피 산도르(1823-1849)의 "희망"의 노래를 들었소.

"내 청춘"은 이미 가버렸으니 그렇다 쳐도, "몸 밖의 청춘"마저 모두 사라져버리고("몸 밖의 청춘"은 신청년 잡지를 내면서 함께 활동했던 후배들을 가리킨다고 합니다), 지금의 청년들마저 다 늙어버린 것인가, 왜 이렇게 적막한가, 라고 시의 화자가 묻고 있습니다. 그러니 이제 늙어버린 내가 어둔 밤에 "육박(肉薄)"해야 합니다. 나의 "육박"은 "희망의 방패"를 내려놓는 데서 시작됩니다. 방패로 어둔 밤의 내습에 항거한 것이 방어였는데 반해, 그 방패를 내려놓고 시작하는 육박은 공격이 되겠습니다. 육박이란 말의 사전적 의미는 '공격하기 위해 몸으로 돌진하는 것'입니다. 그런데 냉병기 시절의 이 공격 돌진은 한 손에는 방패, 다른 한 손에는 칼이나 창을 들고 하지 않았나요? 이 시의 화자가 방패를 내려놓고 하는 돌진은 방어는 포기한 오로지 공격인 것일까요? 루쉰이 이런 점까지 염두에 두고 쓴 것인지는 모르겠으나, 염두에 둔 것이라면 이것이 뜻하는 것은 처절한 항전, 절망적 항전이 될 수도 있겠습니다. 그런데 그 돌진을 시작하기 전에 나는 페퇴피의 노래(시)를 듣고 페퇴피의 발언(편지에서 한)을 되새깁니다. 그런 뒤 다시 돌진을 다짐하지만 내 앞에는 돌진의 대상인 "어둔 밤"이 존재하지 않고, 그래서 나는 결국 돌진하지 못한 채 "절

망이 허망한 것은, 희망과 똑같구나!"라고 말하게 됩니다.

이 시에 등장하는 부엉이에 주목해주시기 바랍니다. 루쉰은 부엉이를 좋아하여 자신의 책 표지 디자인에 스스로 그린 부엉이 도안을 사용하기도 했습니다. 앞의 그림 왼쪽 것이 1927년에 출판된 산문집 『무덤』의 속표지이고 가운데는 그보다 더욱 단순화시킨 도안으로 1909년 전후에 공책에 그린 것입니다. 오른쪽은 1930년에 찍은 루쉰의 사진입니다. 루쉰의 부엉이는 황혼이 진 뒤에 날개를 펴기는 하지만, 이미 이루어진 일을 뒤늦게 알기 위해서가 아니라 어둠 속에서 불길한 울음소리를 내어 그를 흉조고 악조라고 여기는 사람들을 두려워하게 만들기 위해서 날아오릅니다. 루쉰은 그 울음소리를 자신이 추구하는 이른바 '진정한 악성(惡聲)', 즉 이 어두운, 부정적인 세계에 저항하는 비판적이고 전투적인 위악적 언술과 동일시했습니다. 루쉰의 글과 부엉이의 불길한 말이 닮았을 뿐만 아니라 루쉰과 부엉이가 닮기도 했습니다. 처음 시작은 친구들이 루쉰의 외모가 부엉이를 닮았다고 놀린 것이었지만(시인이며 서예가인 선인모[沈尹默]가 붙인 별명입니다), 밤을 꼬박 새고 날이 밝은 뒤에야 잠드는 생활 습관도 닮아서 심지어는 루쉰이 부엉이를 닮은 게 아니라 부엉이가 루쉰을 닮았다고까지 할 정도였으므로 점점 더 루쉰과 부엉이는 불가분의 관계가 되었습니다. 이런 생활 습관이 사람의 건강에는 결코 좋지 않다고 하지만, 정신적 부엉이에게는 찬사를 보내지 않을 수 없습니다.

이토록 훌륭한 청중들 앞에서 발언할 수 있었던 것은 제 평생의 영광이고 행복입니다. 다만 제 발언이 충분히 만족스럽지 못한 것이 아쉬울 따름입니다. 아무쪼록 여러분들의 앞으로의 지적 여정에 성과가 가득하기를 빌며 제 말씀은 여기서 마치겠습니다.

후기: 나사의 전진과 후퇴, 그리고 추락

이 책의 제목을 어떻게 붙일까 하는 문제로 꽤 오래 망설이면서 또 하나 망설였던 것은 내용상의 부분적 중복을 어떻게 처리할 것인가 하는 문제였다. 내가 루쉰에 관해 쓴 글들을 장르별로 보면 논문 외에 비평적 에세이도 있고 대중을 위한 해설이나 소개도 있기 때문에 내용상의 중복이 나타나는 것은 당연한 일이지만, 때로 논문들 사이에도 중복이 나타나기도 한바 이는 논지 전개의 필요와 효율을 위해서였다. 중복 이야기를 하다 보니 예전에 평론쓰기를 시작한 지 얼마 되지 않았을 때 고(故) 김치수 선생께서 해주신 말씀이 생각난다. 내가 나 자신의 기발표 글에서 한 문단을 인용한 것을 두고, 자신을 인용하면 안 된다, 필요하다면 직접인용이 아니라 간접적으로 풀어서 써야 한다고 조언해 주셨던 것이다. 그 뒤로 대부분의 경우 선생의 조언에 따라 중복을 처리했지만, 직접인용이든 간접적 설명이든 가능한 한 중복을 최소화하는 게 당연히 바람직하다. 이 책에서는 경우에 따라 중복을 처리하는 방식을 달리했다. 중복된 내용을 그대로 수록한 경우도 있고, 어느 한쪽을 부분적으로 삭제하거나 축약하기도 했으며, 심한 경우에는 아예 그 글 자체를 수록하지 않기도 했다. 글을 선택할 때 장르에는 구애되지 않았다. 명백한 착오는 바로잡았으나, 선택의 여지가 있는 것은 지금은 생각이 달라졌다 하더라도 옛 선택을 그대로 두기로 했는데, 다 그런 것은 아니고 조금씩 수정 보완하거나 보충하기도 했다.

제외된 글 중 특히 마음이 가는 글은 「루쉰의 신생과 이루어지지 않은 꿈」이다. 부산에서 발간되는 계간지 『신생』(이 잡지의 제목이 루쉰이 내려고 했던 잡지 제목과 같은 것은 그저 우연인가!)의 청탁을 받아 2010년에 쓴 이 글은 루쉰의 「『납함』 서문」에서 취한 세 개의 인용문과 그에 대한 고찰이 다른 글과 많이 중복되는 까닭에 제외했는데, 그렇지만 나름 흥미로운 개념의 제시가 있었다고 나는 생각한다. 몇 년 뒤의 내가 「아Q정전」을 다시 읽으면서 각성과 무화(無化)의 반복이라는 구조를 놓고 무화를 중시한 것과 대조적인바, 이 대조가 무엇을 의미하는지 음미해볼 겸 여기에 그 글의 결론부를 직접인용하기로 한다.

> 돌이켜보면 처음 루쉰의 꿈은 의학이었다. 그 꿈은 2년도 되지 않아 좌절된다(센다이의전의 중퇴). 그러나 루쉰은 좌절에 함몰되지 않고 잡지 『신생』의 출판과 문예운동의 전개라는 새로운 꿈을 추구한다. 이 새로운 꿈 또한 좌절한다(잡지 출판의 실패). 여기까지에서 우리는 꿈—좌절이라는 구조의 반복을 발견할 수 있다. 하나의 구조에만 주목하면 우리가 볼 수 있는 것은 이루어지지 않은 꿈뿐이다. 하지만 두 개의 구조를 연결하고 보면 좌절을 벗어나 새로운 꿈의 추구로 나아가는 움직임을 볼 수 있다. 여기서 이루어지지 않은 꿈은 새로운 꿈꾸기로 대체되고 뒤의 꿈은 앞의 꿈에 비해 더욱 성숙한 것, 발전한 것이 된다.
>
> 이루어지지 않은 의학의 꿈이 '신생'의 꿈으로 대체된 것처럼 이루어지지 않은 '신생'의 꿈을 대체한 것이 바로 「광인일기」로부터 시작된 루쉰의 소설쓰기의 추구라고 할 수 있다. 냉정하게 말하자면, 1906-1907년의 루쉰이 꿈꾼 '신생'은, '신생'에 대한 순진한 낙관과 엄혹한 현실 조건에 대한 맹목으로 특징지워지는 것이었다. 그에 비하면 「광인일기」 이후의 소설쓰기는 엄혹한 현실조건에 대한 직시를 회피하지 않을 뿐만 아

니라 더 나아가서는 오히려 비관주의로 경사된 것이 아닐까 싶을 정도로 현실의 부정적 측면을 파고든다. 소설의 이러한 특성이 '신생'의 포기를 뜻한다고 본다면 이는 졸렬하기 짝이 없는 견해일 것이다. 우리는 오히려 여기에서 '신생'에 대한 새로운 추구의 모습을 발견한다. 그 추구의 양상을 자세히 살피기에는 우리에게 주어진 여유가 별로 없으므로, 여기서는 단지 루쉰의 소설쓰기 내부에도 시간적 추이에 따라 적지 않은 변화가 나타나며 그 변화 역시 꿈—좌절 구조의 반복으로 파악될 수 있다는 점만을 지적해두기로 하겠다.

'신생'은 1907년을 전후하여 청년 루쉰에게 일회적으로 왔다가 떠나버린 꿈이 아니라 루쉰의 생애 내내 포기되지 않은 꿈이라고 해야 할 것이다. 늘 이루어지지 않은 꿈으로 남으면서 동시에 항상 다시 새로운 꿈꾸기로 대체되는 그러한 꿈 말이다. 이 글의 제목을 「루쉰의 신생과 이루어지지 않은 꿈」이라고 붙이는 이유다.

나에게도 그런 꿈꾸기가 있었던가. 이 아름다운 꿈꾸기가 내게도 있었고 앞으로도 있기를. 독자 여러분께도.

이 아름다운 꿈꾸기의 반복에서 가장 중요한 것은 반복하면서 전진한다는 데 있다. 마치 나사처럼. 그래서 지난 꿈과 이번 꿈은 같으면서도 다르고, 다르면서도 같다. 그런데 지난 100년간의 반복은 과연 전진을 이룬 것인가? 이루었다면 얼마나? 루쉰의 소설 「광인일기」가 나온 1918년으로부터 95년이 지난 2013년에 중국어로 쓰인 시 「광인일기 두 편」을 여기에 소개해 보겠다.

1)

낯선 사람들이여 내 말 좀 들어봐요

그들이 내 각을 뜨려고 해요
그들이 싹싹 칼을 갈고 있어요
낯선 사람들이여 잠시 멈춰서 내 말 좀 들어봐요
그들이 내 각을 뜨려고 해요
그들이 곧 올 거예요
그들이 내 각을 뜨려고 해요 (「그들이 내 각을 뜨려고 해요」 전문)

2)
나 아직 안 죽었어
너희는 왜 그렇게 즐겁게 웃니
내 유서가 아직 쓰이지 않았고 유산이 아직 분배되지 않았는데
너희는 뭐가 즐거운 거니
내 혈관이 아직 파열되지 않았고 심장이 아직 썩지 않았는데
너희는 왜 그렇게 즐겁게 웃니
나 아직 미음도 마실 수 있고 호흡도 아직 끊어지지 않았는데
너희는 뭐가 즐거운 거니
나 아직 살아 있는데
너희는 어떻게 웃을 수가 있니 (「너희는 왜 그렇게 즐겁게 웃니」 전문)

1)에서 그들이 푸줏간에서 소나 돼지를 잡듯 내 각을 뜨려 하는 것은 나를 잡아먹기 위해서다. 2)에서 '나'는 '나'의 죽음을 기다리며 웃고 있는 '너희'(즉, 1)의 '그들')에게 '너희'가 바라는 대로 죽어주지 않겠다고 선언한다. 시의 제목부터 '광인일기 두 편'이라 했거니와, 시의 화자 '나'는 루쉰 소설 「광인일기」의 일인칭 화자 '나'와 무척 닮았다. 그것이 망상이든 사실이든, 사람들이 '나'를 잡아먹으려 한다고 판단하고 그 사람들

에게 항의하는 모습이 그렇다. 그러나 두 화자는 완연히 다르기도 하다. 루쉰 소설의 '나'는 더 나아가서 그 사람들에게 '사람을 잡아먹는 것은 옳지 않으니 더 이상 사람을 잡아먹지 말라'고 설득하려 한 데 반해 위 시의 '나'는 죽어주지 않겠다고 다짐하고 선언할 뿐이다. 100년 전의 광인에게는 비록 실패할 망정 계몽의 실천이라는 길이 열려 있었는데 그 길이 지금은 아예 없는 것이니, 이 점에서 나사는 조금도 전진하지 못했다고, 아니 오히려 후퇴했다고 말해야 할는지도 모른다. 「광인일기」를 쓴 100년 전의 소설가 루쉰은 이 소설을 쓴 뒤로 18년의 삶을 비판적 계몽의 실천에 바쳤다. 하지만 「광인일기 두 편」을 쓴 100년 뒤의 시인 쉬리즈(許立志)는 죽어주지 않겠다는 자신의 다짐에도 불구하고 그로부터 1년 뒤에 스스로 목숨을 끊었다. 그렇다, 나사는 후퇴한 것이다.

2011년 초 폭스콘에 일반 노동자(普工)로 입사했던 쉬리즈는 2014년 초 퇴사하고 다른 직장을 찾다가 9월 26일 폭스콘에 재입사했고, 그로부터 나흘 뒤 폭스콘 빌딩 17층에서 허공으로 한 걸음을 내디뎌 24세의 짧은 인생을 마쳤다. 2014년 1월 9일에 쓴 시를 보면 이 무렵의 시인의 심경을 엿볼 수 있다.

> 한 개의 나사가 땅에 떨어진다
> 이 잔업의 밤에
> 수직으로 추락, 조그만 소리를 내지만
> 누구의 주목도 끌지 못한다
> 마치 이 전의
> 어느 똑같은 밤에
> 한 사람이 땅에 떨어진 것처럼 (「한 개의 나사가 땅에 떨어진다」 전문)

나사는 후퇴가 아니라 추락했다. 자본과 권력, 혹은 권력과 자본이 쉬리즈의 시 「광인일기 두 편」의 화자 '나'가 말하는 '그들'이고 '너희'다. 모든 자본과 모든 권력은 우리를 통제하고 관리하는, 감시하고 처벌하는, 그리하여 필경 잘 착취하는, 루쉰식으로 말하면 식인자(食人者)다. 루쉰이 자신의 시대에 필요로 했던 비판적 계몽은 그 식인자를 향한 설득이나 청원의 문제가 아니라 우리 자신의 주체로서의 태도의 문제이고, 이것의 필요성은 갈수록 커져 왔으며 지금 가장 크다. 루쉰이 우리에게 비판적 계몽의 루쉰인 이유다.

부록: 루쉰 약력*

루쉰은 1881년 9월 25일 청나라 절강성 소흥현 성내의 한 중소지주 가문에서 부친 저우펑이(周鳳儀, 1861-1896)와 모친 루루이(魯瑞, 1857-1943)의 3남 중 장남으로 태어났다. 원명은 저우장서우(周樟壽)이고 17세 때 저우수런(周樹人)으로 개명했다. 둘째 동생은 저우쭤런(周作人, 1885-1967), 셋째 동생은 저우젠런(周建人, 1888-1984).

1892년 11세 때, 마을의 사숙(私塾) 삼미서옥(三味書屋)에서 한학자 서우징우(壽鏡吾)에게 한학을 배우기 시작했다. 삼미는 경(經)을 읽는 맛, 사(史)를 읽는 맛, 자(子)를 읽는 맛의 세 가지 다른 맛을 가리킨다. 이해 겨울에 단편소설 「고향」의 작중인물 룬투(閏土)의 모델이 된 장윈수이(章運水, 1879-1934)를 만나기도 했다. 1893년, 관직에 있던 조부 저우푸칭(周福淸, 1838-1904)이 루쉰의 부친을 과거시험(향시)에 합격시키기 위해 부정을 저질렀다가 투옥되면서(1901년에 석방됨) 집안이 기울기 시작했다. 1894년 10월 중병에 걸려 누운 부친의 병구완을 위해 어린 루쉰이 전당포와 약방을 거의 매일 드나들었다. 1896년 10월 오랜 병환 끝에 부친이 타계했고, 이해부터 루쉰은 평생에 걸친 일기쓰기를 시작했다.

* 여러 자료를 검토하고 필자 나름으로 취합하여 새로 작성한 약력이다. 2022년 12월 15일 탈고.

1898년 강남수사학당에 입학했고, 다음 해에 강남육사학당 부설 광무철로학당으로 전학하여 1902년에 졸업한 뒤 국비 일본 유학생으로 선발되어 도일했다. 유학생 예비학교를 거쳐 1904년 9월 센다이 의학전문학교에 입학하지만 1906년 3월에 중퇴하고, 일본 유학생 사회에서 문예운동을 전개했다. 훗날 첫 소설집을 내면서 그 서문에 이 중퇴에 대한 이야기를 쓴 것이 일본군이 중국인의 목을 베는 한 장의 환등기 사진을 보고 충격을 받아 의학에서 문학으로 전향했다는 전설을 낳게 되었다.

1906년 7월에 일시 귀국하여 어머니의 뜻에 따라 주안(朱安, 1878-1947)과 구식 결혼을 하고 곧바로 다시 일본으로 돌아간 루쉰은 잡지(가제 『신생(新生)』) 창간을 시도하다가 실패하고, 한문으로 쓴 평론 여러 편을 유학생 잡지에 발표하며 러시아 및 동구권 소설선(『역외소설집』 2권)을 엮어 한문으로 번역 출판하는 등의 활동을 했다. 그러나 문예운동의 성과는 빈약했고 생활고는 심해져서 결국 1909년에 귀국했다.

귀국한 뒤 교사 생활을 하며 취임과 사직을 되풀이하다가 1911년 10월 신해혁명이 발발하자 소흥부 중학당 교감으로 취임하고, 11월 5일 소흥의 각계 인물 100여 명이 모인 대책 회의에서 의장을 맡았으며, 6일에는 학생들과 함께 혁명의 의의를 선전하는 가두 활동에 나서기도 했다. 『월탁일보(越鐸日報)』라는 신문 발행에 관여하여 창간사도 쓰고 잡문란을 만들어 소흥의 여러 시대적 병폐를 질책하고 군정부를 비판하는 등의 활동을 하며 보수 세력과 큰 갈등을 겪었다.

혁명의 실패를 통감하고 크게 실망하던 중에 동향 친구로서 일본 유학을 함께했던 쉬서우창의 권유에 따라 1912년 2월 남경으로 가 임시정부의 교육부 직원이 되었다(대표적인 진보적 지식인이었던 차이위엔페이가 장관으로 있을 때였다). 정부가 북경으로 옮겨갈 때 가족들은 고향집에 두고 홀로 북경으로 이주하여 동향인 회관인 소흥회관의 별채에서 거주했다.

이때부터 1917년까지 교육부 근무 외의 시간은 옛 비문을 베껴 쓰고 금석문 탁본을 수집하는 데 열중했다.

1917년 8월, 소흥회관 거처에서 일본 유학 시절의 친구이며 잡지 『신청년』의 편집위원인 첸쉬엔퉁과 '쇠로 만든 방'에 대한 대화를 나누었고, 첸의 강한 권유에 따라 1918년 1월부터 잡지 『신청년』의 편집위원으로 참가해 4월부터 수감록(隨感錄)이라는 제목으로 사회와 문화에 대한 단평을 내용으로 하는 산문을 발표하기 시작했으며(장르 명칭은 산문 외에 잡문이라고도 불렸고 1926년부터는 잡감문(雜感文)이라고도 불렸다), 5월에는 중국어로 쓴 중국 최초의 현대소설 「광인일기」를 루쉰(魯迅)이라는 필명으로 발표했다. 이를 기점으로 꾸준히 전개된 소설쓰기의 성과는 1923년에 「아Q정전」을 포함 15편의 중단편을 실은 첫 소설집 『납함(吶喊)』의 출판으로 이어졌다.

1919년 12월, 소흥의 고향집을 처분하고, 그곳에 살던 어머니 루루이, 아내 주안, 둘째 동생 저우쭤런의 아내 하부토 노부코(羽太信子)(1908년 4월 루쉰 형제 등 5명이 전에 나쓰메 소세키가 살던 집을 빌려 공동 생활을 할 때 하녀로 고용했던 일본 여성이다), 셋째 동생 저우젠런 부부(아내 요시코(芳子)는 노부코의 친동생임)와 그 자녀 둘 등 7명은 북경에 구입한 팔도만호동(八道灣胡同) 11호 집으로 옮겨와, 이미 북경에 살고 있던 루쉰, 저우쭤런(1917년에 소흥회관 입주)과 함께 살기 시작했다. 그리하여 1912년 5월부터 시작된 루쉰의 소흥회관 생활은 1919년 11월에 끝났다.

1920년 가을 학기부터는 교육부 근무 외에도 북경대학과 북경사범대학에 출강(북경여자사범대학에는 1923년부터 출강)하여 중국소설사를 강의하기 시작했다.

1923년 모종의 불화로 동생 저우쭤런과 결별하고 팔도만호동 집에서 나와 전탑호동(磚塔胡同) 61호 집으로 이사했고, 1924년 다시 부성문

내(阜成門內) 서삼조호동(西三條胡同) 21호 집으로 이사했다. 이 집이 현재 루쉰박물관과 붙어 있는 북경루쉰고거(北京魯迅故居)다. 이 집에 살던 2년간 루쉰의 글쓰기는 가장 활발했다. 1926년에 출판한 두 번째 소설집 『방황(彷徨)』과 1927년에 출판한 산문시집 『야초(野草)』에 수록된 작품들 대부분이 이때 쓰여졌다.

1925년 제1차 및 제2차 북경여사대사건 때 학생들을 지지하는 활동을 했고 이로 인해 교육부에서 해직되었다가 다음 해 1월에 복직되었다. 그러나 곧이어 3·18사건이 발발했고, 루쉰은 3월 26일에 북경 군벌정부의 지명 수배를 받아 수배령이 해제되기까지 한 달 남짓 도피 생활을 하기도 했다. 결국 8월에 가족을 두고 홀로 북경을 떠난 루쉰은 린위탕(林語堂)의 초청으로 하문대학 교수로 취임했지만 하문의 보수적인 분위기에 질려 한 학기만에 사직하고 혁명의 도시 광주로 가 중산대학 교수로 취임했다. 광주의 분위기는 하문과는 반대로 지나치게 들뜬 데다가 간 지 얼마 안 되어 4·12쿠데타를 겪게 되었다. 이 정변으로 인해 루쉰은 큰 충격을 받았고 이후로 장제스를 수반으로 하는 국민당 우파에 대해 강한 비판적 입장에 서게 된다. 정변 직전인 4월 8일에 국민혁명군의 황포군관학교에서 강연(〈혁명시대의 문학〉)을 했고, 정변 직후인 4월 26일에 산문시집 『야초』의 서시로 실리는 「제사」를 탈고했다.

1927년 10월, 정변 이후 국민당 우파의 정치적 탄압이 심해지면서 신변의 위험이 커진 루쉰은 광주를 떠나 상해 조계지역으로 이주, 타계할 때까지 9년의 시간을 이곳에서 보내게 된다. 북경여사대 제자였던 쉬광핑(許廣平, 1898-1968)과의 사실혼 생활과 둘 사이의 아들 저우하이잉(周海嬰)의 출생도 이곳에서 이루어졌다.

그러나 상해에 도착한 루쉰이 처음 마주친 것은 그에 대한 후배 문인들의 공격이었다. 1928년에 들어, 일본 유학 출신의 창조사 제3기 동인들과 소련 문학의 영향을 받은 태양사 동인들이 프롤레타리아 혁명문학을 주장하면서 루쉰을 타도해야 할 소시민 작가의 대표로 찍어서 맹렬하게 비판했던 것이다. 마치 당시 소련 문단에서 프롤레트쿨트 출신의 시월파 문인들이 고리키를 소시민 작가로 매도한 것처럼. 루쉰은 그들과 논쟁을 벌이면서 마르크스주의 저작을 대량으로 읽기 시작했다(1929년에는 루나차르스키의 『예술론』, 1930년에는 플레하노프의 『예술론』 등을 번역 출판하기까지 한다). 이 논쟁은 중국공산당 소속의 문인 펑쉐펑의 중재로 겨우 가라앉았다. 그러나 태양사 동인들은 루쉰 대신 마오둔을 새로운 과녁으로 삼아 논쟁을 이어갔고, 이 논쟁이 종식되는 것은 국민정부의 문단 탄압이 강화되면서였다.

1929년 연말에 펑쉐펑과 중국좌익작가연맹(약칭 좌련)의 조직에 대해 의논했고, 1930년 3월 좌련이 창립되자 좌련의 3인의 주석단 중 하나이자 7인의 상무위원 중 하나로 선임되어 좌련 성립대회에서 〈좌익작가연맹에 대한 의견〉이라는 제목의 강연을 했다. 이후로 루쉰은 한편으로는 우파 지식인들과 논쟁을 벌이고 다른 한편으로는 좌파 내부의 입장을 달리하는 세력과도 논쟁을 벌이게 된다. 그리하여 이 시기에 쓴 산문은 논쟁적 성격이 더욱 강해졌다. 소설은 쓰지 않았거나 쓰지 못했다. 러시아 소설을 번역 출판하기는 했지만 자기 자신의 소설쓰기는 1926년 하반기에 「미간척」과 「분월」을 쓴 이후로 중단되었던 것이다. 1934년이 되어서야 비로소 단편소설 1편을 쓰고 1935년에 4편을 쓴 뒤, 예전의 세 작품과 한데 묶어 세 번째 소설집 『고사신편(故事新編)』을 1936년 1월에 출판했다.

1936년 들어 루쉰의 건강은 갈수록 나빠졌다. 5월에 위중한 상태에 이르렀는데, 다행히 호전되자 곧 논쟁으로 뛰어들었다. 1935년 7월 모스크바에서 열린 코민테른 총회에서 중국공산당은 일본 침략에 맞서 국공합작을 한다는 결정이 내려졌고 회의에 참석했던 중국공산당 대표 왕밍(王明)이 이 결정을 8·1선언이라는 이름으로 발표했었는데, 좌련 내부의 평론가 저우양(周揚)을 중심으로 하는 일파는 1935년 말 이래 이 선언에 따라 문단의 무조건적인 좌우합작을 추진하며 '국방문학'이라는 슬로건을 선전하고 있었다. 루쉰은 1936년 5월 병이 위중해지기 직전에 펑쉐에펑, 후펑 등과 함께 '민족혁명전쟁의 대중문학'이라는 슬로건에 대해 논의했고 그 논의를 내용으로 후펑이 평론 「인민대중은 문학에 무엇을 요구하는가?」를 썼다. 국방문학론에 대해 이의를 제기한 이 평론은 6월 초에 발표되었다. 그러나 국방문학론 일파는 6월 7일에 중국문예가협회라는 새 단체를 결성했고(그럼으로써 좌익작가연맹은 실질적으로 해산된 셈이었다), 병세가 호전된 루쉰이 그 선언문을 보고 분노했다. 6월 10일 아직 몸이 불편한 루쉰은 자신이 구술하고 펑쉐에펑이 기록한 평론 「현재 우리의 문학운동을 논함」을 통해 국방문학론을 강하게 비판했고, 국방문학론 일파가 조직한 중국문예가협회에 맞서 중국문예공작자선언을 주도했다. 8월에는 더욱 강력한 비판문 「쉬마오융에 답하며 항일통일전선 문제에 관하여」를 펑쉐에펑과 쉬광핑의 도움을 받아 구술을 기록하는 방식으로 작성했다. 당시의 정치적 상황은 매우 복잡했다. 장정을 끝내고 연안에 도착한 마오쩌둥이 처음에는 8·1선언에 따르지 않다가 1936년 6월 갑자기 정책을 바꿈으로써 연안 측과 뜻을 같이했던 이들을 당혹에 빠트린 것이다. 그러나 병중의 루쉰은 이 혼란스러운 상황 속에서도 끝내 자신의 주장을 철회하지 않고 논쟁을 계속했다.

결국 루쉰이 바진과 마오둔 등 후배 작가들의 중재를 받아들여 10월 1일 발표된 화해의 선언(문예계 동인의 단결된 항거와 언론 자유를 위한 선언)에 서명했고, 이로써 논쟁이 종결되었다. 그러고서 한 달도 되지 않아 루쉰의 지병인 폐병이 갑자기 악화되었다. 이번에는 회복하지 못하고 10월

19일 오전 5시 25분에 숨을 거두었다.

루쉰의 평생에 걸친 활동은 혁명을 향한 것이라고 할 수 있다. 처음에는 반청 공화혁명, 다음에는 시민민주주의 혁명, 그다음에는 사회주의 혁명. 그가 추구하던 혁명이 사회주의 혁명으로 끝난 것은 그가 1936년에 타계했기 때문일 뿐이라고 생각된다. 타계 직전에 중국공산당의 방침과 정면으로 대립하는 모습을 보여준 그가, 만약에 더 오래 살았더라면 1940년대의 해방구와 1950년대의 신중국을 찬양하는 것이 아니라 그 새로운 사회의 새로운 모순과 갈등을 정시하고 그것과 투쟁하지 않았겠는가? 그렇다면 혁명이라는 말보다는 비판과 저항이라는 말이 루쉰을 이해하고 설명하는 데 더 적합하리라 생각된다. 모든 기존 권력과 모든 기존 질서가 루쉰의 비판과 저항의 대상인 것이다.

전형준全炯俊(필명 성민엽)

1956년 경남 거창에서 태어나 서울대학교 중어중문학과를 졸업하고 같은 과 대학원에서 석사 및 박사학위를 받았다. 1982년 경향신문 신춘문예 문학평론 부문에 당선되어 평단에 나온 뒤, 무크『우리 시대의 문학』과 계간『문학과사회』 편집동인으로 활동했다. 현재 서울대학교 중문과 명예교수이며 문학과지성사 편집위원으로 활동하고 있다. 저서로는『현대 중국문학의 이해』,『현대 중국의 리얼리즘 이론』,『무협소설의 문화적 의미』,『한국무협소설의 작가와 작품』,『동아시아적 시각으로 보는 중국문학』,『언어 너머의 문학』 등의 학술서와『지성과 실천』,『고통의 언어 삶의 언어』,『문학의 빈곤』,『변하는 것과 변하지 않는 것』,『문학의 숲으로』 등의 문학비평집이 있다. 그 밖에『아Q정전』,『변신인형』 등의 역서와『민중문학론』,『오늘의 문제시인 시선』,『루쉰』 등의 편저가 있다. 한국중국현대문학학회장, 서울대학교 동아문화연구소장, 서울대학교 중국어문학연구소장 등을 역임했으며 소천비평문학상과 현대문학상, 팔봉비평문학상, 서울대학교 연구상을 수상했다.